Haut-Sénégal-Niger
(Soudan Français)

Séries d'études publiées sous la direction
de M. le Gouverneur CLOZEL

PREMIÈRE SÉRIE

Le Pays, les Peuples, les Langues, l'Histoire, les Civilisations

PAR

MAURICE DELAFOSSE

Administrateur en chef des Colonies
Chargé de cours à l'École Coloniale et à l'École des Langues Orientales

Préface de M. le Gouverneur CLOZEL

---

80 illustrations photographiques, 22 cartes dont une carte d'ensemble au 1 : 5.000.000.
Bibliographie et Index

TOME III

Les Civilisations
Bibliographie — Index

PARIS

ÉMILE LAROSE, LIBRAIRE-ÉDITEUR

11, Rue Victor-Cousin, 11

1912

Haut-Sénégal-Niger

(Soudan Français)

PREMIÈRE SÉRIE

Tome III

SOUS PRESSE :

DEUXIÈME SÉRIE

Géographie économique

Voies de communication. — Faune sauvage. — Productions forestières. — Productions agricoles. — Elevage des bovidés et des ovidés. — Elevage des équidés. — Industries indigènes. — La question des mines d'or. — Commerce intérieur. — Commerce extérieur. — La politique économique à suivre).

Par Jacques MENIAUD

Ouvrage illustré de nombreuses photographies et de cartes documentaires

EN PRÉPARATION :

TROISIÈME SÉRIE

Le Territoire militaire du Niger

Par Jules BRÉVIÉ

Haut-Sénégal-Niger
(Soudan Français)

Séries d'études publiées sous la direction
de M. le Gouverneur CLOZEL

PREMIÈRE SÉRIE

Le Pays, les Peuples, les Langues, l'Histoire, les Civilisations

PAR

Maurice DELAFOSSE

Administrateur en chef des Colonies
Chargé de cours à l'École Coloniale et à l'École des Langues Orientales

Préface de M. le Gouverneur CLOZEL

80 illustrations photographiques, 22 cartes dont une carte d'ensemble au 1 : 5.000.000.
Bibliographie et Index

TOME III

Les Civilisations
Bibliographie — Index

PARIS
ÉMILE LAROSE, LIBRAIRE-ÉDITEUR
11, Rue Victor-Cousin, 11

1912

Fig. 59. — Résidence de l'Administrateur, à Bamako.

CINQUIÈME PARTIE

Les civilisations.

Si, par « civilisation », on entend l'état de culture sociale, morale et matérielle auquel sont arrivées les grandes nations de l'Europe et de l'Amérique, il est bien certain que l'on est forcé de considérer les indigènes du Soudan comme ne faisant pas partie de ce que l'on appelle communément « le monde civilisé ». Mais si l'on attribue au mot « civilisation » son sens véritable, c'est-à-dire si l'on entend par ce mot l'état actuel de culture de n'importe quelle société ou nation, si, en d'autres termes, on parle de « civilisations » et non de « la Civilisation » — la nôtre —, on est bien obligé d'admettre que, pour avoir une culture et un état social fort différents des nôtres, les habitants du Soudan n'en ont pas moins, eux aussi, des civilisations, qui valent la peine d'être étudiées et décrites. Elles sont faites de l'application d'un ensemble de coutumes qui, quoique transmises seulement par la tradition, n'en ont pas moins un effet aussi considérable sur la vie de ces peuples, que nos coutumes à nous, augmentées de nos lois, en ont eu et en ont sur la nôtre. Ce sont ces coutumes — civiles, sociales, politiques et religieuses — qui font l'objet de la cinquième et dernière partie de cet ouvrage.

Ces coutumes varient nécessairement d'un peuple à un autre et même parfois, chez le même peuple, d'un canton à un autre canton, ainsi qu'il arrive d'ailleurs dans nos provinces françaises actuelles. Néanmoins, c'est surtout dans les détails de l'application que se rencontrent les divergences les plus nombreuses et les plus sensibles : à part quelques différences bien tranchées — notamment en ce qui concerne l'ordre successoral —, un examen approfondi montre que, d'un bout à l'autre du Soudan, sans en excepter même les régions habitées par des populations de race blanche, les grands principes directeur du droit coutumier sont les mêmes ; le régime de la propriété, l'organisation de la famille, la conception de la justice, de l'état social et politique sont partout très analogues quant au fond et ne varient guère que dans la forme, et encore dans une mesure restreinte. Si donc on ne prétend donner que l'esprit des coutumes, je crois qu'il est possible d'arriver à exposer dans leur ensemble les principales caractéristiques de la civilisation indigène du Haut-Sénégal-Niger.

Je ne m'occuperai ici que des coutumes proprement indigènes, laissant de côté les applications du droit musulman importé parmi certaines peuplades. Je laisserai également de côté les règlements administratifs créés par l'autorité française, bien qu'ils aient modifié parfois assez profondément les habitudes traditionnelles des indigènes. Je me contenterai d'indiquer, le cas échéant, les modifications apportées soit par l'adoption du code musulman, soit par les décrets ou arrêtés rendus par l'autorité française.

Je dois d'ailleurs appeler dès maintenant toute l'attention sur un fait que l'on a peut-être trop négligé. Quel que soit le nombre de nos sujets soudanais convertis à l'islamisme et pratiquant la religion de Mahomet — et ce nombre est beaucoup plus restreint qu'on ne le croit en général — il est très rare que les indigènes musulmans aient adopté, au moins dans son intégrité, la loi coranique. Dans l'islamisme propre, la religion et le droit se tiennent, le droit dérivant, comme la religion, soit du Coran soit des *hadits*, c'est-à-dire des traditions islamiques. Mais les peuples autres que les Arabes, tant en Asie et en Europe qu'en Afrique, lorsqu'ils se sont convertis à la religion musulmane, sont loin d'avoir toujours adopté en même temps le code musulman, qui, dans bien des cas, se heurtait à des coutumes séculaires, à un état social ou économique inconciliables avec les prescriptions de la loi coranique. Chez les Noirs en particulier, et même souvent chez les Maures, certaines parties seulement du droit malékite ont été adoptées, et encore avec des modifications qui présentent de bien grands écarts vis-à-vis des règles émises par Sidi Khalil et les autres commentateurs. En sorte que, dans notre Soudan, le code musulman officiel — si je puis m'exprimer ainsi — est d'une application très restreinte, et encore convient-il, pour l'appliquer avec discernement, de connaître les principes de droit coutumier indigène qui l'ont fortement imprégné de leur esprit dans la majeure partie des régions musulmanes de cette colonie (1).

Quant aux populations non musulmanes, qui constituent l'immense majorité de nos sujets indigènes, elles n'ont été aucunement touchées par le code malékite. Elles ont pu emprunter aux musulmans leur mode de se vêtir, certaines formes de salutations, certaines expressions d'allure religieuse, une sorte d'extérieur musulman qui souvent fait croire à l'observateur superficiel qu'elles sont mahométanes, mais elles sont demeurées fidèles à leurs croyances religieuses, à leurs cultes spéciaux et, par dessus tout, à leurs coutumes ancestrales, plus difficiles encore à déraciner que la religion elle-même.

Avant d'entrer dans le détail des coutumes indigènes, il importe de se bien pénétrer de cette idée que ces coutumes, quelles qu'elles soient et si différentes les unes des autres qu'elles puissent paraître, ont encore plus de connexité entre elles qu'elles n'en ont avec le droit français. Aussi convient-il de se garder, lorsqu'on traite des coutumes indigènes du Soudan, de donner aux termes techniques le sens absolu que leur attribue notre code civil : certaines notions de droit indigène ne correspondent à rien d'analogue existant dans nos lois; je tâcherai donc d'en donner des définitions aussi claires

(1) C'est ainsi que les Arma de Tombouctou, qui prétendent descendre des caïds et soldats marocains venus au Soudan à la fin du xvie et au début du xviie siècles, bien que fidèles mahométans, ne suivent pas la loi musulmane en ce qui concerne les successions.

et exactes que possible en langage vulgaire, plutôt que de m'astreindre à en donner en langue juridique une traduction qui serait forcément erronée et pourrait conduire à de fausses interprétations.

Je dois dire également qu'il est à peu près impossible et qu'il serait en tous cas dangereux de codifier les coutumes indigènes du Soudan Français, d'en faire un véritable code par chapitres et articles, où chaque cas donné trouverait sa solution à un article donné. Un tel travail serait presque impossible en raison de la grande variété des coutumes et surtout de l'énorme diversité des modes d'application de chacune d'elles; il serait dangereux, car il risquerait de cristalliser en quelque sorte la civilisation indigène en un point de son évolution qui n'est certainement pas le summum de ce qu'elle peut atteindre et de ce que nous sommes en droit d'attendre d'elle.

Ce qu'il importe de faire, et ce que je m'essayerai à faire, c'est de dégager de la diversité des modes le principe de chaque coutume, d'énoncer ce principe, de le mettre en lumière et d'initier le lecteur, pour ainsi dire, à la mentalité indigène, à la façon de penser, de concevoir, de raisonner et d'apprécier qui constitue cette mentalité et la différencie de la nôtre.

CHAPITRE PREMIER

Les biens

I. — Le régime foncier.

Les coutumes des indigènes du Soudan paraissent différer moins les unes des autres en ce qui concerne le régime foncier qu'en ce qui concerne certaines autres parties du droit civil, telles par exemple que les successions, le mariage, etc. Cependant on constate des divergences assez importantes, sinon dans le principe lui-même, au moins dans son application, lorsqu'on passe d'un rameau ethnique à un autre rameau et surtout lorsqu'on passe d'une région géologiquement définie à une autre région différemment constituée. Il est assez compréhensible que le régime de la propriété du sol varie avec la nature du sol lui-même et avec la façon dont il peut être utilisé : l'agriculteur et le pasteur, de même que la modalité de leur existence est due à la nature du pays où ils se trouvent établis, ne peuvent assurément baser leur régime foncier que sur les circonstances spéciales du sol qui les fait vivre. Enfin, outre les divergences d'ordre ethnique et géologique, il en est d'autres encore que l'on pourrait appeler historiques, car elles tiennent aux manières différentes dont le sol a été originairement occupé par les ancêtres de ses détenteurs actuels : établissement dans un pays inhabité, migration pacifique dans une région déjà peuplée, conquête par les armes.

Partout au Soudan le droit de propriété foncière a sa source dans la première occupation d'un pays jusque-là inhabité ou, moins souvent, dans la conquête à main armée, ou encore dans le long usage continu et non contesté. Selon que la première occupation, la conquête ou le long usage a été le fait d'un chef de bande ou monarque ou bien l'œuvre d'une collectivité agissant sans direction bien définie, l'ensemble du territoire occupé par le peuple, la tribu ou la fraction de tribu est devenu, soit la propriété du chef, soit celle de la collectivité ou confédération. Mais, dans le premier cas, le chef, bien que propriétaire éminent du sol, ne peut en disposer que pour le bien et dans l'intérêt de la collectivité qu'il est, de par ses fonctions, chargé d'administrer.

1° *La propriété foncière et le domaine public chez les sédentaires.* — L'immense majorité des Soudanais constitue, par excellence, une population rurale et agricole. Les produits spontanés du sol étant moins abondants que dans la forêt côtière et d'un rapport généralement moins considérable, c'est vers la terre cultivable que s'est concentré surtout le sentiment de la propriété. Cette terre d'autre part s'épuisant rapidement, il est nécessaire aux habitants d'en posséder une grande étendue afin d'être à même de déplacer leurs cultures, et c'est pourquoi les coutumes ont réservé à l'Etat indigène ou à la collectivité la propriété de tout le territoire, cultivé ou non : si de vastes étendues de terres sont vacantes, aucune n'est sans maître.

Le régime politique est en général à un stade relativement avancé : on ne rencontre pas au Soudan, la plupart du temps tout au moins, tantôt l'anarchie presque absolue tantôt le despotisme que l'on trouve encore chez certaines populations côtières ; nous avons dans cette colonie, à l'heure actuelle, ou bien des sortes de petites confédérations formées chacune d'un certain nombre de villages qu'unissent une origine commune et des intérêts communs, ou bien de petites monarchies féodales gouvernées par des chefs dont l'autorité héréditaire a été consacrée par les droits historiques ou les succès militaires de leurs ancêtres. Ces confédérations ou ces monarchies correspondent parfois, au point de vue du domaine territorial de chacune d'elles, à nos cercles ou à nos districts administratifs, mais plus souvent aux divisions politiques indigènes que nous avons conservées presque partout sous les noms de « cantons » ou « provinces ». Chaque canton ou province a généralement à sa tête un chef qui peut être le délégué de la confédération ou le prince héréditaire du royaume, mais dont les droits territoriaux sont au fond à peu près les mêmes dans les deux cas, puisque, si le chef élu n'a sur le sol que des droits d'administration, le prince héréditaire ne peut disposer de son territoire que dans l'intérêt de la collectivité, ainsi que je l'ai dit plus haut.

Qu'il s'agisse des populations encore plus ou moins sauvages de la haute Volta, des paisibles Sénoufo établis à cheval sur les territoires du Haut-Sénégal-Niger et ceux de la Côte d'Ivoire, des Mandingues répandus un peu partout de l'Atlantique au méridien de Tombouctou ou des nombreux peuples divers disséminés à travers l'étendue des régions soudanaise et sahélienne, partout on nous signale un même régime de propriété foncière, régime caractérisé par une double conception de l'idée de propriété, selon que l'on envisage le sol lui-même et ses produits spontanés ou bien tout ce qui est le produit du travail de l'homme.

Le sol et tout ce qu'il produit naturellement sont la propriété de la collectivité représentée par son chef, ou du chef de l'unité politique dans les Etats à forme monarchique. Il convient de noter cependant qu'il arrive parfois que le chef politique, quoique maître effectif du territoire par suite de la conquête qui en a été faite par ses prédécesseurs, reconnaît toutefois au chef des autochtones conquis le droit, au moins nominal, à la propriété du sol et quelquefois même le droit de disposition sur ce sol (1).

Le chef, héréditaire ou élu, de la collectivité, a divisé petit à petit le territoire, au fur et à mesure de l'accroissement de la population et de son dispersement, entre les différents chefs de famille qui sont devenus par la suite des chefs de village. Chaque chef de village a ainsi l'administration, mais non la propriété, d'une partie du sol de l'Etat indigène, et il délègue à son tour

(1) Ce fait a été constaté en maints endroits du Soudan et notamment à Dienné; j'en reparlerai plus loin en définissant les droits et attributions des chefs de village.

ses droits sur certaines parcelles aux chefs de famille placés sous sa dépendance. C'est de cette manière que chaque chef de famille, ou, si l'on préfère, chaque noble ou seigneur, a sa terre et ses champs bien déterminés, sans cependant en être réellement propriétaire puisqu'il n'en a que la jouissance et que son droit de jouissance ne lui a été que délégué, et en seconde ou troisième main. Le sol de l'unité politique indigène, cultivé ou inculte, bâti ou non bâti, appartient réellement et en entier au chef de cette unité, qui peut disposer à sa guise de toutes les parcelles et les reprendre à leurs usufruitiers actuels pour les donner à d'autres, pourvu qu'en agissant ainsi il ne lèse pas les intérêts de la collectivité dont il est, selon les cas, le roi héréditaire ou le mandataire élu.

Dans la pratique cependant, le long usufruit d'une terre dans la même famille équivaut presque à une propriété véritable : cet usufruit, avec les droits de jouissance et d'exploitation qui en résultent se transmet par héritage ; il peut être cédé en tout ou en partie par le chef de famille à un autre indigène ; il peut être concédé, moyennant redevance et sous certaines réserves, par exemple celle des arbres fruitiers ou des prémices de la moisson, au bénéfice de l'usufruitier primitif. Mais cet usufruit ne peut être aliéné au profit d'un étranger sans l'agrément du chef de village ni le plus souvent sans celui du chef de la collectivité.

Quant à l'aliénation du droit de propriété sur le sol lui-même, elle ne peut exister en principe, et, si elle a lieu parfois, elle ne peut se faire en tout cas qu'avec l'agrément de l'assemblée des notables et elle entraîne la plupart du temps avec elle la vassalité, vis-à-vis du chef aliénateur, de celui ou de ceux en faveur desquels elle a été consentie.

La propriété ou l'usufruit du sol entraîne la propriété ou l'usufruit de tous ses produits spontanés et de tout ce qui se trouve naturellement dans son sein ou à sa surface : arbres, lianes, herbes, plantes quelconques non plantées ni entretenues par le travail humain ; pierres, minerais, argiles ; rivières, lacs, marais, etc. Toutefois, dans beaucoup de régions du Soudan, par mesure préservatrice, il est interdit au titulaire du droit d'exploitation d'abattre certains arbres fruitiers (*karité* et *nélé* principalement) sans l'autorisation du chef propriétaire ou administrateur du sol.

Il existe certaines servitudes d'utilité publique en ce qui concerne les cours d'eau, les sources, les sentiers d'intérêt commun, les rues des villes et des villages, les places publiques, les emplacements réservés aux marchés ou aux cérémonies du culte. Le propriétaire ou l'usufruitier d'un terrain peut disposer à sa guise de la partie de rivière coulant à travers son terrain, mais à condition toutefois de ne pas arrêter le cours de cette rivière et de ne pas priver d'eau les propriétaires ou usufruitiers dont les terrains se trouvent en aval du sien ; il ne peut non plus interdire, au moins en de certains endroits, l'accès du cours d'eau pour les besoins domestiques de la population et l'abreuvement des bestiaux. Le propriétaire ou usufruitier d'un domaine que traverse un sentier non spécialement destiné à desservir ce domaine peut faire dévier ce sentier, mais ne peut ni le supprimer ni l'obstruer ; un propriétaire ou usufruitier ne peut s'opposer à ce qu'on fasse passer un sentier d'utilité publique au travers de son terrain, à moins qu'il n'ait enclos ce terrain d'une barrière ou palissade. Dans la pratique d'ailleurs, les cours d'eau de quelque importance et les sentiers bien suivis ont presque toujours été choisis comme limites des propriétés ou des parcelles concédées en usufruit.

En ce qui concerne le gibier ou le poisson, tout le monde a partout et en toute saison droit de chasse au fusil ou à l'arc et de pêche à l'hameçon ou au filet. Exception est faite cependant pour certaines portions des grands fleuves, du Niger notamment et de ses lacs ou canaux, portions qui sont réparties entre les villages ou les familles par sections de pêche nettement délimitées, à l'instar de ce qui a lieu pour les terres cultivables. Il existe aussi dans quelques régions un lotissement analogue des terrains de chasse à certaines époques de l'année. Le propriétaire ou usufruitier d'un domaine a seul le droit de poser des pièges sur son terrain, d'y organiser des battues, de s'y livrer à la chasse en incendiant les herbes, d'y pêcher en établissant des barrages ou en posant des nasses dans les rivières, ou en jetant dans l'eau des feuilles qui paralysent les poissons et les font monter à la surface ; il peut d'ailleurs concéder ce droit à qui il veut, soit gratuitement soit moyennant redevance en nature. De plus, il est encore de règle dans beaucoup de contrées que le chasseur qui a tué un éléphant doit remettre l'une des défenses au chef propriétaire du sol sur lequel la bête a été tuée.

Tout ce qui est le produit du travail de l'homme est la propriété stricte de l'individu ou de la collectivité auteur du travail, qui peut à son gré en user et l'aliéner par vente, donation ou contrat quelconque : nous quittons ici le domaine de la propriété foncière, toujours collective en somme, pour entrer dans celui de la propriété mobilière, qui seule peut être proprement individuelle, ainsi que nous le verrons plus loin. Ainsi les cultures faites dans un terrain par la famille ou l'individu qui a le droit d'exploiter ce terrain sont la propriété collective de cette famille ou privée de cet individu. Le chef propriétaire d'une terre ne peut disposer de cette terre tant que la récolte n'a pas été achevée ou enlevée par l'usufruitier : à plus forte raison n'a t-il aucun droit sur la récolte elle-même. Il arrive même qu'un chef de canton, ayant concédé à un nouvel usufruitier l'exploitation d'une parcelle de terre, ne peut l'autoriser à entrer en jouissance avant que l'ancien détenteur n'ait récolté les produits d'un semis qui n'a pas été fait encore, pourvu que le sol ait été seulement labouré, même en partie, en vue de ce semis, par le détenteur primitif.

Les produits spontanés du sol extraits ou recueillis par l'usufruitier, la maison construite par ce dernier, le puits qu'il a creusé, sont sa propriété privée, qu'il peut aliéner à son gré, mais sans que cette aliénation entraîne en rien celle de la propriété du sol qui a fourni les produits ou sur lequel est construite la maison ou se trouve foré le puits. C'est dans un esprit analogue que l'on admet que l'individu qui, le premier, a placé une ruche sur un arbre d'une terre banale, devient propriétaire de cet arbre. Il arrive que l'usufruitier d'un terrain soit obligé de remettre au chef propriétaire ou administrateur de ce terrain une partie de la récolte ou des produits spontanés du sol : il s'agit en l'espèce, ou bien d'un impôt d'Etat, ou bien d'une redevance due, suivant contrat, au propriétaire du terrain par l'usufruitier, qui est en réalité un véritable fermier ; mais ce fait n'infirme en rien le droit de propriété acquis par le travail de l'homme sur tout ce qui est le produit de ce travail.

2° *La propriété foncière et le domaine public chez les nomades.* — Nous possédons fort peu de documents sur le droit coutumier des populations nomades du Haut-Sénégal-Niger et en particulier sur les coutumes qui régissent chez elles la propriété foncière. On peut cependant inférer de ce que nous connaissons des mœurs de ces populations que la propriété du sol est soumise chez elles à deux régimes distincts, au moins en apparence, selon qu'il s'agit de terres arables ou de terrains dits de parcours. Avec les terres arables il convient de ranger les terrains bâtis, lesquels, chez les tribus de la zone désertique, sont généralement englobés dans les cultures.

Il semble bien que, en ce qui concerne les terres arables et les terrains bâtis, la propriété foncière est soumise chez les nomades (Peuls, Maures et Touareg) au même régime que chez les peuplades agricoles du Soudan, c'est-à-dire que le sol appartient à la tribu ou au chef de l'unité politique et que l'usufruit en a été partagé entre les divers groupes ou familles de la tribu ou confédération. Il est bon de noter cependant que, contrairement à ce qui a lieu en général chez les populations sédentaires, le droit d'usufruit n'appartient pas toujours, ou du moins n'appartient pas uniquement, au groupe qui cultive le sol, étant donné que, la plupart du temps, c'est une caste ou une fraction spéciale de la population qui se livre à la culture et qu'elle s'y livre en grande partie au profit d'autres castes — pastorales, guerrières ou religieuses — qui sont les usufruitiers réels.

En ce qui concerne les terrains de parcours et de pâturage, il convient de distinguer deux cas. Dans l'un, le peuple nomade se déplace avec ses troupeaux parmi des populations sédentaires et utilise comme pâturages un territoire qui n'est pas le sien ; ce cas est assez fréquemment celui des Peuls et d'une partie au moins des Maures et des Touareg : il est bien évident qu'alors le peuple nomade n'est qu'usufruitier du sol sur lequel il s'établit momentanément, ce sol demeurant la propriété du chef de la tribu sédentaire sur le territoire de laquelle il est situé. Les conditions dans lesquelles un tel usufruit est consenti par le chef des sédentaires au peuple ou au groupe nomade varient nécessairement, mais elles rentrent toujours dans le système de cession temporaire de la jouissance du sol, tel que je l'ai décrit en parlant de la propriété foncière chez les peuples soudanais.

Dans le second cas, qui paraît être le plus commun chez les Maures et les Touareg, le peuple nomade utilise comme terrain de pâturage son propre territoire, ou tout au moins celui dont il s'est rendu maître par conquête ou par une usurpation qu'a consacrée la prescription. Il semble que, si l'idée de propriété appliquée à leurs terrains de parcours est aussi nette chez les pasteurs du désert que l'idée de propriété appliquée à leurs terrains de culture l'est chez les agriculteurs du Soudan, la limitation des droits de propriété et des droits annexes y est organisée de façon beaucoup moins précise. Les raisons de cet état de choses sont nombreuses ; il me suffira d'en rappeler quelques-unes : l'étendue considérable des lots de terre, le manque fréquent de limites naturelles, les variations que subit d'une année à l'autre l'abondance de la végétation et de l'eau dans un même territoire et qui obligent les nomades à aller chercher ailleurs des pâturages qu'ils ne trouvent plus chez eux, enfin le caractère essentiellement turbulent et pillard de beaucoup de tribus. Mais, si des circonstances d'ordres divers font que l'application du régime de la propriété foncière subit de nombreux et fréquents accrocs, il n'en demeure pas moins infiniment probable que les coutumes indigènes ont prévu et déterminé ce régime, et qu'ici nous trouvons la conception du sol appartenant, par droit de conquête, de première occupation ou de long usage, à la collectivité maîtresse du territoire, sans que le chef de cette collectivité ait d'autre droit qu'un droit restreint de lotissement *alternatif* des terrains entre les familles, et aussi un droit d'administration en ce qui concerne notamment les points d'eau, les terrains momentanément irrigués et les forêts naturelles ou ce qui en tient lieu.

Je ne m'étendrai pas davantage sur le régime foncier des peuples nomades, encore fort mal connu ; il nous est permis de conclure de ce que nous en savons qu'il ne diffère pas notablement du régime observé chez les sédentaires, au moins quand au principe : au Sahara comme au Soudan, l'individu privé n'est jamais propriétaire du sol qu'il occupe, cultive ou utilise, quels que soient ses droits à la jouissance de ce sol.

3° *La propriété foncière et le domaine public dans les groupes de droit musulman.* — Tout ce qui a été dit jusqu'ici s'appliquait uniquement au régime de la propriété foncière et du domaine public tel qu'il est établi par les coutumes traditionnelles *indigènes*. Ce régime indigène a pu subir dans certains groupes, au contact des principes du droit musulman, quelques modifications.

Les peuples du Soudan ont, dans plusieurs régions, subi plus ou moins profondément l'influence de la religion et de la civilisation islamiques : les musulmans sont relativement nombreux, ils possèdent même quelques centres intellectuels qui ont joui longtemps ou jouissent encore d'un certain renom ; les principes du droit malékite (1) sont connus d'une partie de ces peuples et quelquefois appliqués. Mais d'autre part, comme nous l'avons vu déjà, la grosse majorité de la population est demeurée fidèle à sa religion et à ses coutumes autochtones, même là où elle a cru devoir, par mode ou par orgueil, emprunter une sorte de vernis extérieur à la civilisation musulmane. Bien plus, les tribus ou fractions de tribus qui se sont franchement et réellement converties à l'islam ont très rarement abandonné leurs anciennes coutumes autochtones relatives au régime de la propriété foncière, même lorsqu'elles ont depuis longtemps adopté le droit musulman pour ce qui regarde, par exemple, le mariage et les successions.

Il semble même que les nomades de l'Afrique Occidentale qui, en dehors d'un certain nombre de Peuls, sont tous musulmans, tiennent assez peu compte des prescriptions du code

---

(1) Partout où le code musulman s'est introduit au Soudan Français, c'est sous la forme dite du rite malékite qu'il a pénétré.

malékite en ce qui concerne les questions de propriété foncière, et qu'ils sont à cet égard demeurés attachés, à travers les siècles, à leurs traditions pré-islamiques.

Cependant, comme les indigènes musulmans peuvent, à un moment donné, se prévaloir de leur religion pour revendiquer le régime foncier établi par le droit musulman, il est nécessaire de connaître quel est ce régime dans le seul rite islamique en vigueur en Afrique Occidentale Française, c'est-à-dire le rite malékite.

Je n'exposerai pas ici ce régime — le droit musulman proprement dit étant connu et faisant l'objet de nombreuses et excellentes publications —, mais je crois pourtant devoir faire remarquer que le code malékite, s'il admet, comme la coutume indigène, la première occupation comme source du droit de propriété du sol, ne limite pas ce droit de propriété à l'Etat ou à son chef, mais l'étend à tout particulier pouvant justifier de la mise en valeur d'une terre jusque-là inoccupée, sous la réserve cependant de certains droits éminents de l'Etat. En somme, en droit musulman, le chef de l'Etat a pour ainsi dire un droit de priorité sur les terres vacantes, mais il perd ses droits au bénéfice de l'occupant sur toute terre qu'il a une fois concédée ou qui a été mise en valeur soit avec soit sans son autorisation ; le domaine de l'Etat, en quelque sorte, se confond avec le domaine public et peut devenir domaine privé des particuliers.

D'autre part, en droit musulman comme en droit indigène, l'usufruit du sol ne peut pas donner naissance au droit de propriété. Mais, contrairement à ce qu'établit la coutume indigène, l'usufruit dit *habous* ne peut être ni aliéné ni transmis par l'usufruitier et fait retour, à la mort de ce dernier, non à ses propres héritiers, mais à ceux du nu-propriétaire.

4° *Considérations d'ensemble sur le régime foncier au Soudan Français.* — L'un des principes qui se dégagent avec le plus de force de l'étude rapide que nous avons faite des idées des indigènes soudanais relatives au régime foncier, c'est qu'il n'y a pas un pouce de terrain sans maître, pas un sur lequel un propriétaire et, la plupart du temps, un usufruitier ne puissent faire valoir des droits. Là dessus, peuples du Nord et du Sud, sédentaires et nomades sont tous d'accord, et c'est sans doute pourquoi les indigènes musulmans eux-mêmes sont peu enclins à adopter les règles du droit malékite, qui admet jusqu'à un certain point qu'une terre vacante peut être sans maître.

De plus, tous les indigènes du Soudan sont unanimes à admettre que, si le chef de l'unité politique est propriétaire du sol national, il ne l'est qu'en temps qu'administrateur du territoire et représentant légal de la collectivité, laquelle, en dernière analyse, a tous les droits sur le sol. C'est ainsi que, chez les musulmans comme les animistes, le chef ne peut concéder aucune terre de sa propre autorité, à l'exception de celles qu'il exploite lui-même et qui constituent en quelque sorte son bien privé.

Au point de vue indigène, il est donc illégal de la part de l'autorité française de considérer comme domaine de l'Etat français et d'accorder à des sociétés ou des particuliers, sous forme de concessions, des parcelles quelconques de terrain. Dans la pratique, lorsqu'il s'agit de parcelles de peu d'étendue, destinées à supporter des bâtiments, l'inconvénient est en général minime, car les propriétaires et usufruitiers indigènes ne font le plus souvent aucune difficulté pour céder ces parcelles à titre gracieux, à moins qu'elles ne se trouvent enclavées dans une agglomération urbaine de quelque densité ; mais, s'il s'agit d'accorder une concession agricole, minière ou forestière d'une certaine étendue, la colonie ou l'Etat français ne peut le faire, sans violer les droits traditionnels des indigènes, qu'après un accord préalable avec le ou les propriétaires et le ou les usufruitiers du terrain. Il en pourrait être différemment au cas où l'on considèrerait l'Etat français comme s'étant substitué aux Etats indigènes, mais encore devrait-on alors tenir compte des droits de jouissance et d'usufruit acquis par les familles ou les particuliers et n'user que des droits que confèrent aux chefs d'Etat indigènes leurs fonctions d'administrateurs du sol occupé par la collectivité ou réservé à cette collectivité.

Je ne crois pas inutile de reproduire ici quelques lignes consacrées par M. Ch. Monteil, ancien administrateur du cercle de Dienné, à la propriété foncière dans ce cercle, lignes qui pourraient s'appliquer aussi bien à n'importe quelle partie du Soudan Français : « Les conditions dans lesquelles le village a été fondé ; les limites qui lui ont alors été assignées ; les relations qu'il a entretenues ou entretient avec les villages qui l'avoisinent : telles sont les bases sur lesquelles reposent toutes les coutumes relatives à la propriété dans chaque village. Il faut toujours s'y reporter et en tenir compte et, en même temps, ne pas oublier que le chef de village n'est que le représentant du village. Pour toutes les questions d'intérêt général son opinion ne doit donc être admise que si elle est convenablement appuyée par l'avis d'un conseil de notables éclairés et approuvée par le chef du pays. C'est ainsi que la vente d'une portion quelconque du territoire d'un village ne peut en aucun cas être valable par le seul consentement du chef de village : car cet indigène n'est qu'une manière de régisseur, ou mieux, de délégué du chef du pays, et ce dernier a seul qualité pour autoriser une semblable aliénation : encore doit-il le faire avec la plus grande circonspection et en s'entourant d'avis désintéressés et compétents. » (Ch. Monteil, *Monographie de Djenné*, pages 154-155).

Si nous comparons ensemble les coutumes relatives à la propriété foncière et au domaine public chez les sédentaires et chez les nomades du Soudan, et si nous en dégageons les grandes lignes sans nous arrêter aux détails, nous constatons que les principes suivants sont partout consacrés par le droit indigène :

1° Aucune parcelle du sol n'est sans maître.

2° Un particulier ou une famille peut acquérir des droits de propriété individuelle ou collective sur les produits du sol mais non sur le sol lui-même.

3° La propriété du sol entier constituant le territoire d'une unité politique ou tribale appartient au chef actuel de l'unité politique ou de la tribu — ou, dans certains cas, au représentant actuel des premiers occupants du territoire —, ou bien à la collectivité ou confédération, et alors c'est le représentant de la collectivité ou le chef élu de la confédération qui est administrateur de la propriété ; dans le premier des deux cas ci-dessus considérés, le chef héréditaire de l'unité politique ou de la tribu n'est propriétaire qu'en raison de ses fonctions et ne peut user de son droit de propriété que dans l'intérêt de la collectivité.

4° Les familles ou les particuliers ont, sous certaines réserves dont le détail varie selon les régions, l'usufruit collectif ou individuel de tout ou partie du sol, avec droit de propriété réelle sur les produits résultant de l'exploitation de leurs parts usufruitières, et droits d'usage, de jouissance et de superficie sur le sol lui-même et tout ou partie de ses produits spontanés ; ce droit de jouissance des familles sur le sol qu'elles exploitent, bien que ne comportant pas le droit de propriété ni, par suite, celui de disposition sur le sol lui-même, est un droit réel et excessivement important : il entraîne, pour les familles qui en sont titulaires, la licence de louer ou d'affermer à des tiers ; de même le droit de jouissance sur des terres banales dont le sol appartient à l'Etat (1).

5° Le propriétaire légal d'un terrain peut en concéder l'usufruit à qui il veut et comme il l'entend, à titre gracieux ou onéreux, ce dernier cas ne s'appliquant en général qu'à des étrangers et, alors, l'agrément de la collectivité est nécessaire ; ce propriétaire peut aussi se réserver à lui-même l'usufruit d'une partie au moins du terrain ou l'abandonner, à titre banal, à une collectivité indivise.

6° La propriété ou l'administration du sol se transmet avec le pouvoir politique, mais ne fait pas partie de la succession privée ; le droit de propriété ne peut être aliéné que dans certaines circonstances très rares, nettement définies, et seulement avec l'assentiment du conseil des représentants autorisés de la collectivité ; l'aliénation à titre définitif en faveur d'étrangers est partout contraire à l'esprit des coutumes.

(1) Lorsque l'Etat indigène est représenté par une seule famille — cas qui se présente assez souvent chez certaines peuplades —, cette famille a, tout naturellement, la propriété réelle du sol qu'elle occupe ; le chef de cette famille peut alors louer des terres contre des droits qu'il perçoit et qu'il verse au trésor familial.

7° L'usufruit du sol peut être, dans certaines conditions et sous réserve de l'autorisation au moins tacite du ou des propriétaires, donné, cédé ou vendu par le ou les usufruitiers ; il peut aussi se transmettre par héritage ; mais, en aucun cas, l'aliénation ou la transmission du droit d'usufruit ne peut entraîner l'aliénation ou la transmission du droit de propriété (1).

8° La mer et ses rivages, les fleuves, lacs et cours d'eau de quelque importance, les chemins d'intérêt commun, les alentours des villages, les emplacements des marchés et des lieux réservés au culte, ainsi que certains terrains réservés spécialement par le chef de l'unité politique ou le représentant de la collectivité, constituent un domaine public soumis parfois — en ce qui concerne les fleuves, lacs ou cours d'eau — à certaines servitudes privées, et dont nul, y compris le chef de l'unité politique, ne peut ni aliéner la propriété ni concéder l'usufruit à titre définitif à des familles ou individus quelconques (2).

II. — La propriété mobilière.

Les coutumes régissant la propriété mobilière au Soudan sont beaucoup plus uniformes que celles régissant la propriété foncière, le régime de la première étant moins accessible aux modifications qui peuvent provenir de la nature du pays ou des institutions politiques. Les principes qui vont suivre s'appliquent, d'une manière générale, à tous les peuples du Haut-Sénégal-Niger, sédentaires ou nomades.

Définition. — Par « propriété mobilière », nous entendrons non seulement la propriété des biens meubles proprement dits

---

(1) Chez les Lobi, la *jouissance* du sol, comme celle des meubles, est le plus souvent individuelle ; quant à la *propriété* du sol, elle appartient collectivement à la tribu ou au village qui constitue l'Etat, le descendant de la famille des premiers occupants en ayant l'administration.
(2) Parmi ces principes, ceux classés sous les numéros 1, 4, 5 et 8 se retrouvent dans le droit musulman, ou tout au moins ne sont pas contraires aux règles de ce droit ; ceux classés sous les numéros 2, 3, 6 et 7 ne correspondent pas au contraire aux prescriptions du code islamique.

(tant les meubles meublants que les immeubles par destination tels que les bestiaux), mais aussi celle des biens immobiliers qui sont le fruit du travail de l'homme, tels que les habitations, les puits, etc. Seule la terre, avec ses produits spontanés, est exclue du régime de la propriété mobilière. Rentrent dans ce régime : les produits de la culture, les minéraux une fois extraits du sol, les végétaux spontanés une fois abattus et leurs produits une fois récoltés, le gibier et le poisson, les habitations — toute cette première catégorie de biens étant soumise aux réserves qu'entraîne l'application du régime foncier — ; puis les bestiaux, la volaille, les meubles propres, les outils et ustensiles, les armes, les produits bruts ou ouvragés des industries diverses, les monnaies, etc.

Origines de la propriété mobilière et sa nature. — Nous avons vu, à propos de la propriété foncière, que tout ce qui est le produit du travail de l'homme est la propriété stricte et réelle de l'individu ou de la collectivité auteur du travail. Celui qui a, par son travail, fait produire le sol sur lequel il n'a que droit de jouissance, d'exploitation, de superficie, d'usufruit, devient propriétaire réel de la moisson qu'il a fait pousser, même lorsque cette moisson est encore sur pied, même lorsqu'elle est en herbe. De même celui qui, même non propriétaire d'un terrain, a extrait de ce terrain de l'argile, des pierres, des minerais, est propriétaire de cette argile, de ces pierres, de ces minerais. Il en est de même de celui qui a récolté du caoutchouc ou tout autre produit végétal spontané.

Toutefois, dans chacun de ces trois cas, des stipulations avaient pu être faites, antérieurement à l'exécution du travail, réservant au propriétaire du sol une part des produits à cultiver, à extraire ou à récolter, et, tout naturellement, le droit de propriété n'est pas acquis, même par l'exécution du travail, sur cette part des produits : mais ce n'est là que l'effet d'un contrat résultant du régime spécial à la propriété foncière et dont les effets, en l'espèce, sont de même ordre que les effets de n'importe quel contrat analogue relatif à la propriété et au travail.

En dehors de ce qui concerne les produits du sol, la coutume est la même, et le régime de la propriété mobilière se distingue nettement de celui de la propriété foncière, en ce sens que, lorsqu'il s'agit de propriété mobilière, s'il n'est pas absolument exact de dire qu'occupation vaut titre, en tout cas le travail crée un titre de propriété réelle avec toutes ses conséquences, parmi lesquelles se range, non seulement le droit de possession et de jouissance, mais aussi le droit de disposition par vente, prêt, cession, donation, transmission, etc., et en général par tout mode quelconque d'aliénation totale ou partielle. C'est donc bien là le droit de propriété sans restriction.

L'achat d'un bien mobilier, son acquisition par suite de donation, cession ou héritage, constituent sur ce bien le même droit de propriété réelle que le travail de récolte ou de fabrication, bien entendu sous les réserves stipulées par le contrat de vente ou de donation ou par les coutumes réglant les successions.

S'il s'agit de bestiaux ou de volailles, le droit de propriété sur un animal entraîne avec lui le droit de propriété sur tous les produits de cet animal (portées, lait, œufs, dépouilles, etc.), sous les réserves entraînées par le cas où — s'il s'agit de portées — la saillie aurait été opérée par un mâle n'appartenant pas au propriétaire de la femelle, réserves qui, ici encore, sont définies par le contrat intervenu entre les deux propriétaires.

Du bien privé et du bien collectif. — J'ai dit que la propriété mobilière pouvait être individuelle ou collective : c'est qu'en effet le travail qui l'a créée a pu être exécuté par un individu isolé ou par une collectivité indivise, de même que la vente ou la donation, ou même la transmission, ont pu être opérées en faveur d'un individu ou en faveur d'une collectivité.

Dans le premier cas, le régime de la propriété mobilière ne se distingue pas sensiblement de ce qu'il est chez nous, sauf que son mode de transmission par héritage n'est pas le même, les règles concernant la succession se distinguant notablement, comme on le verra plus loin, de celles qui nous régissent.

Dans le cas de propriété collective, le chef de la collectivité propriétaire (chef de famille ou de tribu en général) est administrateur de la propriété, mais son droit de jouissance est le même que celui de chacun des co-propriétaires. Quant au droit de disposition, il n'appartient qu'à la collectivité réunie, en sorte que, lorsqu'il s'agit de disposer du bien constituant une propriété collective, le chef de la collectivité doit réunir tous les membres, ou du moins les membres notables, de cette collectivité, et agir selon l'avis exprimé par la majorité. Il ne peut être question d'aliénation d'une propriété collective par héritage, la collectivité propriétaire se renouvelant sans cesse et pouvant être considérée comme éternelle ; si le chef vient à mourir, son successeur hérite de ses fonctions administratives, c'est-à-dire du droit et du devoir de conserver et d'administrer le bien de la collectivité, et c'est tout.

Comme exemple de propriété mobilière collective, je citerai surtout le *bien de famille*, qui est possédé collectivement par tous les membres des deux sexes de la famille et aussi par ses serfs ou esclaves domestiques — nous parlerons plus loin de cette partie spéciale de la famille indigène — et qui est administré par le chef de la famille. La plupart du temps, le bien de famille comprend : d'abord le produit des cultures et travaux entrepris en commun par la famille, puis les ustensiles de ménage et les troupeaux (à l'exclusion bien entendu des objets ou animaux appartenant en propre à tel ou tel membre de la famille), enfin une sorte de trésor en or ou en numéraire constitué autrefois par le fondateur de la famille et conservé ou accru par ses successeurs, en vue de nécessités spéciales telles que la guerre, le besoin d'acquérir la protection d'un chef influent, de racheter des membres de la famille capturés dans une expédition armée, etc.

Tous les membres de la famille — exception faite des enfants non nubiles — ont chacun les mêmes droits sur ce qui constitue le bien de famille ; toutefois le chef de la famille, en vertu de l'autorité que lui confère son titre, peut s'arroger plus librement que les autres le droit de disposition, mais il ne peut cependant toucher au trésor de famille sans l'autorisation de la majorité des membres, et seulement dans les cas très spéciaux énumérés plus hauts ou d'autres de même nature.

Tous les membres de la famille doivent, d'autre part,

contribuer à la conservation et à l'augmentation du bien de famille, qui en général est inaliénable, sauf les cas auxquels je faisais allusion tout à l'heure. Tous les membres de la famille doivent, chacun selon ses forces et ses aptitudes, travailler aux champs dont la famille a l'usufruit collectif et dont les produits deviendront une part du bien de famille ; mais chacun des membres a un ou deux jours par semaine réservés à son travail personnel ou à son plaisir : il peut, pendant ces jours, cultiver pour son propre compte ou exécuter un travail dont le gain ou le salaire sera sa propriété privée. Lorsqu'un membre de la famille quitte la localité pour aller se livrer au commerce ou s'engager comme travailleur, soldat, etc., il doit verser au bien de famille une partie de son gain ou de sa solde, comme compensation du tort que son absence cause aux travaux en commun auxquels il devrait participer comme les autres.

A propos de la composition du bien de famille, il est bon de noter que, en général, les objets d'usage journalier (sièges, ustensiles, armes, vêtements, bijoux) transmis par héritage en tant que biens privés du défunt, font, au bout de deux générations, partie du bien familial inaliénable. La plupart du temps, ces objets sont conservés en un lieu spécial, consacré au culte des ancêtres.

En dehors du bien de famille, il existe d'autres cas de propriété mobilière collective. Ainsi le fer obtenu par les forgerons est en général la propriété collective du groupe d'artisans qui a participé à sa fabrication. Les maisons sont souvent la propriété collective de la famille ou du groupe qui les a construites. Les salaires accordés à des travailleurs fournis par un chef sont la propriété collective de ces travailleurs, le chef en ayant la garde et l'administration et devant, en les répartissant entre tous les travailleurs, les transformer pour chacun de ces derniers en propriété individuelle. (Bien entendu, les salaires ou gains acquis par des individus travaillant de leur initiative privée sont la propriété individuelle de chacun d'eux).

Droits de la femme en matière de propriété. — La femme a les mêmes droits que l'homme, tant en ce qui concerne la possession, la jouissance et la disposition de la propriété individuelle qu'en ce qui concerne la part de jouissance et de disposition de la propriété collective. Au point de vue de l'acquisition du droit de propriété, il arrive assez souvent que les droits de la femme diffèrent de ceux de l'homme, certains peuples refusant à la femme la capacité d'hériter, certains autres ne la lui accordant qu'à l'exclusion d'héritiers mâles (voir plus loin).

Droits des serfs. — Là où l'esclavage domestique ou servage existe encore en fait, sinon en droit, le serf est, au même titre que le seigneur, propriétaire des objets qu'il a fabriqués, de ceux qu'il a achetés de ses propres deniers ou qu'on lui a donnés, des produits récoltés durant les jours qu'il ne doit pas au travail familial, des gains qu'il a pu réaliser durant les mêmes jours ; mais, en général, son droit de propriété ne devient réel que s'il a été consacré par une autorisation de son seigneur. Ce dernier ne refuse d'ailleurs jamais cette autorisation, sauf à titre de punition disciplinaire à la suite d'un délit commis par le serf, mais il peut se réserver une part sur les gains réalisés.

Marques de propriété. — Certaines peuplades font usage, de façon courante, de signes ou marques de propriété, notamment les peuples pasteurs en ce qui concerne leurs bestiaux, et souvent aussi les colporteurs de sel : les marques consistent alors en incisions de formes diverses pratiquées sur la peau des bœufs ou en inscriptions (barres, étoiles, mots arabes) sur les barres de sel, chaque propriétaire ayant son signe spécial.

Souvent aussi les individus qui ont coupé dans la brousse des poutres destinées aux constructions ou qui ont ramassé des fagots de bois à brûler, des bottes de paille, etc., placent sur l'objet qui leur appartient de par leur travail un bout d'écorce recouvert de sable, ou un paquet de feuilles, ou un coussinet d'étoffe ou de paille destiné à être placé entre le fardeau et la tête du porteur, ou tout autre objet dont la présence indique au passant que la chose ainsi marquée a son propriétaire et qu'il n'y faut pas toucher.

A l'entrée d'un chemin privé conduisant à un bosquet de palmiers en exploitation, à un champ, à une mine, etc., on plante souvent un pieu supportant une coquille d'escargot, un crâne de bête, un paquet de feuilles, etc., qui indique que le chemin est privé et que le propriétaire s'en est réservé l'usage.

Le respect de ces marques de propriété et des objets qui en sont revêtus est très grand parmi les indigènes, et l'enlèvement de ces marques est considéré comme un grave délit.

Des objets trouvés. — La réglementation concernant les objets trouvés varie beaucoup avec les pays. Cependant on retrouve presque partout les mêmes principes.

En général les objets trouvés sans marque de propriété ni rien qui en indique le propriétaire sont remis au chef de village, qui fait annoncer, partout où il le peut et par les moyens de publicité dont il dispose, que tel objet a été trouvé. Si le propriétaire de l'objet se présente et s'il peut, par témoignages ou autrement, prouver ses droits de propriété, l'objet lui est remis. Il est d'usage, en général, que le propriétaire fasse un cadeau à l'individu qui, ayant trouvé l'objet, l'a remis au chef de village. De plus, si la garde de l'objet a duré longtemps ou si elle a entraîné des ennuis ou des dépenses, il est d'usage que le propriétaire indemnise le chef de village.

Dans certains pays, la prescription n'est jamais acquise et, quelque temps qui se soit écoulé depuis la perte de l'objet, les droits du propriétaire demeurent intacts. Dans d'autres pays, au bout d'un délai dont la durée varie selon les lieux, le chef de village devient propriétaire de l'objet perdu non réclamé, mais dans ce cas il doit faire un cadeau à l'individu qui a trouvé l'objet et le lui a remis.

Si des objets ont été oubliés dans un village par un étranger, l'hôte chez lequel il a couché, le chef du quartier où il a demeuré et le chef du village sont tenus solidairement de faire leur possible pour lui faire parvenir ces objets. Telle est au moins la coutume la plus générale, mais elle ne s'applique qu'au cas où l'étranger avait, avant de quitter le village, reconnu par un cadeau convenable l'hospitalité qu'il avait reçue. S'il est parti sans payer, les objets qu'il a pu oublier sont laissés sur place, ou même deviennent la propriété de l'hôte ou du chef de quartier ou de village, suivant les pays.

Des animaux errants. — En général, un animal domestique trouvé errant sur un terrain public ou privé, sans que son propriétaire soit connu, est remis au chef de village, qui fait annoncer la chose comme pour les objets perdus. Si cet animal tombe malade, le chef peut le faire abattre, vendre la viande et en garder le produit, en en remettant toutefois une part à l'individu qui lui a amené l'animal, ou bien distribuer la viande entre les habitants du village.

Chez certaines peuplades, l'animal perdu et non réclamé est offert en sacrifice aux divinités locales, et la chair en est abandonnée aux ministres du culte. Chez d'autres, il devient la propriété de celui qui l'a trouvé, ou la propriété du village.

Si le propriétaire de l'animal se présente, la coutume suivie est généralement la même que celle décrite à propos des objets trouvés.

Si un bœuf a été trouvé dans un champ et qu'il y ait commis des déprédations, le cultivateur qui l'aperçoit doit — selon la coutume la plus généralement suivie — l'attacher et rendre compte au chef de village. Le propriétaire du bœuf, convoqué, vient sur les lieux et le dommage causé par l'animal est évalué. Le propriétaire du bœuf remet au cultivateur autant de corbeilles de mil, de maïs, etc. qu'il y en a eu de détruites soit en réalité soit en espérance, et on lui remet alors son bœuf. — Si le cultivateur ne peut arriver à attacher le bœuf, il le conduit jusqu'au domicile du propriétaire et l'évaluation des dommages et leur réparation a lieu comme précédemment. — Si le cultivateur a tué le bœuf et s'est fait connaître, ou si le cadavre du bœuf a été trouvé dans son champ, il est condamné à payer la valeur du bœuf ou à le remplacer, quitte ensuite à se faire rembourser le dommage causé; mais le remboursement du dommage ne peut être exigé qu'une fois le bœuf payé ou remplacé. — Si le cultivateur meurtrier du bœuf ne s'est pas fait connaître et que le cadavre soit retrouvé dans la brousse, le propriétaire du bœuf n'a rien à réclamer mais le cultivateur non plus; ce dernier d'autre part ne peut s'approprier le corps du bœuf.

S'il s'agit de chèvres ou de moutons, la coutume est autre, au moins dans les pays où, au moment des cultures, les chèvres et moutons des villages sis à proximité des champs doivent être attachés. Si donc, dans ces pays, un cultivateur trouve une chèvre ou un mouton en train d'abîmer son champ, il doit tout d'abord regarder si l'animal ne porte pas, au cou ou à l'une des pattes, un bout de corde : si ce bout de corde existe, c'est que l'animal était attaché et qu'il a rompu ses liens ; alors le cultivateur le conduit à son maître et se fait rembourser le dommage causé ; s'il n'existe pas de trace d'attache, c'est que le propriétaire de l'animal était fautif, et alors le cultivateur lésé a le droit de tuer l'animal, mais non de se l'approprier.

III. — Les successions.

Chaque fois que l'on a à traiter une question de succession indigène au Soudan, il convient de savoir d'abord s'il s'agit de la transmission d'un bien de propriété privée et personnelle, indépendant du bien de famille, ou d'un bien de propriété collective et notamment d'un bien de famille, tel que nous l'avons défini plus haut.

Dans le premier cas le défunt peut avoir disposé, par testament verbal fait devant témoins, de tout ou partie de ses biens, quoique, en général, les dispositions testamentaires ne soient admises que lorsqu'elles concernent des objets de peu de valeur et à condition qu'elles ne puissent léser l'héritier naturel, qui est unique et désigné par sa situation de parenté vis-à-vis du défunt.

Dans le second cas, l'héritier est toujours unique, et son héritage comprend, en même temps que la garde et l'administration du bien familial, l'autorité et les prérogatives de chef de famille. Le bien de famille étant inaliénable, il s'ensuit que le défunt n'a pu, en ce qui concerne ce bien, prendre aucune disposition testamentaire.

L'héritage d'un chef de famille comprendra donc deux parties distinctes : d'une part ce qui constituait sa propriété privée, d'autre part le bien familial dont il avait l'administration. Et il peut très bien arriver que les deux successions, à sa mort, ne soient pas réunies sur la même tête, comme on le verra plus loin, et que l'héritier du bien privé soit différent de l'héritier du bien de famille.

Dans les deux cas le droit d'aînesse existe, soit mitigé, soit absolu, en ce sens que l'héritier est toujours l'aîné d'une certaine catégorie de parents et que l'héritage est indivis, réserve faite, dans certains pays, de l'obligation morale où se trouve l'héritier de partager une partie de la succession privée avec certains membres de sa famille.

Là où le régime des successions diffère selon les pays, c'est dans la fixation de l'ordre successoral et dans le principe ou système qui détermine cet ordre. Il existe, d'une façon générale, trois systèmes de succession, que nous appellerons les systèmes de succession *utérine, consanguine* et *patriarcale*; les parents consanguins peuvent être exclus, ou du moins n'être admis à la succession qu'à défaut de parents utérins : c'est ce que nous entendrons par système de succession utérine ; dans le système de succession consanguine au contraire, les parents qui ne sont liés au défunt que par la ligne utérine ne peuvent hériter de lui ou, si certains d'entre eux sont parfois admis à hériter, ne peuvent en tout cas aspirer à la succession qu'à défaut de parents consanguins ; quant au système de succession patriarcale, il consiste à attribuer la succession non à tel ou tel degré de parenté, mais au parent le plus ancien, c'est-à-dire au patriarche. Nulle part ce que nous appelons la parenté par alliance ne crée de droits à la succession, et c'est ainsi que, sauf chez certains peuples islamisés, le conjoint n'hérite jamais du conjoint défunt.

Dans tous les systèmes, il semble que la coutume indigène ait surtout en vue d'empêcher le bien de famille et même le bien privé de sortir de la famille et même d'être transporté au loin; c'est ainsi que certains peuples, doutant avec raison de la fidélité des épouses, ont établi le système de succession utérine, afin d'être absolument sûrs que l'héritier soit bien le parent du défunt; c'est ainsi encore que, dans les pays où les droits des deux sexes sont égaux, la femme mariée à un étranger perd généralement, de ce seul fait, ses droits à la succession, de même d'ailleurs que l'homme marié à une étrangère et qui habite avec la famille de son épouse : on craindrait en effet que l'héritier ne dissipât le bien de la succession au profit de son conjoint étranger et de la famille de ce dernier.

1° *Règles générales relatives aux successions.*

Entrée en jouissance. — En général l'héritier est proclamé dès la constatation du décès, mais en général aussi il n'est alors qu'administrateur des biens personnels du défunt et administrateur provisoire du bien de famille, si le défunt était chef de famille. C'est après l'accomplissement des funérailles ou à la fin de la période de deuil, suivant le pays, qu'il entre en possession de l'héritage privé du défunt, et qu'il devient, le cas échéant, administrateur définitif du bien de famille (1). Chez beaucoup de peuplades, où la période de deuil ou celle qui s'écoule entre le décès et les funérailles est parfois fort longue, — elle peut durer plusieurs années — c'est, non pas l'héritier, mais l'homme de confiance du défunt — souvent un de ses serviteurs, anciennement un esclave — qui est administrateur tant du bien privé que du bien de famille. Souvent aussi, c'est le chef de village. C'est généralement ce dernier qui est chargé de la garde des biens lorsque l'héritier est absent ou inconnu (par exemple lors du décès d'un étranger de passage) ; on procède alors le plus souvent à un inventaire devant témoins, et on opère comme il a été dit pour les objets trouvés.

Incapacité. — Si l'héritier est considéré comme incapable, pour cause de démence, d'imbécillité, de prodigalité reconnue, ou — s'il s'agit du bien de famille – de trop grande jeunesse ou de trop grande vieillesse, le conseil de famille peut décider que l'héritage ira à celui qui le suit immédiatement dans l'ordre successoral adopté, mais alors l'héritier ainsi désigné par le conseil de famille doit la nourriture et l'entretien à celui dont il

---

(1) Chez les Gourmantché, l'héritier entre en possession de l'héritage le neuvième jour après le décès du *de cujus*, bien que la période de deuil dure 17 jours ; mais, en tout cas, il ne peut entrer en jouissance avant que les funérailles proprement dites ne soient accomplies.

a pris la place. L'héritier meurtrier du défunt ne peut entrer en possession de sa succession.

Composition de la succession. — La succession, en cas de bien privé, comprend tous les biens meubles et immeubles qui appartenaient personnellement au défunt, les droits de jouissance ou d'usufruit qu'il pouvait posséder sur le sol, ainsi que sa ou ses épouses et, dans l'ancienne coutume, ses esclaves proprement dits, mais non pas les serfs domestiques, qui étaient attachés à la famille et non à un individu. Les enfants du défunt, jusqu'à leur mariage, font en général partie de la succession ; cependant il existe des exceptions que nous verrons en traitant du mariage (attribution des enfants). La succession comprend en outre les dettes et créances privées du défunt.

En cas de bien de famille, la succession comporte l'administration du bien de famille, lequel comprend les biens meubles et immeubles possédés collectivement par la famille, les droits de jouissance et d'usufruit sur le sol qui appartiennent à la famille indivise, les serfs domestiques (dans l'ancienne coutume antérieure à notre intervention) et enfin le trésor de famille s'il existe ; la succession comporte encore les droits et prérogatives du chef de famille, ainsi que les dettes et créances contractées par le défunt en tant que chef de famille.

Répudiation de la succession. — L'héritier peut répudier la succession privée du défunt. S'il hérite d'un chef de famille, il peut répudier et la succession privée et la succession familiale, ou l'une des deux seulement. La succession répudiée, quelle que soit sa nature, passe à l'héritier suivant, mais dans le cas de répudiation d'une succession privée comprenant des dettes — cas qui se présente le plus fréquemment — il est de règle générale que le répudiateur contribue pour une portion au paiement de ces dettes, moyennant quoi l'héritier effectif lui abandonne une partie de l'actif dont il a pris possession. Partout admise en principe, la répudiation de la succession est rarement pratiquée.

Dispositions testamentaires. — Si, par des dispositions testamentaires, le défunt avait désigné comme son héritier quelqu'un qui ne serait pas l'héritier naturel d'après l'ordre successoral adopté, ou bien si le défunt avait, par testament, partagé son bien entre plusieurs héritiers, il est rare que ses volontés soient observées scrupuleusement. Certaines peuplades n'admettent pas du tout cette coutume. Chez celles qui l'admettent jusqu'à un certain degré, il est de règle que le ou les héritiers ainsi désignés partagent avec l'héritier naturel les biens qui leur sont échus. Si le défunt avait disposé de ses biens en faveur de personnes étrangères à la famille, ses volontés ne seraient en général jamais respectées. En tout cas, de telles dispositions testamentaires ne peuvent jamais s'appliquer qu'aux biens qui constituent strictement la propriété privée et personnelle du défunt.

Il est d'ailleurs de règle à peu près générale, surtout s'il s'agit d'une succession importante, que l'héritier prélève, sur les biens qui lui sont échus en toute propriété, un certain nombre d'objets dont il fait bénéficier les autres parents du défunt, les veuves de celui-ci et même ses serfs et esclaves. Dans certains pays la coutume détermine la nature, le nombre et la valeur des objets qui doivent ainsi être distribués par l'héritier au moment de son entrée en jouissance.

Donations entre vifs. — Si le défunt avait, de son vivant, fait publiquement des donations à d'autres personnes que son héritier présomptif, les biens ainsi donnés restent acquis aux bénéficiaires. Mais s'il avait fait des donations analogues en cachette, l'héritier se les fait rapporter par les bénéficiaires, une fois qu'il a pris possession de la succession ; il peut cependant les leur abandonner, sauf si les donations ont été faites sur le bien de famille, auquel cas elles doivent toujours être rapportées.

Sort des veuves. — J'ai dit que les veuves font partie de la succession privée. L'héritier peut, soit les prendre comme épouses, soit les donner en mariage à qui il lui plaît, après toutefois les avoir consultées, moyennant une indemnité qui lui est versée par l'épouseur et qui correspond généralement à la somme qu'avait dépensée le défunt pour épouser la femme dont il s'agit. Très souvent, surtout quand les veuves sont âgées, l'héritier ne les épouse pas ni ne les donne en mariage, mais il leur doit la nourriture et l'entretien jusqu'à leur mort. C'est ce qui se passe pour la mère de l'héritier, lorsque ce dernier est le fils du défunt.

Chez beaucoup de peuples, une fois terminée la période de deuil, les veuves peuvent retourner dans leur famille ou se remarier avec qui leur plaît, mais à condition de rembourser à l'héritier, ou de lui faire rembourser par leur famille ou leur second mari, la somme que le défunt avait dépensée pour les épouser.

Le fait d'avoir des relations sexuelles avec une veuve, alors qu'elle est encore considérée comme faisant partie de la succession, entraîne généralement pour l'amant l'obligation de payer à l'héritier une forte indemnité.

Héritiers non nubiles. — L'héritier peut ne pas être nubile, il peut même dans certains cas être encore à naître. Mais il est de règle générale que les enfants non nubiles ne peuvent entrer en possession d'une succession. Lorsque l'héritier n'est pas nubile au moment du décès du *de cujus*, la garde et l'administration de la succession sont confiées jusqu'à la nubilité de l'héritier, soit à un parent âgé, soit au chef de village, soit au serviteur de confiance du défunt.

La nubilité des garçons est fixée par la circoncision, dans les pays où elle se pratique ; dans les autres, elle est fixée par le mariage ou simplement par le fait devenu notoire que le jeune homme a eu déjà des relations avec des femmes. La nubilité des filles n'est déterminée en général que par leur mariage.

Succession des biens possédés par des esclaves. — Il existait autrefois des règles spéciales relatives à la succession des biens possédés en propre par des esclaves ; généralement le maître d'un esclave était considéré comme son héritier naturel. L'application du décret de 1905 ayant complètement supprimé la condition d'esclave, nous ne nous occuperons pas de ces coutumes ; désormais les règles concernant la succession sont les mêmes, quelle que soit la condition sociale du défunt.

Modifications apportées par l'islam. — Là où l'islamisme a pénétré profondément les mœurs, les règles concernant les successions, et même l'ordre successoral, ont parfois été modifiés assez notablement. Ainsi, chez beaucoup de musulmans du

Soudan, la femme peut hériter d'une partie au moins des biens de son mari, et les enfants du défunt reçoivent chacun une part égale de l'héritage paternel, deux faits absolument contraires à l'esprit des coutumes indigènes primitives.

2° *Système de succession utérine.*

Ce système se présente sous deux aspects, l'un à la fois utérin et patriarcal, l'autre — beaucoup moins répandu — utérin mais non patriarcal. Tous les deux sont basés sur l'incertitude qui frappe la parenté consanguine, eu égard aux possibilités de naissance adultérine.

L'ordre successoral le plus fréquent est le suivant :

1° la mère du défunt ou de la défunte ;

2° (à défaut de mère ou en cas de répudiation de la succession par celle-ci, cas presque général) l'aîné des oncles ou tantes frères ou sœurs utérins de la mère ;

3° (à défaut d'ascendants du premier degré) l'aîné des frères ou sœurs utérins du défunt ou de la défunte ;

4° (à défaut de frères ou sœurs utérins) l'aîné des cousins-germains ou cousines germaines de ligne utérine, c'est-à-dire fils ou filles de tantes utérines, par ordre de primogéniture de ces dernières ;

5° (à défaut de collatéraux utérins) l'aîné des fils ou filles de la défunte, ou, s'il s'agit de la succession d'un homme, l'aîné des neveux ou nièces de ligne utérine, c'est-à-dire fils ou filles des sœurs utérines du défunt, par ordre de primogéniture de ces dernières ;

6° (à défaut de neveux ou nièces utérins et s'il s'agit de la succession d'un homme) l'aîné des cousins ou cousines issus de cousines germaines de ligne utérine, c'est-à-dire petits-enfants utérins des tantes utérines du défunt, par ordre de primogéniture de ces dernières ou de leurs filles ;

7° (à défaut de descendants utérins du premier degré) l'aîné des petits-enfants fils ou filles des filles de la défunte, par ordre de primogéniture de ces dernières, ou, s'il s'agit de la succession d'un homme, l'aîné des petits-neveux ou petites-nièces de ligne

Fig. 60. — L'une des cérémonies de la Fête des labours chez les Sénoufo, cercle de Koutiala.

Fig. 61. — Un village Samo dans le cercle de Koury.

utérine, c'est-à-dire fils ou filles des nièces utérines du défunt, par ordre de primogéniture de ces dernières ;

8° (à défaut de petits-neveux ou petites-nièces utérins et s'il s'agit de la succession d'un homme), l'aîné des petits-cousins ou petites-cousines issus de cousines issues elles-mêmes des cousines germaines utérines du défunt, par ordre de primogéniture de ces dernières ;

9° (à défaut de descendants utérins du deuxième degré), l'aîné des parents ou parentes de ligne utérine du défunt ou de la défunte.

L'autre ordre successoral utérin, n'affectant pas le type patriarcal et beaucoup moins fréquent que celui qui précède, est en général le suivant, que le défunt ou la défunte ait ou non des ascendants :

1° l'aîné des enfants (s'il s'agit de la succession d'une femme) ou l'aîné des neveux ou nièces utérins, par ordre de primogéniture de leurs mères, sœurs du défunt (s'il s'agit de la succession d'un homme);

2° (à défaut seulement de descendants utérins du premier degré, cousins et cousines issus de germaines exclus), l'aîné des frères ou sœurs utérins, puis l'aîné des cousins germains ou cousines germaines de ligne utérine.

On voit que jamais, dans ce système, les enfants n'ont droit à la succession de leur père ; mais comme d'autre part ils peuvent prétendre à celle de leurs frères, oncles, etc., ils ne sont pas frustrés. De même le mari n'hérite pas de sa femme ni la femme de son mari, mais l'un et l'autre peuvent hériter chacun de ses parents utérins.

Souvent il est admis que, dans chaque ligne d'héritiers, l'homme a le pas sur la femme, même si celle-ci est l'aînée, et que les sœurs, par exemple, ne peuvent hériter qu'à l'exclusion de frères. Parfois même les sœurs, nièces, etc. sont exclues de la succession, à laquelle n'ont accès que les mâles. Mais d'autres fois l'ordre successoral suit exactement l'ordre de primogéniture, sans s'occuper des sexes ; seulement il arrive que les femmes renoncent fréquemment à leurs droits en faveur de l'héritier mâle qui vient après elles. D'autre part, il convient de rappeler que la femme mariée en dehors de la résidence de la famille est la plupart du temps exclue de la succession.

Dans ce système, l'héritier du bien de famille est très généralement le même que l'héritier du bien privé ; toutefois, lorsque prévaut l'ordre successoral utérin n'affectant pas le type patriarcal, l'héritier du bien de famille est choisi le plus souvent selon l'ordre de succession de ce dernier type.

Il semble que le système de succession utérine était autrefois général, si nous en croyons le témoignage des voyageurs arabes du Moyen Age, chez les Peuls, les Toucouleurs, les Ouolofs, les Soninké, mais qu'il n'existait pas chez les Banmana ; il se rencontre encore de nos jours chez les Peuls non musulmans, chez certains Malinké et chez plusieurs peuples de la famille voltaïque (Lobi et Birifo notamment), ainsi que chez les Touareg, chez lesquels les enfants dépendent du chef de la famille de la mère : chez ces derniers, le véritable chef de famille est l'oncle maternel et la succession politique passe, en principe, au neveu utérin du chef défunt.

3° *Système de succession consanguine.*

Dans ce système, l'ordre successoral le plus généralement adopté est le suivant, que le défunt soit un homme ou une femme, en ce qui concerne la succession des biens privés :

1° l'aîné des fils, à charge pour lui, en général, de donner un cadeau à chacun de ses frères et d'aider ses sœurs à se marier en contribuant aux dépenses de leurs futurs époux (1) ;

2° (à défaut de fils) les filles, chacune recevant une part de l'héritage, mais la part de l'aînée étant toujours de beaucoup la plus forte, à charge pour elle de subvenir aux besoins de ses sœurs jusqu'à leur mariage ; souvent le frère du défunt est chargé d'administrer l'héritage échu à ses nièces et peut s'en réserver une part ;

---

(1) Dans certaines régions, mais non partout, les fils de même père et de même mère ont le pas sur les fils n'ayant pas la même mère ; en général, on suit simplement l'ordre de primogéniture.

3° (à défaut d'enfants) l'aîné des frères consanguins, et parfois, à défaut de frère, l'aînée des sœurs consanguines (1) ;

4° (à défaut de frères) l'aîné des cousins germains ;

5° (à défaut de collatéraux) l'aîné des neveux consanguins ;

6° (à défaut de neveux) l'aîné des ascendants (grand-père, père ou oncle) ;

7° (à défaut d'ascendants) le plus ancien des serfs ou serviteurs, à condition qu'il ne quitte pas le pays ;

8° (à défaut de parents et de serfs) le conjoint survivant.

Remarques. — Si l'épouse meurt sans enfants, le mari hérite des biens qu'elle a acquis depuis son mariage, les autres biens allant à l'héritier fixé par l'ordre successoral ci-dessus.

L'enfant né au plus dix mois après le décès de son père pourra hériter de celui-ci ; aussi, lorsqu'un homme marié meurt sans laisser d'enfant vivant, on attend au moins dix mois avant de disposer de l'héritage.

Le neveu utérin ne peut succéder à son oncle, car il est l'héritier naturel du mari de sa mère et n'appartient pas en réalité à la famille de son oncle maternel.

Le fils qui hérite peut prendre et épouser les veuves de son père, à l'exception de sa propre mère ; le plus souvent, il les marie à ses frères, n'en gardant qu'une pour lui.

Ce système subit souvent des modifications selon les pays où il est appliqué. C'est ainsi que, dans certaines régions, le mari hérite de la totalité des biens de sa femme décédée sans enfant, tandis que, si l'épouse a laissé un ou des enfants, le mari n'a droit qu'à une part de la succession, qu'il partage avec le père, ou le frère ou la mère de la défunte ; dans les mêmes régions, si une veuve vient à mourir en ne laissant que des filles, ses biens sont partagés entre ses filles et ses frères ou ses ascendants.

Le système de succession consanguine semble être partout en usage parmi les Noirs soudanais plus ou moins teintés d'islamisme (Toucouleurs, Soninké, Songaï, Haoussa, etc.). Il existe cependant aussi et depuis fort longtemps chez des peuples qui,

---

(1) Nulle part, chez les peuples pratiquant ce système, les frères de pères différents ne sont admis à hériter l'un de l'autre.

ou bien ont abandonné la religion musulmane après l'avoir pratiquée autrefois, comme la plupart des Malinké, ou bien sont restés toujours en dehors de l'influence islamique, comme les Banmana, les Sénoufo, les Tombo, les Mossi, les Gourmantché, etc.

Ce qui est fort important, c'est que, là où il existe, ce système n'est appliqué qu'en ce qui concerne la succession des biens privés : l'héritier du bien de famille est toujours le patriarche, c'est-à-dire le plus ancien des parents vivants du défunt, ou, en termes plus précis, l'aîné des enfants survivants du premier né de la génération précédente. Les parents du sexe féminin ou bien sont exclus de la succession ou en tout cas ne succèdent qu'à l'exclusion de parents mâles du même degré et, la plupart du temps, les femmes sont toujours exclues en ce qui concerne le bien de famille. Il arrive donc en général que l'héritier du bien privé n'est pas le même que l'héritier du bien de famille : le premier est le plus fréquemment le fils du défunt, tandis que le second est ordinairement l'aîné de ses frères ou cousins germains survivants.

4° *Système de succession patriarcale.*

Ce système est simple et se ramène à celui suivi pour la succession du bien de famille chez les peuples qui ont adopté, pour la succession des biens privés, le système consanguin : ici, qu'il s'agisse d'un bien privé ou d'un bien de famille, l'héritier est toujours le patriarche, c'est-à-dire l'aîné des enfants survivants du premier né de la génération précédente, choisi parmi les parents de ligne consanguine (1). En aucun cas, le patriarche ne peut être un parent par alliance.

Le plus généralement, les parents mâles seuls peuvent héri-

(1) Il est bien entendu que ce que je dis ici ne s'applique pas aux peuples pratiquant le système de succession utérine : ainsi, chez les Lobi et les Birifo, qui suivent ce dernier système, le patriarche est pris exclusivement dans la ligne utérine ; chez ces peuples en effet, les enfants appartiennent, non à leur père, mais au chef de la famille de leur mère et c'est celui-ci qui doit les nourrir, même du vivant du père.

ter ; en tout cas, les parents féminins, dans les rares pays où on les admet à la succession, ne peuvent y prétendre qu'à l'exclusion de parents masculins de la même génération.

La plupart du temps, le fils est exclu de l'héritage, même s'il est plus âgé que le neveu, à moins qu'il n'ait pour mère une *femme de condition servile* : dans ce cas, mais dans ce cas seulement, et généralement pour répondre au désir du père défunt ou de la famille, le fils peut hériter de préférence aux neveux même plus âgés que lui, parfois même de préférence aux frères du défunt. Cette clause obligatoire de mère de condition servile provient de la crainte de voir la fortune passer dans la famille de la mère, ce qui pourrait arriver si le fils d'une femme libre héritait de son père, tandis que la même chose n'arrivera pas si la mère de l'héritier, étant serve, n'a par suite pas d'autre famille que celle de son défunt mari et de son fils.

D'autre part, il est d'usage que l'héritier (collatéral ou neveu) du défunt fasse, sur l'héritage privé, un cadeau au fils aîné du défunt ainsi qu'à chacun de ses frères à lui. Très souvent, si le défunt a laissé plusieurs veuves, l'héritier s'acquitte de cette obligation d'usage en en donnant une à chacun de ses frères.

Là où existe le système patriarcal, l'héritier étant toujours l'aîné des enfants survivants du premier-né de la génération précédente, les ascendants sont tous défunts lorsque s'ouvre la succession. En sorte que, dans la pratique, l'héritier est toujours le collatéral (frère ou cousin germain) qui suit immédiatement le défunt dans l'ordre de primogéniture des membres de la génération précédente, et, à défaut de collatéraux, le neveu ou cousin issu de germain fils aîné de l'aîné des collatéraux. A défaut de neveux ou cousins issus de germains, l'héritier peut être le fils dans certaines tribus, dans d'autres l'aîné de la troisième génération, dans d'autres le plus ancien des serfs de la famille. Il est utile de faire remarquer que, dans le système patriarcal, les cousins germains sont assimilés aux frères et les cousins issus de germains aux neveux ; d'ailleurs la plupart des langues indigènes donnent le nom de « frères » à tous les parents de ligne collatérale et celui de « fils » ou « neveux » à tous les parents de la génération suivante.

Il peut arriver qu'au lieu d'accorder strictement la qualité d'héritier à l'aîné des enfants survivants du premier-né de la génération précédente, la coutume accorde cette qualité au premier-né survivant de la génération la plus ancienne. Soit trois frères nés en 1860, 1865 et 1870, et dont le premier n'a eu de fils qu'en 1900, tandis que le second en a eu un en 1898 et le troisième en a eu un en 1899. Au décès du troisième frère (né en 1870) l'héritier sera, selon la coutume ordinaire, le neveu né en 1900, bien que plus jeune que le neveu né en 1898 et que le fils né en 1899, parce que, bien que plus jeune, il est fils de l'aîné de la génération précédente ; dans l'autre coutume au contraire, l'héritier serait le fils du second frère, parce que né en 1898.

Ce système de succession patriarcale semble être le plus ancien et le plus conforme au génie de la race noire. Le système de succession utérine, sous son aspect le plus fréquent, n'en est en somme que le perfectionnement, amené par la crainte qu'un enfant ne soit pas du même sang que son père et par la certitude qu'il est toujours du même sang que sa mère. En ce qui concerne le bien de famille, on peut dire que le système patriarcal est universel. Il ne lui a été porté atteinte que pour la succession des biens privés et encore est-il suivi, pour ces biens, de nos jours encore, dans un certain nombre de provinces du Soudan méridional.

Nota. — L'adoption de tel ou tel système de succession est la source de coutumes qui, autrement, seraient difficilement explicables. C'est ainsi que, chez les Toucouleurs, les Sarakolé et plusieurs autres tribus du Soudan septentrional, il n'était pas admis qu'un homme libre pût épouser une esclave, tandis qu'une telle union était parfaitement admise chez les Dioula, les Sénoufo et en général les Soudanais du Sud. La raison de cette divergence est la suivante : chez les premiers, le fils succédant à son père et héritant des esclaves de celui-ci, le fils né du mariage d'un homme libre avec une esclave serait devenu, à la mort de son père, le maître de sa mère, ce qui est considéré comme contre nature ; chez les autres, le fils ne pouvant succéder à son père, la même chose ne pouvait se produire.

5° *Coutumes spéciales aux enfants naturels.*

L'enfant naturel de père inconnu hérite de sa mère. Si sa mère a eu d'autres enfants dans l'état de mariage, l'enfant naturel reçoit la moitié de l'héritage, l'autre moitié allant à l'aîné des enfants légitimes. S'il existe plusieurs enfants naturels, le bien de la mère est partagé entre eux, sans distinction de sexe ni de primogéniture. Enfin, s'il se trouve plusieurs enfants naturels et un ou deux enfants légitimes en présence, la moitié du bien de la mère est partagée comme ci-dessus entre les enfants naturels, et l'autre moitié va à l'aîné des enfants légitimes.

Dans les pays où, par suite de l'adoption des coutumes musulmanes, le mari peut hériter d'une partie des biens de sa femme, il reçoit la moitié de ces biens ; l'autre moitié est partagée en deux quarts, dont un va aux enfants naturels de la mère et l'autre à l'aîné des enfants qu'elle a eus de son mari.

La question de l'héritage à revenir aux enfants naturels sur la succession de leur père ne se pose pas : en effet, ou bien l'enfant naturel a été reconnu par son père par le fait du mariage de celui-ci avec la mère, et dès lors il devient enfant légitime, ou bien le père de l'enfant n'a pas épousé la mère, et alors l'enfant est toujours considéré comme de père inconnu, à moins que, né pendant le mariage par suite de relations adultérines de la mère, il soit considéré comme enfant légitime du mari. De toutes façons, un père ne peut avoir d'enfants naturels.

CHAPITRE II

Les contrats

I. — Des contrats en général.

1° Définition. — Le contrat est une convention en vertu de laquelle une ou plusieurs personnes prennent, à l'égard d'une ou plusieurs autres, l'engagement de faire ou ne pas faire quelque chose.

2° Forme du contrat. — Les conventions au Soudan sont généralement verbales. Toutefois il a existé de tout temps, quoique en nombre restreint, des conventions écrites, rédigées en langue arabe. Depuis notre occupation, les indigènes même illettrés ont pris, dans les grands centres, l'habitude de faire consigner par écrit leurs conventions verbales, en s'adressant, soit à un fonctionnaire français, soit à un colon, soit même à un indigène lettré. Un décret du 2 mai 1906 a réglementé ce mode de conventions écrites, dans lequel les indigènes ont une réelle confiance et qui tend de plus en plus à se généraliser.

3° Conditions de validité. — a. *En ce qui concerne les contractants.* — Les contractants doivent être émancipés par le mariage, sinon ils doivent être autorisés par leurs parents ou tuteurs. Même émancipés, ils doivent être autorisés par leurs chefs de famille, si la responsabilité de ces derniers doit ou peut se trouver engagée ; en tout cas, un contrat touchant, par un côté quelconque, au bien de famille ou aux prérogatives du chef de famille, ne sera valide que s'il a été autorisé par ce dernier. Dans les autres cas, cette autorisation n'est pas indispensable pour la validité du contrat, mais en général le chef de famille ne peut être rendu responsable de l'exécution d'un contrat passé sans son autorisation. — La femme est autorisée à contracter, mais l'autorisation du mari est le plus souvent exigée s'il s'agit d'un contrat de quelque importance.

De plus, les contractants doivent agir de leur plein gré : si l'un d'eux peut prouver que son consentement a été arraché par menaces, violences ou pression, le contrat peut être annulé.

b. *En ce qui concerne l'objet du contrat.* — Cet objet doit être licite, c'est-à-dire qu'il ne peut être contraire aux coutumes généralement admises. — Les contractants ne peuvent faire de conventions que sur des personnes ou des choses qui dépendent d'eux ou leur appartiennent. — Il n'est pas nécessaire que la matière du contrat existe à proprement parler : ainsi on peut vendre le produit à venir d'une vache ou d'une jument, même si elle n'est pas grosse ; mais on ne peut vendre le produit d'une bête que l'on ne possède pas encore. — La matière du contrat peut n'avoir qu'une existence morale et consister, par exemple, en un droit ou une obligation.

c. *En ce qui concerne la forme du contrat.* — S'il est verbal, des témoins sont nécessaires ; un seul témoin peut suffire à la rigueur, s'il n'est ni parent ni allié d'aucun des contractants et s'il occupe une certaine situation sociale. En général on exige deux témoins ; mais la présence de trois témoins, non parents ni alliés entre eux ni avec aucun des contractants, est une garantie supérieure de validité. Dans tous les cas, un témoin parent ou allié de l'un des contractants n'est admis que s'il est également parent ou allié de l'autre contractant. — Les témoins doivent toujours être adultes et émancipés par le mariage pour être considérés comme témoins irrécusables. Le témoignage des femmes ou des enfants n'est admis en général qu'à titre documentaire.

Si le contrat est écrit, il suffit du témoignage de celui qui l'a rédigé, si c'est un notable, mais — dans le cas où l'un des contractants ou les deux sont illettrés — il faut que le rédacteur du contrat ne soit ni parent ni allié d'aucun des contractants ou qu'il le soit des deux à la fois. — Si le rédacteur du contrat est connu et s'il a mentionné son nom sur l'écrit, le témoignage est considéré comme suffisamment fourni par la simple production de l'écrit. — Une expédition du contrat suffit si elle est signée du rédacteur et des deux parties contractantes; autrement il en faut deux expéditions identiques, dont chaque contractant doit recevoir un exemplaire, et, en cas de contestation, les deux expéditions doivent être produites. — Le contrat rédigé par un inconnu doit mentionner la présence de deux témoins au minimum pour chaque contractant. — Un contrat rédigé par l'un des contractants ne peut être valide que s'il est fait en deux expéditions signées des deux contractants et d'un témoin au moins, ou s'il mentionne tout au moins les noms de ces trois personnes. — Un contrat rédigé en une autre langue que l'arabe ou le français n'est pas valide, à moins que la langue dans laquelle il est rédigé soit connue des deux contractants et que les deux contractants sachent la lire ; dans tous les cas, les noms des deux contractants doivent être mentionnés.

Le contrat visé par l'administrateur ou son représentant et rédigé selon les formes prescrites par le décret du 2 mai 1906 est toujours considéré comme valide.

d. En ce qui concerne la date du contrat. — Il existe partout des jours et des dates regardés comme néfastes : certain jour de la semaine ou du mois, certaine date de l'année, certain anniversaire peut être néfaste pour l'ensemble d'une tribu, d'un village ou d'une famille ou pour un particulier ; je ne puis citer ici ces jours et ces dates, dont la détermination varie avec chaque peuple ou chaque croyance. En tout cas, un contrat ne peut être valide que s'il a été passé à une date qui n'est néfaste pour aucun des contractants. Généralement on passe outre à cette coutume en ce qui concerne les contrats passés devant l'autorité française.

e. Rites spéciaux. — Il existe dans beaucoup de pays des rites de caractère magico-religieux dont l'absence peut rendre un contrat caduc ; c'est ainsi que, dans presque tout le Soudan, s'il s'agit d'une vente de quelque importance, le contrat n'est définitif que lorsque les deux contractants se sont serré la main droite. — Il existe aussi des rites non obligatoires, — tels que le serment prêté sur une divinité, sur un objet sacré, sur un talisman, sur le Coran, etc., — rites dont l'absence ne rend pas le contrat caduc, mais dont la présence le rend en quelque sorte sacré et particulièrement inviolable.

4° *Arbitres et courtiers*. — Il est rare qu'un contrat de quelque importance soit conclu directement entre les contractants eux-mêmes : le plus souvent les pourparlers sont engagés et l'affaire traitée par l'intermédiaire d'un arbitre choisi par les deux parties ou de deux courtiers représentant chacun l'une des parties. Cet arbitre ou ces courtiers sont les témoins naturels du contrat et des rites qui peuvent l'accompagner. — Une fois le contrat passé, les services de l'arbitre ou des courtiers sont rémunérés par les deux parties ; le plus souvent, s'il s'agit d'une vente, d'un prêt, etc., cette rémunération est prélevée sur la matière faisant l'objet du contrat. En cas de contrat à terme, la rémunération peut n'être effectuée que lorsque les obligations résultant du contrat sont éteintes, et alors l'arbitre ou les courtiers peuvent être rendus responsables de l'exécution de ces obligations.

5° *Obligations résultant des contrats*. — Les contractants sont astreints, chacun en ce qui le concerne et d'après les termes du contrat — ou, en l'absence de termes définis, selon la coutume locale spéciale à chaque sorte de contrat —, à l'exécution de la convention passée entre eux.

Ils peuvent ne pas être les seuls liés par leur contrat : si ce contrat a été autorisé par le chef de famille, et alors même que, de par sa nature, il eût pu être conclu sans cette autorisation, le chef de famille est responsable de l'accomplissement des engagements pris par le contractant qui relève de lui ; il existe même des pays où le chef de famille est tenu pour responsable de l'exécution de tout contrat passé, même à son insu, par un membre quelconque de sa famille. — Le père ou tuteur est naturellement responsable des engagements pris par son fils ou pupille ; le mari qui a autorisé sa femme à contracter est responsable des engagements pris par son épouse. — Nous avons vu de plus que l'arbitre et les courtiers peuvent être rendus responsables de l'exécution d'un contrat auquel ils ont coopéré.

La non-exécution de l'une des clauses ou de toutes les clauses du contrat entraîne, pour le contractant fautif, l'obligation d'indemniser son co-contractant, si ce dernier l'exige, et l'indemnité à payer est d'autant plus forte qu'il s'est écoulé un délai plus considérable depuis le jour où la ou les clauses auraient dû recevoir leur pleine exécution. En cas de non-paiement de cette indemnité et de non-exécution, à la date fixée, des obligations résultant du contrat, le contractant fautif, s'il n'a pas obtenu de son co-contractant un délai supplémentaire, peut être mis en demeure de fournir une garantie ou voir prononcer la saisie de ses biens ; il peut toutefois éviter cette saisie en se mettant lui-même en gage ou en mettant en gage une autre personne (voir plus loin : VII, des dettes, du gage et de la saisie).

A la mort d'un contractant, ses droits ou ses obligations passent à son héritier. — Un contractant peut céder à un tiers ses droits ou ses obligations, mais cette cession ne peut s'opérer qu'avec le consentement du co contractant, et elle constitue un nouveau contract.

6° *Extinction des contrats.* — Les contrats, en droit indigène strict, ne s'éteignent que du fait de leur pleine et entière exécution, ou par résiliation consentie par les deux parties, ou encore par suite de la renonciation du contractant créancier de l'obligation, soit que cette renonciation soit entière, soit qu'elle se produise, par entente amiable ou conciliation devant un tribunal, à la suite de l'exécution d'une partie des obligations ou du versement d'une compensation.

La perte ou la disparition même fortuite de l'objet formant la matière du contrat n'éteint généralement pas le contrat, au moins en droit strict; tout au plus peut-elle être une cause de renonciation volontaire de la part du créancier : ainsi, au cas d'un cheval vendu mais non encore livré qui viendrait à mourir, l'acheteur est en droit d'exiger un autre cheval ; mais il peut aussi renoncer à l'exécution du contrat et dans ce cas se faire rembourser par le vendeur la somme qu'il lui avait remise.

La prescription n'est admise nulle part : un contrat passé entre deux personnes mortes depuis plusieurs générations, s'il n'a pas été exécuté, subsiste toujours, et les héritiers respectifs des contractants sont tenus en droit d'exécuter la convention.

7° *Règlement d'un différend survenu au sujet d'un contrat.* — La présence des contractants et des témoins du contrat est exigée, ainsi que la production de l'écrit constatant le contrat, s'il existe, écrit qui peut éviter parfois la nécessité de convoquer les témoins, ainsi qu'on l'a vu plus haut. Les contractants peuvent se faire représenter par des fondés de pouvoir, mais non les témoins.

En cas de décès de l'un des contractants ou des deux, l'héritier du défunt se présente naturellement à sa place, puisqu'il a hérité de ses droits ou de ses obligations. En cas de décès des témoins, ou s'ils sont absents par raison de force majeure, il est généralement admis qu'ils peuvent être remplacés par des personnes ayant entendu parler par eux ou par les contractants des conditions du contrat, pourvu que ces personnes soient en nombre au moins égal au nombre des témoins véritables et qu'elles ne soient pas parentes ni alliées d'aucun des contractants.

Souvent aussi en l'absence de témoins, on oblige les contractants ou tout au moins l'un d'eux à prêter un serment spécial (voir plus loin : procédure, serments et épreuves judiciaires).

S'il n'y a aucun doute sur l'existence et les clauses du contrat, mais s'il y a désaccord entre les parties au sujet du fait de son exécution, la preuve est fournie par témoins, ou, en leur absence, par un serment analogue à celui cité tout à l'heure.

Nota. — Les règles générales qui viennent d'être exposées s'appliquent à tous les genres de contrat : nous n'y reviendrons donc pas à propos des contrats les plus fréquents dont il va être question, mais, à propos de chacun de ces contrats, nous examinerons les règles particulières qui s'appliquent spécialement à lui.

II. — De la vente et de l'échange.

1° De l'objet de la vente. — Selon ce qui a été dit plus haut, on ne peut vendre que ce que l'on possède ou les fruits ou produits de ce que l'on possède : par suite, un bien possédé par une collectivité ne peut être vendu que par cette collectivité elle-même ou son chef muni des pouvoirs de la collectivité entière, et non par l'un quelconque de ses membres ni même par son chef s'il n'y est pas dûment autorisé ; il en sera ainsi par exemple du bien de famille et des terrains possédés par une tribu ou un village, comme aussi des droits d'usufruit, de superficie, etc., possédés par une collectivité indivise. Cette distinction établie, tout bien peut être vendu par son ou ses propriétaires, quelle que soit sa nature, réserve faite des biens dont l'aliénation est interdite par la coutume ou n'est autorisée que dans des conditions très spéciales (voir notamment ce qui a été dit au sujet des biens fonciers et du bien de famille).

2° Nature de la vente. — La vente peut s'opérer au comptant, à crédit ou à terme.

La plupart du temps, les indigènes paient comptant ce qu'ils achètent au marché, sur la place publique, dans un lieu d'étape, sur la route, ou encore dans une boutique appartenant à un Européen ; mais les ventes conclues à domicile et les ventes de quelque importance sont presque toujours des ventes à crédit ou à terme.

Dans la vente au comptant, l'objet vendu et le paiement sont remis tous les deux séance tenante, une fois le marché conclu. Cette sorte de vente ne comporte pas en général de contrat proprement dit et n'a pas besoin d'être faite devant témoins pour être valide ; cependant, comme elle a eu lieu le plus souvent en public, il se trouve généralement que des témoins y ont assisté fortuitement, et ils peuvent être appelés par le vendeur ou l'acheteur en cas de contestation, par exemple si l'un des contractants, au moment de prendre livraison de l'objet vendu ou de son prix, s'aperçoit que l'objet possède des vices ou que la somme remise en paiement n'est pas juste ou renferme des pièces fausses.

Dans la vente à crédit, l'objet vendu est remis à l'acheteur aussitôt la vente conclue, mais le paiement n'est effectué qu'au bout d'un temps déterminé ou indéterminé, et souvent par fractions successives. Le paiement doit toujours être effectué devant témoins en cas de vente à crédit.

Dans la vente à terme, il n'y a livraison immédiate ni de l'objet vendu ni du paiement : un ou plusieurs termes sont fixés pour la remise de l'un et de l'autre, remise qui doit avoir lieu devant témoins.

3° Garantie. — Dans la vente à crédit et dans la vente à terme, le vendeur, dès l'instant qu'il a livré l'objet vendu, peut exiger de l'acheteur un acompte ou une garantie ; la garantie sera conservée par lui jusqu'au paiement intégral du prix convenu pour la vente et, à ce moment, sera remise à l'acheteur. Si cette garantie est un animal, le vendeur est tenu de le nourrir et de le soigner à ses frais pendant tout le temps qu'il le conserve ; il en est responsable et, si cet animal vient à s'égarer ou s'il meurt étant en garantie, le vendeur est tenu de le rembourser à l'acheteur, à moins que les deux parties ne consentent à ce que la valeur de l'animal soit déduite du montant de la créance ; si elle dépasse ce montant, le créancier doit remettre le surplus au débiteur.

4° Echange et monnaies. — En réalité, toute vente est un échange, puisqu'elle consiste à échanger un objet (matériel ou moral) contre un autre objet qui constitue le paiement. En style courant, on réserve le nom d'échange à la vente dans laquelle le paiement est constitué par un objet qui pourrait lui-même se vendre, c'est-à-dire par autre chose que de la monnaie. Les échanges ainsi définis étaient autrefois très fréquents : ils s'opèrent de moins en moins à mesure que l'usage des monnaies se généralise.

Les monnaies européennes en usage au Soudan chez les indigènes sont : d'abord la monnaie française (pièces d'argent, de beaucoup les plus nombreuses, surtout les pièces de cinq francs ; pièces de billon, plus rares ; pièces d'or, plus rares encore ; pièces de nickel, à peu près inconnues jusqu'ici) ; ensuite les billets de la Banque de l'Afrique Occidentale, beaucoup moins appréciés que les billets de la Banque de France, qui avaient cours précédemment ; les pièces d'or anglaises et allemandes, au taux de 25 francs la pièce de 20 shillings ou 20 marks. Les pièces d'argent anglaises, assez répandues à la Guinée, à la Côte d'Ivoire et au Dahomey, ne sont pas acceptées par les caisses publiques.

Il existe aussi des monnaies indigènes : les *cauries*, petits coquillages univalves provenant de l'Océan Indien (1), sont usitées dans tout le Soudan (Haut-Sénégal-Niger, Nord de la Guinée, de la Côte d'Ivoire et du Dahomey) ; le taux en est variable : dans la plupart des pays, le taux usuel est le taux bamana ou bambara, c'est-à-dire 800 cauries pour 1 franc ; dans quelques régions, on a le taux malinké, c'est-à-dire 600 cauries pour 1 franc, et, dans un certain nombre de villes habitées par des Dioula, le taux musulman, c'est-à-dire 1.000 cauries pour 1 franc. En outre, il convient de noter que, dans un même pays, le cours des cauries peut varier selon l'abondance ou la pénurie de cette monnaie, et passer du taux malinké au taux musulman ; on a même vu, à certaines époques, les cauries monter à 200 pour 1 franc dans la Boucle du Niger et descendre à 4.000 pour 1 franc au Dahomey. Il existe des indigènes qui pratiquent l'accaparement des cauries afin d'en faire monter le cours et d'écouler alors leur stock à un taux avantageux (2).

Le long de la lisière nord de la forêt dense (principalement

(1) Les cauries existent de toute antiquité au Soudan. Il semble que leur importation en Afrique Occidentale se fit d'abord par l'Egypte et l'Abyssinie (avant J.-C.), puis par le Maroc (moyen âge) ; plus récemment (1840-59), des voiliers de Hambourg en importèrent des Maldives et de la côte de Zanzibar. Aujourd'hui, au Nord et au Sud du Soudan, comme à l'Est du Tchad, elles ne servent plus guère que pour la parure et l'ornementation.

(2) Un paquet de 10 cauries est appelé en mandingue — ainsi que dans les pays d'influence mandingue — *daba* ou *daoua* ou encore *poroko ;* un paquet de 20 cauries s'appelle *toko*, de 100 cauries *daba-tan* (dix *daba*), de 200 cauries *sira*. Par assimilation, on appelle *toko* une somme de cent francs (20 pièces de 5 francs) et *sira* une somme de mille francs (200 pièces de 5 francs).

Fig. 62. — Chefs et cultivateurs Dagari, à Ouaraba.

Fig. 63. — Groupe de Birifo, à Somanti.

en Guinée et Côte d'Ivoire et surtout dans les pays à colas), on fait usage du *sombé*, tige de fer plate de fabrication indigène, affectant à peu près la forme d'une jambe et d'un pied, de longueur variant entre 25 et 40 centimètres en général, et valant environ cinq centimes la pièce : ici aussi on a des cours variables.

Dans les pays aurifères (Bambouk, Lobi) et dans les régions où se fait le commerce de l'or, on use encore — quoique moins aujourd'hui qu'autrefois — de l'or en poudre ou en pépites ; les paiements s'effectuent alors — au moins la plupart du temps — à la pesée : chaque marchand possède une petite balance et des poids (soit des poids indigènes soit des poids de fabrication européenne), et, lors d'une vente, les deux contractants pèsent l'or à tour de rôle, chacun en se servant de ses propres poids ; la méthode de la double pesée est connue et la plupart du temps exigée. Le cours généralement adopté est de 96 francs l'once de 32 grammes, ou 3 francs le gramme ; dans les pays musulmans, l'unité de poids généralement adoptée est le *mitskal* arabe, pesant entre 4 et 5 grammes.

Parmi les produits ou marchandises usités comme monnaies d'échange, il faut citer le sel, les colas, le tabac en feuilles ou en poudre, les bandes de tissu indigène, les tissus en pièces, les houes en fer, les tiges ou bracelets de cuivre, certaines perles en verroterie ou en corail, etc.

III. — De la cession et de la donation.

1° Cession. — La cession consiste à abandonner au co-contractant, soit gratuitement, soit contre rémunération, les droits que l'on possède sur la propriété ou l'usage d'un bien foncier ou mobilier, ou encore les obligations ou droits résultant d'un contrat préalable. La cession à titre gracieux constitue l'une des formes de la donation (voir plus loin) ; la cession contre rémunération constitue l'une des formes de la vente (voir ci-dessus). Les règles énoncées à propos de la vente ou de la donation s'appliquent donc aussi à la cession.

2° Donation. — La donation est l'abandon pur et simple au

co-contractant des droits de propriété réelle que l'on possède sur un bien quelconque. Quoique pratiquée assez rarement, elle est admise par les indigènes du Soudan et est soumise aux règles générales régissant les contrats.

Il est bon de noter que, au Soudan comme en Europe, une donation appelle en général, au moins officieusement, une donation en retour, à moins qu'elle ne soit le paiement d'un service rendu, en sorte qu'elle constitue en quelque sorte un contrat tacite d'échange ou de vente : c'est ainsi que, presque partout, le voyageur reçoit gratuitement l'hospitalité chez l'habitant, mais est tenu de lui faire en retour un cadeau proportionné à la qualité de l'hospitalité qu'il a reçue ; un voyageur, auquel son hôte aura fait cadeau d'un poulet pour sa nourriture et qui n'aura rien donné en retour à son hôte, s'entendra dire très souvent par ce dernier : « Tu m'as pris un poulet » ou « Tu me dois un poulet », ou, pour traduire littéralement la phrase indigène : « Un de mes poulets est chez toi ».

IV. — Du louage et du fermage.

1° Louage. — Le louage consiste à abandonner moyennant rémunération, soit pour un temps donné, soit pour une durée indéterminée, l'usage ou la jouissance d'un bien quelconque (terrain, maison, cheval, bétail, objet usager, etc.). L'objet du louage peut aussi être une personne et, dans ce cas, ou bien le loueur abandonne au co-contractant l'usage des bras d'un tiers — c'est ce qui se passait au temps de l'esclavage, lorsque le maître pouvait louer ses esclaves et le seigneur ses serfs, et c'est ce qui se passe encore aujourd'hui en ce sens que le père ou tuteur peut louer les services de ses enfants ou pupilles, le chef ceux de ses sujets — ou bien le loueur se loue lui-même — ce qui revient à s'engager comme serviteur ou travailleur au service d'un autre.

Cette dernière forme de contrat, qui répond exactement à notre conception du travail salarié, a existé de tout temps au Soudan, mais elle était peu en usage avant notre arrivée dans le pays, remplacée qu'elle était en général par le travail fourni au maître ou seigneur par ses propres esclaves ou serfs ou par ceux que lui louait un autre maître ou seigneur. Nous lui avons donné un grand développement par l'institution de nos engagements militaires et civils et par la création d'emplois de domestiques, manœuvres, ouvriers, commis, travailleurs salariés de tous ordres. Cette forme de contrat s'est répandue beaucoup, dans les milieux purement indigènes, depuis l'abolition définitive de l'esclavage et la modification des coutumes réglant le servage ou l'esclavage domestique.

Le louage des choses est un contrat qui ne se distingue de la vente — au moins quant au régime adopté — qu'en ce que le propriétaire n'abandonne pas ses droits de propriété sur l'objet du contrat. Par suite, lorsque le contrat prend fin, — soit que le locataire cesse de payer le prix de la location et se trouve ainsi déchu de ses droits, soit qu'il résilie la location, — le locataire doit restituer au propriétaire l'objet du contrat tel qu'il l'avait reçu : par exemple, celui qui a pris un cheval en location doit le remplacer ou en rembourser la valeur, si ce cheval est venu à mourir durant le temps de la location.

Le locataire peut toujours résilier le contrat à son gré. Quant au propriétaire, il peut également le résilier quand il lui plaît ; mais s'il le résilie avant le terme fixé, ou, en cas de louage de durée indéterminée, s'il le résilie à un moment où la privation de l'objet loué peut causer préjudice au locataire, ce dernier est en droit d'exiger des dommages-intérêts.

Le louage d'une personne par son maître, chef, père ou tuteur donne lieu à l'application des mêmes règles. De plus il convient de noter que, dans ce cas spécial, le loueur peut spécifier — et spécifie généralement — que son co-contractant devra, en outre du prix convenu pour la location, prix qui revient de droit au loueur, rémunérer les services à lui rendus par la personne objet du louage. Bien entendu, le bénéficiaire du contrat de louage est toujours tenu de nourrir et soigner la ou les personnes dont il a pris les services en location, comme il serait tenu de nourrir et de soigner l'animal pris par lui en location.

Lorsque le contrat est passé entre la personne qui loue ses propres services et le patron qui désire les utiliser, ce contrat peut spécifier des clauses fort diverses, dépendant uniquement de l'accord des contractants ; dans tous les cas l'employeur doit nourrir son employé, mais il est admis qu'il peut ne pas le rémunérer si l'employé n'a pas stipulé dans le contrat qu'il exigeait une rémunération. Dans le cas — assurément le plus fréquent — où l'employé est rémunéré, il est admis, comme on l'a vu plus haut, qu'une part de son salaire doit aller au bien de sa famille.

2° *Fermage*. — Le fermage, tel qu'il est pratiqué au Soudan, consiste, de la part du propriétaire d'un troupeau ou d'un terrain, ou de l'usufruitier de ce terrain, à abandonner au co-contractant — berger ou fermier — une partie du produit du troupeau ou du terrain, moyennant quoi ce co-contractant doit conserver, entretenir et faire valoir le troupeau ou le terrain.

C'est ainsi, en ce qui concerne les troupeaux, que le berger en général ne reçoit pas de salaire, mais peut user à son gré du lait des vaches, brebis, chèvres, ou tout au moins du lait trait à certains jours de la semaine, ainsi que d'une part déterminée des portées. Parfois il reçoit, en outre, des grains pour sa nourriture. — En ce qui concerne les terrains, le fermage est moins répandu en tant que contrat proprement dit : jusqu'à ces dernières années, il était surtout exercé par les serfs ou esclaves domestiques, qui étaient souvent de véritables fermiers vis-à-vis de leurs seigneurs, cultivant les terres de ces derniers et gardant de la récolte ce qui était nécessaire à leurs besoins ; actuellement le fermage par contrat libre tend à se substituer à l'ancien système de servage agraire.

Il existe des contrats de fermage concernant le produit des bacs et des marchés.

V. — Du prêt.

Le prêt peut s'appliquer à un objet sur lequel le contrat de prêt ne confère à l'emprunteur que le droit d'usage (par exemple, prêt d'un cheval, d'un fusil, d'un vêtement, d'un terrain, etc.) ; il peut s'appliquer aussi à des objets que l'emprunteur a le droit de consommer ou d'échanger (par exemple, prêt de poudre, d'huile, d'aliments, de monnaies ou articles d'échange en tenant lieu, etc.). Dans le premier cas, l'emprunteur doit, à l'expiration du contrat, restituer l'objet tel qu'il l'a reçu ; dans le second, il doit en restituer la valeur ou l'équivalent.

Le prêt à usage et le prêt de consommation peuvent, comme le louage, être consentis pour une durée déterminée ou sans terme fixe. Ils peuvent être consentis par le prêteur à titre gracieux, mais ils peuvent aussi l'être à titre onéreux, c'est-à-dire moyennant rémunération s'il s'agit d'un prêt à usage, ou avec intérêt s'il s'agit d'un prêt de consommation.

Il n'existe pas de taux fixe pour l'intérêt ; ce taux dépend des clauses du contrat et surtout du délai qui s'écoule entre le prêt et la restitution : l'intérêt est en général progressif, c'est-à-dire que, plus l'emprunteur met de temps à se libérer, plus l'intérêt dû au prêteur est élevé.

VI. — Du mandat et du dépôt.

1° Mandat. — Le mandat est un contrat par lequel le mandataire accepte d'accomplir tel ou tel acte dans les conditions stipulées par le mandant, ou à faire valoir de telle ou telle manière un dépôt qui lui a été confié par le mandant. La contravention aux obligations acceptées par le mandataire constitue l'abus de confiance.

L'aspect sous lequel le contrat de mandat se présente le plus communément au Soudan est le contrat de mandat commercial : le mandant confie au mandataire des bestiaux, des produits agricoles ou des marchandises quelconques et le charge de vendre ces bestiaux, produits ou marchandises pour son compte à lui mandant; ou bien le mandant confie au mandataire une somme en espèces (monnaie ou article en tenant lieu) et le charge d'employer cette somme à l'achat de bestiaux, produits ou marchandises spécifiés par le contrat. La rémunération du mandataire est constituée, soit par un salaire, soit le plus souvent par une part du bénéfice que l'opération fait réaliser au mandant, part qui peut être déterminée par le contrat ou la coutume locale, ou bien peut rester à l'appréciation du mandant et varier avec la façon dont le mandat a été rempli.

La conception qu'ont les indigènes du Soudan des obligations du mandataire n'est pas aussi rigoureuse que celle qui a motivé les articles de notre Code pénal concernant l'abus de confiance. On admet, par exemple, que le mandataire détourne le dépôt qu'il a reçu de la fin stipulée par le contrat, pourvu que ce mandataire fasse réaliser un bénéfice à son mandant. On admet aussi plus facilement que chez nous le cas de force majeure lorsqu'il y a eu perte du dépôt. Mais, surtout, les indigènes ne reconnaissent pas le caractère d'un délit proprement dit à la dissipation par le mandataire du dépôt qui lui avait été confié, et admettent seulement que le mandataire infidèle a contracté vis-à-vis de son mandant une dette dont il est tenu de se libérer, sans plus.

2° Dépôt. — Le contrat de mandat que nous venons d'examiner comporte bien un dépôt, mais nous entendrons spécialement par contrat de dépôt celui par lequel une personne confie à une autre des biens ou des espèces, non pas en vue d'une opération commerciale, mais simplement pour les garder durant l'absence du déposant ou les transporter d'un point à un autre.

Dans ce cas spécial, les obligations du dépositaire sont plus rigoureuses que dans le cas de dépôt fait en vertu d'un mandat commercial : le dépositaire ne peut jamais disposer du dépôt sans commettre un acte qui est assimilé au vol par la coutume indigène et sans s'exposer, non seulement à une action en dommages-intérêts, mais encore à une peine correctionnelle. Si le dépositaire, sans avoir dissipé le dépôt, l'a laissé perdre ou détériorer, même involontairement, il est tenu à des dommages-intérêts. D'autre part, il a le droit d'exiger du déposant une indemnité pour la garde et l'entretien du dépôt, indépendamment du salaire qui lui est dû en cas de transport.

VII. — Des dettes, du gage et de la saisie.

1° Des dettes. — Nous avons vu que la prescription n'était pas admise en droit indigène : par suite, une dette ne peut être éteinte que par le désintéressement complet du créancier ou la renonciation de ce dernier à sa créance. Les dettes et créances, faisant partie de l'héritage, peuvent durer un nombre illimité de générations, et, là où le système du prêt à intérêt existe, on comprendra qu'une dette, insignifiante à l'origine, puisse s'élever au bout d'un certain nombre d'années à une somme considérable. C'est là la principale raison pour laquelle certaines successions, présentant un passif plus lourd que l'actif, sont répudiées par l'héritier naturel.

2° Du gage. — Le créancier peut exiger de son débiteur un gage matériel représentant, soit la valeur de la somme due, soit une partie de cette somme, soit parfois une valeur supérieure au montant de la créance. Ce gage — animal, maison, tissus, objet quelconque — une fois remis au créancier, c'est ce dernier qui est responsable à ses frais de sa garde et de son entretien ; il peut en user en général, mais il ne peut pas l'aliéner ni le prêter, et doit le remettre tel qu'il l'a reçu. Le gage n'est remis au débiteur que lorsque celui-ci s'est entièrement libéré. Il peut aussi, mais seulement en vertu d'une convention spéciale librement consentie de part et d'autre, être conservé en toute propriété par le créancier en remplacement de la somme due ou d'une partie de cette somme.

Le gage peut aussi être une personne, non pas seulement un esclave — ainsi qu'il se produisait souvent autrefois – mais même une personne libre. Tout d'abord, le débiteur peut se mettre lui-même en gage entre les mains de son créancier, ce qui constitue une sorte d'équivalent de notre conception de la contrainte par corps, avec cette différence essentielle que, au Soudan, la mise en gage du débiteur est opérée par lui-même et volontairement et que le créancier ne peut pas l'exiger, au moins dans la plupart des pays.

Le débiteur qui se met en gage doit être nourri et logé par

son créancier ; le plus souvent, s'il est célibataire ou si sa femme n'a pu le suivre dans le pays du créancier, le débiteur est en droit d'exiger que ce dernier lui donne une femme, femme qu'il devra d'ailleurs laisser, ainsi que les enfants qu'il pourrait avoir eus d'elle, le jour où, sa dette éteinte, il retournera chez lui. En échange, le débiteur engagé pour dettes doit à son créancier le travail de ses mains, ou tout au moins plusieurs journées de travail par semaine ; il ne devient pas l'esclave de son créancier, même temporairement, car le créancier ne peut ni le vendre ni le mettre en gage à son tour. Le jour où le créancier est désintéressé, soit par le débiteur lui-même soit par la famille de celui-ci, le débiteur recouvre sa pleine liberté. Dans certains pays, on admet que le travail fourni par l'engagé pour dettes peut concourir à l'extinction de sa dette et par suite amener la libération de l'engagé sans qu'il y ait remboursement à proprement parler : on évalue alors chaque journée de travail à un taux donné, une fois défalqués les frais de nourriture, et on calcule le nombre de journées, de mois ou d'années qui correspondra à la valeur de la somme due ou de celle restant due après versement d'un acompte en numéraire. Dans d'autres pays, cette coutume n'est pas admise, et alors le travail fourni par l'engagé au créancier constitue seulement pour ce dernier l'intérêt de sa créance.

Le débiteur, au lieu de se mettre lui-même en gage, peut aussi mettre en gage ses enfants ou ses pupilles, et le chef de famille peut mettre en gage l'un quelconque des membres de sa famille, même émancipé. En général, le mari ne peut pas mettre sa femme en gage : si toutefois cet usage est autorisé par la coutume locale, il est admis la plupart du temps que le créancier ne peut user charnellement de la femme mise en gage par son mari. Si une femme mariée se met elle-même en gage pour garantir une dette contractée par elle — chose qu'elle ne peut faire qu'avec l'assentiment de son mari — il est admis également que le créancier ne peut user d'elle charnellement. Si toutefois la chose se produit et que des enfants viennent à naître des rapports d'un créancier avec une femme engagée pour dettes, ces enfants appartiennent au mari de la femme et non au créancier.

Les règles énoncées à propos du cas où le débiteur se met lui-même en gage sont également applicables au cas où l'engagé n'est pas le débiteur lui-même.

Si une personne, mise en gage soit de sa propre initiative soit par une autre, vient à mourir dans la maison du créancier avant l'extinction de la créance qu'elle garantit, le créancier perd en général, de ce seul fait, ses droits sur la créance. Dans certains pays toutefois, il ne perd pas pour cela ses droits et même, si l'engagé défunt a laissé des enfants, il arrive que le créancier peut conserver ces derniers en gage jusqu'à ce qu'il soit désintéressé par la famille. Dans tous les pays en tout cas, le créancier perd tous ses droits s'il a négligé d'avertir la famille du décès de l'engagé.

La substitution de gage est admise : ainsi il arrive fréquemment que le fils se met en gage à la place de son père et de son propre mouvement, ou le serf à la place de son seigneur.

Cette situation d'engagé pour dettes n'est nulle part considérée comme déshonorante.

Dans beaucoup de pays, la personne en gage ne réside pas chez le créancier lui-même, mais chez un tiers, qui avance au créancier la somme représentant sa créance et se substitue à lui vis-à-vis du débiteur.

3° De la saisie. — Chez beaucoup de tribus encore plus ou moins barbares, et particulièrement dans les contrées où n'a jamais existé une organisation politique véritable, la coutume indigène admet que le créancier qui ne peut obtenir le paiement de sa créance a le droit de saisir, de sa propre autorité, non seulement les biens de son débiteur, non seulement la personne de ce débiteur lui-même, mais encore les biens et les personnes de ses parents ou de ses simples compatriotes. L'application de cette coutume a été parfois poussée si loin, notamment dans la colonie de la Côte d'Ivoire, qu'elle avait amené une complète insécurité : il suffisait qu'un individu d'un pays fût le débiteur d'un individu d'un autre pays ou même que son père ou son aïeul eût été le débiteur du père ou de l'aïeul de ce second individu et ne l'eût pas désintéressé, pour qu'aucun habitant du premier pays ne pût s'aventurer dans le second pays sans risquer de voir confisquer ses biens et d'être mis aux fers ainsi que ses compagnons de voyage, et de rester ainsi des mois et des années, jusqu'à ce que le débiteur réel, qui souvent ignorait l'événement, eût désintéressé le créancier. Il arrivait souvent du reste que la famille de l'individu saisi usait de représailles et mettait la main sur les gens venant du pays du saisisseur : de là des différends très complexes qui, neuf fois sur dix, se terminaient par une guerre entre les deux pays.

Nous avons dû user de notre autorité pour enrayer cet usage et ce n'a pas été sans luttes ni difficultés que nous y avons à peu près abouti. Tout d'abord, nous avons exigé que la saisie se bornât à la confiscation des seuls biens appartenant réellement au débiteur et ne fût en aucun cas pratiquée sur les personnes. Puis, à mesure que notre domination devenait plus effective, nous avons interdit plus complètement ce mode de saisie arbitraire et nous exigeons actuellement partout que la saisie soit ordonnée par le tribunal compétent et pratiquée régulièrement.

La seule saisie admise aujourd'hui au Soudan est donc prononcée par le tribunal de province, qui la fait opérer par un de ses membres ou par un notable désigné à cet effet. Les objets saisis sont vendus aux enchères, en public, et le produit de la vente sert à désintéresser le créancier ; s'il dépasse le montant de la créance, le reliquat est remis au saisi. La saisie ne peut être prononcée que lorsque le débiteur a manqué à ses engagements ou a refusé de fournir un gage en garantie de sa dette. Elle ne peut être opérée que sur des biens appartenant réellement et en toute propriété au débiteur.

VIII. — De quelques contrats spéciaux.

1° Contrat d'esclavage volontaire. — Il est arrivé assez souvent en Afrique Occidentale que des individus se sont constitués volontairement les esclaves d'un maître choisi par eux, non pas en garantie d'une dette quelconque, mais pour obtenir aide ou protection contre un ennemi puissant ou simplement pour s'assurer la nourriture. Ce fait s'est produit surtout lors de famines ou de razzias ayant désolé une région : lors de la défaite finale de Samori en 1898, des milliers de captifs de guerre, qu'il traînait après lui, libérés du fait de notre intervention, se trouvant sans aucune ressource à des centaines de kilomètres de leur pays d'ailleurs dévasté, mourant littéralement de faim, se constituèrent esclaves entre les mains de notables du Mahou (Côte d'Ivoire) et de quelques pays voisins. La condition de ces esclaves volontaires était à peu près la même que celle des esclaves ordinaires : je n'en parle ici que pour mémoire, la situation de ces esclaves ayant pris fin par suite de l'application du décret de 1905 et le contrat d'esclavage volontaire, en admettant qu'il se produise encore, n'étant plus reconnu comme licite par l'autorité française.

2° Contrats d'alliance, de paix, de soumission. — D'application relativement fréquente au temps encore peu éloigné où les guerres étaient nombreuses en Afrique Occidentale entre tribus ou fractions de tribus, ces divers contrats n'existent plus guère maintenant qu'à l'état de souvenir, sauf dans les rares provinces où notre autorité n'est pas assise encore définitivement et où il arrive que des tribus contractent alliance entre elles pour nous attaquer ou nous résister et que d'autres font envers nous acte de paix et de soumission.

Ces contrats spéciaux revêtaient toujours une grande solennité et étaient entourés de rites magico-religieux. Les chefs des villages ou tribus contractant alliance en vue d'une guerre à soutenir échangeaient des serments publics sur des talismans redoutés, en se vouant aux pires destinées pour le cas où ils viendraient à manquer à leurs engagements ; des sacrifices et des libations accompagnaient presque toujours cette cérémonie.

Lorsqu'il s'agissait de conclure la paix, le contrat se scellait de façon plus solennelle encore. Dans beaucoup de pays, les chefs des deux tribus réconciliées tenaient chacun par une patte de derrière le corps d'une chèvre ou d'une brebis qu'un arbitre appartenant à une tierce tribu fendait en deux, toute vivante, de la queue à la tête ; chaque chef prenait alors la moitié qui avait été soutenue par l'autre chef durant l'opération, et ce rite consacrait la conclusion de la paix. Il est arrivé souvent, avant l'époque de notre intervention, que la chèvre ou la brebis a été remplacée par un esclave.

Les contrats de soumission au vainqueur étaient accompagnés aussi de rites analogues et de serments solennels.

3° Contrat de mariage. — Les règles spéciales au contrat de mariage seront énoncées au chapitre suivant, lorsque nous étudierons les divers modes d'obtention de la femme, le divorce, etc. Je n'en parlerai donc pas ici.

CHAPITRE III

Le mariage et la famille

I. — Le mariage.

1° Polygamie. — La polygamie est universellement admise en Afrique Occidentale, bien qu'elle ne soit pas toujours pratiquée. Elle n'est pas d'institution islamique ; elle existait bien avant l'islam, qui n'a fait que la réglementer, en limitant à quatre le nombre des épouses légitimes et en établissant une distinction légale entre épouses et concubines.

En droit indigène, le nombre des épouses n'est limité que par les ressources du mari. Un grand nombre d'épouses est un signe de richesse, mais seuls les riches peuvent y prétendre, et il arrive souvent que les pauvres sont monogames, par nécessité.

Il convient de dire que la polygamie est justifiée, chez les Noirs de l'Afrique Occidentale, par des raisons qui en font presque une nécessité et qui sont de plusieurs ordres différents.

a. *Raisons d'ordre physiologique.* — Les besoins sexuels du Noir sont très développés ; la nature et les coutumes interdisent le plus souvent les rapports sexuels pendant les menstrues, pendant la grossesse et pendant l'allaitement, lequel dure de deux à trois ans et plus, en sorte qu'un homme n'ayant qu'une épouse serait souvent, ou contraint à une chasteté qu'il n'admettrait pas, ou obligé de se rejeter sur la femme du voisin : la coutume a voulu empêcher autant que possible cette cause de perturbation dans la famille et la société en autorisant la polygamie.

b. *Raisons d'ordre économique.* — Le Noir est essentiellement agriculteur, il a besoin de beaucoup de bras, et par suite, les enfants sont pour lui une richesse ; seul, le riche a pu y suppléer en achetant des esclaves et il ne peut plus le faire actuellement. En sorte que, pour avoir beaucoup d'enfants, le Noir est obligé d'avoir beaucoup de femmes. Car il convient de tenir compte, à côté de la fécondité des négresses, du grand nombre des enfants qui meurent en bas âge, faute d'hygiène ou par suite d'épidémies (variole notamment).

c. *Raisons d'ordre domestique.* — Les travaux du ménage, réservés à la femme chez les Noirs comme chez les Blancs, sont certainement plus longs et plus durs chez eux que chez les Européens : la cuisine est pénible à faire, la préparation de la farine ou des pâtes alimentaires qui tiennent lieu de pain est compliquée et demande plusieurs heures de travail par jour (pilage des grains ou légumes dans les mortiers ou écrasement à la meule à main), de même la préparation des huiles végétales ; l'absence de puits en beaucoup de régions oblige les femmes à aller, plusieurs fois par jour, puiser de l'eau à des rivières ou mares souvent très éloignées, surtout durant la saison sèche ; en dehors de cela, il leur faut soigner les enfants, se livrer à certains travaux agricoles, aller chercher des vivres aux plantations, porter des produits ou en aller chercher à des marchés éloignés, etc. Une femme seule, avec des enfants, aurait un labeur écrasant : en sorte que la polygamie sert les intérêts des femmes elles-mêmes et est réclamée par elles autant que par les hommes.

d. *Raisons d'ordre naturel.* — Chez la plupart des animaux, surtout chez ceux qui entourent l'homme, on a un mâle pour plusieurs femelles : l'homme primitif, voisin de la nature et la copiant plus que le civilisé, est donc porté naturellement à pratiquer la polygamie.

Quoique la polygamie soit admise dans toute l'étendue de l'Afrique Occidentale elle est surtout pratiquée par les Noirs dans son intégrité. Il semble que, chez les Peuls de race pure, la monogamie existait autrefois à l'état de coutume générale : la vie pastorale, surtout chez un peuple se nourrissant presque exclusivement de laitage, nécessite moins la polygamie que la vie agricole. Mais, au contact des Nègres, la polygamie s'est introduite chez les Peuls, quoiqu'elle y soit moins répandue que chez les Noirs.

Chez les Touareg, la monogamie est encore la coutume générale, quoique l'institution islamique des concubines vienne la mitiger fortement, ainsi que le droit pour le maître d'user de ses femmes esclaves.

Chez les Maures, c'est la coutume musulmane qui a prévalu, ainsi que chez les rares tribus noires à peu près complètement islamisées. Cependant les Maures sont rarement polygames.

Comme je le disais plus haut, les femmes admettent facilement la polygamie; souvent l'épouse unique incite elle-même son mari à prendre de nouvelles femmes, mais elle aime à être consultée sur leur choix et même, chez les peuples les plus primitifs, à les choisir elle-même. La femme épousée la première a toujours de l'autorité sur les autres femmes et conserve généralement la plus grosse influence sur le mari, au moins pour toutes les affaires sérieuses, même lorsqu'elle est physiologiquement délaissée au profit d'une épouse plus jeune ou plus avenante.

La polyandrie n'existe nulle part.

2° *Modes d'obtention de la femme.* — Ces modes diffèrent beaucoup selon les peuples et surtout selon la condition sociale des futurs conjoints. On peut les répartir entre cinq systèmes, dont plusieurs du reste peuvent s'amalgamer ensemble de façon à constituer des systèmes mixtes. Ce sont les systèmes de fiançailles avec jeune fille non nubile, de fiançailles avec jeune fille nubile, de mariage par simple consentement mutuel, de mariage par coemption et de mariage par constitution de douaire.

a. *Fiançailles avec jeune fille non nubile.* — Dans beaucoup de pays, peut-être même partout, il arrive que des parents promettent leur fille en mariage à un homme nubile, alors que cette fille ne l'est pas encore, alors parfois qu'elle vient de naître ou même n'est pas née encore. Cette fille est dès lors considérée comme fiancée à cet homme et elle ne pourra, une fois nubile, épouser que cet homme, quelle que soit la différence d'âge. Il n'est donc pas là question du consentement de la future.

Cette coutume est surtout suivie lorsqu'il s'agit d'un chef ou d'un homme riche dont la famille de la fille désire l'alliance par amour-propre ou par cupidité, ou pour cimenter des relations d'amitié ou d'intérêt existant déjà entre les deux familles. — Il arrive aussi que deux familles amies fiancent ensemble des enfants tous les deux impubères, mais le cas est plus rare.

Le fiancé doit faire des cadeaux à sa fiancée, et surtout à la famille de celle-ci, pendant toute l'époque qui précède la nubilité de la jeune fille, et souvent il doit de plus travailler aux champs de son futur beau-père. Aussi la date de la nubilité de la jeune fille, ou plus exactement la date de l'accomplissement du mariage, est reculée le plus possible par la famille de la fiancée, qui tient à jouir le plus longtemps possible des libéralités du fiancé (1).

Tant que le mariage n'est pas accompli, la fiancée jouit de la plus grande liberté et peut aller et venir et même passer la nuit avec des amis masculins de son âge, son fiancé excepté (2). Aussi désire-t-elle aussi que le mariage s'accomplisse le plus tard possible, car ce sera la fin de sa liberté. En principe, ces plaisirs doivent demeurer platoniques ; certaines tribus admettent cependant qu'ils aillent assez loin, pourvu que la jeune fille conserve la preuve matérielle de sa virginité, c'est-à-dire que la membrane de l'hymen ne soit pas perforée; mais il arrive souvent que l'accident se produit et qu'ensuite la jeune fille use librement de son corps. Dans ce cas, le fait est caché au fiancé, avec la connivence des parents de la fiancée. Si pourtant celle-ci devient enceinte, ses parents hâtent la célébration du

(1) Chez les Mossi, la fiancée impubère peut cohabiter avec son fiancé, mais le mariage ne peut être consommé qu'une fois la jeune fille devenue nubile.
(2) Voir la note précédente relative à l'exception, plus apparente que réelle, que l'on rencontre à cette règle chez les Mossi.

Fig. 64. — Caravane de porteurs Sénoufo.

Fig. 65. — Danseurs Tombo, dans le Cercle de Bandiagara.

mariage, car, si elle devenait mère avant le mariage, ses parents devraient rembourser au fiancé tous les cadeaux reçus ou leur valeur, et en plus lui payer une indemnité dont la quotité varie selon les cas et les pays.

La même chose a lieu si, au moment de l'accomplissement du mariage, le fiancé peut établir que sa future n'est plus vierge. La preuve est fournie la plupart du temps, surtout chez les peuplades qui ont été plus ou moins en contact avec la civilisation musulmane, au moyen d'une pièce de cotonnade blanche que l'on dispose sous la jeune épousée et qui, après l'accomplissement de l'acte marital, doit être tachée de sang si l'épouse était vierge. Les fiancées qui ne sont plus vierges trompent parfois leur mari en dissimulant une petite ampoule ou vessie remplie de sang de poulet, qui se crève et répand son contenu sur la pièce d'étoffe. Il arrive aussi que le mari, ayant trouvé le mouchoir intact, le macule lui-même de sang ou laisse croire qu'il l'a trouvé maculé, afin qu'on ne se moque pas de lui. Dans beaucoup de pays d'ailleurs, et surtout chez les peuples primitifs, le mari accorde très peu d'importance à la virginité de son épouse, même dans le cas qui nous occupe et dans lequel elle lui était promise depuis son enfance. Mais très souvent le mari déçu fait avouer par sa femme, en la frappant, le nom de celui qui l'a déflorée, et se fait payer par celui-ci une indemnité dont le taux varie selon la condition sociale du mari.

b. *Fiançailles avec une jeune fille nubile.* — Des fiançailles peuvent, dans tous les pays, être conclues entre un homme et une jeune fille nubile. Dans ce cas la jeune fille est généralement consultée et les fiançailles ne sont alors définitives que lorsqu'elle a donné son consentement, mais ce consentement lui est souvent arraché par l'insistance de ses parents, de sa mère en particulier, et n'est qu'un consentement de pure forme. Le fiancé agréé fait un cadeau à sa future et aux parents de celle-ci et renouvelle les cadeaux à diverses époques, jusqu'à l'accomplissement du mariage, qui est retardé le plus possible par la famille de la future. En général il doit aider son futur beau-père dans le travail des champs ; dans certains pays, il doit lui construire une maison (chez les Tombo notamment). La plupart du temps, le jeune homme qui a distingué une jeune fille, avant de parler à qui que ce soit, au moins officiellement, de ses désirs, rend de menus services à la mère et au père de sa belle, les aidant à rapporter du bois mort ou de la paille et leur faisant de petits cadeaux (colas, cauries, poulets, tabac) ; généralement, le présent de colas ou de tabac à priser signifie le désir d'entrer en pourparlers ; souvent ce désir est précisé par un intermédiaire, ami du jeune homme, un forgeron ou un griot le plus fréquemment, intermédiaire qui, lui-même, s'abouche avec un ami de la famille de la jeune fille : ce sont ces deux intermédiaires qui règlent toutes les questions. Dans beaucoup de pays, lorsque les préliminaires — ordinairement très longs — des fiançailles sont achevés, le futur emmène chez lui sa fiancée et l'y garde durant un mois, après quoi le père reprend sa fille pendant un à trois mois, la remet de nouveau au futur, contre un cadeau, pour un mois encore, la reprend une deuxième fois et enfin, après deux ou trois mois, et contre un cadeau, la remet définitivement au futur devenu l'époux ; cette coutume a pour but d'empêcher les unions mal assorties, en donnant aux futurs le temps et l'occasion de se bien connaître.

Si, après la conclusion des fiançailles, le futur se refuse au mariage, il ne doit aucune indemnité, mais les cadeaux faits par lui à la jeune fille et à la famille de celle-ci restent acquis.

Si la rupture émane de la jeune fille ou de ses parents, ceux-ci doivent restituer tous les cadeaux reçus ou leur valeur, ainsi que la valeur du travail fourni par le futur, le cas échéant (travail aux champs, construction d'une maison, etc.).

Toutefois si, avant la rupture, les deux fiancés ont déjà cohabité durant un certain temps, la famille de la fiancée retient, sur la valeur des cadeaux reçus, ce qui peut être considéré comme le prix des faveurs accordées par la jeune fille à son fiancé, les frais d'entretien de la jeune fille durant la cohabitation demeurant à la charge du futur.

Nota. — Il peut arriver et il arrive souvent que, dans le cas de fiançailles soit avec une jeune fille non nubile soit avec une jeune fille nubile, les parents de la fiancée exigent, en outre des cadeaux habituels, une certaine somme qui est le prix d'achat ou de coemption de la femme et qu'on appelle couramment la « dot » ou la « grande dot », l'ensemble des cadeaux étant appelé la « petite dot « (la « petite dot » peut d'ailleurs être supérieure à la « grande dot »). En général, lorsqu'il est ainsi versé une « grande dot » — c'est-à-dire lorsque le système de fiançailles s'amalgame avec le système de coemption —, le versement de cette « grande dot » est opéré en deux fois, la première partie étant remise au début des fiançailles et la seconde au moment de l'accomplissement du mariage. Chez les Maures, la « grande dot » n'est payée généralement qu'une fois le mariage accompli. Bien entendu, en cas de rupture émanant de la jeune fille ou de ses parents, tout ce qui a été versé de la « grande dot » doit être restitué au futur, en même temps que les cadeaux (1).

c. *Mariage par simple consentement mutuel.* — Chez la plupart des peuples primitifs de caractère indépendant, et en particulier chez les peuples du centre de la Boucle et chez certains nomades (2), les deux systèmes de fiançailles que l'on vient de voir ne sont pratiqués que par les chefs et les riches, et le menu peuple se contente du système d'épousailles par simple consentement mutuel des deux futurs époux. Ce dernier système est du reste pratiqué partout, même chez les peuples où domine le système de coemption avec ou sans fiançailles, lorsque les futurs sont pauvres et lorsque, par suite, il serait difficile à l'épouseur de faire à sa belle-famille des cadeaux de conséquence ou de lui verser une « grande dot ». Cependant, là où le système de coemption forme la base essentielle du mariage, c'est-à-dire

---

(1) Le mariage par fiançailles sans coemption aucune est fort rare au Soudan ; il se rencontre cependant dans la Boucle du Niger chez les Mossi, les Gourmantché, les Lobi, les Tombo, les Sénoufo, et aussi dans plusieurs provinces de population malinké : mais, là où il existe, il constitue une exception plutôt qu'une règle, que la jeune fille soit impubère ou nubile.

(2) Le mariage par simple consentement mutuel est fréquent chez les Tombo ; on l'a signalé aussi chez les Peuls non musulmans et chez les Touareg ; pour ma part, j'en ai vu des exemples assez fréquents chez les Sénoufo et j'ai entendu affirmer son existence chez les Bobo, les Lobi, les Birifo et les Dagari.

à peu près partout, le mariage par consentement mutuel doit être accompagné du versement d'une « dot » à la famille de l'épousée, cette « dot » ne dût-elle consister qu'en quelques colas ou quelque autre cadeau de valeur infime, qui suffit toutefois à conserver les apparences de la coemption réglementaire.

En principe, le système de mariage par simple consentement mutuel est le suivant : un jeune homme et une jeune fille se plaisent, ils se le disent et commencent à avoir entre eux des rapports intimes ; c'est ensuite seulement que le jeune homme avise la famille de la jeune fille et sollicite un consentement qui, en général, n'est jamais refusé. Au cas où il serait refusé, le jeune homme n'en continuerait pas moins, le plus souvent, à entretenir des rapports avec la jeune fille, sans que les parents de celle-ci puissent prétendre à aucune compensation, mais l'union ne serait pas considérée par la coutume comme un mariage véritable et les enfants qui en naîtraient seraient des enfants naturels, sur lesquels le père n'aurait aucun droit (voir plus loin : relations sexuelles en dehors du mariage). D'autre part, la famille de la jeune fille peut toujours exiger que cette dernière ne cohabite pas de façon permanente avec son amant.

Si le jeune homme avait négligé de demander aux parents de la jeune fille leur consentement en vue de régulariser l'union commencée, les parents seraient en droit d'exiger de lui une indemnité en compensation de la virginité perdue de leur fille. La plupart du temps cette indemnité, dont le taux varie selon les régions, n'est réclamée que lorsque le jeune homme abandonne la jeune fille après une courte lune de miel.

Dans le cas de mariage par simple consentement mutuel, le mari n'a, en principe, rien à verser à la famille de sa femme ni à cette dernière ; mais il est d'usage que, ne serait-ce que pour se conformer à la coutume exigeant la coemption, le mari remette à ses beaux-parents, en échange de leur consentement, quelques cadeaux de minime valeur. Il est aussi d'usage qu'il fasse, le jour des noces, quelques cadeaux à sa femme.

d. *Mariage par coemption.* — Le système de coemption ou d'achat de la femme est certainement le plus répandu au

Soudan. En fait même, il se pratique toujours et partout (1), sauf dans le cas de mariage avec une femme émancipée par un précédent mariage (veuve ou divorcée), mais il peut être réduit à une simple apparence (comme dans le cas de mariage par consentement mutuel) ou bien le prix d'achat peut être remplacé par des cadeaux (fiançailles sans coemption), bien que, le plus souvent, les deux systèmes de fiançailles décrits précédemment se doublent de la coemption, une « grande dot » venant s'ajouter presque toujours à la « petite dot ».

Il peut y avoir mariage par simple coemption, c'est-à-dire sans fiançailles ni accord préalable entre les futurs conjoints. C'est ce que les Européens appellent en Afrique le mariage avec « dot », mais il faut entendre par « dot » une somme versée par le futur aux parents de la future et non pas une somme apportée à son mari par l'épouse, cette dernière coutume n'existant nulle part en Afrique Occidentale : les Noirs qui la connaissent comme se pratiquant en Europe la considèrent comme humiliante pour l'homme qui, disent-ils, est alors acheté par la femme. Au Soudan, si la femme possède un bien quelconque au moment de son mariage, ce bien n'est pas remis au mari et n'entre même pas dans la communauté : il demeure la propriété personnelle de l'épouse.

Il convient aussi de noter que, là où les femmes jouissent d'une certaine indépendance et même d'une certaine autorité, notamment chez certains peuples de la Boucle du Niger, elles se montrent souvent rebelles au système de mariage par coemption, disant qu'il ravale la femme libre au rang d'une esclave, et elles lui préfèrent le système de mariage par simple consentement mutuel.

Voici exactement en quoi consiste le système de coemption de la femme, lorsqu'il se présente sous son aspect le plus simple : l'homme qui désire épouser une jeune fille la fait demander en mariage par un intermédiaire qui s'abouche avec les parents de la jeune fille ou, plus souvent, avec un second inter-

(1) Voir la note 1 de la page 67, signalant quelques exceptions à cette règle.

médiaire représentant ceux-ci ; le consentement obtenu et la somme à verser une fois fixée, cette somme est payée aux parents de la jeune fille, soit en nature (bestiaux, tissus, sel, etc.), soit en espèces (argent, cauries, sombés, manilles, or), ou bien directement par le futur ou bien le plus souvent, lorsque le futur se marie pour la première fois et n'est pas, par suite, encore émancipé, par son père à lui ou son chef de famille. La quotité du prix à payer est très variable, selon la condition sociale de la famille de la jeune fille et aussi selon les coutumes locales : elle peut varier de quelques francs à plusieurs milliers de francs, mais, en général, oscille entre 30 à 60 francs dans les familles pauvres, 100 à 300 francs dans les familles aisées et 500 à 1.000 francs dans les familles que l'on pourrait appeler « nobles ». Parfois il existe, dans un pays donné, une série de sommes fixes établie par la coutume locale, selon la classe sociale ou la caste de la jeune fille à marier; d'autres fois, chaque famille fixe elle-même le prix auquel elle a tarifé la main de sa fille (1).

En principe, le versement de la somme convenue, fait en présence de témoins (qui sont souvent les intermédiaires par l'entremise desquels ont été conduites les négociations), suffit à constituer au futur les droits d'époux, et celui-ci peut immédiatement emmener chez lui la jeune fille devenue sa femme. Mais, la plupart du temps, la somme n'est versée qu'en deux fois et, entre les deux versements, il existe une période de fiançailles plus ou moins longue analogue à celle que nous avons décrite plus haut et durant laquelle le futur est astreint à des cadeaux nombreux et répétés.

Dans le mariage par coemption, il n'est pas rare que la jeune

(1) Chez les Sénoufo, le prix de coemption est souvent remplacé par une femme : c'est ce qu'on appelle le « mariage par échange ». Au lieu d'une « dot », on donne au frère de la fiancée une épouse, qui est généralement la propre sœur du fiancé ; dans certaines provinces, cette coutume a disparu, mais il est entendu que le futur, une fois marié et devenu père, donnera à ses beaux-parents la première fille issue de son mariage (cf. l'attribution de la fille aînée chez les Sénoufo). Souvent, chez le même peuple, si l'épouse meurt chez ses parents, ceux-ci doivent fournir au veuf une nouvelle femme.

fille ne soit pas même consultée ; en tout cas son consentement n'est pas nécessaire : le plus souvent, on le lui demande pour la forme, mais il est donné surtout à cause de l'insistance des parents.

Dans le cas de mariage par coemption avec une jeune fille étrangère à la tribu du futur, le prix d'achat doit être versé par celui-ci en présence du chef du village où s'accomplit le mariage, sans quoi le mariage est considéré comme nul.

c. *Mariage par constitution de douaire.* — Nous appellerons « douaire » une somme d'argent ou un cadeau en nature remis par le futur à la future elle-même en toute propriété et donnant au futur les droits et la qualité d'époux. Le système du douaire est appliqué surtout lorsque la future, veuve ou divorcée, a été émancipée déjà par un premier mariage. Souvent, surtout chez les peuples islamisés, ce système est combiné avec la coemption, en sorte que le futur a à payer à la fois les parents de sa future et cette dernière. La plupart du temps, le douaire a pour but de permettre à une femme sans famille, en instance de divorce, de rembourser à son premier mari la somme qu'il avait versée pour l'épouser ; cette femme peut ainsi se libérer de ses premiers liens et épouser l'homme qu'elle aime et qui a versé le douaire. C'est ainsi que certaines femmes, ayant besoin d'une somme déterminée pour faire prononcer leur divorce et n'ayant plus de famille pour leur donner cette somme, ou bien ayant une famille mais qui se refuse à verser la somme, se mettent à la recherche d'un nouvel épouseur en proclamant la somme dont elles ont besoin et en fixant ainsi elles-mêmes le douaire qui sera le prix de leur main.

Le douaire peut être payé, non par le futur, mais par le frère de la future, qui désintéresse ainsi le premier mari et s'acquitte des obligations contractées envers sa sœur du fait qu'il a hérité de leur père commun (voir plus haut : système de succession consanguine).

Remarques s'appliquant aux divers systèmes de mariage. — En général le consentement de la famille du futur n'est requis que lorsque le futur doit se marier pour la première fois, c'est-à-dire lorsqu'il n'a pas encore été émancipé par le mariage, et il en est de même pour le consentement de la famille de la future. Mais en fait le consentement de la famille du futur n'est exigé que lorsque c'est cette famille, et non le futur lui-même, qui devra subvenir aux dépenses de mariage (cadeaux, dot ou douaire), et son absence n'est pas un obstacle à la validité du mariage, tandis que le consentement de la famille de la future, sauf le cas où celle-ci est veuve ou divorcée, est toujours nécessaire pour que le mariage soit valide. — Le consentement de la future peut être admis ou négligé par la coutume, mais en tout cas il n'est nécessaire à la validité du mariage qu'en cas de mariage par consentement mutuel ou au cas où la future est émancipée (veuve ou divorcée).

Du mariage des esclaves. — L'esclavage étant supprimé dans nos colonies, nous ne nous étendrons pas sur les coutumes indigènes qui réglementaient le mariage des esclaves. Nous rappellerons seulement que les esclaves proprement dits étaient le plus souvent mariés entre eux par la seule volonté de leur maître, sans aucune formalité et sans se préoccuper du consentement des deux intéressés. Le maître pouvait également donner ses esclaves des deux sexes en mariage soit à des gens libres de sa famille ou de ses amis, soit à des esclaves appartenant à un autre maître, ou bien à titre gracieux ou bien contre une somme qui lui était payée, dans le premier cas par le conjoint libre, dans le second par l'autre maître.

Dans beaucoup de pays, le fait pour une femme esclave d'être épousée par un homme libre rendait cette femme libre de plein droit ; dans d'autres, la femme esclave n'était affranchie que par le mariage avec son propre maître ; dans d'autres enfin, ce mariage même ne pouvait l'affranchir.

L'union inverse d'une femme libre avec un esclave était moins fréquente, mais elle existait aussi, surtout dans le cas d'une femme âgée épousant un de ses esclaves qui ne pouvait se refuser à ce mariage et qui du reste, du fait de ce mariage, prenait rang d'homme libre.

Le mariage des serfs, vulgairement « captifs de case », était soumis à peu près aux mêmes règles que celui des gens libres, sauf que le maître ou seigneur remplaçait la famille absente.

II. — Rupture du mariage.

1° *Divorce.*

Le divorce est admis partout au Soudan (1). Il n'est pas besoin de motifs spéciaux pour faire prononcer le divorce, mais les raisons invoquées le plus souvent pour le réclamer sont les insultes, les coups, l'adultère, l'impuissance du mari, la stérilité de la femme, l'abandon du domicile conjugal, le refus du devoir conjugal, enfin le manque de générosité de la part du mari. Le divorce est prononcé soit par les membres réunis des deux familles, soit par le tribunal de village ou conseil des notables, soit par le tribunal de province, à la requête de l'un quelconque des époux ou des deux à la fois. En général, l'époux qui désire divorcer s'adresse d'abord à l'ami qui a négocié son mariage, lequel avise les deux familles; celles-ci tentent la réconciliation; si elle échoue, on porte l'affaire devant l'un des tribunaux précités, qui tente de nouveau de réconcilier les conjoints; si cette nouvelle tentative demeure infructueuse, le tribunal prononce le divorce en en stipulant les conditions relatives à la question pécuniaire et à l'attribution des enfants. Le juge peut aussi refuser de prononcer le divorce, s'il estime que les arguments invoqués sont insuffisants.

Pour le règlement de la question pécuniaire, comme aussi pour l'attribution des enfants (dont il sera parlé plus loin), il faut examiner par qui a été réclamé le divorce mais non au profit de qui il est prononcé, la question des torts n'intervenant pas dans la solution. En fait, le divorce n'est jamais prononcé au profit de l'un quelconque des époux : il est prononcé ou refusé, tout simplement. On observera que la coutume indigène a voulu restreindre le plus possible le nombre des divorces non motivés et, pour atteindre ce but, elle a désavantagé le plus possible le conjoint qui réclame le divorce.

a. *Divorce réclamé par l'épouse.* — Si le mariage avait eu lieu par fiançailles, la famille de la femme doit restituer au mari au

---

(1) Il semble cependant qu'on constate chez les Mossi des exceptions à cette règle.

moins la moitié — parfois la totalité — des cadeaux qu'elle avait reçus de lui ; s'il y a eu constitution de douaire, la femme doit restituer au moins la moitié du douaire — parfois la totalité ; s'il y a eu coemption, la famille de la femme restitue la totalité de la somme versée par le mari. Dans les trois cas, la femme conserve les cadeaux qu'elle a reçus personnellement de son mari et qui sont considérés comme prix de ses faveurs. Si le mari réclame le prix de l'entretien de sa femme, le juge répond que, la femme lui ayant préparé ses aliments, il est juste qu'il l'ait nourrie sans rémunération.

S'il n'y a eu ni cadeaux, ni douaire, ni prix de coemption (cas de mariage par simple consentement mutuel), la femme quitte son mari munie simplement de ce qu'elle avait apporté avec elle en se mariant.

b. *Divorce réclamé par le mari*. — Cette forme de divorce est en réalité une répudiation de l'épouse par l'époux. Lorsqu'elle se produit, on ne restitue au mari qu'une partie du prix de coemption ; on ne lui restitue ni cadeaux ni douaire ; parfois même on ne restitue rien du tout. Chez certaines tribus cependant (Mandingues notamment), on restitue le prix du mariage, mais seulement au moment où la divorcée se remarie.

c. *Divorce réclamé par les deux conjoints* (cas très rare). — Le juge fixe une somme à payer au mari par les parents de la femme ou par celle-ci, somme qui ne peut dépasser la moitié des dépenses de mariage faites par le mari et qui souvent est égale à la moitié de la « grande dot » (cadeaux non compris).

2° *Annulation de mariage.*

Le divorce peut être prononcé d'office, sans qu'il soit réclamé par aucun des conjoints : cela a lieu lorsqu'on s'aperçoit que les conditions de validité du mariage n'avaient pas été remplies ; c'est donc une annulation de mariage plutôt qu'un divorce. Généralement, lorsque le défaut de validité provient des liens de parenté unissant les deux conjoints, l'annulation n'est prononcée que si l'on s'aperçoit de ce défaut de validité avant la naissance du premier enfant, car l'enfant, par sa naissance même, a validé de fait le mariage.

Si l'annulation est prononcée, on doit restituer au mari tout ce qu'il a dépensé (cadeaux à la famille, cadeaux à la femme, prix d'achat de la femme et douaire); les deux époux désunis doivent se retrouver exactement dans l'état où ils étaient avant qu'il fût question de mariage entre eux.

3° Rupture du mariage par décès de l'un des conjoints.

C'est là la rupture naturelle du mariage : elle n'entraîne pas de solution pécuniaire, le mariage n'ayant pas été rompu par la volonté de l'un quelconque des conjoints. Les cadeaux ou prix de coemption remis par le mari à la famille de la femme restent acquis à cette famille. Quant au douaire et aux cadeaux faits à la femme elle-même, ils demeurent acquis à celle-ci (en cas de décès du mari) ou à la succession de l'épouse (en cas de décès de cette dernière), et il n'y a pas à modifier en cette occasion les règles ordinaires régissant les successions.

4° Attribution des enfants en cas de rupture du mariage.

Je ne parlerai ici que du cas de rupture d'un mariage régulier, quel que soit d'ailleurs le mode d'obtention de la femme qui ait été suivi. Nous verrons plus loin ce qui se passe en cas de rupture d'une union libre.

a. *Rupture par divorce demandé par la femme.* — Les enfants restent avec le père. Toutefois, chez les Sénoufo, s'il y a plusieurs enfants, l'aînée des filles est attribuée à la famille de la mère (mais non à la mère elle-même, qui en aucun cas ne peut conserver ses enfants si c'est elle qui a réclamé le divorce). Lorsqu'il se trouve un enfant à la mamelle au moment du divorce, il reste avec la mère jusqu'à ce qu'il puisse se passer de ses soins et doit alors être rendu au père. Si la femme est enceinte au moment du divorce, l'enfant qu'elle porte reviendra, une fois sevré, au père comme les autres (1).

(1) Si le divorce est prononcé alors que le prix de coemption n'a pas été versé encore, c'est-à-dire s'il n'y a eu — au point de vue du contrat — que

b. *Rupture par divorce demandé par le mari* (ou par répudiation de la femme). — Les enfants sont généralement attribués au chef de la famille de la femme, celle-ci ayant d'ailleurs le droit — au moins le plus souvent — de les conserver auprès d'elle tant qu'elle ne se remarie pas. Le chef de la famille de la mère est en tout cas le tuteur des enfants et a sur eux tous les droits d'un père véritable. Jamais le second mari ne peut être le tuteur de ces enfants. — Contrairement à cette coutume, il est admis chez certains peuples que les enfants restent avec leur père, même si c'est ce dernier qui a demandé le divorce ou répudié sa femme.

c. *Rupture par divorce demandé à la fois par les deux conjoints.* — Les enfants sont en général partagés entre les deux époux, les fils restant avec le père, les filles avec la mère. Mais celle-ci ne peut, le plus souvent, conserver ses filles auprès d'elle que si elle ne se remarie pas ; les droits paternels sur ces filles sont exercés en tout cas par le chef de la famille de la mère et jamais par son second mari (1).

d. *Rupture par annulation de mariage.* — Un mariage annulé étant considéré comme n'ayant pas eu lieu, l'attribution des enfants est réglée par les coutumes relatives aux enfants nés d'une union libre (voir plus loin).

e. *Rupture du mariage par décès de la mère.* — Les enfants restent avec le père. S'ils sont en bas âge, ils sont confiés en général à une autre femme du père ou à une sœur de celui-ci, jusqu'à ce qu'ils puissent se passer de soins maternels.

promesse d'exécution, le père ne garde que les fils issus du mariage et les filles sont attribuées à la famille de leur mère : telle est tout au moins la coutume la plus généralement suivie.

(1) Dans beaucoup de pays, et pour les trois cas qui viennent d'être énumérés, une coutume nouvelle, qui tend à se généraliser surtout depuis notre occupation et à laquelle certainement notre influence n'est pas étrangère, admet que l'on consulte les enfants qui ont l'âge de raison sur celui de leurs parents avec lequel ils préfèrent demeurer, et que l'on défère à leur désir. Mais, pour l'application de cette coutume, il y a lieu d'agir avec beaucoup de circonspection et de veiller à ce que les enfants ne soient pas « travaillés » par un père ou une mère souvent plus guidés par l'intérêt que par la tendresse.

f. *Rupture du mariage par décès du père*. — Les enfants restent avec leur mère tant qu'ils sont jeunes et tant que leur mère ne se remarie pas, à moins qu'elle n'épouse l'héritier du défunt. Ce dernier est en tout cas le tuteur des enfants et c'est à lui qu'ils sont attribués en droit. C'est lui qui devra s'occuper de trouver une nourrice aux enfants en bas âge, dans le cas de décès simultané du père et de la mère.

g. *Rupture d'un mariage régulier d'esclaves*. — Avant la suppression de l'esclavage, les règles étaient les mêmes pour la rupture d'un mariage d'esclaves que pour la rupture d'un mariage de gens libres, avec cette différence toutefois que le maître de l'esclave étant le tuteur légal des enfants de celui-ci, il remplaçait, suivant le cas, soit le père des enfants soit le chef de la famille de la mère.

En cas de mariage entre une personne libre et son esclave, les enfants étaient toujours attribués à cette personne libre, quel que fût son sexe, ou, dans le cas de son décès, à son héritier.

h. *Rupture d'un mariage contracté dans un pays où est pratiqué le système de succession utérine*. — Toutes les règles énoncées ci-dessus ne s'appliquent qu'aux régions où a prévalu le système de succession consanguine, ainsi qu'à celles où s'est maintenu le système de succession patriarcale mais non utérine ; dans les pays où l'on n'admet à la succession que les parents de ligne utérine, les enfants sont en principe toujours attribués à la famille de leur mère, quelles qu'aient été les circonstances de la rupture du mariage. Nous avons vu même que, chez les Lobi, le père n'a pas à nourrir ses propres enfants, l'oncle maternel de ces derniers étant, dès leur naissance, leur tuteur naturel.

III. — Conditions de validité du mariage.

Pour qu'un mariage soit réel et considéré comme tel, il faut de toute nécessité qu'il ait été accompli selon la coutume locale, quel que soit le système adopté, et de plus entouré de certaines conditions de publicité. Toute union qui n'a pas été conclue conformément à la coutume locale ou qui n'a pas été entourée de la publicité suffisante est considérée comme une union libre et ne constitue pas un mariage régulier.

1° Conditions de publicité. — Les conditions de publicité requises consistent principalement dans la demande du consentement de la famille de la future, ainsi que dans les négociations qui ont précédé le mariage et la remise du prix de coemption ou du douaire en présence de témoins. En cas de mariage entre deux conjoints de tribus différentes, nous avons vu que la présence du chef de village — ou de son délégué — au moment de la remise du prix de coemption ou du douaire était nécessaire.

2° Consentements requis. — Le consentement de la future et celui de la famille du futur peuvent être requis ou non par la coutume, mais, même requis, ils ne peuvent en général constituer une condition *sine quâ non* de la validité du mariage, sauf, en ce qui concerne le consentement de la future, dans le cas de mariage par simple consentement mutuel ou le cas de mariage avec une femme émancipée (veuve ou divorcée). Le consentement de la famille de la future est au contraire une condition *sine quâ non* de validité, sauf dans le cas de mariage avec une femme émancipée. Ce consentement de la famille de la future comprend celui du père et du chef de famille — s'ils sont distincts —, mais non pas nécessairement celui de la mère, bien qu'il soit d'usage de ne rien faire sans consulter celle-ci. En cas de décès du père, c'est le tuteur légal de la jeune fille dont le consentement devient nécessaire.

S'il y a conflit entre le père de la future et son chef de famille, le consentement de ce dernier suffit pour valider le mariage (1).

3° Nubilité des conjoints. — Une autre condition de validité du mariage est la nubilité des deux conjoints; une jeune fille peut être fiancée avant sa nubilité, mais le mariage ne peut s'accomplir tant qu'elle n'est pas nubile, sauf chez de rares tri-

---

(1) Chez les Mossi, le père peut marier sa fille contre le consentement de son chef de famille, mais seulement lorsque l'époux agréé par le père est un roi ou un chef de province.

bus qui d'ailleurs n'habitent pas le Soudan (Aladian de la Côte d'Ivoire par exemple), où la fiancée peut être remise à son fiancé avant d'être nubile : pourtant, même lorsque cette coutume est admise, il est de règle que le fiancé attende, pour consommer l'acte marital, que sa fiancée soit nubile. En tout cas un mariage consommé entre des conjoints impubères, ou l'un des conjoints étant impubère, en admettant que la chose soit possible, ne serait valide nulle part.

Dans la plupart des pays, l'époque de la nubilité est fixée par la manifestation naturelle du développement des fonctions génitrices, qui correspond à peu près à l'âge de 12 ans pour les filles et de 15 ans pour les garçons. Dans certaines régions, une fille n'est considérée comme nubile qu'après la trentième menstrue. Dans les pays du Soudan où se pratiquent la circoncision sur les garçons et l'excision sur les filles, les enfants ne sont souvent opérés qu'une fois pubères, en sorte que le fait de n'être pas circoncis ou excisée au moment du mariage ne peut constituer un empêchement dirimant, pourvu que les conjoints soient nubiles.

4° *Liens de parenté*. — Les liens de parenté entre futurs conjoints constituent partout un obstacle absolu au mariage, mais le degré de parenté qui crée l'obstacle n'est pas le même partout. Dans tout le Soudan, le mariage est interdit entre père et fille ou mère et fils, ainsi qu'entre frère et sœur aussi bien utérins que consanguins ou que les deux à la fois. Chez la plupart des tribus — mais non chez toutes — il est également interdit entre l'oncle et la nièce ou la tante et le neveu, ainsi qu'entre cousins germains, de ligne soit utérine soit consanguine. Le mariage entre cousins issus de germains de ligne utérine et même parfois entre cousins germains de même ligne, est souvent autorisé, mais, presque partout, le cousinage consanguin à n'importe quel degré demeure un obstacle.

L'alliance ne crée aucune parenté et par suite ne peut faire obstacle au mariage. Toutefois, pour des raisons de convenance, il est admis qu'un homme ne peut être *en même temps* le mari de deux sœurs ni d'une mère et de sa fille, d'une tante et de sa nièce ; mais il peut épouser successivement les deux sœurs, pourvu que la première soit décédée au moment du mariage de la seconde, et, dans les mêmes conditions, il peut épouser successivement la mère et la fille, la tante et la nièce.

5° *Endogamie et exogamie*. — Chez la plupart des peuples qui pratiquent la coutume des *diamou* ou noms de clan (Mandé, Toucouleurs, Songaï, Sénoufo, Voltaïques, etc.), le mariage n'était permis à l'origine qu'entre deux futurs de *diamou* différents (c'est-à-dire que chez les Mandé, par exemple, deux Keïta, deux Kouloubali, deux Diara, etc., ne pouvaient se marier ensemble) : cela tenait à ce que, au début, les porteurs d'un même *diamou* composaient tous en réalité une même famille et étaient tous parents entre eux ; cela arrive encore aujourd'hui dans des petits villages, où tous les gens de même *diamou* sont plus ou moins cousins, et c'est ainsi qu'on entend dire que tel homme ne peut épouser telle jeune fille parce que tous deux s'appellent « Diara » : en réalité, il n'y a pas là exogamie résultant d'un système de clans totémiques, et l'obstacle au mariage résulte simplement d'un lien de parenté.

Actuellement, sauf dans certains petits village où les familles sont peu nombreuses et où le même *diamou* correspond souvent à une descendance unique, le même nom de clan se trouve porté par des gens qui n'ont vraisemblablement entre eux aucun lien de parenté appréciable et qui même n'appartiennent pas toujours à la même tribu. Aussi le fait que deux futurs conjoints portent le même *diamou* ne constitue-t-il plus un obstacle au mariage ; il suffit simplement, pour qu'ils puissent se marier, qu'il n'existe pas entre eux de liens de parenté créant empêchement.

Il arrive même souvent que les gens d'un clan préfèrent contracter mariage avec un conjoint du même clan, c'est-à-dire portant le même *diamou*, mais il ne faudrait pas en conclure non plus que le clan crée l'endogamie. En réalité l'usage du *diamou*, là où il existe, n'a rien à faire avec les conditions de validité du mariage et il n'en résulte ni exogamie ni endogamie.

De même il n'est pas nécessaire que les deux conjoints appartiennent à la même tribu, ni au même peuple ni même à la même race, quoique les mariages entre conjoints de la même

Fig. 66. — Danseurs Bobo, à Koury.

Fig. 67. — Un guerrier Lobi.

tribu soient les plus fréquents. Dans le cas de mariage entre deux conjoints de tribus ou de peuples différents, c'est la coutume du lieu où s'accomplit le mariage qui est suivie (c'est-à-dire, le plus souvent, la coutume de la tribu à laquelle appartient la jeune fille).

D'autre part il existe presque partout certaines castes spéciales, plus ou moins méprisées — artisans, forgerons, griots ou baladins, sorciers — qui ne peuvent pratiquer que l'endogamie, c'est-à-dire ne peuvent contracter mariage que dans leur sein, soit chacun dans sa caste, soit dans une caste similaire. Ainsi un homme de la caste des artisans pourra épouser soit une femme de sa caste soit une femme de la caste des griots, mais il ne pourra épouser une femme non castée ou une femme appartenant à une caste noble (agriculteurs, pasteurs, guerriers, prêtres, marchands, etc.). Réciproquement un homme de caste noble pourra faire sa concubine d'une femme de la caste des artisans, par exemple, mais ne pourra l'épouser. Ceci est d'autant plus remarquable que, dans le même pays, un homme de caste noble pourra souvent, sans déroger, épouser une femme de condition servile. Il est d'ailleurs bon de noter qu'un mariage entre un agriculteur et une potière, par exemple, quoique non admis par la coutume, serait valide si les autres conditions de validité avaient été remplies : mais le mari qui l'aurait contracté serait renié par ses pairs et passerait de ce fait dans la caste de sa femme. Il en serait de même dans le cas du mariage d'une femme non castée avec un artisan, un forgeron, un griot, etc.

IV. — Obligations et droits résultant du mariage.

Il sera parlé, au sujet des coutumes de droit social et politique, des obligations et droits du chef de famille et des institutions connexes ; nous ne traiterons ici que des obligations et droits des personnes composant la famille réduite, c'est-à-dire du mari et père, de l'épouse et mère, et des enfants.

1° *Obligations de l'époux.*

a. *Vis-à-vis de ses femmes.* — L'époux doit à chacune de ses épouses le gîte, la nourriture, l'habillement (subordonné aux habitudes locales), les soins en cas de maladie, des funérailles décentes en cas de décès, et enfin les manifestations physiologiques de l'amour conjugal en dehors du cas de maladie ou de débilité sénile en ce qui le concerne et des cas de maladie, menstrues, grossesse et période d'allaitement en ce qui concerne l'épouse (1).

L'époux doit fidélité à ses épouses. Toutefois il est admis que l'époux monogame peut avoir des concubines durant les périodes où il ne peut user de sa femme, mais à condition de n'avoir pas de rapports avec elles sous le toit conjugal ; dans certains pays même ces rapports doivent être autorisés au préalable par l'épouse. Il est admis aussi que l'époux voyageant en dehors de son pays peut avoir des relations passagères avec des concubines, à condition de se conduire avec discrétion. — L'époux polygame doit ses faveurs à chacune de ses épouses à tour de rôle, se partageant entre elles par jour ou par semaines, selon les pays, mais la première femme en date peut en général exiger un tour de faveur en dehors de son tour régulier.

L'époux est responsable pécuniairement des dettes qu'a pu contracter sa femme durant le mariage, ainsi que du préjudice qu'elle a pu causer à autrui.

b. *Vis-à-vis de ses enfants.* — Le père doit à ses enfants jusqu'à l'époque de leur mariage — qui les émancipe — la nourriture, l'habillement, le gîte, les soins en cas de maladie, l'éducation (comprise comme préparation à la vie qu'ils auront à mener une fois adultes) ; de plus il doit aider ses fils à se marier en leur procurant, si besoin est, tout ou partie des sommes nécessaires.

---

(1) Chez les Lobi et souvent aussi chez d'autres peuples demeurés assez primitifs, lorsque l'époux est monogame par nécessité, il n'attend pas la fin de l'allaitement pour reprendre ses rapports avec sa femme.

Le père est responsable pécuniairement des dettes contractées par ses enfants non émancipés et du préjudice qu'ils peuvent causer à autrui (1).

2° *Obligations de l'épouse.*

a. *Vis-à-vis de son mari.* — La femme doit cohabiter avec son mari et le suivre dans ses déplacements, s'il l'exige, mais elle n'est pas tenue en général de le suivre s'il quitte le pays définitivement. Elle lui doit l'obéissance ; elle doit lui préparer ses aliments, s'occuper du ménage, entretenir le feu, apporter l'eau à la maison, se livrer à certains travaux agricoles, soigner son époux lorsqu'il est malade, pleurer à son décès. Elle doit à son époux l'amour conjugal, chaque fois qu'il l'exige, en dehors des cas cités plus haut ; toutefois, si l'époux a plusieurs femmes, chacune de celles-ci n'est tenue à l'amour conjugal que lorsque c'est son tour. Généralement la femme dont c'est le tour de partager la couche de l'époux est dispensée de certains travaux (corvée d'eau, corvée de bois, travaux agricoles, balayage de la cour) durant la journée ou la semaine qu'elle doit consacrer à son mari.

La femme doit fidélité absolue à son époux, sauf le cas où — ainsi qu'il est admis par certains peuples primitifs — le mari prierait sa femme d'accorder ses faveurs à un ami ou un hôte de passage ou encore de se prostituer au bénéfice du mari, cas auxquels la femme doit se prêter à ces exigences. Il arrive aussi qu'un mari impuissant cède sa couche à un ami complaisant, dans le but d'avoir des enfants.

b. *Vis-à-vis des autres femmes de son mari.* — Chaque femme doit vivre en bonne intelligence avec les autres épouses de son

---

(1) Chez certains peuples demeurés fidèles au système de succession utérine, notamment chez les Lobi et les Birifo, c'est l'oncle maternel et non le père, ainsi que je l'ai dit déjà, qui exerce vis-à-vis des enfants les droits paternels et auquel incombent les obligations matérielles et morales résultant ailleurs de la paternité.

mari, les assister en cas de maladie ou d'accouchement, allaiter leurs enfants si elles n'ont pas de lait ; de plus les femmes épousées en deuxième lieu, troisième lieu, etc., doivent obéissance et respect à celle qui a été épousée la première.

c. *Vis-à-vis de ses enfants.* — La mère doit allaiter ses enfants, sauf le cas d'absence de lait ou de maladie grave, les soigner, s'occuper d'eux tant qu'ils ne peuvent être livrés à eux-mêmes, leur préparer leurs aliments ; elle doit apprendre à ses filles la cuisine et les soins du ménage et les préparer aux occupations qu'entraînera plus tard pour elles la maternité.

3° Obligations des enfants.

a. *Vis-à-vis de leurs parents.* — Les enfants doivent à leurs père et mère respect et obéissance ; une fois émancipés par le mariage, ils ne sont plus tenus qu'au respect, mais cependant ils demeurent toute leur vie dans l'obligation d'assister leurs parents devenus vieux, de les nourrir s'ils ne peuvent plus gagner eux-mêmes leur nourriture, de les soigner s'ils sont malades et de leur faire des funérailles décentes.

Les obligations légales des enfants des deux sexes vis-à-vis de leurs parents, comme celles des parents vis-à-vis d'eux, cessent avec le premier mariage, qui émancipe de plein droit l'enfant qui se marie. Le fils devenu époux cesse d'être sous la dépendance de son père, tout en demeurant sous celle du chef de sa famille (voir les coutumes de droit social). La fille devenue épouse passe sous la dépendance de son mari et sous la tutelle, non de son père, mais de son chef de famille (voir les coutumes de droit social, chapitre IV).

b. *Vis-à-vis de leurs frères et sœurs.* — Les enfants doivent assister en cas de besoin leurs frères et sœurs, tant utérins que consanguins. Le frère aîné doit remplacer le père absent vis-à-vis de ses frères et sœurs non émancipés et ceux-ci lui doivent alors respect et obéissance comme ils les devraient à leur père présent. Ceci ne s'applique pas au cas de décès ou d'absence prolongée du père, auquel cas le père est remplacé par son héritier ou par le chef de famille.

c. *Vis-à-vis des femmes de leur père autres que leur mère*. — Les enfants n'ont aucune obligation vis-à-vis des femmes de leur père autres que leur mère, en dehors de celles auxquelles ils sont tenus par suite des ordres donnés par leur père.

4° *Droits de l'époux.*

a. *En tant qu'époux*. — Les droits de l'époux résultent des obligations de son épouse vis-à-vis de lui et vis-à-vis de ses enfants et de ses autres femmes, et consistent à exiger de l'épouse l'accomplissement de ces obligations, à la contraindre même par la force à les accomplir, à la châtier corporellement si elle s'y est soustraite. Par exemple, en dehors de la solution pécuniaire qu'il peut demander au tribunal compétent, l'époux a le droit de frapper sa femme convaincue d'adultère ; il a le droit également de frapper le complice et, dans la plupart des pays, de le mutiler et même de le tuer en cas de flagrant délit, si l'adultère a été commis sous le toit conjugal. Les Peuls et la plupart des nomades admettent même le droit pour le mari de tuer le complice de l'adultère où qu'il le rencontre.

Nous avons vu, à propos des contrats, qu'un homme peut se mettre en gage, en d'autres termes se constituer temporairement la garantie de son créancier, mais il ne peut mettre sa femme en gage ; d'autre part il peut obliger sa femme à le suivre là où il s'est mis en gage.

b. *En tant que père*. — Le père a le droit d'exiger de ses enfants l'accomplissement de leurs obligations vis-à-vis de lui et vis-à-vis de leur mère et de les contraindre au besoin par la force à les accomplir ; il a le droit, tant qu'ils ne sont pas émancipés par le mariage, de les châtier corporellement s'ils ont commis des fautes, et même, dans certains pays, le père avait le droit de vendre son enfant et parfois de le tuer. Il a le droit de mettre son enfant en gage pour dettes contractées, soit par lui-même, soit par la mère de l'enfant, soit par l'enfant ou l'un de ses frères ou sœurs.

5° *Droits de l'épouse.*

a. *En tant qu'épouse.* — Les droits de l'épouse résultent des obligations de son époux vis-à-vis d'elle, mais elle ne peut employer la force pour contraindre son mari à s'acquitter de ses obligations et n'a pas d'autres ressources légales, s'il s'y refuse, que de réclamer le divorce ou de s'adresser, pour obtenir gain de cause, au tribunal compétent. Cependant, dans la pratique, le nombre des femmes qui frappent leur mari ou l'amènent à composition en refusant de partager sa couche est beaucoup plus considérable qu'on ne serait porté à le croire. Le nombre des femmes qui mènent leur mari par le bout du nez et le forcent à se ruiner pour elles est plus considérable encore, même chez les peuples où la femme semble être le plus asservie.

b. *En tant que mère.* — La mère a le droit d'exiger de ses enfants l'accomplissement de leurs obligations vis-à-vis d'elle, mais elle ne peut les contraindre par la force à s'en acquitter ou les châtier s'ils ont mal agi que jusqu'à l'époque de leur puberté. Passé cette époque, elle doit, pour obtenir le châtiment que les enfants peuvent avoir mérité, s'adresser à son mari ou, en cas de décès du mari, au tuteur des enfants. Cependant il est admis généralement que la mère a droit de correction sur ses filles jusqu'à leur mariage.

6° *De l'interdiction paternelle et de la tutelle.*

Il peut arriver qu'un père ou une mère, à cause de sa cruauté habituelle ou de sa mauvaise conduite notoire, ou par suite de son état de démence, soit considéré comme indigne d'exercer les droits résultant de sa qualité de père ou de mère. Dans ce cas, le conseil de famille ou le tribunal compétent, ou simplement le chef de la famille, peut interdire le père ou la mère indigne et confier tous ses droits à un tuteur ou une tutrice désigné d'office. A défaut de tuteur désigné, c'est le chef de famille qui est le tuteur naturel des enfants maltraités ou abandonnés par leurs parents, et des enfants des fous.

Nous avons vu, en parlant de l'attribution des enfants, les autres cas où peut s'exercer la tutelle.

Dans tous les cas, le tuteur a les mêmes obligations et les mêmes droits que le père ou la mère qu'il remplace.

V. — Contraventions aux obligations résultant du mariage.

1° *Adultère de l'épouse*. — L'adultère de l'épouse, à moins qu'il n'ait été commis sous le toit conjugal, ne donne pas lieu en général à une autre solution que le châtiment corporel de l'épouse par son mari — châtiment destiné surtout à faire avouer à la femme coupable le nom de son complice — et le paiement par ce dernier, au mari trompé, d'une indemnité pécuniaire dont le taux varie selon les pays et aussi selon la condition sociale du mari. La somme peut varier de quelques francs — s'il s'agit d'un mari de condition ordinaire — à plusieurs milliers de francs, avec mise aux fers jusqu'à paiement complet de l'indemnité, — si le mari est un grand chef.

En général, l'indemnité à payer par le complice est plus forte si la femme était enceinte au moment où l'adultère a été commis et surtout si elle fait une fausse couche ensuite ou met au monde un enfant mort-né. Dans certains pays, l'indemnité varie selon que les complices n'ont aucun lien de parenté ni d'alliance ou, au contraire, selon la nature des liens qu'ils peuvent avoir entre eux ou que le complice peut avoir avec le mari.

Si le complice ne peut payer et si sa famille se refuse à lui venir en aide, il est mis en gage jusqu'à paiement complet.

Nous avons vu qu'en cas d'adultère commis sous le toit conjugal, et surpris par le mari, celui-ci a en général le droit de frapper la femme coupable et de tuer le complice, quitte à payer une faible indemnité à la famille de ce dernier ou à accomplir certains sacrifices rituels pour empêcher que le sang répandu ne porte malheur au village.

Autrefois un esclave complice de l'adultère de l'épouse était mis à mort ou vendu.

2° *Adultère de l'époux*. — L'adultère de l'époux n'est pas en général puni par la coutume, mais il est presque toujours retenu comme un motif plausible d'accorder le divorce à la femme trompée qui le réclame. Dans beaucoup de pays, et surtout s'il s'agit d'un mariage par simple consentement mutuel, la femme trompée peut exiger que son mari lui paie une indemnité, et cette indemnité doit être au moins égale à la somme que le mari adultère a remise à sa complice comme prix de ses faveurs. De plus, la femme trompée a le droit de frapper sa rivale et de l'insulter en public.

Bien entendu, ce qui précède ne peut s'appliquer qu'aux cas où l'adultère du mari n'est autorisé ni par son épouse ni par la coutume, et principalement au cas où il a été commis sous le toit conjugal ou dans le village même où réside le ménage.

3° Abandon du domicile conjugal par l'épouse. — Le mari peut exiger de la famille de sa femme qu'elle contraigne cette dernière, au besoin par la force, à réintégrer le domicile conjugal. Toutefois, si la femme a quitté son mari à la suite de sévices immérités ou parce que son mari se refusait à l'accomplissement de ses obligations d'époux, le tribunal prononce en général le divorce comme s'il avait été réclamé par la femme, c'est-à-dire en faisant restituer au mari une partie au moins des sommes qu'il avait dépensées pour son mariage.

Si la femme, ayant quitté son mari sans motif plausible, se refuse à le rejoindre, ou si sa famille refuse de l'y contraindre, le divorce est prononcé également, mais avec remboursement au mari de la totalité de ses dépenses, cadeaux à la famille compris.

4° Abandon de l'épouse par l'époux. — La famille de l'épouse abandonnée demande des explications au mari et le somme de reprendre sa femme. S'il s'y refuse et qu'il ne puisse fournir des raisons valables de sa conduite, le divorce est prononcé comme s'il avait été réclamé par le mari, sans aucun remboursement à effectuer entre les mains de ce dernier. Si au contraire le mari peut justifier sa conduite à lui en établissant les torts de sa femme, ou bien le mari reprend sa femme repentante, ou bien le divorce est prononcé comme pour le cas de répudiation de la femme par le mari, avec restitution à ce dernier, en général, d'une partie de ses dépenses de mariage.

5° Abandon des enfants par leurs parents. — Il entraîne l'interdiction de ces derniers (voir plus haut).

6° Autres contraventions. — Elles sont jugées à l'amiable par le conseil de famille ou le tribunal compétent. Si on ne peut réconcilier les époux, le divorce est prononcé de la manière qui semble la plus équitable.

VI. — Relations sexuelles en dehors du mariage.

1° Union libre. — Je ne parlerai pas ici du concubinat légal autorisé par le code musulman : en droit indigène pur, toute relation entre un conjoint marié et une personne qu'il n'a pas épousée régulièrement constitue un adultère de la part du conjoint et donne lieu aux solutions indiquées précédemment. Nous ne nous occuperons ici que des relations entre deux célibataires, autrement dit de l'union libre ou mariage irrégulier.

Toute union contractée en dehors des conditions requises pour qu'un mariage soit valide, c'est-à-dire en désaccord avec la coutume locale ou sans publicité suffisante, ou sans le consentement de la famille de la jeune fille, est une union libre. Cette union peut être d'ailleurs régularisée par la suite grâce à l'accomplissement des formalités négligées tout d'abord, et c'est ce qui se passe en somme dans le mariage par simple consentement mutuel.

Mais une union libre non régularisée ne constitue pas un mariage et ne crée pour aucun des conjoints les droits ni les obligations qu'entraînerait le mariage. Tout d'abord elle ne les émancipe pas. Ensuite l'homme, dans le cas d'union libre, ne peut rien exiger de la femme, ni obéissance, ni fidélité, ni quoi que ce soit, et il en est de même pour la femme vis-à-vis de l'homme.

L'union libre ne peut conférer non plus aucun droit paternel ni maternel sur les enfants nés d'elle, qui demeurent des enfants naturels, à moins que leur père ne régularise son union en épousant validement la mère.

Dans le cas contraire, voici quelle est, relativement aux enfants, la coutume la plus généralement suivie. Tant que les parents demeurent ensemble et qu'ils conservent leur domicile dans le village de la mère, les enfants qu'ils ont eus demeurent avec eux et le père et la mère jouissent en fait, sinon en droit, des mêmes droits vis-à-vis de ces enfants que s'ils les avaient eus à la suite d'un mariage régulier. Mais si le père vient à quitter le village de la mère, celle-ci tout d'abord ne peut le suivre et ensuite les enfants doivent demeurer dans la famille de leur mère, le chef de cette famille étant leur tuteur naturel et étant seul investi à leur égard de la puissance paternelle. Si le père ou la mère vient à mourir, il en est de même en ce qui concerne les enfants, c'est-à-dire que jamais il ne peuvent être attribués à leur père naturel ni à son héritier et sont toujours en droit les enfants du chef de la famille de leur mère.

Dans la pratique, ces enfants restent avec leur mère, et si celle-ci, après le départ ou la mort de son amant, se marie régulièrement, elle apporte à son mari les enfants naturels qu'elle a eus de son amant ; dans ce cas, le mari exerce souvent, au moins en fait, la puissance paternelle sur ces enfants nés d'un autre, mais on a vu plus haut que des règles spéciales les concernent en fait de succession.

2° Enfants adultérins et incestueux. — Si une femme en puissance de mari a eu un ou des enfants nés de ses relations adultérines, ces enfants sont considérés comme nés du mari et leur père naturel, même s'il est connu, n'a aucun droit sur eux. Cette coutume a force de loi même si les enfants ont été conçus pendant une absence du mari et sont nés un an ou plus après son départ ; elle est appliquée également si l'enfant est né après le décès du mari, mais seulement s'il n'y a pas eu plus de dix mois entre le décès du mari et la naissance de l'enfant : l'enfant né plus de dix mois après le décès du mari est considéré comme un enfant naturel né d'une union libre, ou, si la veuve s'est remariée, comme l'enfant légitime du second mari. Il n'y a donc pas, en droit indigène, d'enfants adultérins.

La naissance d'un enfant incestueux est fort rare, d'abord parce que l'inceste est peu fréquent au Soudan, bien qu'il ait été signalé en diverses régions et notamment en pays sénoufo, ensuite parce que, le plus souvent, la mère incestueuse se fait avorter avant terme. Si cependant un enfant vient à naître de relations incestueuses, il est mis à mort la plupart du temps : c'est ainsi tout au moins que les choses se passent chez les Mossi, les Gourmantché, les Lobi, etc.

3° Prostitution. — La prostitution proprement dite n'est pas très répandue au Soudan. On la rencontre cependant dans certaines villes, parfois aussi dans de petits villages, mais alors surtout chez les peuples où la femme jouit d'une plus grande indépendance, notamment chez certains peuples de la Boucle du Niger.

Les protituées de métier sont en général des femmes veuves ou divorcées ; quoique regardées souvent avec un certain mépris par les autres femmes, elles n'encourent pas la réprobation publique et ne sont ni claustrées ni astreintes à vivre dans des quartiers spéciaux. Elles ont parfois — très rarement — des amants de cœur, c'est-à-dire qui ne paient pas, mais elles n'ont jamais de souteneurs profitant pécuniairement de leur prostitution.

Chez certains peuples primitifs et chez les peuples de la Boucle dont je parlais tout à l'heure, il arrive que des jeunes filles non mariées se livrent à la prostitution, sans en faire un métier à proprement parler, avec l'agrément de leurs parents, surtout de leur mère, qui alors joue souvent le rôle de procureuse et profite au moins en partie des libéralités des amants de sa fille. Chez d'autres peuples (comme chez les Dan ou Mêbé anthropophages de la Côte d'Ivoire et de la frontière libérienne), c'est le mari qui encourage sa femme à la prostitution et en profite.

Quant à la prostitution occasionnelle, c'est-à-dire au fait pour une femme, mariée ou non, de céder son corps à un amant contre rémunération, sans que cela constitue pour elle un véritable moyen d'existence, on peut dire sans trop s'avancer que cette forme de la prostitution est pratiquée par toutes les femmes du Soudan qui en trouvent l'occasion sans avoir trop de risques à courir.

Les procédés malthusiens étant en général inconnus des indigènes, il arrive assez souvent que les prostituées de métier (veuves ou divorcées), ou les jeunes filles qui se prostituent avant le mariage, deviennent enceintes. Parfois elles usent alors de procédés abortifs que la coutume indigène tolère dans ce cas (comme elle les tolère aussi, en général, dans le cas où une femme mariée devient enceinte durant une absence prolongée de son mari). D'autres fois elles accouchent normalement et alors l'enfant a le même sort que celui né d'une union libre.

4° Relations unisexuelles, bestialité, etc. — La pédérastie, le lesbisme, la bestialité et, d'une façon générale, toutes les relations sexuelles contre nature sont excessivement rares au Soudan, tout au moins chez les populations de race noire, car elles semblent se rencontrer plus souvent, quoique encore sur une échelle très restreinte, chez quelques tribus arabes. La pédérastie a été introduite en certains endroits, il faut bien l'avouer, par des Européens; elle ne semble pas d'ailleurs avoir fait beaucoup d'adeptes parmi les indigènes. Chez les Noirs, on cite des cas très rares de lesbisme et de bestialité, et des cas un peu plus nombreux de pédérastie, mais ces cas sont isolés et ne méritent pas une étude à part. La coutume indigène n'a pas prévu ces vices et ne les punit pas; l'opinion publique s'en étonne et les tourne en ridicule plutôt qu'elle ne les méprise. Toutefois je dois dire que l'onanisme, solitaire ou à deux, existe assez fréquemment chez les jeunes garçons, surtout dans les pays où le mariage coûte cher et où les mœurs locales rendent difficile aux jeunes célibataires l'assouvissement de leurs instincts sexuels. Mais on peut dire que, sauf les cas très rares où l'unisexualité est en quelque sorte une nécessité physiologique due à l'absence de femmes, les actes sexuels contre nature sont une anomalie au Soudan et que nulle part ils ne sont arrivés à se généraliser assez pour constituer un vice que la coutume ait eu à prévoir et à réprimer.

CHAPITRE IV

La société

I. — La famille globale.

A la base de la société indigène du Soudan français se place la famille. Mais il convient tout d'abord de bien s'entendre sur le sens donné à ce mot : il existe en effet, chez les indigènes de l'Afrique Occidentale et Centrale, deux groupements fort différents l'un de l'autre, mais que l'état de notre vocabulaire nous oblige à désigner tous les deux par le même mot de famille. L'un, que, pour mieux préciser, j'appellerai la « famille réduite », correspond à peu près à ce que nous appelons communément chez nous la famille : il comprend les époux et leurs enfants non émancipés ; c'est évidemment le premier groupement de toute société dans l'ordre historique : un homme s'est établi quelque part, a pris femme, a eu des enfants, voilà une famille réduite constituée ; ce peut n'être qu'un accident dans la vie d'un peuple, ce peut être aussi le berceau de ce peuple, mais, chez les indigènes du Soudan, cette famille réduite n'a qu'une importance secondaire au point de vue social et, chez les peuples qui n'admettent que la parenté de ligne utérine, ainsi que nous l'avons vu, cette famille n'existe pour ainsi dire pas en soi. J'ai déjà parlé d'ailleurs, au chapitre précédent, des droits et des obligations de chacun des membres de la famille réduite vis-à-vis des autres : je n'y reviendrai pas ici.

Tout autre est le groupement que j'appelle « famille globale » et qui se nomme *gba* ou *goua* en langue mandingue : plus élevé et plus solide que le précédent, il n'a pas de correspondant exact dans notre société européenne actuelle ; il tend en effet à se désagréger à mesure que s'affermissent les théories individualistes qui régissent les sociétés de civilisation occidentale. Au contraire, dans la plupart des civilisations primitives et notamment dans la société noire, c'est la famille globale qui constitue le seul groupement social bien caractérisé et souvent aussi la seule unité politique réellement existante ; en tout cas, elle est la base de tout Etat indigène ayant évolué normalement.

1° *Chef de famille.*

Cette famille globale est celle dont j'ai parlé à propos du bien de famille et de la succession comportant ce bien. Elle est, nous l'avons vu, soumise au régime du patriarcat et son chef est — avec des tempéraments sans grande importance dus à des modification de la coutume générale — le plus ancien de tous les membres de la famille. Qu'il soit le premier né de tous les membres vivants de la famille, qu'il soit le premier né des seuls membres de tige utérine, qu'il soit — non pas nécessairement le premier né de tous les membres — mais le premier né de la génération la plus ancienne, que les femmes soient exclues ou non du commandement de la famille, le chef est toujours en un mot « l'ancien », celui qui tient de plus près à l'ancêtre de la famille globale, c'est-à-dire au fondateur de la première famille réduite primitive.

2° *Composition de la famille globale.*

Le groupement à la tête duquel est placé ce chef de famille constitue la famille globale : il comprend tous les descendants vivants de la famille réduite primitive, ou tout au moins tous ceux de ces descendants qui ne sont pas trop éloignés, par le temps et par l'espace, de leur ancêtre pour avoir oublié les liens de parenté qu'ils doivent à une souche commune ; il comprend en outre tous les serfs ou « captifs de case » issus des esclaves appartenant ou ayant appartenu aux chefs des différentes familles réduites, et tous les descendants de ces serfs.

Dans la pratique, une famille globale se compose en général de quatre générations : le chef de famille ou patriarche et ses frères et cousins, leurs enfants, les enfants et petits-enfants de ceux-ci, avec un nombre égal de générations de serfs.

Nous avons vu, que tous les parents de la même ligne sont placés sur le même pied : les frères et les cousins germains sont appelés du même nom, les fils et les neveux ou fils de cousins également, et ainsi de suite. Aussi, lorsque quelqu'un dit être le fils d'un individu donné, il ne s'ensuit pas nécessairement qu'il soit issu de lui ; on entend très bien d'autre part un indigène, se disant le frère d'un autre, préciser sa situation réelle vis-à-vis de celui-ci en ajoutant : « Mais nous n'avons ni le même père ni la même mère ».

Si, dans la famille réduite, le mariage des enfants les fait sortir de la famille par le fait même qu'en se mariant ils fondent une nouvelle famille réduite, il n'en est pas ainsi dans la famille globale : chaque membre d'une famille globale reste attaché à cette famille jusqu'à sa mort ; c'est ainsi que le mari n'entre pas dans la famille de sa femme ni la femme dans celle de son mari, mais que chacun demeure membre de la famille dans laquelle il est né, même après le mariage, même en cas d'émigration définitive dans le pays de son conjoint ou dans un pays quelconque, si éloigné soit-il de la résidence du chef de famille et de la contrée où habite la majorité des membres de la famille. On voit par suite que le mariage, en faisant entrer l'épouse dans une nouvelle famille réduite — celle du mari —, n'apporte aucun changement à sa famille globale.

Quant aux enfants, nous avons vu comment la coutume réglait leur attribution ; ils appartiendront à la famille globale de celui de leurs auteurs auquel la coutume locale, selon les circonstances, les attribue. Nous avons vu même qu'en général, lorsqu'il n'y a pas lieu d'attribuer les enfants à leur père, ils appartiennent, non pas à leur mère à proprement parler, mais à la famille globale de leur mère, afin qu'il n'y ait pas d'hésitation possible en cas de nouvelle union contractée par la mère.

Toutefois il arrive que des enfants, nés en pays lointain et demeurant sans aucune relation avec le berceau de leur famille, se trouvent entrer — de fait sinon de droit — dans une famille globale qui n'est pas la leur et y apportent un élément étranger dont l'origine disparate sera oubliée au bout de quelques générations : c'est ainsi que certaines familles globales s'accroissent aux dépens d'autres qui finissent par s'éteindre, bien qu'en réalité elles possèdent encore des représentants en droit strict.

De plus, une famille globale devenue trop nombreuse pour le sol qu'occupent ses membres peut se scinder en plusieurs fractions, dont chacune va s'installer sur un territoire nouveau et constitue à elle seule une nouvelle famille globale issue de la famille primitive.

3º Droits et obligations du chef de famille.

Le chef de famille globale a, sur tous les membres du groupement dont il est le patriarche, quel que soit leur âge et quel que soit leur sexe, les mêmes droits qu'un père sur ses enfants non émancipés, mais il n'a pas vis-à-vis d'eux exactement les mêmes obligations. Ainsi il n'est pas tenu de les nourrir : chaque membre adulte ou émancipé est obligé de pourvoir lui-même à sa propre nourriture et à celle de sa famille réduite, c'est-à-dire de ses femmes et de ses enfants non émancipés. Toutefois, si un membre même adulte de la famille se trouve, par suite de circonstances indépendantes de sa volonté, dans l'impossibilité de subvenir à ses besoins et à ceux de sa famille réduite, — par exemple dans le cas d'une infirmité qui lui interdit tout travail, soit définitivement, soit momentanément, — le chef de famille est tenu de l'entretenir ainsi que ses femmes et enfants. De même, si un mariage agréé par le chef de famille ne peut être conclu par suite de l'impossibilité où se trouvent le futur et son père de réaliser la somme nécessaire, le chef de famille est tenu d'intervenir pécuniairement. Le chef de famille est encore responsable des dettes et obligations contractées par les membres de la famille, tout au moins si elles résultent de

Fig. 68. — Groupe de Dagari sur une terrasse, à Pinntouri.

Fig. 69. — Groupe de Birifo dans une plantation, à Boukori.

contrats qu'il a autorisés, et même, en beaucoup de pays, s'il a ignoré le contrat, pourvu qu'il n'ait pas formellement refusé de l'autoriser.

Lorsque l'intervention pécuniaire du chef de famille est ainsi exigée, il ne recourt pas en général à ses deniers personnels, à son bien privé, pour s'acquitter de ses obligations, ou tout au moins il n'y recourt que lorsqu'il ne peut faire autrement ou lorsqu'il est assez riche pour pouvoir se montrer généreux : en principe, il remplit les obligations de cette nature qui lui incombent au moyen du bien de famille, ou au besoin en faisant appel à la solidarité familiale, dont nous parlerons dans un instant.

J'ai suffisamment expliqué précédemment ce qu'était le bien de famille, son origine, sa composition, son inaliénabilité en dehors des cas où les besoins de la famille sont en jeu, ainsi que les droits et obligations du chef en ce qui concerne ce bien, ainsi encore que le régime spécial à sa transmission par succession : je n'y reviendrai pas ici.

4° Droits et obligations des membres de la famille globale.

Vis-à-vis du chef de famille, les droits et obligations des membres résultent tout naturellement des obligations et droits du chef de famille, dont il vient d'être question.

Entre eux, les membres d'une même famille globale se doivent aide et soutien, au double point de vue matériel et moral, et chacun d'eux a le droit de faire appel à cette solidarité. Cette solidarité est très étendue : nous avons vu que chaque membre de la famille doit à la communauté une partie de son travail, sous forme d'une ou plusieurs journées par semaine, ou, dans le cas où il demeure au loin, une partie de ses gains ou de son salaire ; par contre, la communauté familiale est civilement et pécuniairement responsable des dettes de ses membres insolvables et des dommages-intérêts auxquels ils peuvent être condamnés en justice.

Lorsque le chef de famille est présent, c'est à lui que l'on a recours et c'est lui qui est rendu responsable, comme chef et représentant naturel de la communauté. Mais en son absence, — par exemple dans le cas de plusieurs membres d'une même famille voyageant ensemble en dehors de leur pays, — chacun est responsable et solidaire des actes et obligations des autres, et c'est ainsi que s'est établie chez certaines peuplades l'habitude, pour un créancier, de saisir les biens d'un individu sous le seul prétexte que l'un des membres de la famille de cet individu se trouve être le débiteur du créancier en question.

L'acceptation de cette solidarité familiale, du « si ce n'est toi, c'est donc ton frère », est profondément ancrée dans les coutumes de tous les peuples de l'Afrique Occidentale, quelle que soit leur race ou leur religion. La famille globale est certainement chez eux le groupement social ayant le plus de cohésion et de vitalité : sou- vent d'ailleurs, il n'y en a point d'autre, en particulier chez les tribus les plus primitives.

II. — Les clans.

Le clan est une unité sociale très répandue au Soudan Français : on peut dire, semble-t-il, que, à part les populations de souche arabe ou berbère, tous les peuples du Haut-Sénégal-Niger, les plus policés comme les plus primitifs, possèdent l'institution du clan ; et encore n'est-il pas sûr qu'il n'en subsiste pas de traces chez les Touareg et les Maures.

Le clan, que l'on confond souvent à tort tantôt avec la famille globale tantôt avec la sous-tribu, paraît être un acheminement de la première, qui est un groupement social, vers la seconde, qui est une division ethnique. Mais ce qui est très important et tout à fait digne de remarque, c'est que le même clan peut comprendre des familles globales appartenant à des divisions ethniques très différentes.

Il semble bien que, originairement, le clan doit remonter, comme les autres groupements sociaux, à la famille réduite, dont le fondateur fut l'ancêtre du clan, ou tout au moins de l'une des fractions du clan ; au bout d'un certain nombre de générations, la même famille réduite initiale se trouve avoir donné naissance à un grand nombre de familles globales, qui se sont dispersées aux quatre coins d'une région, qui peuvent même avoir constitué des divisions ethniques différentes, cessant d'avoir entre elles des rapports et finissant par ignorer leurs liens de parenté et s'ignorer même les unes les autres, mais conservant toujours certaines particularités qu'elles doivent à leur origine commune et qui sont précisément la caractéristique du clan. En sorte que, de même que la famille globale est le développement de la famille réduite, le clan est un groupement, à la vérité assez vague et fort élastique, mais qui paraît bien être constitué par l'ensemble des familles globales issues d'une même famille réduite primitive.

Ces particularités qui caractérisent un clan et qui permettent à des individus, s'ignorant entre eux et souvent ne parlant pas la même langue et n'ayant pas les mêmes coutumes, de reconnaître qu'ils appartiennent au même clan, se manifestent principalement par des interdictions d'ordre magico-religieux que les ethnographes désignent sous le nom océanien de « tabou » et qu'ils rattachent souvent à une forme de religion à laquelle ils ont donné l'appellation américo-indienne de « totémisme ». D'après eux, le *totem* serait un être — généralement un animal, mais non nécessairement — que le clan considérerait comme son ancêtre et dont il porterait le nom, et le *tabou* ou interdiction totémique se rapporterait à la défense de tuer cet animal éponyme et de manger sa chair : telle est tout au moins la définition du totémisme vrai et du tabou totémique, tels qu'on les a rencontrés parmi certaines populations indigènes de l'Amérique et de l'Océanie.

En ce qui concerne l'Afrique Occidentale, il semble bien que l'institution des clans ne se rattache pas à la religion totémique, au moins comprise ainsi : sans doute même n'y a-t-elle aucun caractère religieux proprement dit. Les principes du totémisme en effet, d'après M. Van Gennep, qui fait autorité en la matière, sont les suivants :

1° Le totémisme est caractérisé par la croyance à un lien de parenté entre un groupe humain, d'une part, et, de l'autre, une espèce animale ou végétale, ou une classe d'objets ou une catégorie d'êtres humains ;

2° Cette croyance s'exprime par des rites négatifs (tabous), par des rites positifs (cérémonies d'initiation) et par une réglementation matrimoniale (exogamie, le plus souvent);

3° Le groupe humain porte le nom de son totem.

Or, si nous examinons l'institution des clans telle qu'elle se présente en Afrique Occidentale, nous constatons :

1° Que, si certaines peuplades croient à des liens de parenté entre des groupements humains et des animaux, cette croyance ne s'applique pas, sauf exceptions qui n'ont d'ailleurs pas été signalées encore, à l'espèce animale qui est le « tabou » d'un clan donné, mais à certains animaux isolés, qui sont considérés comme incarnant l'esprit d'un ancêtre défunt, qui peuvent très bien appartenir à une autre espèce que l'espèce « tabou » et qui ne sont considérés comme parents *possibles* — et non pas certains — que par une famille globale donnée et non par l'ensemble d'un clan; on rencontre bien, il est vrai, chez certaines peuplades — et non chez toutes — la croyance à une transmigration possible des âmes entre les hommes d'un clan et les animaux de l'espèce « tabou », mais cette croyance n'est pas du tout essentielle dans la théorie indigène du clan et elle s'étend, lorsqu'elle existe, en dehors de lui;

2° Que, si les rites négatifs ou « tabous » — entre autres l'interdiction de manger l'animal sacré du clan — existent partout où l'on rencontre au Soudan l'institution du clan, si d'autre part les cérémonies d'initiation sont très répandues, ces cérémonies n'ont vraisemblablement aucune relation avec l'institution des clans, car elles sont communes à des groupements de clans différents; que, si l'exogamie paraît exister parfois, c'est-à-dire si le mariage est interdit entre deux individus du même clan, cela tient, comme nous l'avons vu, non pas à ce qu'ils ont le même « tabou », mais à ce qu'ils sont parents à un degré trop rapproché (l'exogamie est de règle dans certaines fractions de clan, chez les Sissé-Tounkara, les Keïta-Mansaré et les Kouloubali-Massassi par exemple, mais il est à remarquer qu'il s'agit là de fractions ayant le privilège de fournir le roi et qui constituent à proprement parler des familles (1);

(1) Deux individus appartenant à des clans différents, mais ayant le

3° Que, si certains clans portent le nom de leur « tabou » ou animal sacré, le phénomène est excessivement rare et n'a été signalé encore que chez les Sénoufo et dans un clan des Mandingues : l'immense majorité des clans du Soudan portent des noms dont l'origine est souvent difficile à expliquer mais qui, en tout cas, n'ont rien de commun avec le nom de l'animal ou des animaux sacrés de chaque clan; car je pourrais ajouter que, la plupart du temps, chaque clan possède, outre un « tabou » principal, un grand nombre de « tabous » secondaires.

Sans entrer dans plus de détails, je crois ce qui précède suffisant pour avancer avec quelque chance de certitude que les clans de l'Afrique Occidentale ne sont pas des clans totémiques, au sens que l'on donne en général à cette expression.

Voici ce qui les caractérise et comment, d'après la grande majorité des indigènes, ils se seraient formés.

A l'origine, un homme, se trouvant dans une situation difficile, aurait été tiré de peine par l'intervention, apparemment fortuite, de tel ou tel animal : en reconnaissance du service à lui rendu par cet animal, il aurait décidé que ledit animal serait sacré pour lui-même et pour tous ses descendants, et c'est en souvenir de cet événement et pour obéir à leur ancêtre que les membres de chaque clan, c'est-à-dire les membres de toutes les familles issues de cet ancêtre, considèrent toujours cet animal comme sacré, refusent de manger sa chair et généralement — mais non pas toujours — de le tuer. Mais ils ne regardent nullement cet animal comme leur ancêtre, puisqu'ils disent nettement que c'est leur ancêtre qui a, par reconnaissance, sacré cet animal, l'a proclamé « tabou » pour tous ses descendants.

J'ai raconté plus haut (1ᵉʳ volume, page 285) la légende des *Kouloubali* de Ségou, dont l'ancêtre fut sauvé par un poisson — le *mpolio* — et en fit le *tana* de ses descendants. Voici quelques autres exemples de cette formation des clans : l'ancêtre des *Sinngaré,* mourant de soif, aperçut une iguane (*kourou*

---

même *tana* ou tabou prohibitif, peuvent également contracter mariage ensemble.

en mandé-banmana) qui urinait contre un baobab ; son attention ayant été attirée sur ce baobab, il s'en approcha, remarqua qu'il était creux et que la cavité était remplie d'eau de pluie ; il put se désaltérer, et c'est en raison de ce fait que les Sinngaré ont l'iguane comme « tabou » ; — les *Sangaré* ont la perdrix pour tabou parce que leur ancêtre, sur le point d'être mordu par un serpent durant son sommeil, fut réveillé à temps par une perdrix ; — les *Dembélé* ont le cynocéphale, parce que leur ancêtre, au moment où il allait être tué par un ennemi caché, aperçut cet ennemi grâce à un cynocéphale qui, en sautant sur la branche servant d'abri à ce dernier, l'avait démasqué ; — les *Maréga* (clan soninké) ont pour tabou un serpent appelé *bida*, parce que leur ancêtre, abandonné par sa mère alors qu'il était encore à la mamelle, fut allaité par un serpent de cette espèce (lequel lui donna à téter au moyen de sa queue) ; — les *Fofana* ont le mouton, parce que la fille de leur ancêtre, oubliée dans un incendie, fut sauvée grâce à un mouton qui, enfermé dans la même case qu'elle, bêlait désespérément et attira ainsi l'attention.

Il est arrivé souvent qu'un membre d'un clan déjà constitué, ayant par conséquent déjà un animal « tabou », a eu à son tour à se louer des services d'un autre animal et a créé, pour ses descendants à lui, un second « tabou » qui est devenu la caractéristique d'un clan secondaire dérivé du clan primitif. Chacun des clans secondaires issus de cette manière d'un clan primitif commun possède, en outre du « tabou » primitif, un autre « tabou » qui lui est propre et qui a fini par devenir plus important que le premier, parfois même l'a fait tomber en désuétude. On a eu, de la même façon, des clans tertiaires, quaternaires, etc., et c'est ainsi que certains clans actuels ont chacun toute une série de « tabous » animaux ou végétaux, parmi lesquels certains leur sont communs avec d'autres clans ayant avec eux-mêmes une origine primitive commune. Comme exemple de clan secondaire, on peut citer celui des *Bamba*, chez les Mandingues, qui est issu du clan des *Kouloubali* de la manière suivante : un Kouloubali, acculé dans une caverne par un caïman qui l'avait poursuivi, aperçut un rayon de lumière qui tombait d'en haut sur sa tête : c'était un grillon qui creusait la terre en cet endroit; le Kouloubali en conclut que la couche de terre qui le séparait de l'air libre était mince, il se mit à agrandir avec ses mains le trou creusé par le grillon et put ainsi s'échapper; il décida que ses descendants prendraient le grillon (*kèrè* en mandé) comme « tabou », et ce fut là l'origine du clan des Bamba, qui a comme « tabou » le grillon, en outre du tabou des Kouloubali, qui est, suivant les fractions, le lion, l'hippopotame ou un poisson appelé *mpolio* sur le Niger.

Car il arrive aussi qu'une fraction d'un clan, à la suite d'une circonstance de même ordre, a changé son tabou sans changer son nom de clan, en sorte que tous les membres d'un même clan n'ont pas nécessairement le même « tabou », ce dernier variant souvent avec les provinces.

Quant aux noms des clans, leur étymologie est souvent inconnue des indigènes actuels. Parfois le nom du clan est, dans certains pays, celui de son « tabou » ou du principal de ses « tabous », mais le cas est extrêmement rare : on en cite un seul exemple chez les Mandé (1), le clan des *Samakè*, dont le nom signifie « gens de l'éléphant » et qui ont effectivement l'éléphant comme tabou; on m'a affirmé également que les cinq clans principaux des Sénoufo (les *Soroo*, les *Yéo*, les *Siluè*, les *Sékongo* et les *Tuo*) portent chacun le nom de son « tabou » (panthère, antilope rouge à raies blanches, singe noir, écureuil de terre et sanglier); mais je ne connais pas un seul exemple, en dehors de ceux-là, d'une similitude du nom du clan avec le nom du « tabou », et, de plus, il convient de remarquer que les clans précités portent, dans les autres pays, des noms qui ne sont plus du tout ceux de leurs « tabous » : ainsi les Soroo

(1) On cite parfois aussi les *Diara*, qui ont le lion comme tabou, en faisant remarquer que *diara* signifie « lion » en mandingue. Mais les Diara font observer que leur nom de clan n'a pas du tout la même étymologie que celui de leur tabou : il vient de la ville ou du pays de Dia ou Diaga ou Diakha, et c'est par suite d'une pure coïncidence que ce nom se prononce comme celui du lion, au moins dans certaines fractions, car le même nom de clan est devenu chez les Foulanké *Diakité* et chez les Soninké *Diakhaté* ou *Niakaté* ou encore *Diarisso*, *Diaressi*, *Yaressi* ou *Niarè*. Ce clan a, en général, le lion pour animal sacré parce que l'ancêtre des Diara, sur le point de mourir de faim trouva une pièce de gibier qui avait été saisie et laissée par un lion.

s'appellent *Koulouhali* en mandé, *Kambou* en lobi, et ainsi de suite, et ni *koulouhali* en mandé ni *kambou* en lobi ne veulent dire « panthère ».

On peut dire que, dans l'immense majorité des cas, le nom du clan n'a aucun rapport, même lointain, avec le nom du « tabou ». Les indigènes disent que le nom de chaque clan était à l'origine le nom de l'ancêtre du clan, de celui qui l'a créé, mais ils ne paraissent pas en être bien certains. Quelquefois l'étymologie du nom de clan indique bien qu'il tire son origine du nom de l'ancêtre créateur du clan : par exemple, le clan des *Dioman-si* ou *Dioman-dé* chez les Mandingues, dont le nom signifie « race » ou « enfants » de Dioman, a eu pour fondateur un nommé Dioman. Mais, le plus souvent, les noms de clan sont dus à des circonstances spéciales qui ont accompagné la formation du clan, indépendamment du choix du « tabou », ou bien ils sont des surnoms donnés à l'origine à l'ensemble des membres d'un même clan : *Koulouhali* « les sans-pirogue », *Dembélé* « les colas rouges », etc. Jamais on ne rencontre, comme nom de clan, un nom servant de nom individuel ou prénom. Enfin il faut noter que, chez le même peuple, un même clan peut porter des noms différents selon les régions.

Nous avons vu qu'un clan donné pouvait comprendre des membres appartenant à des familles ethniques différentes : ainsi les *Diara* chez les Mandingues, les *Diakité* chez les Foulanké, les *Bá* chez les Toucouleurs (1), les *Ndiaye* chez les Ouolofs, les *Pima* chez les Mossi, se considèrent comme appartenant tous au même clan ; de même les *Ouatara* chez les Mandé-Dioula, les *Yéo* chez les Sénoufo, les *Noufi* chez les Lobi, les *Fámié* chez les Agni du Baoulé, se considèrent comme appartenant au même clan. Et c'est là surtout qu'apparaît l'importance sociale

(1) Ce clan porte le même nom chez les Toucouleurs et les Peuls ; les correspondants des autres clans foulanké sont : pour *Sidibé*, chez les Toucouleurs *Sow* et chez les Peuls *Só* ; pour *Sangaré*, chez les Toucouleurs *Si* (je le crois du moins) et chez les Peuls *Bari* ; pour *Diallo*, chez les Toucouleurs *Kane* et chez les Peuls *Ka*. Les dénominations *Ourourbé*, *Féróbé*, *Daébé* et *Dialloubé* semblent être des noms de tribus dans chacune desquelles le clan principal ou clan royal est respectivement *Bá* (ou *Boli*), *Só*, *Bari* et *Ka*.

de l'institution du clan. Deux membres d'un même clan sont liés entre eux par une solidarité étroite, plus étroite peut-être que la solidarité familiale : ils doivent, en toute circonstance, se prêter mutuellement assistance ; ils ne peuvent témoigner l'un contre l'autre en justice : or cette solidarité existe, non seulement entre deux membres du clan appartenant à la même tribu, mais aussi entre deux membres complètement étrangers l'un à l'autre par la langue, la religion et même la race ; il y a là une sorte de franc-maçonnerie que n'arrêtent ni les barrières ethniques ni les différences de civilisation et qui constitue un phénomène excessivement intéressant. Par exemple, un Mossi du clan des Pima, animiste et sauvage, n'ayant jamais quitté son pays auparavant, se trouvant brusquement transporté à Saint-Louis, y rencontre un Oulof du clan des Ndiaye, musulman ou chrétien et relativement civilisé, qui du reste n'est jamais allé au Mossi : le Pima ne comprend naturellement pas un mot de ouolof, ni le Ndiaye un mot de mossi ; au bout de quelques instants, à des signes qu'eux seuls perçoivent, ce Mossi et ce Ouolof se reconnaissent comme membres du même clan et aussitôt le Ouolof prendra sous sa protection ce Mossi isolé à 2.000 kilomètres de son pays natal.

Nous avons émis plus haut l'hypothèse que le clan devait être composé de l'ensemble des familles globales issues d'une même famille primitive : cette hypothèse peut paraître inconciliable avec le fait pourtant bien établi de ces clans répandus d'un bout à l'autre de l'Afrique Occidentale parmi des familles ethniques complètement différentes ; cependant, si l'on admet que la fondation de chaque clan remonte à une très haute antiquité et peut dater du temps où les divergences ethniques ne s'étaient pas produites encore, la même hypothèse serait soutenable. Mais on peut supposer aussi que chaque clan s'est constitué, sinon dans une même tribu, au moins dans un même groupe ethnique, de la façon indiquée plus haut, puis que, par la suite, deux clans appartenant à des divisions ethniques différentes, mais se trouvant, par une coïncidence que le nombre en somme restreint des « tabous » possibles rend vraisemblable, avoir soit le même « tabou », soit un ensemble analogue d'interdictions caractéristiques, se soient considérés comme ne formant en réalité qu'un seul clan. J'ai vu plusieurs fois des indigènes de familles ethniques différentes, se rencontrant dans un même lieu, s'interroger réciproquement sur leurs « tabous » de clan : lorsque deux d'entre eux découvraient qu'ils avaient un « tabou » commun, ils se reconnaissaient comme appartenant au même clan et aussitôt s'établissait entre eux cette solidarité dont j'ai parlé plus haut.

Un autre phénomène très particulier se rattachant à l'institution du clan est l'existence de sortes d'alliances entre certains clans dont les membres sont, selon le terme usité en mandó, *sénékoun* ou *sinankou* les uns par rapport aux autres : ainsi les Taraoré et les Diara chez les Banmana sont *sénékoun*, de même les Sangaré et les Sidibé chez les Foulanké, les *Bd* et les *Kane* chez les Toucouleurs.

Cette sorte d'alliance se manifeste en public par le droit qu'ont deux membres de clans *sénékoun* de s'injurier sans qu'il en résulte rien, tandis que les injures échangées entre deux individus de clans non alliés amèneraient au moins des coups et souvent un long procès ; elle se manifeste aussi de plusieurs autres manières plus sérieuses, d'abord par le fait que les membres de deux clans *sénékoun* se doivent assistance, et aussi par celui qu'un individu témoignant en justice peut affirmer sous serment l'innocence dun accusé qu'il sait coupable si cet accusé appartient au même clan que lui ou à un clan allié, sans pour cela encourir les châtiments qui, selon la croyance générale, doivent frapper l'auteur d'un faux serment.

De ce que deux clans sont équivalents ou simplement associés par le *sénékoun*, il ne s'ensuit pas qu'ils aient nécessairement le ou les mêmes tabous ; le cas de similitude du tabou est même fort rare.

J'ai dit plus haut que quelques peuplades admettent l'existence de certains liens de parenté entre des hommes et des animaux, en dehors de toute intervention des clans : nous en reparlerons à propos des coutumes religieuses. Mais j'ai dit aussi qu'il existait parfois une croyance à la transmigration des âmes qui a pu faire croire que certains indigènes du Soudan admettaient des liens de parenté entre les membres d'un clan et l'espèce animale qui constitue le « tabou » de ce clan. Cette croyance, que j'ai rencontrée chez certains Mandé et chez certains Sénoufo, ne va pas jusqu'à faire considérer l'animal tabou comme l'ancêtre du clan ; elle consiste simplement à admettre que, si l'un des membres du clan vient à mourir, son âme *peut* passer dans le corps de l'un des animaux de l'espèce « tabou » qui naît au moment où le membre du clan vient à mourir, et qu'inversement, à la mort d'un animal de l'espèce sacrée, son âme *peut* passer dans le corps d'un enfant du clan qui vient à naître au même moment ou qui est alors en état de gestation. C'est dans ce sens qu'il faut entendre ce que disent certains indigènes, lorsqu'ils déclarent qu'en mangeant la chair de certain animal, ils craindraient de manger quelqu'un de leurs parents.

Le clan a ceci de particulier qu'il n'a ni chef ni organisation apparente. Mais il a ses règles constitutives, indépendamment des interdictions qui le caractérisent; j'ai parlé plus haut, en particulier, de la règle établissant la solidarité entre les membres d'un même clan. L'épouse, si elle appartient à un autre clan que l'époux, continue après son mariage à faire partie de son propre clan et en conserve le nom ou *diamou*, mais, en général, elle ajoute aux pratiques prohibitives spéciales à son propre clan celles du clan de son mari, au moins tant qu'elle vit sous le même toit que lui. Quant aux enfants, ils appartiennent au clan du père chez les peuples qui ont adopté la succession consanguine et au clan de la mère chez ceux demeurés fidèles à la succession utérine, par exemple les Lobi, les Birifo, beaucoup de Peuls, etc. Lorsque, après rupture du mariage, des enfants nés sous le régime consanguin ont été attribués à la famille de leur mère, ils sont considérés comme appartenant à la fois au clan de leur père et à celui de leur mère et portent indifféremment le nom de l'un ou l'autre de ces clans.

On emploie souvent au Soudan le mot *tana* ou *téné* (1) comme

---

(1) Le mot correspondant à *tana* est *bang* en ouolof, *ouoda* en peul, *kossé* en soninké, *kabi*, en songaï, *kisgou*, en mossi ; on désigne le nom de clan par l'expression *diamou* ou *diamoun* en mandingue, *lamba* en

synonyme de « tabou » : ce mot est celui par lequel les indigènes de langue mandingue (Malinké, Banmana, Dioula) désignent tout ce qui est sacré ou interdit à un point de vue magico-religieux, c'est-à-dire lorsque la contravention à l'interdiction doit amener, sans aucune intervention humaine ou divine, un châtiment immédiat sous forme de mort ou de maladie grave, à moins que la contravention ait été involontaire, auquel cas on peut éviter le châtiment à l'aide d'un sacrifice expiatoire. Par suite, les tabous affectés aux clans sont *tana* en ce qui concerne les membres d'un clan donné ; mais il existe beaucoup d'autres *tana* qui n'ont rien à voir avec l'institution des clans, ainsi que nous le verrons dans le chapitre consacré aux religions.

J'ai donné dans le premier volume (pages 135 à 142) les listes des principaux clans existant, à ma connaissance, chez les divers peuples du Haut-Sénégal-Niger ; je vais indiquer ci-après les *tana* les plus généraux de ceux de ces clans sur lesquels j'ai pu recueillir des informations à ce sujet : *Diara*, lion et singe noir ; — *Koné*, lion ou panthère ; — *Kounaté*, lion et hippopotame ; — *Sissé*, lion et sanglier (fraction royale des *Tounkara*, python et un serpent venimeux) ; — *Sinngaré*, iguane ; — *Kamissorho*, iguane ; — *Kouloubali*, lion, hippopotame, le poisson *mpolio*, etc. (fraction royale des *Massassi*, caïman) ; — *Bamba*, grillon ; — *Keïta*, hippopotame ; — *Taraoré* (ou Travélé), grue couronnée, singe gris à gueule noire, singe noir, panthère ; — *Dembélé*, (ou Dambélé), cynocéphale ; — *Doumbouya*, panthère ; — *Sarhanorho* (ou Sakho), python ; — *Tankara*, une variété de fromager ; — *Kamara* (ou Kamaya ou Kamahaté), iguane et tortue ; — *Samaké*, éléphant ; — *Fofana*, mouton ; — *Ouatara*, antilope rouge à raies et taches blanches dite *mina* ; — *Sissoko*, varan et panthère ; — *Barhayorho*, caïman et singe rouge ; — *Niaré*, gros pigeon gris à taches jaunes ; — *Mariko*, caïman (tous les clans qui précèdent concer-

---

soussou ou diallonké, *santa* en ouolof, *yettôdé* en peul, *sondré* en mossi, *félé* en sénoufo ; l'expression correspondante au mot mandingue *sénékoun* est *gamou* en ouolof, *dendiragal* en peul, *basseï* en songaï.

nent les Mandé — Soninké, Malinké, Banmana, Dioula — à l'exclusion des Foulanké (1);

chez les Foulanké : *Diakité*, singe pleureur ; — *Sangaré*, perdrix ; — *Sidibé*, une espèce de petit oiseau rouge ; — *Diallo*, une variété de mil ;

chez les Sén.ufo : *Soroo*, panthère ; — *Yéo*, antilope rouge à raies et taches blanches ; — *Silué*, singe noir et mange-mil noir ; — *Sékongo*, écureuil de terre ; — *Tuo*, sanglier.

III. — Les divisions ethniques.

Les divisions ethniques sont basées sur les différences que présentent les divers groupements humains au triple point de vue anthropologique (le corps), ethnographique (les mœurs) et linguistique (les idiomes). Il est bien évident que, à moins de perturbations dues à des guerres, des immigrations d'étrangers, etc., les fractions d'un même groupement ethnique ont toutes des origines communes, ont évolué dans un milieu analogue et ont des coutumes sensiblement identiques : il s'ensuit que le groupement ethnique constitue aussi la plupart du temps un groupement social, composé en principe de la réunion de plusieurs familles globales ayant une origine unique.

Il arrive très souvent aussi que le groupement ethnique est en même temps un groupement politique ; mais on ne saurait poser cette correspondance en règle absolue, car les circonstances de l'histoire des peuples, les nécessités de la vie économique et les hasards de la guerre ont plus d'une fois groupé en

---

(1) La plupart des musulmans fervents répudient, au moins entre coreligionnaires, la croyance au *tana* : aussi les clans composés à peu près uniquement de musulmans, comme celui des *Touré*, passent pour n'avoir pas de tabou. Il en est de même, à Tombouctou et à Dienné, des *Haïdara*, et, partout, des individus qui, se prétendant issus de la famille de Mahomet, ont adopté le nom de *Sirifé* ou *Sarifou* (chérif); cela n'empêche pas certains de ces musulmans d'appartenir en réalité à un clan à *tana* : tel est le cas de plusieurs soi-disant Haïdara du pays songaï, qui ont comme véritable nom de clan *Meïga* et ont pour tabou le lamentin (*ayou* en songaï).

une seule unité politique des éléments ethniquement hétérogènes, comme les mêmes causes ont d'autres fois séparé entre plusieurs Etats un même groupement ethnique.

L'étude des divisions ethniques et du rattachement de chaque fraction au groupement ethnique qui est le sien propre offre pourtant un énorme intérêt pour la bonne administration de nos colonies en général et du Soudan en particulier ; nous devons autant que possible profiter de notre situation maîtresse pour grouper politiquement les indigènes ainsi qu'ils devraient l'être normalement, c'est-à-dire selon leur parenté ethnique : il est bien évident en effet que les groupements qui ne tiennent pas compte de l'origine ethnique des individus sont des groupements artificiels et la plupart du temps caducs ; un chef appartenant à une tribu donnée n'aura que peu d'autorité sur ceux de ses sujets appartenant à une tribu différente de la sienne ; la plupart des coutumes subissent, au moins quant à leurs détails, des modifications sensibles lorsqu'on passe d'une tribu à une autre, et il est aisé de comprendre combien l'administration de la justice sera difficile dans un pays où les divisions politiques ne tiennent aucun compte des divisions ethniques.

Toutefois il convient de ne pas exagérer : lorsque des fractions de tribus diverses vivent depuis des siècles dans le même pays et sous le même régime politique, les coutumes de chacune d'elles se sont certainement modifiées au contact des coutumes des autres, en sorte que l'on se trouve actuellement en présence d'un groupement peut-être hétérogène quant à ses origines mais réellement homogène quant à son état présent.

En d'autres termes, quand tout va bien dans un pays, il n'y a pas lieu de s'occuper de la question des races et il n'y a qu'à laisser évoluer naturellement la société et l'Etat indigènes qui se sont formés tout seuls. Lorsqu'au contraire on s'aperçoit que quelque chose ne va pas dans la situation politique d'une région, il est nécessaire de rechercher si la cause de ce malaise ne provient pas de ce que, inconsciemment ou non, nous aurions mêlé des éléments qui demandaient à vivre séparés, ou astreint à des coutumes et un régime qui ne sont pas les siens un groupement dont le rattachement ethnique a été méconnu (1).

IV. — Les statuts.

On pouvait distinguer au Soudan, antérieurement à notre intervention, quatre statuts personnels différents : celui des gens libres, celui des affranchis, celui des serfs ou captifs de case et celui des esclaves proprement dits. Depuis l'application intégrale de nos lois prohibant l'esclavage, il n'existe plus, tout au moins vis-à-vis de l'autorité française, qu'un statut unique, tous les indigènes étant considérés comme libres. Cependant, vu l'époque relativement récente où nous étions encore obligés d'admettre jusqu'à un certain point les différences établies par la coutume indigène, en raison aussi de la persistance de beaucoup d'habitants à admettre au moins en fait ces distinctions, je crois qu'il est nécessaire d'exposer dans ses grandes lignes l'ancienne doctrine indigène.

Était libre tout individu né de parents libres ou affranchis, ou né d'un père libre et d'une serve épousée régulièrement par celui-ci, ou enfin d'une mère libre ayant épousé régulièrement un serf. Dans certains pays, mais non dans tous, l'individu né du mariage régulier d'un homme libre avec une femme esclave était également considéré comme libre, le mariage avec un homme libre, dans ces mêmes pays, affranchissant de plein droit la femme esclave ; le mariage d'une femme libre avec un esclave produisait d'ailleurs, dans les mêmes pays, les mêmes effets.

Un individu libre ne pouvait être vendu, sauf parfois à titre de châtiment, mais il pouvait, ainsi que nous l'avons vu, être mis en gage pour dettes contractées soit par lui-même soit par l'un de ses parents. D'autre part il importe de remarquer qu'un individu libre, capturé à la guerre, perdait par là même son

---

(1) Pour la classification et la répartition géographique et numérique des divers groupements ethniques du Haut-Sénégal-Niger, voir la deuxième partie de cet ouvrage (1er volume, pages 109 à 172, et la carte 4, page 173).

statut originel pour prendre le statut d'esclave, avec toutes ses conséquences. Nous avons vu aussi qu'un individu libre pouvait se constituer esclave et renoncer ainsi volontairement à son statut de liberté.

L'affranchissement n'était pas admis par tous les peuples de l'Afrique Occidentale. Là où la coutume l'admettait, c'est-à-dire en général chez les populations septentrionales du Soudan, il consistait à substituer le statut de liberté au statut d'esclavage : cette substitution s'opérait, soit de plein droit par le fait du mariage régulier de l'esclave avec un individu libre, soit par le bon plaisir du maître conférant le statut de liberté à l'un de ses esclaves à titre de récompense, soit par le paiement d'une rançon pour le cas d'un individu libre capturé à la guerre et devenu ainsi esclave, soit enfin par le rachat opéré par la famille de l'esclave, à condition bien entendu que le maître ait consenti au paiement de cette rançon ou à ce rachat. (Cette rançon ou le prix de ce rachat consistait souvent en un autre esclave offert en échange de l'esclave à racheter). Quel que fût le mode de l'affranchissement, une fois qu'il était effectué, l'affranchi jouissait exactement des mêmes privilèges que l'individu né libre et demeuré libre depuis sa naissance. Si donc je fais un statut spécial du statut des affranchis, c'est que tous les peuples de l'Afrique Occidentale n'admettaient pas l'affranchissement et que, par suite, tel affranchi, considéré comme libre dans un pays, était toujours regardé comme esclave dans d'autres pays.

Les serfs ou captifs de case étaient les individus nés de parents esclaves dans la « case » (c'est-à-dire dans le lieu d'habitation) du maître de leurs parents, et les descendants de ces enfants jusqu'à la fin des siècles ; dans les pays où les enfants nés d'un individu libre et d'un esclave n'étaient pas libres, ces enfants étaient également serfs. Tel était du moins le principe, car, dans la pratique, les descendants d'esclaves nés dans la « case » de père en fils étaient souvent considérés comme libres au bout de deux ou trois générations. Mais, dans beaucoup de pays, les descendants d'esclaves étaient toujours réellement des serfs, même lorsqu'ils étaient arrivés à constituer une population

Fig. 70. — Danseurs Tombo dans un village du cercle de Bandiagara.

Fig. 71. — Danse Mossi, dans la région de Ouagadougou.

beaucoup plus nombreuse et plus importante que celle constituée par les descendants du maître de leurs ancêtres.

Les serfs avaient en commun avec les individus libres qu'ils ne pouvaient être vendus ; d'autre part, ils avaient ceci de particulier qu'ils ne pouvaient pas, au contraire des esclaves proprement dits, être affranchis : ils gardaient nécessairement jusqu'à leur mort leur statut de servage. Leur condition d'ailleurs, naissance à part, différait en général très peu de celle des gens libres et beaucoup arrivaient à occuper de très hautes situations dans les Etats indigènes.

Les esclaves proprement dits étaient les gens capturés à la guerre, quel que fût leur statut antérieur. Ce qui caractérisait surtout le statut des esclaves, c'est qu'ils pouvaient être vendus ou échangés par celui qui les avait capturés, puis revendus par leur premier acquéreur et par tous les suivants. Nous avons vu de plus que des dispositions spéciales concernaient généralement les esclaves en matière de succession et de mariage.

Les esclaves avaient droit à la protection de leur maître, au vêtement, à la nourriture, à une épouse ou un époux selon leur sexe, aux soins médicaux en cas de maladie ; ils pouvaient recevoir du maître, soit en usufruit soit en toute propriété, des habitations, des terrains de culture, des bestiaux, des armes, de l'argent, etc. ; ils pouvaient posséder et transmettre. Leurs devoirs étaient de ne pas quitter sans autorisation la résidence qui leur était fixée, de cultiver les champs du maître, de se tenir à sa disposition comme serviteurs, ouvriers, manœuvres, porteurs, de le suivre à la guerre, et, pour les femmes, de partager la couche du maître lorsqu'il le désirait. Le maître avait droit de vie et de mort sur ses esclaves ; mais, en général, le chef de famille globale dans sa famille, et souvent le chef de canton dans son canton et le roi dans son royaume, avaient les mêmes droits sur les hommes libres.

Les tribunaux indigènes tels qu'ils fonctionnent aujourd'hui sous la surveillance de l'autorité française reconnaissent à tous les indigènes de l'A. O. F. le statut de liberté. On peut supposer que le résultat eût été à bref délai le même, alors que nous ne serions intervenus dans la matière par aucun texte législatif :

les esclaves en effet étant nécessairement des captifs de guerre, par le fait même que nous avions mis fin aux guerres et aux razzias, nous avions tari la source d'où provenaient les esclaves, et, une fois tous les esclaves existant actuellement morts ou affranchis, il n'y aurait plus eu un seul esclave en A. O. F. Il est vrai que le statut de servage aurait au contraire persisté en droit, tandis que, s'il a çà et là persisté, ce n'est qu'en fait, mais nous avons vu que la différence de traitement entre les serfs et les gens libres est en réalité bien minime.

V. — Les classes.

Les distinctions sociales, chez les indigènes de l'Afrique Occidentale, ne sont pas uniquement basées sur la différence des statuts individuels : à la vérité les gens libres, les affranchis, les serfs et les esclaves formaient bien autrefois quatre classes sociales, mais les nuances étaient souvent insensibles entre les trois premières, et d'autre part la disparition définitive de l'esclavage dans ses formes les plus atténuées n'a pas fait disparaître les distinctions sociales.

C'est que, en Afrique comme en Europe, la société se divise, non seulement en classes de droit basées sur le statut ou l'origine des individus, mais aussi et surtout en classes de fait, très malaisées à définir, étant donné le grand nombre des éléments qui concourent à les constituer et la facilité qu'a tout individu de passer d'une classe dans une autre. Ces éléments sur lesquels repose la distinction des classes sociales au Soudan sont, outre le statut personnel et l'origine, le métier, la valeur individuelle, les hasards de la guerre — qui placent tel ou tel groupe à la tête de la société —, et surtout la richesse, que cette richesse consiste en esclaves, en femmes, en bestiaux, en biens fonciers, en articles d'échange ou en argent monnayé.

Les riches, quel que soit leur statut, seraient-ils de très basse extraction, seraient-ils même des esclaves, font toujours partie de la classe de tête, alors que des gens de très vieille famille, de souche noble et même royale, qui n'ont jamais compté un esclave parmi leurs ancêtres, peuvent très bien, s'ils sont pauvres, être rangés dans la dernière classe.

D'une façon générale, on peut dire qu'il existe au Soudan : une classe noble ou classe des seigneurs, comprenant les chefs de famille globale et leurs héritiers, les guerriers réputés, les prêtres musulmans ou païens ; une classe bourgeoise, comprenant les riches marchands et les serfs et esclaves pourvus d'emplois importants ; et enfin une classe de prolétaires, comprenant les paysans et les artisans peu fortunés, libres, serfs ou esclaves.

Nous ne nous arrêterons pas davantage à une classification aussi malléable, aussi élastique, et qui en somme se présente en Afrique sous le même aspect que partout ailleurs.

VI. — Les castes.

Beaucoup plus réelle et plus précise est la division de la société — ou d'une partie de la société — en castes qui ont quelque analogie à la fois avec nos corporations professionnelles et avec les castes de l'Inde, quoique cette analogie soit loin d'être complète.

Il est utile d'observer que l'institution des castes, qui semble être universelle chez les populations soudanaises de race noire, ne se rencontre qu'exceptionnellement chez les Arabes et les Touareg ; ou plutôt, chez ces deux peuples, les individus regardés comme appartenant à des castes spéciales sont tous des nègres ou des métis. Quant aux Peuls, ils ont emprunté aux Noirs leur organisation en castes. Il convient de noter également que les mêmes castes ne se rencontrent pas chez tous les peuples du Soudan, en ce sens que, chez certains, le nombre des castes est plus considérable que chez d'autres.

En général, au Soudan, les professions se classent en trois catégories, dont la troisième seule est soumise au régime des castes proprement dites.

En premier lieu se placent les occupations qui ne sont pas des professions proprement dites, en ce sens qu'elles n'exigent pas de connaissances techniques spéciales ni d'apprentissage véritable, que tout le monde peut s'y livrer et que, en fait, tout le monde s'y livre par nécessité, au moins à certaines périodes ; ces professions sont considérées comme nobles et ne constituent ni des castes ni des corporations spéciales. Dans cette catégorie se rangent : l'agriculture, les occupations pastorales, la chasse, la pêche, le métier des armes. Il convient de remarquer cependant que, chez les peuples nomades, la vie pastorale, la chasse et la guerre sont seules considérées comme des occupations nobles, tandis que la culture, sans constituer une caste proprement dite, est abandonnée aux esclaves ou aux serfs. La pêche, chez certains peuples, est réservée, comme la navigation, à une fraction spéciale de la tribu, parfois à une caste véritable ; il en est quelquefois de même de la chasse, mais plus rarement.

La seconde catégorie comprend les professions qui tiennent soit au commerce soit à la religion, c'est-à-dire d'une part les métiers de marchand, de tailleur, de tisserand, de teinturier, et d'autre part ceux de prêtre musulman ou païen, de maître d'école, etc. Les professions commerciales ne sont pas précisément considérées comme nobles, mais le fait qu'elles enrichissent facilement celui qui s'y livre les a fait accepter comme honorables ; sauf chez certains peuples surtout pasteurs, comme les Peuls, elles ne sont pas réservées à des corporations spéciales, mais elles sont en général plus développées chez certaines tribus que chez les autres ; tout le monde d'ailleurs peut s'y livrer. Tout le monde aussi peut s'occuper de choses religieuses et enseigner l'arabe, le droit musulman, la théologie musulmane, ou exercer le sacerdoce soit musulman soit non musulman, non seulement sans déroger, mais même en acquérant par là de la considération et comme une sorte de titre de noblesse. Chez certains peuples pourtant — les Maures en particulier — le sacerdoce musulman ou le maraboutisme sont l'apanage de quelques familles, mais cela tient surtout à ce que ces familles cherchent à se réserver jalousement le monopole d'un métier qui donne honneur et profit. Quant au sacerdoce des religions proprement indigènes, il constitue tantôt également l'apanage de familles privilégiées, tantôt une profession accessible à tous ; mais je ne parle ici que du sacerdoce proprement dit et non de l'exercice de la magie, qui en est bien distinct, au moins en principe.

C'est avec les professions de la troisième catégorie qu'apparaissent les castes proprement dites : ces professions sont celles qui constituent réellement des métiers et dont l'exercice nécessite soit des connaissances techniques spéciales, soit un apprentissage préalable et une certaine habileté manuelle. Dans cette catégorie se rangent les professions de tous les artisans qui travaillent le bois, l'argile, le cuir et les métaux : menuisiers, sculpteurs sur bois et vanniers ; potiers — ou plutôt potières, car la poterie est réservée aux femmes —; tanneurs, bourreliers et cordonniers ; forgerons (tant ceux qui préparent le charbon et extraient le fer du minerai que ceux qui travaillent ce métal), bijoutiers en cuivre, orfèvres. Chacun de ces corps d'artisans forme une caste spéciale. Il faut y ajouter encore deux autres castes : celle des « griots », sorte de baladins, musiciens, poètes et danseurs professionnels, dont certains, analogues à nos anciens trouvères, s'attachent à la personne des rois ou des guerriers fameux et exaltent leurs exploits, ou vont de ville en ville, chantant contre paiement les louanges des personnages de distinction ; puis la caste des magiciens, médecins, sorciers, fabricants et marchands de talismans, devins, jeteurs et conjureurs de sorts, mimes religieux, etc.

Toutes ces castes spéciales (artisans, griots, magiciens ou mimes religieux) sont à la fois redoutées et méprisées : nous avons vu, à propos du mariage, que les membres de chacune de ces castes ne pouvaient s'épouser qu'entre eux ou parfois entre membres de deux castes, et qu'un individu non casté, ou exerçant une profession regardée comme noble ou simplement honorable, ne pouvait contracter mariage avec un individu d'une caste proprement dite ; alors même que la validité d'un tel mariage n'est pas contestée, elle ravale l'individu non casté au rang des membres de la caste dans laquelle il est entré par son mariage.

D'autre part, — et sous ce rapport aucun rapprochement ne peut être fait entre le système hindou et le système africain — le plus noble des habitants d'un pays ne craindra jamais de faire son ami d'un individu casté, de l'admettre dans son intimité, de lui serrer la main, de le faire manger avec lui. Nous avons vu que beaucoup de rois ont comme conseillers ou ministres des artisans et des griots, et que ces derniers sont habituellement choisis comme intermédiaires par les jeunes gens qui désirent se marier.

A un autre point de vue, on ne peut considérer les castes comme de véritables corporations, car, bien que tel métier soit exercé surtout par une caste donnée, les gens n'appartenant pas à cette caste peuvent s'y livrer, au moins temporairement, et, de plus, tous les membres de la caste n'exercent pas nécessairement et uniquement ce métier : ainsi un agriculteur peut, sans déroger, travailler le bois ou les métaux, et, d'autre part, un homme de la caste des forgerons, par exemple, peut parfaitement se livrer à l'agriculture (1).

(1) Chez les indigènes de langue mandingue, les castes proprement dites portent les noms de *noumou* (charbonniers, forgerons, potiers), *garankè* (cordonniers), *koulé* (artisans en bois), *lorho* (bijoutiers en cuivre), *dyêli* (griots) et *founè* (mimes religieux et magiciens) ; il convient d'y ajouter la corporation des chasseurs (*donzo* ou *donso*), celle des pêcheurs et navigateurs (*somono*), et le groupement des *Diawara*, tenant à la fois de la caste, du clan et de la tribu, et qui renferme beaucoup de courtiers et de tisserands. Chez les Toucouleurs et les Peuls, les castes correspondantes portent les noms suivants : *ouaïloubé* (sing. *baïlo*), charbonniers, forgerons et tailleurs ; *oualabbé* ou *abarbé* (sing. *galabo* ou *gabardo*), cordonniers ; *laobé* (sing. *labbo*), artisans en bois ; *maboubé* ou *mabbé* (sing. *mabbo*), griots et tisserands ; je ne connais pas chez eux de castes correspondant à celles des « lorho » et des « founè », sans que je prétende cependant en nier l'existence ; par contre, ils ont en plus les castes des : *bournâbé* (sing. *bournâdio*) ou potiers, *ouambâbé* (sing. *bambâdio*) ou musiciens, *ossoubé* (sing. *gosso*) ou tisserands et courtiers, *ouaouloubé* (sing. *gaoulo*) ou griots mendiants, plus la corporation des *soubalbé* (sing. *tiouballo*) ou pêcheurs et le groupement des *Diawambé* (sing. *Diawando*), commerçants et courtiers. — Chez les Mandé, certains clans sont composés principalement d'individus appartenant à des castes spéciales : ainsi les *Fané* ou *Fani* sont surtout artisans, les *Kamara* magiciens et les *Diabahaté* griots. — Chez les Tombo, la caste des forgerons a le privilège de faire cesser les rixes et disputes.

VII. — Les associations.

Le principe de l'association est général dans tout le Soudan et son application a donné lieu à l'établissement de groupements, encore imparfaitement connus des Européens, qui constituent l'un des côtés les plus intéressants de la vie sociale indigène. Parmi les nombreuses associations qui existent chez les peuples du Haut-Sénégal-Niger, les unes sont purement sociales, d'autres sont à la fois sociales par leur but et religieuses par leurs pratiques, d'autres enfin sont purement religieuses.

Les premières ne sont nullement des sociétés secrètes et les indigènes n'en font aucun mystère. Elles existent, je crois, dans toute l'étendue du Soudan, sauf peut-être chez les Maures d'origine arabe, et ont pour but de grouper ensemble, en vue d'une aide mutuelle qu'ils se devront porter les uns aux autres, les individus de l'un ou de l'autre sexe appartenant approximativement à la même génération et originaires de la même ville ou du même petit pays. Dans les régions où existe la pratique de la circoncision des garçons et de l'excision des filles, c'est-à-dire dans la majeure partie du Soudan français, c'est cette pratique qui sert à déterminer la composition de chaque association.

Les jeunes garçons non encore circoncis, mais qui devront normalement être circoncis le même jour, forment une société appelée *ntomo* (1) chez les populations de langue mandingue et dont l'insigne est une sorte de phallus en bois, le *ntomo-oulou* ou « chien du ntomo », que l'on fait tourner au bout d'une ficelle comme une fronde dont on s'apprête à se servir; les associés du *ntomo* se réunissent la nuit pour se livrer à des danses appelées *tiégo*, dans lesquelles le danseur, comme dans toutes les fêtes

---

(1) Toute association ou corps réglementé se nomme *nto* ou *ton* en langue mandingue et ses membres portent le nom de *ton-den* (enfant du « ton »); en songaï, une association se nomme *ko* et ses membres *ko-ndeï*. Les associations d'individus de la même génération s'appellent *flanton* ou *flanto* en langue mandingue; en peul, les membres d'une association de cette nature se donnent les uns aux autres le nom de *guidyirâbé* (sing. *guidyirâdo* ou *guidia*).

ou cérémonies de toutes les associations, a le corps couvert de feuilles ou de longues herbes.

Les jeunes garçons circoncis ensemble forment une nouvelle association, plus sérieuse et plus développée que le *ntomo* ; dans les grandes villes, la même association ne comprend en général que les enfants qu'on a circoncis à la même époque, mais, dans les localités de moindre importance, comme le nombre des enfants circoncis chaque année pourrait être trop restreint, on groupe ensemble les circoncis de trois années consécutives, c'est-à-dire en réalité trois générations ; s'il s'agit de très petits villages, on a coutume le plus souvent de réunir les enfants de plusieurs villages voisins les uns des autres. La même chose existe pour les jeunes excisées.

Lorsque les jeunes garçons sont devenus des hommes, ils forment une nouvelle association qui n'est, en somme, que la suite de la première et qui comprend les mêmes membres, mais avec un léger changement dans les rites et aussi, tout naturellement, dans la forme que l'on doit donner à l'aide mutuelle que se doivent les membres : tandis que les membres du *ntomo* se contentent de se prêter appui dans leurs jeux et leurs querelles d'enfants et que ceux du premier *flanton* ou association des nouveaux circoncis se réunissent surtout pour organiser des réjouissances puériles, les membres de l'association des jeunes hommes s'entr'aident pour les travaux des champs, se prêtent de l'argent lorsque besoin en est et se confient leurs amourettes. L'association se transforme une quatrième fois lorsque les associés arrivent à l'âge mûr et elle devient alors un très puissant facteur dans la société indigène ; enfin, lorsque les membres sont devenus trop âgés pour vaquer aux travaux des cultures et se livrer à la guerre, l'association se transforme une fois encore et devient le *flanton* des vieillards.

En ce qui concerne le sexe féminin, l'association ne comprend que deux stades : de l'excision au mariage d'abord et, ensuite, après le mariage.

Chacune de ces associations d'âge est placée sous la protection d'un génie spécial, chacune a ses rites d'initiation, ses insignes et ses fêtes, mais, pour toutes, les cérémonies sont publiques et les membres d'un *flanton* de l'un ou l'autre sexe peuvent toujours assister aux fêtes et aux danses données par un *flanton* autre que le leur. Seules, les réunions destinées à la discussion des affaires propres à une association sont, sinon secrètes, au moins privées, et les membres d'un *flanton* peuvent éloigner de ces réunions les gens n'appartenant pas à leur association.

Il existe, entre les diverses associations d'âge d'une même localité, une sorte de hiérarchie : lorsque, par exemple, le *flanton* des jeunes gens voit un différend s'élever entre plusieurs de ses membres et ne peut arriver à le résoudre de manière satisfaisante, il porte la difficulté devant l'association des hommes mûrs ; si cette dernière ne peut apaiser le conflit, il est porté devant le *flanton* des vieillards ; enfin, pour des cas très graves ou très compliqués, on réunit l'assemblée générale de tous les *flanton* de la localité.

Les membres de chaque association se choisissent un chef ou président, assisté d'un lieutenant ou vice-président et d'un héraut dont la charge consiste à appeler les membres aux réunions du *flanton* et à communiquer les décisions prises.

J'ai dit plus haut que certaines associations, bien différentes des associations d'âge, sont à la fois sociales et religieuses, c'est-à-dire qu'elles ont un but social, mais des pratiques d'allure religieuse auxquelles ne peuvent se livrer que les seuls initiés : la plupart de ces associations sont demi-secrètes, en ce sens que leurs rites ne sont expliqués qu'aux associés, mais que certaines de leurs cérémonies sont publiques. Telle est la société appelée *kouoré, koré* ou *koté* chez les peuples de langue mandingue et qui a comme but principal de procurer aux affiliés les plaisirs de l'amour ; telles sont aussi certaines associations qui existent chez les Sénoufo et dans quelques fractions des Malinké et des Banmana, et qui ont pour but de préparer les initiés à exercer un rôle prépondérant dans la vie sociale et politique de leur patrie. L'initiation complète dure généralement sept ans et comprend chaque année un mois environ de leçons et d'épreuves ; l'initiation se donne durant la saison sèche, dans des bois sacrés ou des endroits retirés ; on n'admet aux épreuves d'initiation que des hommes ou jeunes garçons et, exceptionnellement, des femmes ou jeunes filles issues d'affiliés à la société. Chacune de ces sortes d'association comprend des gens de tous les âges, qui sont tous placés sur le même pied, exception faite, bien entendu, des dignitaires, qui sont élus par la totalité des membres et détiennent la direction et l'administration de leur société. Les affiliés ont droit à des funérailles spéciales qu'on refuse aux non initiés. Les associations de ce genre sont répandues chez toutes les populations noires du Soudan; chacune a son mot de passe, ses signes de reconnaissance, ses rites bien déterminés, en sorte que les membres de la même association, même n'habitant pas le même pays et ne s'étant jamais vus encore, peuvent facilement s'apercevoir qu'ils sont associés : on comprendra aisément quelle force cela peut donner à une association et quel intérêt il y a à étudier le but, le fonctionnement et l'aire d'extension de ces sociétés trop peu connues qui n'ont pas du tout la religion comme but, quoi qu'on en ait dit ; à vrai dire, elles n'ont pas non plus, la plupart du temps tout au moins, un but politique, mais des circonstances de divers ordres peuvent, très certainement, amener un changement d'orientation dans le but primitif et rendre ces associations plus dangereuses encore que les confréries musulmanes : ces dernières ont du reste l'avantage d'être beaucoup mieux connues.

Par ailleurs, il existe, chez tous les animistes du Soudan, des associations proprement religieuses, consacrées chacune au culte d'un génie particulier, et d'autres simplement magico-religieuses, fondées en principe pour combattre l'action des jeteurs de sorts : j'en reparlerai avec plus de détail au chapitre VII. Certaines de ces associations religieuses ou pseudo-religieuses sont ouvertes aux deux sexes, d'autres seulement à l'un d'eux; certaines ont quelques cérémonies auxquelles le public est admis, d'autres sont absolument secrètes et tout non initié encourt les pires châtiments s'il assiste aux pratiques de l'association ; pour d'autres enfin, les hommes, même non initiés, peuvent contempler les cérémonies et les insignes et objets sacrés de l'association, mais les femmes s'exposent à la mort en y jetant un simple coup d'œil. Les plus répandues de ces associations sont celles qui portent, chez les peuples de langue mandingue, les noms de *Tyi-ouara* (association non secrète consacrée au génie de l'agriculture), *Koma* ou *Komo* (association destinée à résister à l'influence des *soubarha* ou *souba*, ou jeteurs de sorts ; elle est secrète ; ses affiliés portent le nom de *do*), *Nama* (secrète), *Kono* (secrète), etc. Certaines, comme celle du Koma, semblent répandues sur tout le territoire de l'Afrique Occidentale Française et se retrouvent même dans le bassin du Congo. Dans chacune de ces sociétés religieuses, le génie principal et ses génies secondaires sont représentés par des masques et des instruments de musique spéciaux.

CHAPITRE V

L'Etat

Les divers groupements politiques que l'on rencontre au Soudan sont : la *case* ou habitation de la famille réduite, le *quartier* ou habitation de la famille globale, le *village*, le *canton*, le *royaume* (ou la confédération) et enfin l'*empire*. Ces divisions de l'Etat indigène correspondent en partie aux groupements sociaux que nous avons examinés d'autre part : c'est ainsi que la « case » correspond — le plus généralement — à la famille réduite et le « quartier » à la famille globale, que le village est la réunion en un même lieu de plusieurs familles globales, que le canton correspond souvent — mais non toujours — à la sous-tribu et le royaume ou la confédération, sous les mêmes réserves, à la tribu. Quant à l'empire, c'est un Etat créé par la force militaire et qui, par suite, ne répond presque jamais à une unité sociale ou ethnique. Le clan a dû, autrefois, avoir son groupement politique correspondant, mais aujourd'hui il n'existe que fort rarement des divisions politiques composées chacune des membres d'un clan donné.

Les différents stades de l'association politique indigène peuvent coexister dans un même Etat et ne former que les divisions administratives de cet Etat. Ainsi un empire peut comprendre plusieurs royaumes, divisés chacun en cantons qui renferment à leur tour chacun plusieurs villages composés de plusieurs quartiers. Mais le développement de la vie politique peut aussi s'être arrêté à l'un quelconque de ces stades, qui est alors lui-même un véritable Etat : on a des Etats indigènes qui ne sont que des cantons, — ce sont même les plus nombreux aujourd'hui —; on en a qui ne se composent chacun que d'un village, ainsi qu'il arrive souvent chez quelques peuples du Soudan et chez beaucoup de peuples de la forêt; on en a même qui s'arrêtent en réalité à la case, nous donnant un exemple actuel de l'anarchie organisée (1).

I. — La case.

La case, au point de vue concret, se compose de la maison ou du groupe de huttes formant l'habitation d'une famille réduite ; chez les nomades, ce sera la tente, ou l'abri plus ou moins provisoire intermédiaire entre la tente et la maison : c'est là ce que les Mandingues appellent proprement *so*, réservant le mot *bon* à chacun des bâtiments dont l'ensemble forme le *so*. Nous nous servons en français du mot « case », quelque impropre qu'il puisse paraître, parce qu'il est très généralement adopté en A. O. F. avec cette signification spéciale.

Au point de vue abstrait, la « case » est l'unité administrative dont le commandement appartient au chef de case (*bontigui* ou *sotigui* en mandingue). Dans son intérieur, le chef de case exerce les fonctions sociales de chef de famille réduite ; dans ses rapports avec les autres chefs de famille réduite et vis-à-vis du chef de la famille globale, du chef de village, etc., il exerce des fonctions administratives, étant responsable devant l'Etat des faits et gestes publics de ses épouses et enfants. Il est d'ailleurs maître chez lui, et, si l'organisation sociale et politique de sa tribu est assez primitive et assez mal assise pour qu'il puisse se dispenser de rendre compte à qui que ce soit de

---

(1) Les populations chez lesquelles l'Etat est constitué seulement par le village ou le canton ont, en général, beaucoup mieux résisté aux conquérants indigènes que celles groupées en royaumes ou empires; de nos jours, ce sont aussi celles qui nous ont offert la résistance la plus longue et la plus sérieuse (Minianka, Lobi, Tombo) : les habitudes d'indépendance entretiennent en effet l'esprit guerrier et, de plus, il est toujours plus malaisé d'écraser plusieurs têtes que d'en trancher une seule.

l'administration intérieure et extérieure de sa case, il devient un véritable chef d'Etat : ce cas se présente chez certains nomades ou demi-nomades — des chasseurs notamment — qui vivent avec très peu de cohésion et chez certains peuples ombrageux dont l'individualisme, jaloux de tout contrôle, n'a pas encore reconnu la nécessité des groupements collectifs pour se défendre contre un ennemi commun (peuple étranger, animaux féroces, phénomènes naturels). On voit aussi, chez certains Sénoufo et chez plusieurs tribus forestières, des villages isolés et indépendants qui ne sont composés chacun que d'une famille réduite dont le chef, à moins d'y être contraint par la force, n'est responsable devant personne.

II. — Le quartier.

En principe, le quartier (*lou* en mandingue ou *sokala* s'il s'agit d'un quartier isolé et formant à lui seul un tout) se compose de l'ensemble des cases, tentes ou abris habités par les diverses familles réduites dont la réunion forme une même famille globale, et le chef de quartier (*loutigui* ou *sokalatigui* en mandingue) est le chef de cette famille globale (1).

Nous avons vu déjà quelles sont les fonctions sociales du *loutigui* à l'intérieur de son quartier, quels sont ses devoirs au sujet de la conservation du bien de famille, quels sont ses droits et ses obligations vis-à-vis des membres de la famille globale dont il est le patriarche et qui sont uniquement justiciables de lui pour toutes affaires n'intéressant pas un membre d'une autre famille globale.

Ses fonctions administratives extérieures sont fort importantes, étant donné le nombre souvent considérable des cases — ou familles réduites — dont l'ensemble constitue son commandement : certains simples chefs de quartier ont une importance bien supérieure à celle de beaucoup de chefs de village, par le nombre de leurs administrés. De plus la famille globale est

---

(1) Aussi emploie-t-on souvent le mot *gbatigui* ou *gouatigui* « chef de famille » comme synonyme de *loutigui*.

le véritable élément social sur lequel est basée la civilisation indigène et en même temps l'unité administrative la plus forte, les liens de parenté qui unissent les membres de la famille globale à leur patriarche donnant à ce dernier une autorité qu'un chef purement politique ne pourrait acquérir que s'il avait à sa disposition une force suffisante.

Même dans les pays où existe une organisation administrative et politique relativement supérieure, le chef de quartier possède une situation qui est loin d'être négligeable : il n'est pas tenu, pour la conduite des affaires publiques, de demander l'avis de ses chefs de case, tandis que le chef de village ne peut rien décider d'important sans prendre l'avis de ses chefs de quartier. La réunion des chefs de quartier d'un même village constitue le conseil des anciens du village, conseil qui discute toutes les affaires, décide des réformes, prend les décisions administratives ou politiques, présente ses observations au chef de canton, rend la justice pour les affaires intéressant à la fois plusieurs familles globales.

S'il arrive que certains chefs de case vivent à l'état d'indépendance politique presque absolue, le cas est bien plus fréquent en ce qui concerne les chefs de quartier : dans beaucoup de pays, chaque village ne se compose souvent que d'une seule famille globale, dont les habitations, réunies par une palissade autour d'une place commune ou se composant de chambres groupées ensemble en une sorte de château-fort isolé, forment exactement ce que les Mandingues appellent à proprement parler une *sokala* : le chef de la *sokala* est alors à la fois *loutigui* (chef de quartier) et *dougoutigui* (chef de village), et aucun intermédiaire n'existe entre lui et le chef de canton. S'il arrive, comme le cas est fréquent, que le chef de canton n'existe pas ou n'ait aucune autorité, si d'autre part le roi n'a qu'une autorité purement nominale, — ce qui est excessivement commun — il s'ensuit que le chef de *sokala* est bien réellement un véritable chef d'Etat, absolument indépendant, dont l'autorité n'est tempérée que par les entreprises offensives ou défensives des chefs des *sokala* voisines.

Il semble bien qu'au début cette organisation politique rudimentaire, basée uniquement sur les liens de parenté et dans laquelle chaque famille constitue un Etat, était universelle en Afrique Occidentale. Ce n'est que peu à peu que plusieurs familles globales, numériquement faibles, pauvres ou mal outillées, ont cherché à se grouper en villages et en cantons pour se défendre contre d'autres familles plus nombreuses, plus riches ou mieux favorisées. D'autres fois, c'est un concours fortuit de circonstances qui a transformé les anciennes *sokala* isolées en quartiers d'un même village.

Quoi qu'il en soit, la famille globale, c'est-à-dire le quartier de village ou la *sokala* isolée, est demeurée la base la plus solide, la mieux organisée et la plus résistante de l'édifice administratif et politique indigène qui a précédé notre installation dans le pays ; notre intervention a pu modifier bien des institutions, dissoudre bien des groupements momentanés et artificiels, disloquer même des associations ethniques constituées depuis fort longtemps et qui paraissaient très fortes, mais elle n'a pas entamé et n'entamera probablement jamais de façon appréciable l'institution sociale, administrative et politique que représente la famille globale et à la tête de laquelle est le patriarche, chef de quartier ou de *sokala*.

III. — Le village.

Nous avons vu qu'une case, à plus forte raison un quartier, pouvait constituer un village. Mais, le plus souvent, plusieurs familles globales se sont installées côte à côte, et la réunion de leurs quartiers respectifs a formé un village (en mandingue *dougou* ou *so*, en mossi *tenga* ou *yiri*, expressions dont les premières signifient proprement « une terre » et les secondes « une habitation »). Il est alors apparu nécessaire de confier à l'un des habitants du village des fonctions administratives, pour faciliter la vie en commun et empêcher de s'envenimer les différends qui devaient fatalement naître entre les diverses familles.

Lorsque la fondation du village a été due à l'immigration en commun de plusieurs familles conduites par le chef de l'une

Fig. 72. — Femmes Nankana.

Fig. 73. — Une habitation Dagari à Goumparé.

d'elles, c'est ce chef d'immigration, celui qui a choisi l'emplacement du village et qui a pris possession de la terre (*dougou*) au nom de tous, qui, naturellement, a été accepté comme chef du village par la communauté : d'où son titre de *dougou-tigui*, en mandingue « maître de la terre ». Si une famille est venue demander asile à une autre famille déjà chez elle, sur une terre donnée, c'est, tout naturellement aussi, le chef de cette seconde famille, déjà chef de la terre, qui a été accepté comme chef de village par la réunion des deux familles.

De quelque manière que le village ait été fondé, les fonctions de chef de village restent le plus souvent l'apanage de la famille globale à laquelle a appartenu le premier chef, le fondateur du village : le chef du village est alors toujours le patriarche de cette famille, et, lorsqu'il vient à mourir, son successeur est naturellement celui qui se trouve hériter du titre de chef de la famille ainsi privilégiée.

On rencontre assez souvent des villages, qui sont fréquemment du reste des villes importantes, où il existe simultanément deux chefs, dont l'un est chargé des fonctions administratives et dont l'autre ne s'occupe que de la voirie, des autorisations de bâtir, du lotissement des terrains : ce dernier alors, bien qu'étant le plus souvent un personnage très effacé, est le véritable *dougoutigui*, le maître de la terre par droit historique. Ce cas se présente lorsqu'un village déjà constitué — village qui pouvait n'être alors qu'un médiocre hameau, une sokala, une case même — a été occupé par une tribu conquérante qui s'est emparée du pouvoir politique sur toute la région et qui a transformé le hameau en une ville où ses représentants forment l'immense majorité des habitants ; le maire du village ou de la ville est alors choisi dans le sein de la tribu conquérante, mais le descendant du chef du hameau primitif conserve le titre de *dougoutigui* et les droits de disposition sur le sol ; le chef de la tribu conquérante, si puissant soit-il, doit demander l'autorisation de ce *dougoutigui* par ailleurs si effacé, chaque fois qu'il s'agit de bâtir un nouveau quartier ou de disposer d'un terrain jusque-là inoccupé.

Ce cas se rencontre dans des villes musulmanes importantes,

par exemple à Dienné, où le *dougoutigui* est en réalité le chef d'un misérable quartier de Bozo autochtones, bien que l'administration elle-même de la ville et le pouvoir politique soient entre les mains du chef des Soninké-Nono. Il en est de même à Bobo-Dioulasso et dans de très nombreuses localités ; parfois même le cas s'étend à tout un canton.

S'il existe ainsi un chef du sol (*dougoutigui* en mandingue, *tensóba* en mossi) et un chef administratif (*kountigui* et *nába* dans les mêmes langues), le second n'a aucun droit territorial et il doit, lors de son entrée en fonctions, payer une redevance au premier, bien que celui-ci lui doive obéissance. Cette coutume existe chez les Malinké, les Banmana, les Sénoufo, les Tombo, les Mossi et, d'une façon générale, chez tous les peuples du Soudan ; il peut arriver pourtant que le droit de conquête prime le droit de première occupation, mais ce n'est là que l'un des cas dans lesquels la force prime le droit. Une autre particularité est que le *dougoutigui*, descendant de la première famille autochtone, est toujours le grand-prêtre du village, le seul qui puisse efficacement obtenir des génies locaux leur protection et leurs bienfaits. Bien entendu, si les habitants ont tous la même origine, les deux charges de chef territorial et de chef administratif sont cumulées par le même personnage.

Il arrive aussi que les divers chefs de famille ou chefs de quartier qui, au début, ont contribué à la formation du village, ont décidé que les fonctions de chef de village seraient exercées alternativement par les chefs de deux familles dont les titres d'ancienneté et les droits sur le sol se trouvaient être à peu près égaux. Dans ce cas, lorsqu'un chef de village vient à mourir, son héritier n'hérite que des fonctions de chef de famille et de quartier, et c'est le chef de l'autre famille qui lui succède dans les fonctions de chef de village.

Il peut arriver également que les fonctions de chef de village ne soient l'apanage d'aucune famille spéciale, les fondateurs du village ayant jugé préférable de confier ces fonctions au chef de quartier présentant le plus de garanties, soit qu'il soit le plus âgé, ou le plus riche, ou le plus fin diplomate. Dans ce cas, il est procédé par élection au remplacement du chef défunt : après la mort de ce dernier, les chefs de quartier se réunissent, présentent et discutent les titres de chacun d'eux et proclament chef du village celui qui a réuni la majorité des suffrages.

Dans chacun des cas qui précèdent, le chef de village est toujours l'un des patriarches, c'est-à-dire l'un des chefs de quartier du village. Mais il peut se produire encore un autre cas dans lequel il n'en est pas nécessairement ainsi : le chef de l'unité politique dont dépend le village (chef de canton, roi ou empereur) peut désigner d'office et imposer un chef au village, et alors ce chef imposé peut être l'un des familiers ou l'une des créatures du chef de l'unité politique supérieure ; il peut ne pas être chef de quartier, il peut même ne pas être un habitant du village. Ce cas a toujours été excessivement rare : cependant il s'est produit dans les empires militaires tels que ceux d'El-Hadj-Omar, de Samori, etc., où tout dépendait du caprice de l'empereur ; il s'est produit parfois aussi de par notre intervention, lorsque nous estimions nécessaire de remplacer un chef de village qui ne nous donnait pas satisfaction. Mais il importe de remarquer que de telles désignations sont absolument contraires à la coutume et ont toujours produit mauvais effet sur les populations. Aussi les conquérants qui se piquaient d'être de bons politiques, au lieu de révoquer le chef naturel du village et de le remplacer par un étranger, se contentaient le plus souvent de placer auprès du chef un homme à eux, sorte de résident qui exerçait en réalité toute l'autorité, mais sans que le sentiment indigène fût froissé bien profondément : c'était en somme le système que nous employons dans les pays de protectorat. Et cela doit nous fournir une indication : lorsque, pour des raisons sérieuses, nous estimons qu'un chef de village doit être changé, le mieux est de convoquer les chefs de quartier et de faire procéder par eux à la destitution du chef actuel et à l'élection d'un successeur choisi parmi eux. Ce procédé a le grand avantage de demeurer conforme à une coutume traditionnelle et il sera beaucoup plus aisé au nouveau chef, ainsi élu par ses pairs, d'exercer ses fonctions, que s'il avait été choisi et imposé par nous sans l'agrément des chefs de quartier.

Venons-en maintenant aux fonctions du chef de village. Son autorité est beaucoup moins absolue que l'on n'est souvent porté à se le figurer : en réalité il n'est que le représentant, le mandataire exécutif du conseil des anciens, composé de tous les chefs de quartier du village. L'origine même de son mandat, la façon dont il en a été chargé, font de lui le premier des anciens, le président du conseil municipal en quelque sorte, mais il n'est que le premier de ses pairs, il n'est pas en réalité le chef d'une assemblée d'inférieurs. Par suite, s'il peut se charger des affaires de minime importance concernant le village, il ne peut prendre aucune décision grave sans en référer aux chefs de quartier, à moins qu'il ne s'agisse d'une affaire intéressant seulement son quartier à lui, c'est-à-dire sa propre famille globale. En matière judiciaire, il présidera le tribunal, mais ne pourra le constituer à lui seul ; en matière administrative et politique, il ne pourra traiter une affaire qu'autant qu'il y aura été autorisé par l'assemblée des notables.

Toutefois il est bien évident que, si l'on a un village composé d'une seule famille globale, une *sokala* formant à elle seule un village, les pouvoirs du chef de village seront au contraire absolus, réserve faite de l'observation des coutumes locales.

Il arrive aussi qu'un chef de village, par suite de l'ancienneté et de la noblesse reconnue de sa famille, par suite aussi de sa valeur personnelle soit à la guerre soit dans la diplomatie, et souvent en raison de sa richesse et de la haute situation que cette richesse lui confère, possède une influence considérable sur les autres chefs de quartier de son village et par conséquent jouit d'un pouvoir et d'une autorité réels. Mais un tel cas est exceptionnel et d'ailleurs purement individuel, et ce chef puissant peut très bien avoir comme successeur un simple soliveau n'ayant de chef que le titre.

D'autre part le chef, par le fait même qu'il est un patriarche, est nécessairement assez âgé lorsqu'il entre en fonctions, et comme ses fonctions ne cessent qu'avec sa mort, il est souvent atteint de débilité sénile, et son autorité devient alors complètement illusoire : ou bien chacun des chefs de quartier vit dans une indépendance de fait absolue, ou bien l'un d'eux, le plus adroit, le plus actif, prend en mains les affaires du village et entraîne ses collègues à sa remorque.

On voit fréquemment aussi les vieillards du village, le chef compris, se trouver débordés par l'esprit bouillant et impétueux des jeunes gens, qui refusent d'écouter les sages avis des anciens et rendent pratiquement impossible la bonne administration des affaires. Que de fois on a vu éclater de petites guerres locales que les anciens et le chef du village avaient cherché de tout leur pouvoir à empêcher, mais que les actes inconsidérés des jeunes gens ont rendues inévitables !

Lorsqu'un chef de village est devenu trop âgé ou que la maladie l'a rendu inapte à exercer ses fonctions, il est admis en général que son successeur éventuel le remplace, mais le chef réel conserve son titre et les prérogatives y attachées jusqu'à sa mort. Cependant il arrive qu'un chef de village soit déposé de son vivant par la coalition des chefs de quartier, lorsque son administration a donné lieu à un mécontentement général, et alors c'est ou bien son successeur éventuel ou bien le chef d'un autre quartier qui est élu à sa place.

Nous avons vu qu'en certains pays le village formait le groupement politique suprême, constituant un véritable État : État qui peut être infime, mais peut aussi être important si le village renferme plusieurs milliers d'habitants. On a alors affaire à une véritable république à fonctions héréditaires, dans laquelle le chef de village joue le rôle de chef du pouvoir exécutif, l'assemblée des chefs de quartier détenant le pouvoir législatif et le pouvoir judiciaire.

Chez les nomades proprement dits, le village a comme groupement correspondant le campement où sont dressées, à proximité les unes des autres, les tentes de plusieurs familles. Le chef de ce campement a les mêmes fonctions que le chef de village, mais, comme les campements sont le plus souvent temporaires et que ce ne sont pas toujours les mêmes familles qui dressent leurs tentes ensemble, les fonctions de chef de campement sont par là même temporaires et appartiennent généralement au chef de la famille la plus noble ou au patriarche dont la famille est la plus nombreuse.

IV. — Le canton.

Le canton ou la province est un groupement à la fois politique et géographique correspondant à peu près à la division ethnique que nous avons appelée *sous-tribu*, d'autres fois à une fraction seulement de la sous-tribu, quelquefois à une tribu entière. Le territoire d'un canton est appelé en langue mandingue *kafo* ou *diamana* et le chef de canton *kafotigui* ou *diamanatigui* (1).

Chez les nomades, le groupement correspondant est toujours composé de l'ensemble des familles globales appartenant à une même sous-tribu ou fraction de sous-tribu : ainsi les Mejdouf, chez les Maures, constituent un canton ; les Kel-Antassar de l'Est et les Kel-Antassar de l'Ouest, chez les Touareg, en constituent deux, dont chacun ne renferme qu'une moitié de la sous-tribu des Kel-Antassar.

Chez les sédentaires, ce n'est qu'en principe que le canton correspond à une sous-tribu ou fraction de sous-tribu, car, dans la pratique, il arrive très fréquemment qu'une province donnée renferme des villages appartenant à des groupements ethniques différents ou que certains villages de la province — souvent les plus importants — contiennent des quartiers habités par les membres d'un groupement ethnique et d'autres quartiers peuplés de représentants d'un autre groupement ethnique. C'est ainsi que le canton n'est pas nécessairement une unité homogène au point de vue ethnique : par exemple, beaucoup de cantons du Sud-Ouest de la Boucle du Niger renferment à la fois des villages sénoufo et des villages ou quartiers mandingues.

L'origine du canton est d'ordre à la fois historique et géographique. Au début, les habitants du canton étaient uniquement les descendants de l'ancêtre de leur sous-tribu ; mais il est arrivé par la suite que des familles du canton sont allées

(1) Le mot *diamana* a un sens plus général que *kafo* : il sert à désigner toute division territoriale de quelque étendue et s'applique à des provinces ou royaumes renfermant plusieurs cantons, bien qu'on l'emploie couramment aussi pour un simple canton.

s'installer ailleurs et que, par contre, des familles d'une autre sous-tribu sont venues demander asile au canton voisin. Des dissensions intestines, une guerre civile, la surpopulation du canton, sont les principales causes qui ont poussé certaines familles, appartenant à une sous-tribu déjà constituée, à quitter le canton de cette sous-tribu pour aller chercher ailleurs la tranquillité ou des terres vierges ; ces émigrants, tantôt se sont incorporés dans une autre sous-tribu qui leur a accordé l'hospitalité, tantôt se sont établis dans un pays jusque là inhabité et y ont donné naissance à une nouvelle sous-tribu ou à une fraction indépendante de la sous-tribu mère, fondant ainsi un nouveau canton.

Le chef de canton est naturellement le patriarche de la famille globale dont l'ancêtre a fondé le canton. Les règles concernant la transmission de ses pouvoirs, son élection s'il y a lieu, sa déposition si la nécessité s'en présente, etc., sont identiques à celles énoncées plus haut à propos du chef de village (1).

Les pouvoirs du chef de canton sont également analogues à ceux du chef de village, c'est-à-dire qu'il est le mandataire et le président de l'assemblée des chefs de village du canton, eux-mêmes étant les mandataires respectifs du conseil des anciens de chaque village. On a donc ainsi une sorte d'Etat fédéral, dont le chef de canton est le chef exécutif héréditaire.

Mais, la plupart du temps, l'autorité du chef de canton est beaucoup plus absolue que ne l'est dans son village celle du chef de village : cela se produit surtout lorsque le territoire du canton a été conquis par l'ancêtre du chef actuel et non simplement occupé par une collectivité indivise et mal organisée dont l'ancêtre du chef actuel n'aurait été que l'un quelconque des membres. Lorsque le territoire a été occupé de cette dernière façon, l'autorité du chef de canton est le plus

---

(1) Dans les anciens empires soudanais, notamment dans l'empire de Gao, et de nos jours encore dans les empires mossi, il est arrivé et il arrive souvent que le prince ait imposé ou impose, comme chefs des cantons ou provinces de l'empire, certains de ses parents ou de ses familiers, ainsi que nous l'avons vu dans la quatrième partie de cet ouvrage.

souvent purement nominale et tout à fait comparable à celle du chef de village dans son village. Souvent aussi le chef d'un canton a été autrefois un véritable souverain, puissant et écouté, mais ses successeurs ont vu leur pouvoir à peu près annihilé par suite de circonstances diverses dont l'extension territoriale du canton et le peu de valeur individuelle des chefs sont en général les facteurs principaux.

Le chef de canton a, comme le chef de village, des fonctions à la fois administratives, politiques et judiciaires, qu'il exerce comme mandataire ou président de l'assemblée des chefs de village. On a recours à son intervention chaque fois qu'une affaire intéresse soit le canton tout entier, soit deux ou plusieurs villages du canton, soit à la fois un village du canton et un village d'un canton voisin. On y a recours également lorsqu'une affaire n'intéressant qu'un seul village n'a pu être réglée par le conseil des anciens du village ou lorsque l'une des parties désire en appeler de la décision rendue par ce conseil.

Parfois le canton est constitué, non par une sous-tribu, mais par une véritable tribu : dans ce cas le chef de canton est en même temps roi ou chef de confédération (voir V). C'est également ce qui arrive lorsque le canton, même constitué par une simple fraction de sous-tribu, est indépendant et forme à lui seul un Etat, ce qui est fréquent. Au point de vue politique en effet, il est assez rare au Soudan, au moins actuellement, de rencontrer un Etat plus vaste que le canton, ou, en d'autres termes, il est rare que le chef de canton ne soit pas chef d'Etat. Cependant on rencontre encore un certain nombre de royaumes formés chacun de plusieurs cantons, et avant notre occupation du pays, il a existé des empires dont plusieurs ont eu une réelle importance.

Pour terminer ce qui a trait au canton, il est à noter que le chef de canton est en même temps chef de son village, au moins le plus souvent, et chef de son qurtier et de sa case : il réunit donc en sa personne les pouvoirs de quatre ou tout au moins de trois fonctionnaires administratifs.

V. — Le royaume ou la confédération.

Plusieurs cantons réunis sous l'autorité supérieure d'un même chef — ou un canton indépendant — forment ce que nous appellerons un *royaume*; plusieurs cantons dont les chefs se réunissent en commun pour discuter les affaires intéressant l'ensemble de leurs cantons respectifs — ou un canton indépendant qui n'a pas de chef proprement dit — constituent ce que nous appellerons une *confédération*. Ce sont là deux groupements politiques parvenus au même stade : la seule différence entre eux est que le premier est une monarchie et le second une république, mais chacun d'eux forme un Etat fédéral.

Lorsqu'un Etat est basé sur le système monarchique, il consiste le plus souvent en une monarchie féodale, très analogue aux monarchies européennes du moyen âge. Les chefs de canton — ou, dans le cas d'un canton indépendant formant à lui seul un royaume, les chefs de village — sont les seigneurs, comtes ou ducs du royaume ; le roi n'est que le premier des seigneurs de son royaume et son autorité doit s'appuyer sur celle de ces derniers qui, réunis, forment une cour des pairs dont le roi est le président. Toutefois il peut arriver que le roi, par ses qualités personnelles, son intelligence, sa richesse, sa valeur guerrière, etc., ait acquis une situation de fait qui fait de lui presque un monarque absolu. Il a en tout cas quelque chose de très important, de primordial, qui n'appartient qu'à lui : c'est le droit éminent à la propriété du sol entier du royaume (1).

Le royaume semble être, dans la plus grande partie du Soudan, l'acheminement normal vers lequel tend l'organisation politique d'une tribu vivant à l'état de cohésion. A moins de circonstances spéciales qui retardent ou arrêtent le cours normal des choses, il arrive un moment où le fondateur de la tribu — ou l'un de ses successeurs — a acquis assez d'influence sur

(1) Bien entendu, si l'Etat indigène s'est arrêté à un stade inférieur au royaume (canton, village, quartier, case), cette prérogative, comme d'ailleurs toutes celles dont il est question à propos du roi, appartiendra au chef de l'Etat, quel qu'il soit, tout chef d'Etat devant être asssimilé à un roi.

les divers chefs de la tribu pour pouvoir leur donner des ordres et devenir le véritable chef politique, le roi de la tribu. En principe d'ailleurs, il n'a jamais cessé d'être roi, mais son royaume s'est agrandi : il n'était au début qu'une case, lorsque le fondateur de la tribu créa la première famille réduite d'où devait plus tard sortir la tribu ; cette famille réduite s'étant transformée en famille globale, le royaume est devenu un quartier ou une *sokala* ; d'autres familles globales étant venues se grouper autour de la première, le royaume est devenu un village ; la surpopulation ayant amené la création de nouveaux villages, le royaume est devenu canton ; enfin, au bout de quelques siècles, les descendants de la famille réduite primitive, devenus nombreux et ayant dû essaimer sur un territoire considérable, forment une véritable tribu partagée en plusieurs cantons, c'est-à-dire un royaume proprement dit.

Le pouvoir du roi est héréditaire, soit dans la même famille (1) (cas le plus fréquent), soit dans deux familles à tour de rôle de la même manière qui a été expliquée à propos des chefs de village (cas observé dans le royaume du Fouta-Diallon, dans le royaume abron de Bondoukou, etc.). Il peut arriver aussi que le pouvoir royal ne soit pas absolument héréditaire, en ce sens que, bien que le roi doive appartenir à une famille donnée, ce n'est pas nécessairement le patriarche de cette famille qui occupe le trône, l'assemblée des chefs de canton procédant alors à l'élection du roi parmi les divers membres de la famille royale (2). Enfin un roi peut être déposé pour des motifs analogues et dans les mêmes conditions qu'un chef de village ou de canton, quoique le cas soit beaucoup plus rare en ce qui concerne les rois.

En général l'entrée en fonctions d'un nouveau roi est précé-

---

(1) La famille qui fournit le roi est, ou bien la famille-mère de la tribu constituant le royaume, ou bien la famille qui a conquis le territoire du royaume et établi son autorité sur la ou les tribus occupant ce territoire avant son arrivée.

(2) Souvent, dans les royaumes soudanais, le fils succède à son père, puis on passe aux frères après extinction des fils ; mais ce n'est là une règle ni absolue ni universelle.

dée de cérémonies traditionnelles qui varient selon les régions, mais sont toujours accompagnées de rites solennels auxquels les indigènes sont très attachés et sans l'accomplissement desquels l'autorité du roi serait difficilement acceptée. Il importe donc, là où les indigènes sont constitués en royaume, de tenir la main à ce que ces rites traditionnels soient scrupuleusement observés, dans l'intérêt même de la bonne administration du pays. De même, lorsqu'il semble nécessaire d'exiger la déposition et le remplacement d'un roi, il importe énormément que cette déposition et l'élection du remplaçant soient effectués en concordance avec la coutume locale, sans quoi le nouveau roi n'obtiendra que très difficilement l'obéissance de ses sujets et particulièrement de ses chefs de canton.

Il n'existe pas au Soudan de rois à pouvoir absolu : même ceux qui semblent le plus affranchis de tout contrôle, comme les princes qui se succédaient au Mossi avant notre intervention, avaient à compter avec l'autorité de leurs chefs de province, véritables seigneurs de monarchie féodale. Cependant les rois de certains pays pouvaient, à la rigueur, être considérés comme des monarques absolus. Mais, dans la plupart des pays autrefois, et partout aujourd'hui que notre autorité assure une protection efficace aux libertés individuelles et municipales, on doit considérer les royautés indigènes comme des monarchies à forme féodale où l'autorité des seigneurs — en l'espèce les chefs de canton — contrebalance celle du roi et souvent l'annihile presque. En tout cas, il n'est guère d'exemple qu'un roi prenne une décision grave sans avoir consulté au préalable ses chefs de canton, soit isolément, soit en une sorte de cour plénière qui rappelle un peu nos assemblées du Moyen-Age et qui constitue une première étape vers les parlements des monarchies constitutionnelles.

Les fonctions du roi sont très analogues à celles du chef de canton : de même que ce dernier est chargé de l'administration intérieure de son canton et juge les affaires intéressant plusieurs villages de son canton, de même le roi est chargé de l'administration générale du royaume et tranche les affaires intéressant plusieurs cantons ou des habitants de plusieurs cantons ; de plus, il est toujours juge d'appel en derniers ressort pour toutes les décisions rendues par les chefs de canton ou les tribunaux de village, et il est souvent juge de cassation. Dans plusieurs pays, le roi seul a le droit de prononcer les condamnations à mort et il a toujours le droit de grâce (1). C'est lui, de plus, qui a mission de défendre les intérêts du royaume contre les entreprises des Etats voisins et qui décide de la paix et de la guerre. Enfin sa principale prérogative — en dehors des honneurs que l'on rend à sa personne — consiste dans le droit de propriété éminente sur le sol du royaume, ainsi que nous l'avons vu.

En général, le roi s'entoure de ministres qu'il choisit et change à son gré et dont les attributions sont tantôt assez vagues, tantôt bien définies. Presque toujours, il a au moins deux ministres, dont l'un est un véritable ministre de la guerre (2) et l'autre une sorte de ministre des finances. Très souvent, ces ministres sont des esclaves ou des serfs, ou encore des individus appartenant aux castes spéciales des griots, des artisans ou des magiciens. Les rois musulmans aiment à s'entourer de savants marabouts dont ils font leurs conseillers.

Il arrive parfois que la coutume place à côté du roi une sorte de maire du palais dont les fonctions sont héréditaires comme celles du roi, mais dans une autre famille ; ce maire du palais est en réalité le véritable chef du royaume : il s'occupe de tout et accapare toute l'autorité, et le roi passe alors exactement à l'état de roi fainéant, n'ayant du roi que le titre et les honneurs extérieurs (3).

Nous avons vu plus haut que le groupement politique supé-

(1) Le condamné à mort gracié par le roi devenait autrefois, de droit, l'esclave légal de ce dernier.
(2) L'institution du ministre de la guerre — ou plus exactement du chef de guerre distinct du chef ordinaire — se rencontre souvent aussi dans les cantons et les simples villages.
(3) On ne m'a pas signalé de cas de cette espèce dans le Haut-Sénégal-Niger, mais il est vraisemblable qu'il doit s'y en rencontrer ; personnellement, j'ai vu ce système appliqué dans le royaume-canton de Mbengué, à la Côte d'Ivoire ; ce petit Etat est habité par des Sénoufo de la tribu des Folo.

rieur au canton pouvait ne pas revêtir la forme monarchique : on a alors une confédération, formée de la réunion des divers cantons dont l'ensemble constitue l'Etat. Ce cas est assez fréquent en Afrique Occidentale et il peut provenir de deux causes différentes. Il a pu arriver que, au moment où la tribu s'est constituée en Etat, elle n'avait pas de chef à proprement parler et qu'elle n'a pas jugé à propos de s'en donner un par la suite ; il a pu arriver aussi que le chef d'une tribu, en d'autres termes le roi d'un royaume, ait laissé échapper le pouvoir et les prérogatives qu'il tenait de ses prédécesseurs, et que, petit à petit, on ait cessé de lui reconnaître même une autorité nominale ; ce second cas s'est produit surtout lorsque les tribus se sont morcelées et dispersées sur un vaste territoire ; le roi héréditaire existe alors encore, mais il est à peu près inconnu de la majorité de ses soi-disant sujets et s'est transformé en un simple chef de canton.

Quelle que soit l'origine de la confédération, son fonctionnement est partout à peu près identique : en principe, chaque canton de la confédération est indépendant et les divers chefs de canton n'ont de compte à rendre à personne en ce qui concerne l'exercice de leurs fonctions ; mais, lorsque quelque conflit éclate entre deux cantons ou lorsqu'un Etat voisin devient menaçant pour la confédération, en d'autres termes lorsqu'un évènement se produit qui intéresse l'ensemble des cantons ou plusieurs cantons seulement de la confédération, les chefs de canton se réunissent ou confèrent à distance en s'envoyant les uns aux autres des ambassadeurs et élisent soit l'un des leurs, soit un personnage influent quelconque pour être chargé momentanément, et pour l'objet spécial qui a motivé cette désignation, des intérêts de la confédération ou tout au moins de la partie de la confédération dont les intérêts sont en jeu. Pendant la durée de sa mission, ce délégué aura à peu de chose près la même autorité et les mêmes fonctions qu'un roi dans son royaume, mais ce qui constitue la différence essentielle entre ce délégué et un roi, c'est que les pouvoirs du délégué ne sont pas héréditaires et surtout sont temporaires et que, une fois sa mission terminée, il rentrera dans le rang. Si on a de nouveau besoin de désigner un délégué par la suite, il se peut qu'on ait recours à celui déjà désigné dans une occasion précédente, mais il se peut très bien aussi qu'on ait recours aux offices d'un autre (1).

VI. — L'empire.

L'empire au Soudan est essentiellement une monarchie militaire, qui peut résulter de l'agrandissement d'un royaume normalement constitué aux dépens de royaumes ou autres Etats voisins, et peut aussi avoir été créée par la fortune d'un simple aventurier. Les exemples de ces deux sortes d'empires abondent dans l'histoire de l'Afrique Occidentale : les empires de Ghana, de Mali, de Gao, dans les siècles anciens, les empires plus modernes de Koumassi, d'Abomey et de Sikasso, pour ne citer que ceux-là, appartenaient à la catégorie des royaumes agrandis par les victoires, l'énergie ou l'habileté de leurs chefs naturels ; les empires fondés par El-Hadj Omar et Samori appartenaient à la catégorie des empires de hasard créés de toutes pièces par des conquérants d'origine souvent modeste (Samori était serf ou captif de case d'un chef de canton du Ouassoulou).

Par suite de sa nature même et des circonstances qui ont motivé ou accompagné sa création, un empire est généralement plus ou moins éphémère et son fonctionnement est nécessairement affranchi de toute base traditionnelle. Si à un empereur habile et énergique succède un fantoche, l'empire se disloque de lui-même et les Etats dont il était formé ne tardent pas à secouer un joug qu'ils n'avaient accepté que contraints et forcés, et à reprendre leur indépendance. Tant que son pouvoir dure, l'empereur, tenant son autorité de sa seule force militaire, en use et en abuse sans aucun contrôle et le seul régime est celui du bon plaisir du souverain. On a vu des empereurs

(1) On rencontre aussi en Afrique Occidentale quelques exemples de confédérations dont le chef est élu à vie et qui fonctionnent par suite comme de véritables royaumes constitutionnels, avec cette différence que la monarchie n'y est pas héréditaire : l'institution du *hogon* chez les Tombo rentre, jusqu'à un certain point, dans cette catégorie.

instituer dans leur empire une organisation relativement remarquable et des lois sages et prévoyantes, mais cette organisation n'a pas survécu en général au souverain qui l'avait créée.

A la vérité, certains empires se sont maintenus durant plusieurs siècles, mais à travers des périodes alternatives de grandeur et de décadence, des révolutions de palais, des révoltes, des changements de dynastie et de capitale, en sorte qu'en réalité il y a eu succession de divers empires plutôt que continuité d'un même régime.

La plupart des empereurs ont tenu à transmettre leur pouvoir à un membre de leur famille, mais, dans la pratique, leur succession a presque toujours donné lieu à des révoltes de palais ou de factions militaires, quand elle n'a pas été ouverte brutalement par l'assassinat du souverain. En tout cas, l'ordre de succession établi par la coutume pour les rois a rarement été suivi pour les empereurs.

Tout naturellement, les empires ont été les principaux obstacles à notre installation en Afrique Occidentale et cette installation n'est devenue définitive que du jour où le dernier empire a été détruit par la force de nos armes et où les Etats indigènes normalement constitués ont pu vivre tranquillement grâce à notre protection. Il serait de la plus mauvaise politique de laisser se reconstituer ces empires, et, par suite, leur étude ne présente d'intérêt aujourd'hui qu'au simple point de vue historique :

Aussi arrêterons-nous là ces brèves remarques sur une institution politique qui a joué un rôle considérable au Soudan mais qui a actuellement vécu.

VII. — Les impôts.

J'ai indiqué déjà, au moins de façon partielle, en parlant de l'organisation de certains empires ou royaumes, quel était le régime habituel des impôts au Soudan avant l'occupation française ; la question n'a d'ailleurs qu'un intérêt historique, puisque les anciens impôts ont été abolis par l'autorité française et remplacés par des taxes uniformes (taxe de capitation, patentes de commerce et droits de pacage, *oussourou* ou dîme sur les importations sahariennes, droits de marchés, etc.).

Autrefois les impôts étaient généralement irréguliers et arbitraires et différaient de nature dans les diverses régions du Soudan : certains pays, parmi ceux habités par les populations les plus primitives, en étaient tout à fait exempts, au moins en principe, mais ils avaient à subir les pillages des conquérants et des voisins que favorisait la fortune de la guerre.

Presque partout, les taxes à acquitter par l'habitant étaient multiples : tout d'abord, chaque chef de famille ou de quartier devait verser au chef de village une quantité variable de grains et de volaille ou poisson, afin de permettre à ce dernier de recevoir convenablement les étrangers de passage et de subvenir, en cas de guerre, aux besoins de la lutte ; tout naturellement, le chef de famille se faisait livrer le montant de cet impôt par les membres de sa famille ou habitants de son quartier, indépendamment des journées de travail qu'il leur réclamait pour les soins à donner aux cultures collectives de la famille. Cette sorte d'impôt n'a pas disparu de nos jours, car, si les chefs de village n'ont plus à se préoccuper des guerres à soutenir dans un pays maintenant pacifié, c'est toujours à eux qu'incombe la charge de recevoir et nourrir les étrangers de passage, et il leur faut compter avec ceux qui ne paient pas leur écot ou le paient mal ; il leur faut aussi tenir compte des chefs des villages voisins qui, eux, n'ont pas à payer l'hospitalité reçue, puisqu'ils sont appelés à recevoir eux-mêmes le chef dont ils ont été les hôtes.

Le chef de canton, pour des motifs analogues, exigeait de chaque village un impôt de même nature, mais plus élevé naturellement que celui exigé de leurs administrés par les chefs de village : cet impôt a presque partout disparu de nos jours ou s'est converti en cadeaux volontaires ; au temps où il existait encore, on pouvait s'en libérer généralement par quelques jours de corvée, comme d'ailleurs de l'impôt dû au chef de village.

Plus lourd et plus arbitraire était l'impôt dû au chef d'État, roi ou empereur : en principe, il consistait en céréales pour le gros de la population composé d'agriculteurs, en moutons

Fig. 74. — Fillettes Nounouma.

Fig. 75. — Fillettes Sissala.

ou bœufs pour les pasteurs, en poisson pour les pêcheurs, en gibier pour les chasseurs, en journées de travail pour les artisans ; mais, souvent, le chef d'Etat exigeait des cauries, de l'or, de la poudre, des femmes, des esclaves. Cet impôt était loin d'être toujours perçu facilement et, la plupart du temps, on exécutait chaque année, durant la saison sèche, une expédition militaire chez les contribuables récalcitrants, ainsi que la chose se passe encore de nos jours au Maroc ; il va sans dire que cette expédition dégénérait toujours en une véritable razzia et que le pillage fait au nom du prince dépassait de beaucoup la valeur de l'impôt normalement dû, sans parler des villages incendiés, des moissons détruites et des femmes et enfants emmenés en esclavage. Aussi, dans les pays autrefois constitués en royaumes ou empires de quelque envergure, l'impôt établi par l'autorité française a-t-il été accepté de la population sans aucune difficulté et est-il considéré, par comparaison avec l'ancien état de choses, comme une taxe légère.

En principe, le montant des diverses taxes (1) perçues par le chef d'Etat, roi ou empereur, devait servir à entretenir son armée — la solde des guerriers étant représentée d'ailleurs par une part du butin fait sur l'ennemi —, à payer ses ministres, à accorder des gratifications aux fonctionnaires et à des personnages de marque, à la remonte de la cavalerie et à l'entretien des hôtes notables ; une bonne partie des recettes, cependant, était employée à payer les nombreux musiciens et griots qui encombraient la cour du prince et aussi à entretenir et renouveler le harem de ce dernier.

(1) Outre l'impôt proprement dit, dû par tous les habitants du royaume, il existait en effet des taxes spéciales analogues à nos patentes de commerce et de colportage, nos droits de bacs, de marchés, de pacage, etc. ; l'*oussourou* était perçu en général sur les Maures dans les provinces avoisinant le Sahara ; souvent, les étrangers résidant dans le royaume étaient soumis à une taxe spéciale et, la plupart du temps, les populations conquises étaient astreintes à un impôt supplémentaire. Du reste, tout, en cette question de l'impôt, dépendait de l'arbitraire et du bon plaisir de souverain régnant.

CHAPITRE VI

La justice

I. — Le pouvoir judiciaire (1).

Nous avons vu, lors de l'étude des groupements politiques, que le pouvoir judiciaire ne se séparait pas du pouvoir politique et administratif : il en était tout au moins ainsi dans les sociétés autochtones du Soudan antérieurement à l'introduction de l'islamisme et il en était encore ainsi dans toutes les populations non islamisées avant l'application du décret de 1903 sur la justice.

Là où l'islamisme s'est profondément implanté, c'est-à-dire, d'une façon générale, dans les centres de quelque importance du Soudan septentrional, il existe des magistrats professionnels, des cadis, qui sont nommés tantôt par le chef de l'Etat indigène, tantôt par le clergé musulman du lieu, et qui sont complètement distincts des autorités administratives ; ils rendent la justice d'après les règles du droit malékite plus ou moins modifié par les coutumes locales. Mais leur juridiction ne s'exerce que sur les musulmans et en général leur ressort ne dépasse pas les limites des centres urbains dans lesquels ils

---

(1) Cet article et ceux qui suivent — sauf l'article V - s'appliquent uniquement à l'organisation judiciaire proprement indigène, c'est-à-dire telle qu'elle existait au Soudan avant l'application du décret de 1903 ; si cette organisation a disparu officiellement, les indigènes lui demeurent attachés en esprit, et c'est pourquoi il m'a semblé intéressant d'en exposer ici les grandes lignes.

résident. La présence d'un cadi dans un lieu donné n'a presque jamais amené la disparition des tribunaux proprement indigènes.

II. — Echelle des tribunaux.

Si nous reprenons ce que nous avons dit à propos des fonctions judiciaires des différents chefs et conseils politiques, nous pouvons dresser le tableau suivant des tribunaux purement indigènes, de leurs attributions et de leur hiérarchie :

1° Tribunal *de case*, constitué par le chef de case ou de famille réduite, avec juridiction restreinte aux seuls habitants de la case ou membres de la famille réduite.

2° Tribunal *de quartier*, constitué par le chef de quartier ou de famille globale, avec juridiction de première instance sur les causes intéressant des habitants de cases différentes du même quartier ou, en d'autres termes, des membres de plusieurs familles réduites faisant partie de la même famille globale, et juridiction d'appel sur les causes jugées par les tribunaux de case du quartier.

3° Tribunal *de village*, composé de la réunion des patriarches ou chefs de quartier du village et présidé par le chef de village, avec juridiction de première instance sur les causes intéressant des habitants de quartiers différents ou des étrangers en résidence momentanée dans le village, et juridiction d'appel sur les causes jugées par les tribunaux de quartier.

4° Tribunal *de canton*, constitué par le chef de canton soit seul soit assisté de notables désignés par lui ou de la réunion des chefs de village ou de quartier intéressés, avec juridiction de première instance sur les causes concernant des habitants de villages différents et juridiction d'appel sur les causes jugées par les tribunaux de village.

5° *Tribunal royal* ou tribunal suprême, constitué par le roi soit seul soit assisté de notables désignés par lui ou de la réunion des chefs de canton intéressés, avec juridiction de première et dernière instance sur les causes intéressant des habitants de cantons différents et juridiction d'appel et de cassation sur les causes jugées par tous les tribunaux inférieurs, y compris ceux de canton (1).

Bien entendu le tribunal suprême est toujours celui du groupement constituant l'Etat, en sorte que, si l'Etat ne se compose, par exemple, que d'un village, le tribunal de village jugera en dernier ressort. D'autre part on a vu que l'on peut toujours faire appel des décisions de tous les tribunaux autres que celui du groupement constituant l'Etat, en sorte que, dans un Etat formant royaume, une cause intéressant deux habitants d'une même case peut être jugée cinq fois, par quatre appels successifs du tribunal de case au tribunal de quartier, de celui-ci au tribunal de village, de ce dernier au tribunal de canton et enfin du tribunal de canton au tribunal royal.

D'un autre côté, les justiciables peuvent toujours s'adresser directement à un tribunal plus élevé que celui dont ils relèvent en principe : par exemple, deux habitants d'un même quartier peuvent soumettre leur différend, non au tribunal de quartier, mais directement au tribunal de village ou de canton, ou même au tribunal royal ; mais alors le tribunal auquel s'adressent directement les justiciables a le droit de les renvoyer devant le tribunal dont ils relèvent normalement ; il peut aussi accepter d'entendre la cause et, dans ce cas, il doit convoquer à l'audience les membres du tribunal qui, en principe, aurait dû être saisi le premier.

Presque partout il est admis que les parties, au lieu de recourir au tribunal normalement compétent ou à l'un des tribunaux supérieurs, peuvent soumettre leur litige à un arbitre quelconque, choisi par elles d'un commun accord, quitte à rendre compte à l'autorité administrative dont elles relèvent de la décision intervenue. Dans ce cas, l'arbitre choisi fait payer ses ser-

---

(1) Il était généralement admis qu'on pouvait appeler même de la sentence royale ; dans ce cas, l'affaire était portée en dernier ressort devant une assemblée composée le plus souvent de docteurs musulmans réputés pour leur science et leur vertu : si l'avis exprimé par cette assemblée différait de celui du monarque, un docteur vénérable, considéré comme un saint, était chargé de se prononcer et son opinion était respectée par le prince, même lorsqu'elle donnait tort à celui-ci.

vices par la partie à laquelle il a donné gain de cause, à moins qu'il ne les fasse payer d'avance à la partie faisant office de demandeur.

En principe, la justice est gratuite devant les tribunaux réguliers, comme aussi devant les cadis ; cependant, s'il y a des frais de justice, ils sont à la charge de celle des parties dans l'intérêt ou à la demande de laquelle ont été faites les enquêtes ou recherches de témoins qui ont occasionné ces frais. D'autre part il est admis que la partie qui a obtenu gain de cause fasse un cadeau au juge ; il arrive souvent aussi que les deux parties lui offrent chacune un cadeau avant le jugement : le juge accepte généralement les cadeaux des deux parties, sans que d'ailleurs son impartialité soit gravement compromise de ce chef.

Lorsqu'une affaire intéresse deux parties appartenant à deux Etats différents, c'est le tribunal du domicile du défendeur qui est compétent, ou l'un des tribunaux supérieurs de l'Etat auquel appartient le défendeur. Toutefois, s'il s'agit d'un délit grave ou d'un crime commis par un étranger, le tribunal du lieu où s'est commis le crime ou le délit est en général regardé comme compétent, mais il est d'usage que ce tribunal avise le chef de l'Etat auquel appartient le délinquant de la décision qui a été rendue.

III. — Procédure.

1° *Procédure civile.*

Les parties comparaissent en personne ou par l'intermédiaire de fondés de pouvoirs qui les représentent. Elles exposent elles-mêmes leurs revendications, mais peuvent aussi les faire exposer par des avocats choisis par elles, sans qu'aucune corporation spéciale jouisse d'un privilège quelconque à cet égard. Les audiences sont toujours publiques.

C'est le demandeur qui parle le premier ; le défendeur prend la parole ensuite ; une fois que chaque partie a exposé sa cause, le tribunal pose à l'une et à l'autre les questions qui lui paraissent nécessaires et entend les témoins amenés ou convoqués par les parties et ceux qu'il a cru devoir convoquer lui-même. Lorsque leur religion est suffisamment éclairée, les membres du tribunal discutent entre eux sur les éléments de la cause et sur la sentence à prononcer (dans le cas, bien entendu, où le juge n'est pas unique), et enfin le président du tribunal prononce la sentence.

Les témoins sont entendus tantôt tous ensemble tantôt chacun isolément, selon les usages locaux ou, dans le même pays, selon les cas. Mais ils sont toujours entendus en présence des deux parties, à moins qu'il s'agisse d'un procès très important.

Lorsque les témoignages paraissent insuffisants ou sont contradictoires, ou lorsqu'il n'existe pas de témoins, le tribunal peut exiger de l'une des parties — ou des deux — un serment spécial. En général c'est au défendeur que le serment est déféré : on lui demande de confirmer ainsi les dénégations qu'il oppose aux accusations du demandeur. Mais on peut aussi déférer le serment au demandeur, dans le but de lui faire confirmer solennellement ses accusations. Si, après que la partie à laquelle on a déféré le serment l'a prêté, l'autre partie demande à prêter serment à son tour pour maintenir ses affirmations contraires, le tribunal peut se prêter à son désir. et, dans ce cas, aucune sentence n'est prononcée : on laisse à Dieu, ou à la puissance religieuse sur laquelle les serments ont été prononcés, le soin de manifester la vérité en faisant tomber sa colère sur celle des parties qui a menti. Généralement, deux parties qui ont ainsi prêté serment en sens contraire ne peuvent plus désormais se parler ni avoir de rapports entre elles.

En cas de différend relatif à l'exécution d'un contrat, si l'un des contractants est mort et que les témoignages se trouvent insuffisants, l'autre contractant peut prouver son bon droit en prêtant serment sur la tombe de son co-contractant ; ce serment consiste à dire quelque chose comme : « Si je mens, que je meure dans le mois (ou dans l'année) » ; une fois le mois fini (ou l'année), si le réclamant n'est pas mort, l'héritier du contractant défunt doit s'exécuter. Dans le cas où les deux contractants se trouvent en présence, celui qui demande la preuve par serment prononce une formule analogue sur un objet consacré (*boli* en langue mandingue).

Le serment peut également être déféré aux témoins : cela a lieu surtout dans le cas d'un témoin unique. Nous avons vu que deux membres d'un même clan ne pouvaient témoigner l'un contre l'autre et que les membres de deux clans *sénékoun* se trouvent dans une situation analogue, puisque l'un d'eux peut sciemment porter un faux témoignage sous la foi du serment dans le but de faire innocenter l'autre : aussi, la plupart du temps, les tribunaux indigènes considèrent comme sans valeur le témoignage d'un témoin appartenant au même clan que l'une des parties et ne défèrent jamais le serment à un témoin *sénékoun* de l'une des parties ; c'est là une circonstance que l'on ne doit jamais perdre de vue.

La nature et le mode des serments judiciaires varient beaucoup selon la religion en usage dans le pays ou selon la religion des parties. Si ces dernières sont musulmanes, on leur fait prêter serment sur le Coran, en leur faisant lire un verset spécial du livre saint (verset 91 de la V⁰ sourate ou sourate de la Table) ; souvent, on leur fait en outre manger une noix de cola, qu'un marabout a préalablement fixée sur une aiguille avec la pointe de laquelle il a suivi le dessin des lettres du verset au fur et à mesure de la lecture. Dans les pays animistes, on prête serment tantôt sur le Ciel et la Terre, tantôt sur l'esprit d'un défunt ou un objet lui ayant appartenu, tantôt sur un talisman ou un objet consacré, tantôt sur une statue de génie, tantôt sur la personne du juge, selon des rites spéciaux à chaque religion et à chaque contrée. Parfois le juge fait absorber à la partie prêtant serment une substance (minérale, végétale ou animale) qui peut n'avoir que la vertu magique que lui attribue la croyance locale, mais qui peut aussi être un véritable poison, plus ou moins nocif, dont les effets doivent prouver la bonne ou la mauvaise foi du plaideur ou du témoin.

2° *Procédure pénale.*

Tout ce qui précède ne concerne à proprement parler que l'administration et la procédure de la justice civile, mais, comme nous le verrons plus loin, la coutume indigène ne fait jamais de distinction essentielle entre les causes civiles et les causes correctionnelles ou criminelles : dès le moment qu'il y a une partie lésée par une autre, la cause est civile et, par suite, s'il s'agit d'un crime aussi bien que s'il s'agit d'une dette, c'est la victime — ou la partie se prétendant victime — qui poursuit le criminel aussi bien que le débiteur ; l'institution du ministère public est inconnue.

Par suite aussi, les mêmes tribunaux connaissent des délits et des crimes aussi bien que des affaires proprement civiles et la procédure est la même dans tous les cas. Toutefois, en ce qui concerne les serments judiciaires, ils sont plus solennels lorsqu'il s'agit pour un accusé de prouver son innocence que lorsqu'il s'agit pour un plaideur ordinaire de confirmer simplement ses dires.

Le serment déféré aux individus accusés d'un crime revêtait très fréquemment une forme barbare que nous avons dû supprimer : c'est ainsi que, dans certains pays, on exigeait de l'accusé protestant de son innocence qu'il passât sa langue sur un fer rouge ; ailleurs on lui faisait boire un poison violent ou bien on lui versait du suc d'euphorbe sur les yeux; lorsque l'accusé acceptait cette épreuve et que l'individu chargé de l'administrer n'avait pas été payé par la famille ou les amis de l'accusé pour la remplacer par un simple trompe-l'œil, la mort ou tout au moins quelque plaie ou maladie grave suivait toujours une pareille épreuve judiciaire et l'on en concluait à la culpabilité certaine de l'accusé. Mais il arrivait fréquemment que l'on n'allait pas jusqu'à l'épreuve elle-même : ou bien l'accusé, étant réellement coupable, n'osait pas affronter l'épreuve et refusait de s'y soumettre, et ce refus équivalait à un aveu du crime et décidait de la condamnation ; ou bien au contraire l'accusé, parfaitement innocent, s'offrait de lui-même à subir l'épreuve, persuadé que son innocence le préserverait de toute suite fâcheuse, et alors le tribunal estimait que cette acceptation de l'épreuve suffisait à prouver l'innocence et, sans pousser plus loin, prononçait l'acquittement. Ces sortes d'épreuves ont été naturellement abolies partout où notre autorité est établie.

La torture n'est admise nulle part comme procédé d'instruction. Quelques chefs ont pu l'employer, plutôt d'ailleurs dans un but de vengeance que comme procédé judiciaire, mais il semble que le cas ait été rare et en tout cas la coutume n'a jamais approuvé ce système. Je ne parle pas, bien entendu, des tortures infligées à certains prisonniers de guerre ou à des individus ayant bravé la puissance de certains empereurs ou tyrans : l'histoire du Soudan est malheureusement remplie à cet égard de pages horribles.

IV. — Des infractions et des peines.

1° Conception indigène des infractions et des peines.

En général les indigènes de l'Afrique occidentale ne font pas la même distinction que nous entre les infractions (contraventions, délits ou crimes) et les atteintes au droit civil : en principe, toute affaire de justice est chez eux une affaire civile entre deux parties dont l'une se prétend lésée par l'autre. Il s'ensuit que la sentence du tribunal consiste principalement à décider s'il y a eu réellement une partie lésée, par qui elle a été lésée et quelle réparation doit lui être accordée : c'est donc le principe de la compensation ou, en d'autres termes, des dommages-intérêts, qui prime celui du châtiment, et ce dernier peut parfaitement ne pas entrer en ligne de compte, même s'il s'agit d'un acte réputé crime dans nos jurisprudences européennes.

Chez certaines populations — celles de la forêt notamment — il n'est presque jamais question de châtiment, même pour les assassinats, et une compensation pécuniaire à accorder à la famille de la victime constitue souvent la seule peine à infliger à l'assassin.

Chez les peuplades les plus primitives ou plutôt les moins

influencées par des civilisations extérieures, on considère comme licite tout ce qui ne fait pas de mal ; l'acte qui ne fait pas de mal à celui qui le commet mais en fait à autrui est licite au point de vue de son auteur et illicite seulement au point de vue de celui qui se trouve lésé. Par suite, l'auteur de ce que nous appelons un délit ne se considère pas comme malhonnête et ceux que le délit n'a pas lésés ne considèrent pas non plus le délinquant comme malhonnête : le délit n'entraîne nullement le déshonneur. Pour le même motif, les délits ou les crimes ne sont pas considérés comme des actes criminels à proprement parler, mais uniquement comme des actes donnant lieu à compensation en faveur de la partie lésée. Seuls, les actes de nature à léser la collectivité peuvent être regardés comme des délits véritables : c'est ainsi que le voleur professionnel, que tout le monde a à redouter, est en général honni beaucoup plus que le meurtrier, ce dernier n'ayant en réalité lésé qu'une famille.

Chez les peuples plus policés, et particulièrement au Nord du Soudan, on commence par contre à rencontrer des idées se rapprochant davantage des nôtres, sinon au point de vue du déshonneur qui s'attache aux actes délictueux ou criminels, au moins au point de vue du châtiment que comportent ces actes. Cependant la peine proprement dite n'exclut jamais la compensation et ne passe qu'en seconde ligne.

2° Compensation.

Il n'y a pas lieu de nous occuper longuement ici de la compensation que l'auteur d'un délit est tenu d'accorder à sa victime : cette compensation varie nécessairement avec le délit et les circonstances dans lesquelles il a été accompli, et il est impossible de fixer un tarif en la matière. Le tribunal aura, pour chaque cas donné, à examiner quelle est la compensation qu'il sera équitable d'accorder.

Souvent il est impossible de faire payer une indemnité au coupable, en raison de son indigence, même en recourant au procédé de la saisie. Dans ce cas, la coutume indigène admet que la famille du coupable, responsable comme toujours des obligations contractées par l'un de ses membres, est tenue de payer l'indemnité ; cette disposition n'a rien en soi de contraire à nos principes d'humanité et nous pouvons parfaitement la laisser appliquer par les tribunaux indigènes en matière correctionnelle ou criminelle comme en matière purement civile. Il n'en est pas de même d'une autre disposition de la coutume indigène d'après laquelle le coupable, lorsqu'il ne pouvait s'acquitter de la compensation à lui imposée et que sa famille ne pouvait ou ne voulait s'en acquitter pour lui, était livré en qualité d'esclave à sa victime ou à la famille de celle-ci ; nos principes s'opposent à l'application de cette coutume, qui n'existe plus qu'à l'état de souvenir.

3° *Châtiment.*

Si la compensation peut être collective, étant admis le principe de la responsabilité civile de la famille, le châtiment, lorsqu'il existe, est toujours individuel et ne peut être appliqué qu'à l'auteur même du délit ou du crime, qu'il consiste en une amende ou en un châtiment proprement dit.

Nous avons vu que, dans certains pays, l'idée du châtiment n'existait pas ou du moins ne recevait application que pour un nombre restreint de crimes ou délits. Ailleurs, le principe du châtiment est beaucoup plus généralement appliqué, mais il l'est très diversement, et il serait assez malaisé de dresser une liste des peines correspondant au Soudan à toutes les infractions.

Une telle liste d'ailleurs ne présenterait qu'un intérêt rétrospectif et purement documentaire : le décret de 1903, en effet, n'admet comme peines que la mort, l'emprisonnement et l'amende, en prescrivant de substituer l'emprisonnement à toutes les peines corporelles prévues par la coutume indigène, laquelle d'autre part ne prévoyait que très rarement l'emprisonnement et l'amende. Comme il est en général difficile de convertir en une durée précise d'emprisonnement un châtiment n'ayant aucun rapport avec la prison — tel que des coups de bâton ou une mutilation —, c'est aux membres des tribunaux indigènes qu'il appartient de fixer, pour chaque cas spécial, la peine à appliquer, en tenant compte toutefois, dans chaque circonscription judiciaire, de l'importance relative des peines appliquées anciennement pour des délits analogues et aussi des précédents qui se sont succédés depuis la mise en vigueur du décret de 1903.

Nous pouvons cependant, à titre d'indication, citer quelques-unes des peines prévues le plus généralement par l'ancienne coutume pour les crimes et délits principaux :

Meurtre avec préméditation : mort (donnée en général à l'endroit où la victime avait été assassinée et de la même façon qui avait été employée par l'assassin pour tuer sa victime) ;

Meurtre volontaire, mais sans préméditation : peine du talion ;

Meurtre ayant le vol pour mobile ou meurtre suivi de vol, en cas de flagrant délit : mort ;

Même crime, hors le cas de flagrant délit : main tranchée ou esclavage ;

Meurtre par le mari de l'amant de sa femme, hors le cas de flagrant délit et en dehors du domicile conjugal : un mois à un an de fers ;

Coups suivis de la fracture d'un membre : six mois à un an de fers ;

Coups avec effusion de sang : peine du talion ;

Coups sans effusion de sang : coups de bâton ou de lanière de cuir ;

Vol important, en cas de flagrant délit : main tranchée (en cas de récidive, l'autre main tranchée ou la mort sous les verges) ; au Mossi, les voleurs récidivistes étaient châtrés et passaient au service de l'empereur, des rois vassaux ou des gouverneurs de province, qui les employaient pour la garde de leurs harems ;

Même vol, hors le cas de flagrant délit, ou filouterie : coups de bâton ou amende ;

Incendie volontaire, en cas de flagrant délit : lapidation immédiate ;

Même crime, hors le cas de flagrant délit : trois mois de fers.

On peut voir que les châtiments étaient toujours plus sévères en cas de flagrant délit : ce n'est pas que le crime parût plus considérable, mais on estimait que la preuve de la culpabilité était alors plus certaine et de plus on admettait que la colère de la victime était plus difficile à apaiser et en quelque sorte plus légitime que lorsqu'un certain temps s'était écoulé entre l'accomplissement du crime et l'arrestation du coupable. La plupart du temps, les cas de flagrant délit étaient solutionnés immédiatement par la vindicte populaire, conformément au principe américain de la loi de Lynch, sans que le tribunal eût à intervenir autrement qu'en sanctionnant le fait.

Voici maintenant la liste des principaux crimes et délits que la coutume indigène considère comme excusables et non passibles de châtiment, tout en restant soumis au principe de la compensation : meurtre à la suite d'une rixe lorsque la victime du meurtre a été l'agresseur ; meurtre, par le mari, de l'amant de sa femme surpris en flagrant délit ou surpris la nuit dans le domicile conjugal, lorsque l'amant a été tué au moment et dans le lieu où il a été surpris ; homicide par imprudence ; incendie dû à l'imprudence ; meurtre d'un assassin ou d'un voleur pris en flagrant délit, à condition que cet assassin ou ce voleur soit tué au moment même et sur le lieu où il a été pris et par la ou les personnes qui l'ont pris sur le fait ; meurtre d'un captif par son maître ou d'un individu quelconque par son chef de famille ou son chef de canton, si le meurtre est motivé par des insultes ou une désobéissance graves ; meurtre dit rituel d'une personne que la crédulité populaire accuse de faire mourir les gens par maléfices (ce crime et le précédent ne sont plus considérés comme excusables depuis notre intervention dans la justice indigène) ; abus de confiance.

V. — Organisation actuelle de la justice.

Le décret de 1903, tout en consacrant le maintien des coutumes indigènes en matière de droit, les a modifiées en matière de procédure, tout au moins en ce qui concerne la composition, la hiérarchie et la compétence des tribunaux.

Des tribunaux proprement indigènes, on n'a conservé que le tribunal de village, en restreignant sa compétence aux affaires de simple police et à la conciliation en matière civile. Dans la pratique, les tribunaux de case et de quartier fonctionnent toujours et le tribunal de village peut fonctionner lui-même comme auparavant, puisque, les parties pouvant appeler de ses décisions au tribunal de canton, ses décisions ne les liaient pas plus en réalité que ne les lient aujourd'hui ses sentences de conciliation.

La modification est plus radicale en ce qui concerne les tribunaux supérieurs. On a remplacé l'ancien tribunal de canton par un tribunal de province qui, aux termes du décret, n'est pas notablement différent de l'ancien tribunal indigène de canton, quoique une innovation importante résulte du fait que les assesseurs sont désignés par le chef de la colonie et de celui que les crimes échappent à la compétence du nouveau tribunal. Dans la pratique, la différence est plus grande encore, car on n'a créé en général des tribunaux de province que dans les localités où se trouve un poste français, et, par suite, la plupart des chefs de canton sont dépouillés des attributions judiciaires qu'ils possédaient autrefois et ne sont plus en général que des présidents de tribunaux de village, tandis que les chefs de canton titularisés présidents de tribunaux de province ont vu le ressort de leur compétence judiciaire étendu bien au delà des limites de leurs cantons respectifs, au détriment des chefs des cantons voisins. De plus, il est arrivé assez souvent que l'individu nommé président du tribunal de province n'était pas même un chef de canton. Enfin, la présence d'un secrétaire qui, la plupart du temps et par nécessité, est le chef de poste ou tout au moins un fonctionnaire français, a constitué une modification extrêmement importante.

Les anciens tribunaux royaux ont été remplacés en fait par les tribunaux de cercle, qui connaissent des crimes en première et dernière instance, et en appel des causes jugées par les tribunaux de province : c'est ici surtout que le changement est considérable, puisque le ressort des tribunaux de cercle n'a rien à voir le plus souvent avec les circonscriptions territoriales des royaumes indigènes, que les rois se trouvent dépossédés de tout pouvoir judiciaire — à moins qu'ils ne soient devenus présidents de tribunaux de province — et que le président du tribunal de cercle est l'administrateur français, assisté il est vrai de deux assesseurs indigènes, mais qui sont désignés par le gouverneur et qui n'ont que voix consultative.

Enfin on a constitué, sous le nom de chambre d'homologation, une sorte de cour suprême qui statue sur les jugements des tribunaux de cercle en matière pénale lorsque la peine prononcée est supérieure à cinq ans de prison : rien d'analogue à cette institution n'existait dans le système indigène.

En somme le décret de 1903, tout en maintenant la coutume indigène en matière de droit et de procédure d'audience, et tout en respectant approximativement la conception indigène de la hiérarchie des tribunaux, a opéré une séparation à peu près absolue entre le pouvoir politique indigène et le pouvoir judiciaire et il a accordé à l'élément administratif français une place prépondérante, correspondant à peu près à celle dont a été dépouillé l'élément administratif indigène.

CHAPITRE VII

Les religions

Quels que soient les noms que l'on donne aux religions indigènes de l'Afrique Occidentale, il est un fait certain : bien que pratiquées par une population de beaucoup supérieure à la population musulmane, ces religions sont encore très peu connues et leur étude demeure difficile. Cela tient en partie à ce que les pratiques du culte ne s'exercent qu'exceptionnellement en public et au grand jour et et à ce que les adeptes des religions indigènes n'aiment pas à parler de leurs croyances ; cela tient aussi à ce qu'il nous est très malaisé d'approfondir et de définir des dogmes qui ne s'enseignent qu'en secret et qui sont totalement différents des concepts religieux auxquels nous sommes accoutumés, c'est-à-dire de ceux dérivant plus ou moins du mosaïsme et composant le fondement des doctrines chrétienne et musulmane.

Je commencerai l'étude des religions du Soudan en passant en revue divers systèmes religieux ou prétendus tels que l'on a dit souvent exister dans ce pays, mais qui, à mon avis, ou bien ne s'y rencontrent pas, ou bien s'y rencontrent sous une forme ne pouvant, à aucun égard, constituer une religion proprement dite : la religion des indigènes non musulmans du Soudan français n'est, quoi qu'on ait dit, ni le fétichisme, ni le totémisme, ni le théisme ; elle ne mérite pas davantage le nom de paganisme ; quant au christianisme, il est en somme inexistant dans la colonie. Les diverses croyances entre lesquelles se par-

Fig. 76. — Jeunes guerriers Sissala.

Fig. 77. — Danseurs Bobo, dans le cercle de Koury.

tagent les Soudanais relèvent de deux systèmes religieux dont l'un est l'animisme et l'autre l'islamisme, avec une addition, chez les sectateurs de l'une et de l'autre de ces deux religions, de pratiques d'ordre magico-religieux.

I. — Fétichisme, totémisme, théisme.

1° Fétichisme.

Nous avons coutume de désigner sous le nom global de « fétichisme » ou celui de « paganisme » toutes les religions africaines qui ne sont ni le christianisme ni l'islamisme ; ces désignations sont aussi impropres que les appellations de *kafir* ou de *bambara* que donnent souvent les musulmans de l'Afrique Occidentale à ceux qui ne pratiquent pas leur religion.

Les « fétiches », à proprement parler, sont des talismans ou amulettes et ils ne constituent pas plus le fond de la religion des Noirs dits « fétichistes » qu'ils ne constituent le fond de l'islamisme ou du christianisme. Les fétiches sont du domaine de l'universelle superstition et de la crédulité humaine : ils existent chez nous aussi bien que chez les Noirs et n'ont qu'un rapport très éloigné avec la religion proprement dite; l'usage du scapulaire n'a rien à faire avec l'enseignement du Christ ou de saint Paul et, de même, le port d'une corne de bélier destinée à éloigner la variole n'a rien à voir avec le culte des ancêtres. C'est pourquoi je prétends que le terme de « fétichisme », employé pour désigner les religions africaines indigènes, est souverainement impropre; le terme de « paganisme » ne l'est pas moins, mais il a cependant l'avantage de s'opposer aux termes islamisme et christianisme.

En réalité, les Noirs non musulmans ont une religion véritable, en général assez compliquée, se présentant sous des aspects très différents les uns des autres malgré un fond commun et dans laquelle le fétichisme propre, c'est-à-dire la confiance accordée aux amulettes, n'entre que pour une part pour ainsi dire externe, sans faire partie des croyances religieuses proprement dites ; le fétichisme d'ailleurs n'est pas spécial aux religions nègres, ainsi que je le disais tout à l'heure : il existe dans la pratique de toutes les religions, ou, plus exactement, il se superpose à la pratique de toutes les religions, y compris la musulmane et la chrétienne. Mais, comme la plupart des peuples demeurés superstitieux, les Noirs cachent à l'étranger les dogmes de leur croyance et, autant qu'ils le peuvent, les rites fondamentaux de leur culte, en sorte que l'observateur superficiel n'aperçoit que ce qu'il y a de plus grossier, de plus extérieur et de moins important dans les religions qu'il cherche à étudier ; il y est entraîné du reste par ses informateurs indigènes et, en première ligne, par nombre d'interprètes qui, pour se débarrasser de questions importunes, y répondent par la sempiternelle explication qui n'explique rien : « ça, c'est fétiche ! » ; autant dire : « ça, c'est quelque chose que je ne comprends pas ou quelque chose dont je ne veux pas parler ».

Lors donc que l'on rencontre l'expression « fétichistes » appliquée à des indigènes du Soudan, il doit être bien entendu qu'il faut lui donner son acception vulgaire, c'est à-dire celle de « non musulmans », sans vouloir aucunement en faire la désignation des sectateurs d'une religion spéciale.

2º *Totémisme.*

Tel qu'il est défini par les ethnographes l'ayant étudié en Amérique ou en Océanie, le totémisme semble bien ne pas exister en Afrique Occidentale. Les pratiques qui ont avec lui une certaine analogie, plus apparente que réelle, et dont j'ai parlé à propos du clan, paraissent constituer, non pas un système religieux, mais plutôt une sorte de système d'association se manifestant par des rites d'ordre magico-religieux. J'ai dit que les *tana* ou animaux sacrés avaient été déclarés tabous par l'ancêtre du clan et n'étaient nullement considérés eux-mêmes comme des ancêtres. Il arrive bien parfois que tel ou tel animal est regardé par certains individus ou certaines familles comme pouvant être — non pas comme étant nécessairement — leur ancêtre, mais cela rentre dans la croyance à la transmigration des âmes : tel est le cas où l'esprit d'un défunt est censé avoir élu domicile dans le corps d'un animal qui d'ailleurs n'est pas toujours de l'espèce *tana* et qui, en général, est un animal particulier et non n'importe quel animal d'une espèce donnée ; d'autres animaux sont sacrés parce qu'ils sont censés servir de résidence habituelle à un génie. Ces croyances et le fait — tout à fait exceptionnel du reste — que le nom du *tana* est, dans des cas très rares, le même que celui du clan ont pu faire croire à l'existence au Soudan d'une sorte de totémisme ; mais, en tout cas, ce totémisme serait complètement différent du système religieux auquel on donne habituellement ce nom.

3° *Théisme.*

Si le terme de « fétichisme », employé pour désigner la religion des Noirs non musulmans, est impropre, ceux de « polythéisme » ou « paganisme » ne le sont pas moins. La plupart en effet des peuples indigènes de l'Afrique Occidentale, tous même très probablement, croient à l'existence d'un Dieu unique, Dieu créateur, qu'ils ne sont pas loin de se figurer comme un pur esprit, auquel ils n'attribuent jamais, en tout cas, le caractère anthropomorphique, mais qu'ils confondent souvent, tout au moins par le terme sous lequel ils le désignent communément, avec le Ciel. Ils le regardent comme l'auteur du monde et de tout ce qui existe de matériel et d'immatériel, de visible et d'invisible, ou du moins de tout ce qui a existé au début du monde, mais ils lui dénient en général tout pouvoir sur le présent et sur l'avenir, toute faculté de modifier les desseins arrêtés par lui lorsqu'il a créé l'univers ; en tout cas ils ne croient pas à son intervention directe et seraient plutôt disposés à admettre que, si tout ce qui arrive n'arrive qu'avec la permission de Dieu et parce que Dieu l'a voulu, l'homme ne peut pas obtenir de cet Être suprême qu'il modifie ses plans pour faire plaisir à ses créatures ; il leur arrive très souvent de dire, lorsqu'un malheur les frappe : « C'est Dieu qui a fait cela », mais il ne leur serait pas venu à l'idée de supplier Dieu d'écarter d'eux ce malheur.

Ils n'acceptent donc pas le dogme du Dieu-Providence et, par suite, ne rendent pas de culte à Dieu et ne lui adressent pas de prières, considérant ce culte et ces prières comme tout au moins inutiles ; Dieu, disent-ils, est trop au-dessus des hommes et trop différent d'eux pour les entendre et, les entendrait-il, qu'il ne pourrait pas changer pour eux le cours des évènements tel qu'il l'a fixé une fois pour toutes. Toutefois, par un illogisme dont l'exemple se retrouve sous toutes les latitudes, c'est Dieu qu'ils invoquent le plus souvent lorsqu'ils formulent un souhait, mais on peut dire qu'il n'y a là bien réellement qu'une simple façon de parler. Une bonne part du prestige dont jouissent les musulmans et les chrétiens auprès des Noirs professant les religions indigènes provient précisément de ce que les musulmans et les chrétiens s'adressent à Dieu et conversent avec lui.

Quoi qu'il en soit, le théisme des indigènes de l'Afrique Occidentale tient beaucoup plus du fatalisme que de toute autre chose et il ne constitue nulle part une religion dans le sens que nous donnons habituellement à ce mot : c'est tout au plus une doctrine de philosophie religieuse.

Bien entendu, ce qui précède ne s'applique pas aux indigènes musulmans qui, tout fatalistes qu'ils soient, ont une autre conception de Dieu, puisqu'ils s'adressent à lui au moins pour lui demander le salut dans l'autre vie (1).

(1) Je crois inutile de passer en revue les quelques communautés indigènes soi-disant chrétiennes que l'on rencontre au Soudan. Le nombre des individus pratiquant la religion chrétienne est extrêmement restreint dans nos colonies de l'Afrique Occidentale, dans le Haut-Sénégal-Niger plus encore que dans les autres ; si l'on ne tient pas compte — et il n'y a vraiment pas lieu d'en tenir compte — des enfants fréquentant les écoles des missionnaires et enregistrés comme chrétiens par ces derniers, mais qui, dès qu'ils quittent l'école, retournent à la religion de leurs pères, on ne rencontre d'indigènes méritant le nom de chrétiens que dans la population à demi européanisée originaire de quelques villes du Bas-Sénégal, population qui pratique en général le catholicisme : le total de ces chrétiens n'atteint certainement pas mille individus sur une population indigène globale de 4.800.000 habitants. On peut donc les passer sous silence, d'autant

II. — L'animisme.

1° Généralités.

L'animisme ou culte des esprits est la vraie religion indigène de l'Afrique Occidentale. Il se divise en culte des morts et en dynamisme, parce que les esprits objets d'un culte sont de deux sortes : les mânes des défunts et les génies personnifiant les forces de la nature ou esprits des êtres autres que l'homme.

Le Noir estime que, dans tout phénomène de la nature et dans tout être renfermant une vie visible ou latente, il existe une puissance spirituelle, ou esprit dynamique ou efficient (*nidma* en mandingue), qui peut agir par elle-même : de là le culte des génies, personnifiant les forces naturelles, et celui des mânes des défunts, esprits qui ont été libérés par la mort de leur réceptacle humain momentané. A chacun de ces génies ou esprits, le Noir prête à la fois raison et passion : si l'on trouve moyen de convaincre sa raison ou de satisfaire sa passion, on associe par là même le génie ou l'esprit à ses propres désirs.

La croyance à la réviviscence et à la transmigration des âmes existe partout, mais elle n'est pas contradictoire du culte des défunts : on distingue, en effet, du principe efficient ou véritable esprit (en mandingue *nidma*) qui est l'objet d'un culte, le souffle vital (*dia* dans la même langue) qui, à la mort d'un être vivant, va animer un autre être et fait chez les indigènes l'objet, non pas d'un culte, mais d'une simple conception philosophique.

Le *nidma*, esprit dynamique ou efficient, peut être l'esprit d'un génie, d'un ancêtre, d'un objet sacré, d'un animal, d'une montagne, d'une pierre, etc. Le *dia* ou souffle vital n'existe que

plus que le décret de 1903, qui a spécifié un certain nombre de clauses relatives aux musulmans, ne s'est pas occupé des indigènes chrétiens : ces derniers restent soumis aux coutumes locales de leurs congénères animistes, à moins qu'ils ne demandent à être jugés selon la loi française, demande qui est toujours recevable dans les causes civiles si les deux parties sont d'accord sur ce point.

chez les êtres vivants (hommes, animaux, plantes) : à la mort de son possesseur, il va animer un être de même catégorie (nouveau-né, animal, plante), qui se trouve être le remplaçant numérique de l'être défunt ; c'est ainsi que s'explique que la croyance à la réviviscence des âmes n'est nullement inconciliable avec le culte du *nidma* des défunts. Ce dernier peut résider où il lui plaît : dans le cadavre du défunt, dans son habitation, dans l'objet ou sur l'arbre qui lui est consacré, dans sa statue, ou encore dans le corps d'un homme ou d'un animal vivant dont il absorbe alors le *nidma* propre et qu'il asservit, par possession, à sa volonté ; c'est ainsi que les *soubarha* ou jeteurs de sorts acquièrent leur puissance spéciale en arrivant, par des rites magiques, à se faire posséder par le *nidma* d'un génie ou d'un défunt.

Les génies et esprits peuvent faire le bien ou le mal (rôle positif) ou s'abstenir de l'un ou de l'autre (rôle négatif) : on s'adresse à eux pour obtenir soit l'un soit l'autre de leurs effets. Il n'y a pas de bons et de mauvais génies. La distinction que l'on a voulu faire parfois entre bons génies — que les Banmana appelleraient *dyiné* ou *guina* ou *niéna* — et mauvais génies — qu'ils appelleraient *nid* — n'existe pas en réalité : tout génie se nomme *nid* chez ce peuple, tout esprit *nidma* ; les termes *dyiné*, *guina*, *niéna* sont des altérations du mot arabe *djinn* et ne s'appliquent qu'à certains génies quelque peu apparentés aux *djinn* musulmans. Quant au *boli* ou *dio*, c'est l'objet matériel spécialement consacré à tel ou tel génie ou esprit et qui lui sert de résidence lorsque certains rites ont été accomplis. On arrive facilement, dans la pratique, à identifier le *nid* et son *boli*, comme les chrétiens arrivent à identifier le saint et sa statue ou à adorer la croix au lieu de Jésus lui-même.

Il semble que les esprits des défunts ont la prédominance chez les peuplades les moins influencées par l'extérieur, tandis que le culte des génies domine chez les peuplades plus influencées, sans que je puisse me permettre aucune affirmation catégorique à ce sujet. Dans les deux cas, comme je viens de le dire, il arrive que la superstition populaire identifie presque avec l'esprit ou le génie l'objet qui le représente ou qui lui est consacré, d'où l'apparence d'idolâtrie que revêt souvent la religion indigène. De plus, il convient de tenir le plus grand compte des croyances et des rites magico-religieux, qui prennent souvent une importance plus grande que la religion elle-même et auxquels se rattachent, avec beaucoup d'autres choses, le fétichisme proprement dit et le système du *tana*.

Au dire de certains vieillards, la foi diminuerait d'intensité chez les animistes de notre époque, en même temps que s'accroîtrait l'exploitation des fidèles par leurs prêtres. La religion, disent-ils, était autrefois une chose plus sérieuse que maintenant ; les cérémonies du culte s'accomplissaient toujours en secret et selon les rites traditionnels ; actuellement, on s'y livre fréquemment au grand jour, on en fait un jeu et on mélange sans discernement des cérémonies qui devraient, par leur objet, rester distinctes les unes des autres ; les prêtres se font payer pour la moindre chose, ils inventent tous les jours de nouvelles prohibitions afin de se faire remettre des présents par les fidèles pour les en délier, ils imaginent sans cesse de nouveaux « grigris » et sont devenus, en un mot, les « marchands du Temple ».

2° *Culte des morts.*

La grande importance donnée à la famille dans la société indigène, le respect du patriarche et l'autorité dont il jouit, nous font comprendre facilement que les ancêtres soient en Afrique Occidentale l'objet d'un culte véritable et que ce culte et les croyances qui s'y rattachent constituent le plus souvent la base de tous les systèmes religieux et des pratiques qui s'y sont greffées.

Le fondateur de chaque famille est partout vénéré : son souvenir a été conservé par des légendes qu'on se transmet de génération en génération et qui, au fur et à mesure de leur transmission, s'amplifient et se dénaturent jusqu'à entrer dans le domaine du merveilleux. C'est ainsi qu'avec le temps l'ancêtre se transforme peu à peu en un véritable héros ou demi-dieu, quelque peu analogue à l'Hercule de l'antiquité classique et aux saints des religions musulmane et chrétienne, demi-dieu qui a son culte localisé, bien entendu, à l'ensemble de ses descendants, c'est-à-dire à la famille, au clan, à la sous-tribu ou à la tribu. Mais, comme c'est surtout l'imagination des conteurs de légendes qui a doté le héros de ses principales vertus et lui a attribué la plupart des actes miraculeux de sa vie terrestre, comme d'autre part l'imagination des hommes travaille à peu près selon les mêmes méthodes dans des sociétés de civilisation analogue, il arrive que les ancêtres des diverses tribus, tels qu'ils sont connus aujourd'hui des membres de ces tribus, se ressemblent en bien des points, et que souvent la vie de plusieurs héros est contée de façon presque identique ; en sorte que plusieurs tribus rendent des cultes analogues à leurs ancêtres respectifs, les noms des héros qui en sont l'objet étant seuls différents.

Les ancêtres divinisés ou esprits protecteurs du village ou de la famille portent en mandingue le nom de *dassiri* : ils résident habituellement sur un arbre ou arbuste qui, pour ce motif, est sacré et auquel on ne touche jamais, respectant même les toiles que les araignées tissent entre ses branches ; au pied de cet arbre, ou sur la fourche que forment ses premiers rameaux, est placée généralement une écuelle qui sert à recevoir les libations, tandis que le tronc de l'arbre à sa base est recouvert de sang, de plumes et d'œufs brisés provenant des sacrifices. L'arbre du *dassiri* n'est pas nécessairement placé dans le village : on le rencontre fréquemment à quelque distance des lieux habités, sur le bord des chemins ou dans les plantations ; indépendamment du sang et des œufs coagulés avec des plumes qui ornent sa base, on le reconnaît à ce qu'une petite place a été aménagée alentour et à ce qu'un sentier généralement assez creux permet d'y accéder facilement.

En outre des arbres sacrés, il existe des autels en terre, de forme le plus souvent conique ou tronconique, supportant une écuelle de terre, et qui servent aussi de résidence et de lieu de culte aux *dassiri* (1) : ces autels sont appelés *kara* en mandin-

(1) On a dit parfois que ces autels coniques et tronconiques étaient une manifestation du culte phallique : je ne crois pas me tromper en émettant

gue ; ceux consacrés à l'esprit protecteur du village ou d'un quartier du village sont dressés sur une place publique ou bien à un carrefour voisin des premières habitations, ceux consacrés à l'esprit protecteur d'une simple famille sont érigés le plus souvent à l'intérieur des maisons et sont en général beaucoup moins élevés : des statuettes représentant les ancêtres les entourent fréquemment.

Le chef de village (1) ou le chef de famille, suivant le cas, est chargé de présider aux sacrifices offerts au *dassiri* de son village ou de sa famille et porte en mandingue le titre de *dassiritigui* (2).

En outre et à côté de ces ancêtres éloignés, il y a les ancêtres décédés plus récemment, dont chacun est l'objet d'un culte spécial pour ses descendants ou parents directs : de même que chaque tribu a son demi-dieu, et chaque province ou village son héros ou son saint, chaque famille globale ou réduite a ses défunts de marque et leur rend un culte véritable.

Ce culte des défunts se manifeste, sur toute l'étendue de l'Afrique Occidentale et principalement dans les sociétés indigènes qui ont le moins subi l'influence des civilisations étrangères, par les cérémonies bien caractéristiques et toujours solennelles qui accompagnent les funérailles des notables et des chefs, par le deuil imposé aux veuves et aux parents des défunts, par l'entretien et le respect des tombes et surtout des objets dont le mort se servait habituellement de son vivant et qui deviennent

---

l'avis qu'il n'en est rien ; si ces autels revêtent cette forme, c'est qu'elle est la plus naturelle dans un pays où l'on n'a à sa disposition, pour des constructions de ce genre, que de l'argile, et où, par suite, on est forcé de donner cette forme à l'autel pour qu'il ne soit pas détérioré par les pluies ; les autels situés dans les habitations, pour lesquels la même raison n'existe plus, offrent le plus souvent l'aspect d'une masse sans forme bien précise et ne rappelant en rien l'anatomie d'un phallus. Très fréquemment d'ailleurs, le tronc de cône est remplacé par un simple pieu que termine une fourche à trois branches et c'est sur cette fourche qu'est placée l'écuelle aux libations.

(1) S'il existe un *dougoutigui* et un *kountigui*, c'est le premier qui est chargé du culte.

(2) Il est à noter que le culte du *dassiri* a persisté en général chez la plupart des musulmans noirs du Soudan.

sacrés après son décès. Je n'entreprendrai pas ici la description des cérémonies et des rites relatifs à la mort, aux funérailles, au deuil, etc., car cette description demanderait tout un volume, en raison de l'importance de ces cérémonies et de ces rites et de leur variété selon que l'on passe d'un pays à un autre. Je me contenterai de rappeler les plus caractéristiques, notamment les sacrifices qui suivent le décès des chefs — sacrifices dont les victimes furent souvent des hommes jusqu'au moment de notre intervention — ; les fêtes mortuaires, qui durent des semaines et parfois des mois et qui sont les cérémonies extérieures les plus pittoresques que l'on rencontre chez les Noirs ; les offrandes de vivres et de boisson aux défunts ; la conservation des cadavres pratiquée encore chez plusieurs populations indigènes ; les statues en bois, en argile, en fer et en bronze érigées à la mémoire des morts ; les chapelles funéraires si curieuses que l'on observe chez les peuples de la forêt, dans le bassin de la Volta et ailleurs ; la croyance à la transmigration des âmes répandue un peu partout et qui fait admettre qu'un défunt peut survivre dans la personne d'un enfant conçu au moment de son décès et conduit à donner à cet enfant le nom du défunt, etc., etc. (1).

Plusieurs de ces rites — celui des sacrifices humains entre autres — s'expliquent par la croyance que les hommes doivent jouir dans l'autre monde d'une existence en rapport avec celle qu'ils ont vécue sur la terre : à un notable qui avait beaucoup de femmes et d'esclaves il faudra, par delà la mort, des femmes et des esclaves.

Le culte rendu aux morts est une preuve indéniable de la croyance universelle des peuples soudanais à une survie : quelle est cette survie ? en quoi consiste-t-elle exactement ?

(1) Chez certains peuples, les morts sont enterrés dans les habitations ; chez d'autres, les tombes sont creusées en dehors du village ; presque partout, une logette est pratiquée dans l'une des parois de la tombe et le corps, enveloppé dans une natte, est glissé dans cette logette couché sur le côté droit, la tête au Sud et la face regardant vers l'Est. Une calebasse ou marmite trouée est placée sur la tombe, au-dessus de la tête, pour permettre au mort de participer aux libations et à son *nidma* de quitter le cadavre lorsqu'il le désire.

C'est ce qu'il serait assez malaisé de définir de manière précise ; il est à peu près démontré que tous les indigènes n'ont pas les mêmes idées à ce sujet et il est probable même que bien peu pourraient exposer clairement la doctrine qu'ils professent en la matière. Ce qui est absolument certain, c'est que tous croient que tout ne finit pas avec la mort et que, parfois, ils étendent cette croyance, non seulement à l'humanité, mais aussi aux animaux et même aux arbres. En général ils pensent qu'au delà de la mort existe une sorte d'état mi-matériel, mi-spirituel dans lequel le *nidma* des défunts continue à s'occuper des choses de la terre, avec une puissance de perception et d'action que ces derniers ne possédaient pas de leur vivant.

L'esprit dynamique ou *nidma* d'un mort peut continuer à résider dans son enveloppe corporelle — de là les soins donnés aux cadavres, les précautions prises pour les ensevelir — ; il peut aussi résider momentanément, soit lorsque cela lui plaît, soit lorsqu'on l'en prie selon certains rites, dans la maison où habitait le vivant, autour des objets qu'il affectionnait ou sur ces objets mêmes, ou encore dans la statue qui le représente. Quant au *dia* ou souffle vital, il peut venir animer le corps d'un nouveau-né ou d'un fœtus en gestation, — d'où la croyance assez répandue que les femmes peuvent concevoir sans avoir aucun rapport avec un homme, — ou même parfois le corps d'un animal nouveau-né, principalement d'un animal de l'espèce constituant le *tana* de la famille du mort. Les prêtres d'un génie meurent par suite du ravissement de leur *dia* par le génie : c'est une mort glorieuse ; l'individu qui a encouru la colère d'un génie ou qui a été voué, par des rites magiques, à la haine de celui-ci est tué par lui de la même façon : mais c'est là une mort ignominieuse et, dans ce cas, le défunt est privé de funérailles.

Chaque fois que, pour la raison qui précède ou par suite de circonstances quelconques, les funérailles n'ont pas été accomplies selon les rites traditionnels, que les sacrifices exigés par la coutume ont été négligés — par exemple, dans les pays où existe la pratique des sacrifices humains, que des victimes n'ont pas été immolées aux mânes du défunt pour le servir dans l'autre vie —, que l'on n'a pas pourvu aux besoins matériels du mort en mettant à sa disposition des aliments, ou encore que la tombe a été violée ou qu'un individu assassiné, empoisonné ou tué par sortilège n'a pas été vengé, le *nidma* du défunt souffre : il erre de place en place sans trouver de repos, s'irrite et manifeste sa colère en rendant malades ou en faisant mourir ceux de ses parents qui ne se sont pas acquittés de leurs devoirs envers lui. Ce sont surtout ces esprits mécontents qui vont parfois habiter le corps de certains animaux, non pas nécessairement le corps d'un animal nouveau-né de l'espèce *tana*, mais plutôt — dans ce cas spécial — le corps d'un animal adulte d'une espèce quelconque, le plus souvent d'un solitaire aux mœurs bizarres, qui se montre toujours au même endroit : cet animal devient alors sacré et personne n'ose lui faire de mal. D'autres fois, les esprits mécontents vont habiter le corps d'un homme ou d'une femme, se substituant au propre esprit de cet homme ou de cette femme, tantôt d'une façon définitive — et alors le possédé devient fou (*fato* en mandingue) et on le respecte comme incarnant un esprit —, tantôt de façon temporaire et à la requête même de l'homme ou de la femme qui cherche, en donnant asile à l'esprit d'un mort, à acquérir une puissance surnaturelle dont il ou elle se servira aux dépens de ses ennemis : le possédé de cette espèce ou possédé volontaire appartient à la catégorie des jeteurs de sorts (*soubarha* en mandingue) ; lorsqu'il agit sous l'influence du *nidma* qui le possède, il peut se métamorphoser en animal ou user de maléfices pour rendre malades les vivants dont le mort ou le possédé lui-même a à se plaindre ou même pour les tuer mystérieusement. Au contraire des fous ou possédés malgré eux, les possédés volontaires et malfaisants sont redoutés, pourchassés et tués sans pitié lorsqu'on les découvre : c'est là l'origine du meurtre rituel, qui a longtemps existé dans toute l'étendue de l'Afrique Occidentale même chez les musulmans, et qui se pratique encore de nos jours en certaines régions, malgré tous nos efforts pour combattre cette pratique barbare (1).

(1) Je reparlerai des *soubarha* à propos des croyances et pratiques magico-religieuses.

3° *Culte des forces naturelles et des génies.*

Les forces naturelles, dont l'action a tant d'importance pour des peuples surtout agriculteurs, ont, comme les êtres humains, un esprit ou *nidma*, véritable esprit dynamique : cet esprit, tout naturellement, est devenu l'objet d'un culte, soit sous le nom de l'élément ou du corps naturel qu'il fait agir (le ciel, la terre, les astres, le feu, les vents, les montagnes, les fleuves, etc.), soit sous le nom d'un génie (*nid* ou *gnid* en mandingue) (1) qui est censé disposer à son gré de l'une ou de plusieurs de ces forces, de l'un ou de plusieurs de ces éléments. Aucun de ces génies n'est considéré comme un Dieu à proprement parler, puisque tous ont été créés par Dieu comme le monde et tout ce qu'il renferme de visible et d'invisible ; cependant le génie du Ciel, au moins dans la terminologie vulgaire, est souvent confondu avec Dieu lui-même, mais la plupart du temps les anciens attribuent à Dieu un nom spécial connu d'eux seuls et qui n'est pas le nom du Ciel.

En tout cas, alors qu'on ne rend aucun culte à Dieu, on en rend un aux génies, qui sont en quelque sorte les intermédiaires naturels entre l'homme et Dieu, exécutant les secrets desseins de ce dernier mais pouvant les modifier dans une certaine mesure, peut-être à son insu, en ce sens qu'ils détiennent chacun une parcelle de la puissance divine et l'exercent à leur guise. C'est ainsi que le polythéisme des indigènes non musulmans de l'Afrique Occidentale a en réalité une base monothéiste et que les esprits et les génies correspondent à peu de chose près, les premiers aux saints et les seconds aux anges et démons des religions musulmane et chrétienne.

Ces génies ne sont pas non plus sans analogie avec les dieux de l'antiquité grecque et surtout égyptienne ; souvent ils constituent une véritable famille mythologique, à la base de

---

(1) Le *nid*, comme je l'ai dit plus haut, est le génie lui-même et on donne les noms de *boli* ou *dio* à sa représentation matérielle ou aux objets qui lui sont consacrés et dans lesquels il est censé résider lors de certaines cérémonies.

laquelle on rencontre habituellement le Ciel, génie mâle e principe fécondant, et la Terre, génie femelle et principe fécondé et générateur. Le Ciel, parfois identifié avec le Soleil, a épousé la Terre, parfois identifiée avec la Lune, et de leur union ou de l'union de leurs enfants sont sortis tous les principaux génies qui dirigent le monde et y dispensent la vie et la mort, le bonheur et le malheur sous toutes leurs formes.

Le Ciel et la Terre, père et mère des génies, sont souvent pris à témoin dans les serments ou invoqués dans les souhaits ; mais le culte rendu directement à eux est beaucoup moins répandu que celui rendu à l'aîné de leurs enfants, lequel, doué à la fois des vertus mâles et femelles de ses deux auteurs, est le véritable intermédiaire entre la puissance mystérieuse de Dieu et la faiblesse craintive de l'homme.

Généralement le Ciel et la Terre restent des entités sinon abstraites, au moins sans représentation palpable ; parfois cependant le premier est invoqué sous la forme d'un homme pourvu d'un énorme phallus ou même sous la forme d'un phallus isolé, tandis que la Terre ou génie femelle est représentée par une femme aux vastes mamelles ou simplement par une paire de mamelles.

Quant au fils aîné de la Terre et du Ciel, il est représenté sous des aspects très divers, parfois sous celui d'un hermaphrodite, le plus souvent sous une figure animale : tête de taureau, caïman, poisson, serpent. Le culte de ce génie, sous les divers aspects de sa représentation extérieure, est commun, je crois, à toutes les populations non islamisées de l'Afrique Occidentale et il existe même, sous une forme atténuée, chez plusieurs peuples islamisés. On le rencontre, chez toutes les tribus mandé, sous le nom de *Koma* ou *Komo* et, sous le nom de *Do*, chez les Sénoufo, les Agni-Assanti, etc. ; ailleurs il est connu sous des noms différents, mais, quelle que soit l'appellation que l'on donne au génie, son culte se retrouve partout, depuis le Sénégal jusqu'au Congo et sans doute au-delà, avec des cérémonies extérieures tout à fait analogues. Partout aussi ces cérémonies sont interdites aux femmes et certains de leurs rites sont cachés même aux hommes non initiés ; l'initiation au culte comporte toute une série d'épreuves que l'on entoure de mystère et que l'on n'aime pas à révéler aux étrangers ; l'association religieuse ayant pour but principal le culte de ce génie est l'une des plus répandues et les plus fortement constituées qui existent en Afrique Occidentale.

Les autres génies, ou génies secondaires, ont également leurs cultes spéciaux et souvent aussi leurs épreuves d'initiation, accessibles tantôt aux hommes seuls, tantôt aux deux sexes. Mais les cultes des génies secondaires sont plus spécialisés à tel ou tel pays, à telle ou telle tribu. Parfois ils sont importés dans un pays où ils n'étaient pas encore connus, s'y développent avec une grande rapidité, puis disparaissent : leur fortune est soumise aux caprices de la mode.

Le culte du *Koma* au contraire est universel et dure depuis sans doute des milliers d'années.

Les génies représentant proprement des forces naturelles ont un culte moins compliqué et plus localisé ; généralement ils ne sont pas figurés par des images ou statues, mais sont invoqués directement, en des lieux où l'on pense qu'ils résident habituellement : sur des montagnes, sur des entassements de rochers présentant le plus généralement des aspects bizarres et inattendus, dans des cavernes, sur le bord des fleuves, sur des arbres plantés auprès des villages ou des maisons, ou situés en pleine brousse ou dans les champs. On leur offre des sacrifices — surtout des œufs, du sang et des plumes — pour obtenir d'eux les faveurs que l'on désire ou pour leur demander d'éloigner de soi un malheur ou de faire du mal à autrui. C'est dans le culte de ces génies qu'il faut ranger certaines cérémonies agraires, comme la procession qui a lieu presque partout au Soudan vers le commencement de mai, après la première journée de grosses pluies, et qui est destinée à appeler sur les champs les bénédictions d'en haut. (A Bamako, cette procession se termine par un sacrifice offert, sur le bord du Niger, au génie du fleuve, sacrifice qui, avant notre occupation, consistait à précipiter dans le fleuve une vierge que dévorait le caïman représentant le génie : d'où le nom de *Bamako* : l'affaire du caïman). C'est au même culte qu'appartiennent les fêtes accompagnant les semailles et les récoltes en beaucoup de pays (1).

Alors que le culte des ancêtres et celui des esprits — qui ne font qu'un en réalité — n'ont pas en général de prêtres spéciaux, chaque chef de famille ou de village remplissant les fonctions sacerdotales, le culte des forces naturelles et des génies est presque partout entre les mains d'un véritable clergé, organisé en associations, qui veille au culte de chaque génie, initie les néophytes aux pratiques cultuelles, leur enseigne parfois un langage secret dont se servent entre eux les seuls initiés, préside aux cérémonies de la circoncision et de l'excision et aux funérailles des initiés. Ce clergé ne forme pas en général une caste spéciale et ne doit pas être confondu avec la catégorie des gens qui se livrent, soit à la magie, soit à certaines danses religieuses, et qui, eux, constituent souvent une caste à part.

La circoncision (ablation du prépuce) n'existe pas partout ; certains peuples même — par exemple les Gourounsi — la considèrent comme infamante. L'excision (ablation de l'extrémité du clytoris) est pratiquée au contraire chez toutes les tribus noires du Haut-Sénégal-Niger, y compris celles qui n'admettent pas la circoncision. Ces deux genres de mutilation existent d'ailleurs en dehors du Soudan chez un très grand nombre de peuples, tant fétichistes que musulmans, même chez des peuples du golfe de Guinée, comme les Dahoméens par exemple. Il semble bien que ces coutumes sont antérieures à l'islamisme, car on les rencontre chez des populations rebelles à l'islam et n'ayant été que fort peu en contact avec des musulmans, tandis qu'elle ne sont pas pratiquées par certains peuples vivant depuis des siècles au contact des musulmans. L'excision en particulier n'est certainement pas d'origine islamique et quelques peuples musulmans — ceux de race blanche — ne la pratiquent qu'exceptionnellement. En tout cas, partout où ces coutumes existent, même chez beaucoup de

(1) On fait souvent aujourd'hui coïncider les fêtes animistes avec les fêtes musulmanes, dans les pays où coexistent les deux religions ; mais autrefois les fêtes animistes étaient toujours réglées sur l'année solaire et il en est encore ainsi dans les pays où l'islamisme n'a pas pénétré.

Fig. 78. — Les greniers dans un village Samo.

Fig. 79. — Type de construction religieuse en pays Samo.

musulmans, elles font partie des épreuves d'initiation à caractère religieux ; on opère les enfants seulement au sortir de la première enfance ou plus exactement à l'âge de la puberté (1).

Les cérémonies du culte de certains génies se font tantôt dans des édicules ou près d'édicules renfermant la statue du génie ou la représentation de l'animal par lequel il est figuré, tantôt — surtout en ce qui concerne les cultes qui sont l'apanage de sociétés secrètes — dans des bois sacrés avoisinant les villages ou, en l'absence de ces bois sacrés, dans des endroits réservés spécialement à cet usage et situés en général sur la lisière ou en dehors du village. Beaucoup de cérémonies religieuses ont lieu de préférence la nuit. Les prêtres sont, dans les associations religieuses, ceux que l'on pourrait appeler les initiés parfaits ; les simples affiliés, non encore parvenus au terme suprême de l'initiation, constituent l'ensemble des fidèles ou sectateurs (2).

(1) Voir 1ᵉʳ volume, pages 331 et 332.
(2) Je ne crois pas inutile de donner ici les termes employés par les indigènes de langue mandingue pour désigner les principaux concepts se rapportant à la religion animiste et aux associations religieuses, en dehors de ceux déjà mentionnés au cours des pages précédentes ; ces termes sont donnés sous la forme qu'ils revêtent dans le dialecte banmana : le prêtre d'un génie s'appelle *nidtigui*, le gardien des objets sacrés *bolitigui* ; une secte ou société religieuse secrète se nomme *dian* — le terme de *to* ou *ton* s'appliquant à toute association réglementée, de quelque nature qu'elle soit —, le chef d'une société *diantigui*, la formule de reconnaissance des initiés *dianté*, la cérémonie d'initiation *konio* (nom donné aussi à la nuit nuptiale), l'école d'initiation *kiba* ; un sacrifice rituel se dit *soni*, un sacrifice ou une offrande propitiatoire *saraka* (mot dérivé de l'arabe *sadaqa*) ; on appelle *souba* (*soubaga* ou *soubarha* dans les autres dialectes) les jeteurs de sorts ou de maléfices, *korté* les maléfices, *siri* des amulettes ayant la vertu de jeter le mauvais sort, *gbassa* ou *gouassa* des amulettes ou objets consacrés servant au contraire à conjurer le mauvais sort, *bassi* des amulettes ou talismans quelconques et même de simples remèdes, *sébé* des talismans écrits, *fla* ou *foura* des talismans ou remèdes composés avec des substances végétales. — Le génie *Koma*, en dehors du masque porté par celui qui le représente dans les cérémonies, a pour insigne distinctif une sorte de tube en fer dans lequel on souffle et qui produit un bruit très spécial, considéré comme la voix du génie ; le *Nama*, lui, a pour insigne de même ordre une trompe faite d'une grosse corne d'antilope et une espèce de clochette.

III. — Croyances et rites magico-religieux.

A tous les systèmes religieux — y compris l'islamisme et même les religions chrétiennes — s'adaptent et se superposent des croyances et des rites, souvent plus anciens que la religion proprement dite, et qui parfois constituent un véritable culte beaucoup plus répandu que le vrai culte religieux de l'endroit et ayant, la plupart du temps, des manifestations extérieures plus nombreuses et plus facilement perceptibles.

Ces croyances et ces rites, que l'on retrouve à tous les âges dans toutes les sociétés humaines, ont sans doute la même origine que les religions proprement dites, à savoir le besoin pour l'homme de se défendre contre les forces qu'il ne connaît pas ou qu'il connaît mal : mais alors que la religion est une science qui prétend précisément connaître ces forces, les étudie et les définit, afin de pouvoir mieux les utiliser ou les combattre, la magie est un empirisme qui use de certains procédés parce qu'il les croit bons, sans chercher à discerner les causes de leur efficacité : on pourrait dire que le magicien est au prêtre ce que le guérisseur empirique est au médecin moderne.

La magie ainsi entendue — ou, si l'on préfère, la pratique des rites magico-religieux — est au Soudan entre les mains de gens, hommes ou femmes, magiciens, sorciers ou féticheurs — selon l'expression vulgaire — qui, tantôt forment une caste à part, tantôt appartiennent à l'une des castes d'artisans ; il arrive fréquemment aussi que des prêtres païens et des marabouts musulmans ajoutent à leur métier propre celui de magicien ; il arrive aussi que des individus quelconques se livrent accidentellement ou habituellement aux pratiques de magie.

C'est dans l'élément magico-religieux qu'il convient, à mon sens, de classer la croyance au « tabou » ou au *tana*, si universellement répandue en Afrique Occidentale. Non seulement chaque clan a son ou ses *tana*, mais il est rare que chaque village, chaque famille, *chaque individu* même n'ait pas le sien ou les siens (1), qui lui ont été imposés à la suite de certaines circonstances par quelque magicien réputé, avec la croyance bien enracinée que toute infraction au *tana* amènera la mort ou tout au moins une maladie grave, à moins que l'infraction ait été involontaire, auquel cas elle peut être rachetée par un sacrifice expiatoire et une offrande au magicien.

C'est ainsi que, dans tel village (2), on ne peut manger ni faire pénétrer des arachides, à moins qu'elles soient pilées, sous peine de voir des animaux malfaisants s'introduire dans le village et y exercer des ravages ; les membres de telle famille ne peuvent pas toucher le corps de tel animal, qui d'ailleurs n'est pas le *tana* de leur clan (3) : tel individu ne peut pas manger de riz blanc, tel autre ne peut pas manger de bananes le samedi ; certains jours de la semaine sont néfastes pour tel individu ou pour telle classe sociale ; tel chef de village ne peut pénétrer dans son village et doit tenir ses assises à l'extérieur du mur d'enceinte, etc., etc. Le nombre et la variété des interdictions urbaines, familiales et individuelles sont tels en Afrique Occidentale que l'acte le plus simple de la vie journalière devient souvent des plus malaisés à accomplir : cette coutume du *tana* est une véritable entrave à la liberté humaine.

Les génies aussi ont leurs *tana*, et les prêtres et sectateurs d'un génie, en plus de leurs *tana* de clan ou autres, ont le *tana* de leur génie, ainsi que les enfants que l'on a baptisés du nom ou surnom d'un génie ; le *nióma* d'un défunt a son ou ses *tana* propres, qui viennent s'ajouter à ceux qu'avait le vivant. Certains génies ou esprits ont comme *tana* les plumes de perdrix, certains autres les coques d'arachides, d'autres le *dolo* ou bière de mil, d'autres tel ou tel animal : d'où la nécessité, dans les

(1) Par contre, je ne crois pas qu'il existe de *tana* commun à toute une tribu ou à tout un peuple.
(2) Les prohibitions constituant le *tana* d'un village ne concernent que les gens qui se trouvent à l'intérieur du village ; elles cessent d'être en vigueur lorsque les habitants du village sont en voyage.
(3) On rencontre aussi le cas d'une famille ou d'un clan qui est *tana* pour une autre famille ou un autre clan : les membres des deux familles ou clans ne peuvent alors ni manger au même plat, ni coucher dans la même pièce, ni se marier ensemble ; ce cas paraît d'ailleurs assez rare.

villages consacrés à ces génies ou esprits, de n'introduire que des perdrix toutes plumées, des arachides décortiquées, de ne pas laisser pénétrer de jarres de dolo, d'interdire l'entrée de l'animal prohibé, etc. Les remèdes eux-mêmes ont leurs *tana* : certaines plantes médicinales perdent leur vertu si on les met en contact avec telle autre plante ou avec tel ou tel objet.

Les prohibitions d'ordre magico-religieux sont plus ou moins étendues : elles peuvent concerner simplement la manducation du *tana*, elles peuvent aussi impliquer la défense de le tuer, et même de le toucher ou de le regarder. En ce qui concerne le *tana* de clan, il est quelquefois permis de tuer l'animal *tana*, il est généralement licite de le regarder et de le toucher, mais il est toujours interdit de le manger ; en ce qui regarde les *tana* individuels, la prohibition s'étend le plus souvent jusqu'au simple contact (1) et même à la vue du tana ; quant aux *tana* de village, ils sont d'ordre excessivement varié. Si les prohibitions sont observées strictement, le *tana* est parfaitement inoffensif : ainsi presque tous les indigènes du Soudan sont persuadés que l'animal sacré d'un clan ne fera jamais de mal à un individu de ce clan, pourvu que ce dernier n'enfreigne pas les interdictions traditionnelles ; un *Diara* ne craint pas la rencontre d'un lion ni un *Mariko* celle d'un caïman ; mais du jour où quelqu'un abandonne son *tana* de clan, il a à redouter ce dernier : ainsi, lorsqu'un indigène n'appartenant pas à une caste proprement dite épouse une femme castée, nous avons vu qu'il entre de ce seul fait dans la caste de sa femme, et, en même temps, il quitte son clan pour entrer dans celui de son épouse, adoptant le *diamou* et le *tana* de cette dernière ; à partir de ce jour, il peut être blessé ou tué par l'animal qui, avant son mariage, constituait son propre *tana*.

J'ai dit plus haut que deux individus portant le même *diamou* ou nom de clan peuvent ne pas avoir le même *tana* de

(1) Nous avons vu, dans la partie historique de cet ouvrage, que Soumangourou, empereur de Sosso, avait comme *tana* un ergot de coq blanc : le seul contact de ce *tana* lui devait être fatal et c'est en lui décochant une flèche terminée par un ergot de coq blanc que son ennemi Soundiata eut raison de lui.

clan, en raison du fractionnement des clans primitifs en clans secondaires de même nom ; j'ai dit aussi qu'un clan donné avait en général plusieurs *tana* : l'un, initial et commun à tout le clan ; les autres, secondaires et spéciaux aux fractions, mais arrivant souvent à faire presque oublier le *tana* primitif. Il peut arriver d'autre part que deux clans entièrement distincts aient le même *tana*. Pour en finir avec ce qui concerne le *tana* de clan, il me faut ajouter que les prohibitions concernent, non seulement le ou les *tana* du clan lui-même, mais aussi le *tana* du clan allié par le *sénékoun*.

Au point de vue indigène, une interdiction ne constitue un *tana* que si elle a été prononcée dans des circonstances spéciales et selon des rites magiques et si l'infraction à cette interdiction doit amener comme châtiment la maladie ou la mort sans aucune intervention étrangère. Ainsi les interdictions prononcées par une loi religieuse proprement dite, qui ne s'appliquent qu'aux fidèles de la religion intéressée ou aux initiés et qui n'ont comme sanctions que des châtiments dans l'autre monde ou des peines corporelles dans celui-ci, ne constituent pas des *tana* : telle l'interdiction musulmane concernant le jeûne du Ramadan ou la défense faite aux femmes d'assister aux cérémonies du culte du *Koma*. Les défenses émanant de la loi civile ne sont pas non plus des *tana*, pas plus que les prohibitions de tel ou tel aliment ordonnée par un médecin, à moins que ce médecin soit en même temps magicien et qu'il ait érigé sa prohibition en *tana* par la formule magique habituelle.

J'ai dit déjà qu'il n'existait pas de croyance à une origine animale ni à une parenté proprement dite avec le *tana*, quoique certaines idées relatives à la transmigration du *dia* ou à l'incarnation du *nidma* dans le corps d'un animal aient pu faire croire le contraire. Ce qui prouve bien que la croyance au *tana* ne constitue pas une religion à proprement parler, c'est qu'il n'existe aucune représentation figurée de l'objet *tana*, aucun emblème s'y rapportant, et qu'on n'offre aucun sacrifice au *tana*, qu'on ne lui adresse aucune prière ; lorsqu'un sacrifice expiatoire est offert pour réparer un manquement involontaire aux règles prohibitives établies, ce n'est pas au *tana* qu'il est offert, mais à l'esprit protecteur de la famille ou du village, ou encore au génie du prêtre auquel on s'est adressé (1).

C'est aussi à l'élément magico-religieux qu'il convient de rattacher les pratiques souvent bizarres destinées à préserver de certaines maladies ou à éloigner les épidémies ou des maux parfois imaginaires : en 1904, le bruit se répandit depuis le Mossi jusqu'au golfe de Guinée qu'un magicien réputé — dont personne d'ailleurs ne connaissait le nom ni la résidence — avait déclaré que les plus grands malheurs allaient fondre sur les Noirs si l'on ne tuait pas toutes les bêtes domestiques de couleur noire ; ce fut, en quelques semaines, une véritable hécatombe de tous les bestiaux et volailles noirs ou simplement bruns ; en 1905, on put voir en pays sénoufo, à un moment donné, tous les habitants, étrangers et musulmans compris, porter suspendu au cou un fragment de calebasse : c'était parce qu'un magicien avait déclaré que c'était le seul moyen d'empêcher la variole de s'abattre sur le pays.

Les *soubarha* ou jeteurs de sorts sont, nous l'avons vu, des initiés à la magie de la possession, qui se font volontairement posséder par le *nidma* d'un défunt pour augmenter leur puissance et afin d'exercer les vengeances dont ce *nidma* est assoiffé. Ils sont fort redoutés et certaines associations religieuses, comme celles du *Koma* et du *Nama*, se consacrent en partie à la recherche et à la mise à mort des *soubarha*. Ces derniers, quoi qu'on en ait prétendu, ne sont pas anthropophages à proprement parler : lorsqu'on dit qu'ils ont « mangé » un individu, c'est une simple façon de dire qu'ils lui ont jeté un *korté*, malé-

(1) Il existe beaucoup de villages ayant un ou des animaux sacrés, qu'on nourrit et qu'on ne tue jamais, auxquels on passe toutes leurs fantaisies et qui sont considérés comme des porte-bonheur pour le village qui les possède : je citerai seulement, comme exemple de cette coutume, les oiseaux appelés *diougo* qui sont nombreux aux alentours de Ségou et que les habitants de cette ville regardent comme sacrés. Cette vénération ne s'étend qu'aux animaux résidant dans le village ou auprès du village, mais non à tous les animaux de la même espèce répandus ailleurs. On donne généralement comme raison de ce respect que, lors de la fondation du village, l'ancêtre ou les ancêtres de ces animaux ont rendu un service signalé aux ancêtres des habitants actuels : nous retrouvons là la même idée qui a donné naissance aux *tana* de clan.

fice mystérieux et mortel, ou tout au moins réputé tel ; de même, un homme affligé d'une plaie mauvaise croit qu'un *soubarha* lui a sucé le sang ; si un enfant a été dévoré par une hyène, on dit aussi que l'auteur de cet exploit est un *soubarha* momentanément métamorphosé en hyène. Ces croyances sont exploitées par les *namatigui* ou prêtres du Nama et par les *gbassatigui* ou détenteurs d'amulettes contre les maléfices, lesquels, lorsqu'ils en veulent à quelqu'un, le chargent de l'accusation d'être un *soubarha* pour le faire mettre à mort (1). La maladie et la mort sont attribuées d'ailleurs le plus souvent soit à la colère d'un génie ou de l'esprit d'un défunt, soit aux maléfices d'un *soubarha* ; aussi, en cas de maladie, c'est au magicien que l'on s'adresse ; ce dernier prescrit ce qu'il faut faire pour détourner la colère du génie ou de l'esprit ou pour combattre le maléfice, en même temps qu'il administre — au moins le plus souvent — un médicament réel : mais il avertit le patient que la vertu de ce dernier cessera du moment où les rites magiques prescrits ne seront plus observés.

Si un notable, même âgé, vient à mourir, et surtout si plusieurs décès se produisent à peu d'intervalle dans la même localité, il est rare que l'on n'attribue pas ces décès à une cause surnaturelle ; on fait appel à un ou des magiciens qui prétendent avoir le secret de découvrir les *soubarha* et qui, souvent en dissimulant dans la maison de leur victime désignée un objet dont la découverte doit signaler le *soubarha* recherché, livrent à la vindicte publique un ou plusieurs individus, généralement des vieilles femmes ; ces derniers sont aussitôt mis à mort et parfois, tant est grande la force des croyances magico-religieuses, ils avouent avant de mourir avoir jeté en effet un sort sur la personne dont on leur reproche le décès. La désignation de l'individu qui, soi-disant, aurait tué quelqu'un par un maléfice, est faite souvent par le cadavre même du défunt : ce cadavre, promené à travers le village sur la tête de deux hommes que guide et excite un magicien, finit par heurter une personne ou

---

(1) Les Sénoufo brûlaient autrefois le corps des *soubarha* pour détruire l'esprit malfaisant résidant en eux.

la demeure d'une personne que l'on déclare aussitôt être le coupable cherché.

Les magiciens prédisent également l'avenir, soit en traçant des lignes sur le sable, soit en jetant à terre des cailloux, soit en consultant l'enchevêtrement de fils de cuir réunis en une sorte de faubert, soit en expliquant les songes, soit encore par d'autres procédés (1).

Ce sont encore les magiciens qui fabriquent et vendent — ou apprennent à confectionner — les innombrables talismans ou amulettes appelés vulgairement « fétiches » ou « grigris » par les Européens et dénommés en mandingue, suivant les catégories, *bassi*, *foura*, *sébé*, *gbassa* ou *siri* (2). Parmi ces talismans, les uns sont préventifs, étant destinés à empêcher telle ou telle maladie, les blessures, le vol, les mauvaises rencontres, les accidents, les maléfices ou *korté* des jeteurs de sorts, les effets de la malignité des génies et, d'une façon générale, à combattre la puissance nocive du *nidma* de tous les êtres animés ou inanimés, visibles ou invisibles ; d'autres sont des talismans positifs, destinés à procurer la richesse, l'amour, des enfants, du gibier, etc. ; d'autres enfin — les *siri* — ont une puissance proprement nocive et possèdent la vertu d'attirer la mort, la maladie ou un malheur quelconque sur la personne ou les biens de celui à qui l'on veut nuire, tandis que les *gbassa* jouissent du pouvoir de conjurer l'influence de ces talismans nocifs et de faire découvrir les *soubarha*.

(1) La science de la divination est poussée très loin chez les Gourmantché : elle consiste à faire entrer le devin (*otambépouadou*) en rapport avec Dieu (*Ounténou* en gourmantché, *Ouandé* en mossi) par l'intermédiaire d'*Oumaro*, génie de la divination; pour ce faire, le devin représente sur le sable, par des lignes ou des points, les descendants d'Oumaro ; ces lignes ou points sont groupés ensemble par deux ou quatre, de façon à former seize figures différentes dont chacune porte un nom spécial et représente une catégorie d'êtres ou d'idées (êtres humains, animaux, vie, mort, etc.); en alliant ensemble ou éliminant certaines parties de ces figures, on en obtient d'autres qui dictent au devin la réponse à faire à celui qui l'a consulté. M. l'administrateur Maubert a recueilli la liste de ces figures, avec le nom et la forme de chacune, le nom et la filiation du génie descendant d'Oumaro à laquelle elle se rapporte et la catégorie d'êtres ou d'idées qu'elle représente.

(2) Voir la note 2 page 177 du présent volume.

Les magiciens capables de fabriquer ces talismans divers sont arrivés à connaître les choses occultes par leur commerce avec les esprits et leur initiation aux mystères de certains génies spéciaux. L'initiation à la magie comporte des frais d'admission, des épreuves et l'étude des rites et des formules : une fois cette initiation complètement terminée, le magicien peut à son tour former des disciples et leur enseigner l'art de confectionner des talismans, des remèdes, des poisons, des maléfices, ainsi que l'art de prédire l'avenir et de discerner les choses cachées.

En outre de ses fonctions propres, le magicien prescrit les *saraka*, ou offrandes et sacrifices propitiatoires destinés à détourner la colère d'un génie ou d'une force occulte mal définie, telle, par exemple, que certains vents qui apportent des épidémies ; c'est lui aussi qui, très souvent, règle les sacrifices expiatoires nécessités par l'inobservance des prohibitions relatives aux *tana*.

On peut se demander si les magiciens sont sincères ou si ce sont de simples exploiteurs de la crédulité publique. Il est certain qu'ils font payer un bon prix leurs services et leurs talismans et que le métier est lucratif ; il est non moins certain que, dans beaucoup de cas, le magicien sait parfaitement à quoi s'en tenir sur le peu de valeur intrinsèque de ses pratiques et des grigris qu'il fabrique. Toutefois, étant donné que tous les indigènes croient fermement à la vertu des pratiques magiques et que les magiciens se recrutent dans toutes les classes sociales, il est difficile d'admettre que ces magiciens soient tellement plus intelligents ou plus éclairés que leurs congénères qu'ils soient les seuls à considérer comme jongleries ce que tous les autres prennent pour argent comptant. Je croirais plutôt que le magicien, en général tout au moins, a foi lui-même dans la vertu des talismans qu'il fabrique (1).

(1) Telle est l'opinion de M. Doutté en ce qui concerne les magiciens du Maroc et de l'Algérie. (Cf. *Magie et religion dans l'Afrique du Nord*, par Ed. Doutté, 1909.)

IV. — L'islamisme.

1º *Son domaine.*

L'islamisme a fait son apparition dès le vIII^e siècle de notre ère dans les pays qui constituent aujourd'hui le Soudan Français. Son extension s'accentua surtout du xI^e au xve siècles ; elle fit peu de progrès durant les deux siècles suivants, mais reprit sa marche en avant durant le xvIII^e et le xIX^e siècles. Actuellement, le mouvement d'islamisation semble stationnaire ; on observe à la vérité quelques conversions nouvelles, mais elles sont surtout individuelles. Les peuples animistes, sentant que leur conversion à l'islam — qui fut souvent une nécessité politique dans les empires indigènes dont le chef était musulman — n'entraînerait plus désormais pour eux aucun avantage, profitent de ce que notre protection s'étend également à tous pour demeurer fidèles à leur religion ancestrale. On constate même certaines régressions à leur religion primitive de la part de quelques populations, musulmanes depuis des siècles ; j'ai pu observer plusieurs cas de ce genre en 1909 dans le cercle de Bamako, notamment en ce qui concerne les Marka ou Soninké de la circonscription de Banamba : privés de leurs esclaves à la suite de la libération de ces derniers par l'autorité française, beaucoup de ces Soninké ont dû se mettre à cultiver eux-mêmes leurs champs et, établis dès lors à la campagne, n'ayant plus de contact avec les musulmans de la ville, portés naturellement d'autre part à se rendre favorables les génies dispensateurs de la pluie et protecteurs des récoltes — auxquels sans doute ils n'avaient pas cessé de croire au fond d'eux-mêmes —, ils sont retournés, au bout de deux ou trois ans, à la vieille religion animiste que leurs ancêtres avaient abandonnée pour l'islamisme il y a huit ou neuf siècles.

En tout cas l'islamisme, comme j'ai eu déjà l'occasion de le dire, est beaucoup moins répandu et surtout beaucoup moins fortement implanté au Soudan français qu'on ne le croit généralement. Souvent il n'est qu'extérieur, les soi-disant musulmans ayant emprunté simplement à la civilisation islamique ses vêtements, ses formules de politesse, quelques expressions du langage, tous signes purement superficiels qui peuvent tromper l'observateur de passage et lui faire prendre pour des musulmans des gens qui n'ont que l'habit du moine sans en avoir la foi. Ailleurs, l'islamisme est bien réellement professé par les indigènes, mais il n'a pas fait disparaître complètement les croyances autochtones ni la pratique des anciens cultes. A la vérité, il existe beaucoup de vrais musulmans au Soudan et même des musulmans fervents, mais leur nombre est excessivement restreint si on le compare au nombre des fidèles des religions autochtones.

Il est rare du reste que l'adoption même complète de la religion musulmane ait amené l'abandon des coutumes indigènes en matière de droit civil et de droit social, ainsi que nous l'avons vu déjà.

D'autre part, certaines populations semblent particulièrement rebelles à l'islamisation, qui ne paraît avoir fait chez elles aucun progrès sensible depuis l'hégire. Il en est ainsi par exemple de la très populeuse famille voltaïque et du principal de ses peuples, celui des Mossi : ces derniers sont environnés de musulmans depuis près de dix siècles, ils comptent au milieu d'eux un nombre appréciable de mahométans étrangers (les *Yarhsé*) et pourtant ils sont demeurés animistes en totalité ou presque.

J'ai donné dans le premier volume (pages 142 à 171) la répartition approximative des musulmans entre les divers groupements ethniques du Haut-Sénégal-Niger, ainsi que dans chacun des différents cercles. On a pu voir que cette colonie ne compte que 1.139.171 musulmans contre 3.660.532 animistes, c'est-à-dire que les premiers ne forment pas le quart de la population totale ; on a vu aussi que, sur ces 1.139.171 musulmans, la moitié seulement environ — exactement 608.642 — appartient à la race noire et que l'islamisme n'affecte que le septième de la population nègre de la colonie.

Les Maures et les Touareg (1) sont considérés comme étant tous musulmans, les Peuls ne le sont qu'en majorité. Parmi les Noirs, les Toucouleurs — peu nombreux d'ailleurs — sont presque tous musulmans et les Songaï le sont tous ; dans la famille mandé, les Bozo sont tous mahométans et les Soninké et Dioula le sont en majorité. Mais là s'arrête le domaine de l'islamisme : il ne compte en effet que quelques représentants isolés chez les autres peuples mandé (Banmana, Khassonké, Malinké, Foulanké), les Kâgoro et les Mandé du Sud n'ayant d'ailleurs aucunement reçu son empreinte, et il est, pour autant dire, inexistant chez les Sénoufo et chez les 2.292.088 représentants de la famille voltaïque, laquelle forme à elle seule à peu près la moitié de la population totale du Haut-Sénégal-Niger (2).

2° Son clergé et ses écoles.

Le clergé proprement dit, chez les musulmans du Soudan, est excessivement restreint, le culte n'ayant dans l'islam qu'une importance secondaire. Les fonctions sacerdotales se ramènent à trois et souvent à deux : d'abord celle de l'*imâm* ou *almâmi* (3), qui se place en avant des fidèles lors des prières publiques, puis celle du *khâtib* (prédicateur), qui prononce le prône (4) et se confond le plus souvent au Soudan avec l'imâm, et enfin celle du *muezzin*, sorte de clerc chargé d'appeler les fidèles à la prière et de répéter à haute voix, après l'imâm,

---

(1) Les Touareg sont à peine musulmans : ils croient à Dieu et à Mahomet, mais ils ne pratiquent pas, ont des coutumes datant de la période préislamique et ont conservé des traces de leur ancienne religion ; ceux de la région de Tombouctou, toutefois, sans doute par suite de leurs mélanges avec des Arabes, comptent des familles maraboutiques d'un islamisme plus épuré et plus dévot.

(2) Voir la carte 21 indiquant la répartition des religions, page 217.

(3) Dans les localités musulmanes importantes, l'imâm, souvent fort âgé, est assisté d'un *khalifa* ou vicaire, qui le remplace dans les circonstances ordinaires et, fréquemment, hérite de son office lorsque l'imâm vient à mourir.

(4) Le prône du vendredi est lu en arabe par le khâtib ou l'imâm et généralement traduit ensuite par lui dans la langue locale.

les formules d'oraison dans les prières publiques. Chaque mosquée possède son imâm et son muezzin, quelquefois son khâtib, mais, de même que les fidèles ne sont pas tenus d'accomplir leurs devoirs religieux à la mosquée et peuvent prier là où ils se trouvent (1), de même ce clergé n'est pas nécessaire à l'exercice du culte musulman : dans les localités qui, vu le petit nombre ou le zèle médiocre de leurs habitants musulmans, ne possèdent pas de mosquée, on ne rencontre ni imâm, ni khâtib, ni muezzin ; mais, lorsque plusieurs fidèles se réunissent pour faire la prière en commun, ne seraient-ils que deux, le plus âgé ou le plus anciennement converti ou le plus instruit fait office d'imâm.

Les membres du clergé ne se recrutent pas dans une corporation spéciale et ne sont l'objet d'aucune consécration les mettant à part ou au-dessus du commun des fidèles. L'imâm et, s'il existe, le khâtib sont choisis par les musulmans notables de l'endroit parmi les plus pieux et les plus instruits d'entre eux ; ils sont élus à vie. Parfois ils sont recrutés de préférence dans la même famille, parmi les descendants de celui qui, le premier, a introduit l'islamisme dans la localité. Quant au muezzin, il est également élu à vie par la communauté des fidèles et choisi, non pas précisément en raison de sa piété ni de sa science, mais en raison de la puissance de son organe vocal.

Il n'existe aucune hiérarchie : on montre de la déférence envers l'imâm, et, dans les villes comptant plusieurs mosquées, l'imâm de la grande mosquée a la préséance sur les autres, mais ceux-ci ne relèvent pas de lui ; chaque communauté musulmane est indépendante et il n'existe rien d'analogue à nos évêques ni à nos consistoires ; quant à l'institution du *cheikh-el-islam* ou chef suprême de la religion musulmane, elle est inconnue au Soudan.

A côté et en dehors du clergé est le *cadi* (dénommé le plus généralement *alkali* par les indigènes du Soudan) : il n'a en réalité rien à voir dans l'exercice du culte, ses fonctions étant

(1) Dans les villages, on fait la prière soit devant sa maison, soit sur les places publiques, soit dans de petits oratoires privés ou *mosalla* qui consistent en un rectangle de terre battue entouré d'un petit mur bas.

purement judiciaires ; mais, la justice dérivant de la religion dans l'islamisme et étant étroitement liée avec elle, le cadi est considéré comme un personnage religieux. Il est tantôt élu, comme les membres du clergé, par la communauté musulmane, tantôt nommé par le chef d'Etat ; et, dans ce dernier cas, il peut être révoqué s'il provoque le mécontentement du souverain. Toutes les localités renfermant des musulmans ne possèdent pas un cadi : en fait, on ne rencontre au Soudan ce fonctionnaire que dans les villes de quelque importance ; ailleurs, c'est l'imâm qui le remplace.

Bien que ne faisant pas partie du clergé à proprement parler, les docteurs, savants ou lettrés — que nous désignons vulgairement par le terme assez impropre de « marabouts » — exercent sur la religion une influence beaucoup plus grande que les ministres du culte. On en rencontre partout, non seulement dans les centres regardés comme les foyers de l'islamisme, mais même dans des localités ne renfermant qu'un nombre infime de mahométans. On leur donne au Soudan, selon les régions, les noms d'*alfa* (abréviation de l'expression arabe *al-faqih*, le jurisconsulte), *modibbo* (corruption peule du mot arabe *mo'addib* « professeur »), *mallami* ou *mallam* (corruption du mot arabe *mo'allim* « savant »), *fodié* ou *fodé* (mot dont j'ignore l'étymologie), *tierno* (plur. *sérenbé*, chez les Peuls), *karamorho* ou *karamoko* (en mandingue « homme de lecture ») ou *moriba* (« grand musulman » (1) dans la même langue).

Ces divers titres sont conférés par la voix publique, rien d'officiel ne vient les consacrer et peut les prendre qui veut ; cependant, ceux qui pensent y avoir droit se distinguent en général du commun des fidèles en portant, lors des cérémonies publiques, un turban élevé dont l'une des extrémités retombe sur l'épaule, privilège qu'ils partagent avec l'imâm et le khâtib.

C'est le dogme orthodoxe, fondé sur le Coran et la *Sounna*,

(1) Les Mandé donnent aux musulmans le nom de *mori* ou *modi*, qui est peut-être une abréviation de *modibbo* ou une dérivation du mot d'où vient le nom des Maures, mais qui peut avoir aussi une tout autre étymologie.

qui règne au Soudan comme dans l'Afrique du Nord. Beaucoup de musulmans ne connaissent pas autre chose du dogme que la partie essentielle résumée dans la formule *lâ ilâha illa Allâhi, Mohammadou rassoûlou'llâhi*, « pas de divinité en dehors de Dieu, Mahomet est l'envoyé de Dieu ». Mais les connaissances d'un nombre relativement considérable de lettrés sont beaucoup plus étendues qu'on n'est souvent porté à le croire : on en rencontre qui sont réellement instruits tant en ce qui concerne la théologie et le droit que dans la langue arabe ; mais, par ailleurs, il ne faudrait pas inférer *a priori*, de ce qu'un musulman porte le titre d'*alfa* ou quelque titre analogue, qu'il soit nécessairement un savant ; il convient de se défendre d'affirmations trop absolues aussi bien quant à la science et la valeur que quant à l'ignorance et au manque de culture des représentants du clergé musulman au Soudan : certains n'ont aucune instruction, d'autres ne possèdent que des données assez confuses de ce qu'ils prétendent savoir, d'autres enfin — si l'on tient compte du milieu intellectuel dans lequel ils vivent — sont relativement des hommes supérieurs et des savants distingués. En général cependant, les plus instruits eux-mêmes manquent de vues d'ensemble : leur science est plus analytique que synthétique et se confine souvent dans des détails qui, à notre point de vue, n'ont qu'une importance bien minime ; ils attachent, par exemple, plus de prix à connaître la généalogie des prophètes et des jurisconsultes qu'à posséder à fond l'esprit de leurs révélations et de leurs doctrines.

Il n'est guère d'imâm ni de docteur ou de simple lettré qui ne dirige une école ; aussi le nombre des écoles musulmanes au Soudan est-il fort considérable : mais, d'une part, beaucoup de ces écoles ne possèdent qu'une quantité infime d'élèves, certaines ne comptant que les enfants ou neveux du maître enseignant ; d'autre part, l'enseignement donné dans la plupart est fort rudimentaire, se bornant à apprendre aux enfants à réciter le Coran et à en écrire le texte sous la dictée du maître. Dans plusieurs écoles, cependant, on pousse plus loin les choses et on habitue les élèves à interpréter le sens des phrases qu'ils récitent ou écrivent ; dans quelques-unes même on professe la théologie et le droit. En réalité le nombre des écoles ne donne qu'une idée très imparfaite de l'instruction musulmane au Soudan : la plupart des élèves, s'ils savent quelque chose au moment de leur sortie de l'école, l'ont à peu près complètement oublié quelques années après; ceux qui, continuant leurs études jusqu'à l'âge adulte, arrivent à savoir lire, écrire et comprendre l'arabe d'une manière suffisante, ne forment qu'une minorité restreinte : ce sont ces derniers qui, à leur tour, deviendront des professeurs et seront chargés de fonctions sacerdotales.

L'enseignement suit la progression suivante : les enfants apprennent d'abord le Coran par cœur; ensuite seulement, on leur apprend à lire et à écrire l'arabe ; puis, on leur explique le sens des phrases et, postérieurement le sens des mots et leur emploi (vocabulaire et grammaire) ; quelques-uns seulement, comme je le disais, poursuivent plus loin leurs études, si leur maître est capable de leur enseigner autre chose (théologie, droit, magie). Les disciples d'un maître sont appelés *talibé*; une fois instruits, ils prennent le titre de *hafid*.

Les élèves, entre les heures de classe, travaillent pour leur maître, vont chercher l'eau et le bois, désherbent les champs, réparent les cases, ou vont quêter pour leur professeur ; en revanche, le maître les nourrit, si leurs familles ne résident pas dans le village, ce qui arrive fréquemment, car les jeunes gens vont en général achever au loin leurs études : il n'est pas rare, par exemple, de voir un jeune homme de la région de Kayes aller suivre les leçons d'un *moddibo* du Fouta ou d'un *alfa* de Dienné. L'élève verse une certaine somme à son maître lorsque, son instruction achevée, il retourne dans sa famille ; les tarifs varient selon les maîtres, selon l'instruction reçue et selon les régions (1).

Les statistiques recueillies par les administrateurs donnent le chiffre approximatif de 1.121 écoles musulmanes dans le Haut-Sénégal-Niger (2), dont 34 qu'on pourrait appeler des « écoles

(1) Quand à l'imâm, au khatib et au muezzin, ils sont rétribués par les offrandes des fidèles.
(2) Non compris les cercles de Tombouctou, Say, Dori, Hombori, ratta-

Fig. 80. — Statues et objets divers dans une chapelle funéraire Birifo, à Donko (cercle de Gaoua).

Note. — Cette photographie a été obtenue dans une sorte de caveau, éclairé seulement par un trou de 10 centimètres de diamètre pratiqué dans le plafond, et à l'insu des gardiens du caveau.

supérieures » (1); ces 1.121 écoles comptent ensemble environ 11.375 élèves. En voici la répartition dans les divers cercles :

Kayes	216 écoles,	1.222 élèves.
Nioro.	182 —	1.450 —
Goumbou	57 —	374 —
Sokolo	56 —	414 —
Niafounké . . .	25 —	300 —
Dienné	29 —	520 —
Bandiagara et Mopti.	41 —	500 —
Ouahigouya . . .	3 —	33 —
Ouagadougou . . .	42 —	250 —
Fada-n-Gourma . .	0 —	0 —
Gaoua	1 —	12 —
Koury	165 —	2.640 —
Bobo-Dioulasso . .	30 —	400 —
Sikasso	32 —	290 —
Bougouni	5 —	78 —
Koutiala	14 —	109 —
San	20 —	271 —
Ségou	83 —	1.034 —
Bamako.	81 —	1.053 —
Kita	3 —	55 —
Bafoulabé	5 —	70 —
Satadougou . . .	31 —	300 —

3° Ses confréries et ses marabouts (2).

Trois seulement des grandes confréries musulmanes sont représentées au Soudan Français : celles des *Kadria*, des

chés récemment à la colonie civile, et la circonscription de Kiffa, sur lesquels je ne possède pas de renseignements à cet égard.
(1) Parmi ces écoles dites supérieures est comprise la *médersa* qui fonctionne à Dienné sous le contrôle de l'autorité française.
(2) Un grand nombre des renseignements que l'on trouvera ici sous ce titre ont été publiés déjà sous ma signature dans les *Renseignements*

Tidjania et des *Senoussia*, ou, si l'on préfère des termes francisés, celles du kadérisme, du tidjanisme et du senoussisme ; cette dernière d'ailleurs n'y compte qu'un nombre très minime d'adeptes.

Le kadérisme est la plus ancienne des confréries musulmanes (1) et fut la première d'entre elles à s'introduire au Soudan, où il est encore de nos jours la confrérie la plus importante. Il se répandit surtout au xv⁰ siècle, grâce aux Kounta de la famille Bekkaï, qui l'importèrent du Touat dans la région de Mabrouk et de Tombouctou et le transportèrent par la suite dans le Hodh et le Tagant : c'est à cette circonstance qu'est dû le nom de *Bekkaya* donné parfois au Soudan comme synonyme de Kadria ; par la suite, Sidi-el-Mokhtar-el-Kounti, le grand saint de la famille des Bekkaï, fut l'un des plus ardents propagateurs du kadérisme (2). Actuellement, les représentants les plus vénérés de cette confrérie sont Abiddine, chef des Kounta dissidents, réfugié au Tafilelt comme nous l'avons vu précédemment, et Cheikh Tourad, neveu de Saad-Bou et petit-fils de Mohammed-Fadel, lequel réside habituellement près du tombeau de son grand-père, à Dar-es-Salam (route de Goumbou à Oualata). Cheikh Sidia et Cheikh Saad-Bou, bien que résidant en Mauritanie, ont aussi une certaine influence parmi les Kadria du Haut Sénégal et du Sahel. Mais il n'existe aucun chef de la confrérie, aucun personnage auquel obéissent les membres. Le kadérisme domine chez les Maures, les Peuls, les Soninké, les Dioula et les Songaï.

Le tidjanisme (3) est d'introduction récente au Soudan et, malgré une fortune momentanée, il n'a pas réussi à détrôner le kadérisme. Ce fut El-hadj-Omar qui, affilié à cette confrérie durant son séjour à La Mecque et investi du titre de *khalifa*

coloniaux et documents publiés par le Comité de l'Afrique Française (supplément au n° de l'*Afrique Française* d'avril 1911).

(1) Il fut fondé à Baghdad, au xii⁰ siècle, par Abd-el-Kader-el-Djilâni.

(2) Ce cheikh n'a rien de commun que le nom avec Sidi-el-Mokhtar el-Adrami, grand-père de Saad-Bou et propagateur du kadérisme chez les Taleb-Mokhtar.

(3) Fondé à la fin du xviii⁰ siècle par Sidi-Ahmed-et-Tidjani dans le Sud de la province de Constantine.

(vicaire) du chef des Tidjania — alors Sidi-el-hadj-Ali — par le *ouakîl* (fondé de pouvoirs) de ce dernier, propagea le tidjanisme dans les pays de l'Afrique Occidentale dont il se rendit maître, de 1850 à 1864. La plupart des animistes convertis de force à l'islam par le conquérant toucouleur furent affiliés à la confrérie nouvelle en même temps qu'ils devinrent musulmans; beaucoup aussi de Kadria abandonnèrent leur ancienne confrérie pour celle qui avait les préférences d'El-hadj-Omar ou ajoutèrent les pratiques de celle-ci à celles du kadérisme; mais, lorsque l'empire fondé par El-hadj eut disparu de la carte d'Afrique, bien des musulmans convertis par nécessité revinrent à la religion locale et, parmi les mahométans de vieille date, un grand nombre laissèrent de côté le tidjanisme pour retourner au kadérisme.

Vers 1885 cependant, un nommé Mohammed, *ouakîl* de Sidi-Mohammed-Guener, alors *khalifa* de la section marocaine des Tidjania, propagea les pratiques de cette confrérie parmi les Maures de l'Adrar et du Tagant et remit un brevet de *mokaddem* (délégué) à El-hadj-Mohammed-el-Mokhtar-ould-Chérif-Ahmed, qui réside aujourd'hui à Nioro. Ce dernier personnage naquit à Bakel vers 1860, d'une famille arabe — les Ahl-Chérif-Ahmed — qui se dit originaire du Ouadaï; son grand-père était venu se fixer vers 1835 dans le Fouta et son père faisait du commerce avec les Maures de la région Bakel; lui-même fit ses études dans le Tagant, à la *zaouïa* (couvent) de Sidi-Ahmed-Taha-ould-Sidi-Ahmed-el-Djediât, de la fraction maraboutique des Idao-el-Hadj; vers l'âge de 26 ans, Mohammed-el-Mokhtar entreprit un voyage dans le Haut-Niger, résida à Ségou, fit le pèlerinage de La Mecque et vint enfin s'installer à Nioro.

Actuellement, on rencontre surtout des Tidjania, en ce qui concerne le Haut-Sénégal-Niger, parmi les Toucouleurs et les Soninké du Sahel, principalement dans les cercles de Nioro et de Kayes, mais on trouve aussi un peu partout des représentants isolés de cette confrérie. Ceux du cercle de Nioro reconnaissent en général comme chef spirituel nominal Mohammed-ben-Abdallah, *khalifa* actuel de la section marocaine des Tidjania, qui résiderait à Fez, et comme chef direct ce Mohammed-el-Mokhtar dont je viens de parler. Ceux du cercle de Kayes ont comme chef un Soninké nommé Fodié-Ismaïla Tounkara, né en 1862 à Yarouma (cercle de Podor), qui fit ses études à Gakoura, dans le Guidimaka, sous la direction de son cousin Fodié Diâbi ; après avoir ouvert lui-même une école à Gakoura, Ismaïla Tounkara vint, en 1894, s'installer à Kersignané, où il créa un *ribât* (monastère), entouré d'une muraille haute de 3 m. 50 et percée d'une porte unique qui ne s'ouvrait qu'à ses disciples et aux gens qu'il désirait recevoir ; en 1904, il alla faire une tournée dans le cercle de Bafoulabé et y récolta une grande quantité d'aumônes sous forme de bœufs, de chevaux et d'argent ; sa popularité grandissante et l'influence qu'il commençait à prendre sur les populations voisines l'ayant rendu suspect aux autorités françaises, celles-ci le contraignirent à abaisser à 1 m. 50 la hauteur de son enceinte fortifiée ; ainsi humilié aux yeux des habitants de Kersignané, Ismaïla quitta cette localité et vint s'établir à Koussané ; en 1906, il entreprit le pèlerinage de La Mecque et, à son retour, fit construire à Koussané une mosquée et une sorte de palais où il réside encore actuellement.

Les Noirs du Soudan affiliés au tidjanisme passent pour être plus intransigeants en matière religieuse, sinon plus fervents, que ceux affiliés au kadérisme ; ils semblent plus enclins que ces derniers à faire du prosélytisme et affichent plus de mépris pour les non musulmans ; ils ont de plus — en général tout au moins — une tendance bien marquée à mettre les liens religieux qui les unissent au service de leurs ambitions politiques, tendance qui paraît ne pas exister chez les Kadria de la même région. D'autre part, les Tidjania sont beaucoup moins nombreux que ces derniers et encore englobe-t-on souvent, sous l'étiquette de Tidjania, nombre de musulmans qui appartiennent à la fois aux deux confréries.

Le senoussisme (1) n'a jamais eu qu'une action fort restreinte dans le Soudan occidental : c'est tout au plus s'il compte dans le Haut-Sénégal-Niger (territoire civil) une centaine de repré-

(1) Fondé vers 1840 dans la Cyrénaïque par Mohammed-es-Senoussi.

scutants, cantonnés chez les Soninké et les Dioula de la boucle du Niger, principalement chez ceux du Dafina et de Bobo-Dioulasso ; ces derniers ont été affiliés en général par des marchands et des teinturiers du Bornou ; ils n'ont aucun semblant d'organisation et on ne leur connaît ni chef ni *mokaddem*.

« La confrérie, dit M. Houdas (1), ne vise pas à interpréter la religion dans ses diverses conceptions ; elle se contente de lui fournir de nouvelles pratiques qui permettront au fidèle de mieux assurer son salut dans l'autre monde. Elle emploie pour cela un moyen fort simple qui consiste à répéter fréquemment une formule très courte, facile à retenir. Grâce à cette oraison, l'adepte acquiert à la fois une plus grande certitude d'obtenir la félicité suprême et une protection matérielle en ce monde, car chacun des membres d'une confrérie doit aide et assistance à tous ceux qui sont affiliés au même ordre que lui. »

Cette définition ou explication de la confrérie musulmane, si juste en principe, n'est peut-être entièrement applicable que dans sa première partie aux confréries telles qu'elles se présentent au Soudan : il est exact de dire que la formule d'oraison, la pratique de dévotion surérogatoire, le *dzikr* en un mot, est le fondement de la confrérie au Soudan, son seul caractère distinctif et en somme sa seule raison d'être. Quant au but que se propose l'adepte en récitant cette formule, il semble bien que, pour les pays qui nous occupent et tout au moins dans l'immense majorité des cas, ce but consiste simplement à acquérir « une plus grande certitude d'obtenir la félicité suprême ». Peut-être même le plus souvent l'adepte n'at-il rien autre chose en vue, lorsqu'il récite le *dzikr* qu'on lui a appris, que de faire quelque chose qui assurément doit être bon et recommandable, puisque c'est un maître, un cheikh vénéré, qui lui a appris à le faire en lui enseignant que cette pratique était d'institution divine.

Mais nous ne pensons pas que le Kadri ou le Tidjani du Soudan, lorsqu'il n'est qu'un simple « frère », ait, en récitant son *dzikr*, « conscience qu'il est membre d'une grande association », ni qu'il « se rappelle les engagements qu'il a pris vis-à-vis de

---

(1) O. Houdas, *L'islamisme* ; Paris, 1904, in-12, page 246.

ses confrères » (1), car en réalité il n'a pris aucun engagement et il serait sans doute inexact de dire qu'il fait partie d'une association véritable.

A tout bien considérer, le mot de « confrérie » ne convient que très imparfaitement au kadérisme et au tidjanisme tels qu'ils existent chez les Noirs musulmans du Sénégal et du Soudan, exception faite de ceux qui vivent dans le voisinage immédiat des Maures, exception faite aussi des *talibé* (disciples) qui entretiennent des relations suivies avec un *cheikh* renommé. Le plus souvent, les Kadria, comme les Tidjania, ne sont « confrères » que parce qu'ils ont le même *dzikr*, c'est-à-dire le même chapelet et les mêmes formules d'oraison. Le lien qui les unit est en quelque sorte purement extérieur, mais aucun règlement intérieur, aucun devoir à remplir les uns vis-à-vis des autres, aucun but même mystique poursuivi en commun, ne sont là pour créer entre les divers adeptes du même *dzikr* l'élément d'union nécessaire pour constituer une association proprement dite. Et peut-être le mot « rite », s'il n'avait déjà reçu d'autre part un sens spécial et consacré par l'usage, conviendrait-il mieux en la circonstance que le mot « confrérie ». Le terme dont se servent communément les Soudanais pour désigner ce que nous appelons « confrérie » nous fournit d'ailleurs une indication précieuse : ce terme est *tarîka*, c'est-à-dire « voie, manière de se conduire ».

Toute confrérie suppose une organisation, des statuts, un règlement, un chef ou directeur : dans les confréries musulmanes du Soudan occidental, nous ne rencontrons la plupart du temps ni organisation, ni statuts, ni règlement, ni chef. Lorsqu'il en est autrement, c'est que l'on se trouve avoir affaire ou bien à une sous-confrérie locale ou bien à une sorte d'association encore plus localisée, ne comprenant qu'un marabout et ses disciples.

Si l'on demande à un Kadri soudanais quel est son *cheikh*, il répondra, selon la localité — ou même, dans une localité, selon la personne de laquelle il a reçu le *ourd* (l'initiation) — :

(1) Houdas, *op. cit.*, page 247.

« Cheikh Sidia », ou « Cheikh Saad-Bou », ou « Cheikh Tourad », ou « Cheikh el-Bekkaï » ; ou bien encore il prononcera le nom d'un obscur marabout, connu seulement dans la région ; souvent même il répondra, et de très bonne foi : « Je n'en sais rien » ou « je n'ai pas de *cheikh* en dehors de Dieu ». Aucun en tout cas ne prononcera le nom de l'héritier spirituel de Abd-el-Kader el-Djilâni, de celui que l'on appelle parfois en Europe le « grand-maître des Kadria » et dont les Kadria du Soudan ignorent très probablement tous le nom et même l'existence.

Si l'on insiste et que, au Kadri disant qu'il n'a « pas de *cheikh* en dehors de Dieu », on demande pourquoi il récite telle ou telle formule en disant son chapelet, il répondra : « Parce que celui qui m'a donné — lisez « vendu » — mon chapelet m'a enseigné cette formule », ou encore « parce que mon père — ou mon maître — avait coutume de dire toujours son chapelet de cette manière ». Les plus instruits ajouteront « et parce que c'est la manière qui fut enseignée par Sidi Abd-el-Kader el-Djilâni », mais beaucoup ignorent même le nom de ce saint personnage et par conséquent le nom de la prétendue association dont ils sont membres sans le savoir.

J'ai pris le kadérisme pour exemple, mais il en est exactement de même en ce qui concerne le tidjanisme et le senoussisme.

L'immense majorité des adeptes d'une confrérie donnée, tout en observant scrupuleusement les pratiques de cette confrérie, n'ont aucune idée de sa raison d'être, de son but ni de son histoire ; beaucoup en ignorent même le nom. Tellement que, lorsqu'on veut savoir si un musulman du Soudan est kadri, tidjani ou senoussi, ou n'appartient à aucune confrérie, il ne faut pas, sous peine de s'exposer à une réponse erronée, lui dire : « Es-tu kadri ? ou tidjani ? ou senoussi ? » mais il faut lui demander quelle formule il prononce en disant son chapelet, quelles sont les oraisons qu'il récite aux différentes heures de la journée et de quelle façon il pratique les prières réglementaires.

Beaucoup de musulmans du Soudan, à la vérité, connaissent

les noms de Sidi Abd-el-Kader et de Sidi Ahmed-et-Tidjani et savent qu'ils ont institué chacun une *tarîka*, une règle spéciale de conduite et de prière ; mais beaucoup aussi ne connaissent ce terme de *tarîka* qu'avec l'acception de « religion » ou de « culte » et, lorsqu'on leur demande quelle est la *tarîka* qu'ils suivent, il répondent invariablement *tarîkata Mohammadi* ou, en employant l'expression mandingue, *sîla Mamadou*, c'est-à-dire « le sentier de Mahomet, la religion musulmane », par opposition à *sîla Moussa* et à *sîla Issa*, « le sentier de Moïse ou judaïsme » et « le sentier de Jésus ou christianisme ».

Le plus souvent, l'affiliation à telle ou telle confrérie — ou plutôt l'adoption de tel ou tel *dzikr*, l'initiation à telle ou telle formule d'oraison — se produit de la manière suivante : un marabout, un imâm, lorsqu'il apprend à ses jeunes élèves la manière de procéder aux prières réglementaires, leur enseigne en même temps les pratiques surérogatoires auxquelles il se livre lui-même, et c'est ainsi que, dans la même famille, on voit un musulman réciter le *dzikr* des Kadria tandis que son frère récite celui des Tidjania, pour la simple raison qu'ils ont eu deux maîtres différents. D'autres fois, un marabout étranger, arrivant dans une localité, constate que les musulmans de l'endroit suivent la règle des Kadria tandis que lui-même suit celle des Tidjania : en vertu de ce principe universel que ce qui vient de loin passe facilement pour avoir des vertus merveilleuses, il n'a pas de peine à leur persuader que son *dzikr* est beaucoup plus efficace que le leur, et il le leur fait adopter sans entrer dans aucune autre explication.

Mais de même que l'animiste converti à l'islam ne cesse pas de pratiquer certains rites de sa religion ancestrale, de même aussi que le fidèle superstitieux qui vient de payer très cher un talisman nouveau ne quitte pas pour cela le talisman qu'il portait auparavant, de même le Kadri devenu Tidjani — ou inversement — n'en continue pas moins à réciter le *dzikr* qu'on lui avait enseigné tout d'abord : il estime que, si le second vaut mieux que le premier, cela n'empêche pas celui-ci de conserver une certaine valeur, et que le salut éternel lui sera plus certainement assuré s'il emploie simultanément les deux moyens de l'obtenir.

Aussi le nombre des musulmans soudanais qui sont à la fois Kadria et Tidjania est-il considérable : l'imâm de Bamako m'a confié que, initié dans sa jeunesse au *dzikr* tidjani, il a reçu plus tard, d'un lettré de Tombouctou, le *ourd* kadri ; il a conservé son chapelet tidjani, mais il n'en récite pas moins le *dzikr* kadri et il donne le *ourd* kadri à ceux de ses fidèles qui le lui demandent, moyennant une modeste redevance. J'ai parlé plus haut de Fodié-Ismaïla Tounkara, qui est considéré comme le chef des Tidjania de la région de Kayes : son cousin et ancien maître, Fodié Diâbi, était kadri, et Ismaïla, bien que cheikh des Tidjania de la région, a conservé l'habitude de certaines formules qui appartiennent au kadérisme.

Bien mieux, Cheikh Tourad-ould-Cheikh-el-Adrami, chef des Taleb-Mokhtar du Sahel et considéré dans une vaste région comme *cheikh* des Kadria, donne tantôt le *ourd* kadri et tantôt le *ourd* tidjani, selon le désir des fidèles. J'ai rencontré un homme de sa tribu, nommé Mohammed-Abdoul-Ouahhab, qui avait été initié par lui aux pratiques du kadérisme et à celles du tidjanisme, ce qui permettait à ce Abdoul-Ouahhab de recueillir des aumônes auprès de tous les musulmans, sans distinction de confrérie.

En résumé, nous trouvons aujourd'hui chez les musulmans du Soudan occidental, d'une façon générale, non pas des confréries puissamment organisées et pouvant exercer à un moment donné une influence religieuse ou politique considérable, encore moins des associations secrètes plus ou moins dirigées contre l'action européenne, mais simplement des rites de prière qui tirent, il est vrai, leur origine de confréries véritables, mais qui ne sont actuellement, dans la région qui nous occupe, que la forme la plus bénigne du mysticisme religieux. Aucune organisation d'ensemble ne fait de la pratique de chacun de ces rites quelque chose d'analogue à un ordre monastique ou à une secte religieuse, aucune direction ne leur est donnée, aucune hostilité n'existe entre les adeptes des différents rites. Les adeptes d'un même rite se trouvent dispersés en un nombre incalculable de groupes dont certains ne comprennent que quelques individus et entre lesquels n'existe aucune cohésion.

En dehors des trois grandes confréries dont il vient d'être question, il a existé au Soudan et il existe encore quelques confréries secondaires, créées par des « marabouts » locaux. Ces confréries secondaires, lorsqu'elles réussissent à se former, méritent mieux l'appellation de « confréries » que celles dont elles dérivent, car, leur aire d'extension étant très restreinte, leur organisation se trouve par là même mieux assise et les liens unissant les affiliés entre eux et à leur chef ou directeur spirituel sont naturellement plus étroits. Elles se trouvent exactement dans la même situation qui fut celle d'une grande confrérie à ses débuts et dans le pays où elle avait pris naissance. Beaucoup à vrai dire n'eurent qu'une durée éphémère et il n'en reste plus trace aujourd'hui, mais, si la personnalité de leurs fondateurs avait été autre, s'ils avaient eu affaire à des adeptes plus épris de mysticisme que ne le sont les Nègres en général et surtout si l'état politique du Soudan n'avait pas été aussi éminemment instable avant l'époque de notre occupation, plusieurs sans doute de ces confréries secondaires se seraient agrandies au point de pouvoir rivaliser avec celle des Kadria ou tout au moins celle des Tidjania.

La personne du fondateur d'une confrérie nouvelle est véritablement l'âme de cette sorte d'association, comme la personne du marabout est l'âme du mouvement religieux qu'il crée autour de lui. En cela comme à d'autres égards, la confrérie secondaire ne se distingue guère au Soudan de cet aspect spécial de la religion musulmane que l'on désigne communément sous le nom de « maraboutisme » et dont je parlerai un peu plus loin.

Au Soudan comme ailleurs, les confréries musulmanes fournissent l'occasion de quêtes de la part des chefs de confrérie et d'offrandes de la part des adeptes. Il est vraisemblable même que le désir de voir affluer les offrandes a été le motif principal qui a conduit et conduit encore nombre de musulmans de l'Afrique Occidentale à fonder des confréries secondaires ou à se faire instituer *khalifa* ou *mokaddem* par les chefs des confréries déjà existantes.

En principe le *mokaddem* a pour mission de donner le *ourd* (initiation au *dzikr* ou formule d'oraison) de la part du *cheikh* de la confrérie et de recueillir les offrandes ou aumônes pieuses (*sadaka*) destinées à ce dernier. Mais, le plus souvent, les *mokaddem* agissent soit pour leur propre compte soit pour celui d'un *khalifa* sans investiture officielle ou d'un marabout qui s'est intitulé *cheikh* de sa propre autorité. Jamais en tout cas, au Soudan, le produit de la *sadaka* ou *hadiyya* ne sert à alimenter la caisse de la confrérie ; jamais, en d'autres termes, il ne sert à son objet véritable, qui serait de soulager les frères nécessiteux. Si le *mokaddem* est envoyé par un *cheikh*, les offrandes qu'il recueille sont rapportées par lui à ce *cheikh*, qui s'en sert surtout pour accroître son harem et ses écuries et améliorer son train de maison, et en dépense également une partie pour recevoir les hôtes de marque qui viennent lui rendre visite. Si ce *cheikh* a des visées politiques, il emploie le produit des quêtes à faire des cadeaux aux gens qu'il a intérêt à s'attacher et à entretenir des cavaliers et des serviteurs qui, le cas échéant, formeront le noyau d'une armée ; El-hadj-Omar, à ses débuts, n'a pas opéré autrement. A une époque très récente, il est absolument certain qu'une partie des sommes recueillies au Soudan par des *mokaddem* maures a servi à alimenter le trésor de Mâ-el-Aïnin ; le nom de ce dernier, à peu près inconnu d'ailleurs au Soudan n'était pas prononcé, et les quêtes étaient faites par les *mokaddem* soit en leur nom personnel, soit au nom de quelque *cheikh* vénéré (Saad-Bou, Cheikh Sidia ou autres) qui ne percevait naturellement rien sur le produit de ces quêtes.

Souvent le *cheikh* se déplace lui-même, et alors les adeptes viennent lui apporter directement leur offrande ; dans ce cas, l'aumône pieuse porte au Soudan le nom de *ziara*. Elle est toujours plus considérable que la *sadaka* remise au simple *mokaddem*. Aussi les *cheikh* sont-ils très empressés de faire des tournées.

La quotité des aumônes, dans les deux cas, varie nécessairement beaucoup selon la richesse des fidèles et surtout selon le renom de sainteté du *cheikh* ou l'habileté du *mokaddem*. Les bœufs, les chevaux, les moutons (et autrefois les esclaves) sont de monnaie courante lorsqu'il s'agit d'offrir la *ziara* à un *cheikh* renommé ou redouté ; les *mokaddem* les plus ordinaires ramassent auprès de chaque fidèle des sommes variant de 0 fr. 50 à 10 francs.

J'ai employé à dessein le mot « fidèle » et non le mot « adepte ». C'est qu'en effet, non seulement les quêteurs adoptent à la fois le *dzikr* des deux confréries principales afin de pouvoir s'adresser en même temps aux Kadria et aux Tidjania, mais encore ils vont aussi quémander la *sadaka* auprès des musulmans qui ne sont affiliés à aucune confrérie. Je pourrais même citer des exemples d'aumônes faites par des animistes à des quêteurs musulmans.

En général, le quêteur ne s'adresse qu'aux adeptes de sa confrérie dans les pays où il est connu ; mais il préfère s'éloigner de son pays et se rendre dans des contrées lointaines où personne ne le connaît et où la religion est plus fruste et moins éclairée ; il lui suffit là d'afficher des allures compassées, une piété excessive, un grand zèle contemplatif, pour opérer de fructueuses moissons. Si le quêteur a un aspect extérieur un peu étrange — par exemple s'il appartient à la race blanche ou porte de longs cheveux —, il a toutes chances de remplir très rapidement son escarcelle. Aussi les marabouts maures ou marocains font-ils plus vite fortune chez les Noirs que leurs compatriotes se livrant au commerce, et cette particularité n'est sans doute pas étrangère à la naissance du proverbe arabe qui dit qu' « un voyage au Soudan guérit de la misère ».

Jamais les donateurs ne demandent compte de l'emploi de leurs offrandes, jamais même ils ne cherchent à savoir ce que le quêteur fait de l'argent qu'il reçoit. Seuls, les membres du clergé local, qui voient d'un mauvais œil les ressources de leurs fidèles s'en aller du pays, font parfois une enquête discrète sur l'emploi des sommes recueillies et c'est par eux, le plus souvent, que l'on a pu apprendre que des aumônes pieuses destinées soi-disant à telle ou telle confrérie servaient en réalité à approvisionner de poudre les bandes de Mâ-el-Aïnîn et de ses partisans.

Beaucoup de quêteurs ne sont pas des *mokaddem* envoyés par un *cheikh* ou soi-disant tel, mais quêtent délibérément pour leur propre compte et sans en faire mystère. C'est le cas de presque tous les membres des tribus maures dites « maraboutiques » et d'un nombre assez considérable — quoique beaucoup plus restreint — de marabouts de race noire. J'ai rencontré plusieurs de ces personnages ; chacun de ceux que j'ai interrogés sur leurs moyens de subsistance m'a répondu : « Je ne me livre ni à l'élevage, ni à la culture, ni au commerce ; je ne m'occupe que de religion et je vis et fais vivre ma famille uniquement à l'aide des aumônes que l'on me fait ». Ces gens dont la mendicité est l'unique métier ne font pas de prosélytisme religieux et se préoccupent peu de propager le *dzikr* de la confrérie à laquelle ils appartiennent ; ils demandent simplement l'aumône, au nom de Dieu, et ils vivent largement des offrandes que chacun leur fait.

Cette pratique des quêtes et des offrandes constitue certainement le côté le plus regrettable de l'institution des confréries. En principe, l'on pourrait soutenir qu'il n'y a aucun rapport entre une confrérie fondée pour raviver la dévotion des fidèles et les quêtes dont le produit ne sert aucunement les intérêts de la confrérie. Mais en réalité c'est l'institution des confréries qui a permis aux quêtes de se généraliser et qui leur fournit un prétexte et une apparence de raison d'être. Au début, les offrandes étaient bien destinées à la confrérie ; ensuite elles devinrent une rente servie au *cheikh*, mais cela pouvait encore se justifier dans une certaine mesure ; peu à peu, elles ont servi surtout à entretenir des bandes de brigands ou des paresseux, mais le pli était pris et il est bien difficile aujourd'hui d'enrayer ce courant fâcheux. On peut espérer cependant que le clergé musulman proprement dit s'y emploiera, car son propre intérêt le conduit à recommander aux fidèles de se montrer avares de leurs deniers vis-à-vis des quêteurs étrangers.

Le « maraboutisme », forme spéciale du culte des saints, fleurit au Soudan comme au Maghreb, mais jusqu'à ces derniers temps il avait, semble-t-il, revêtu au pays des Noirs un aspect plus matérialiste que celui sous lequel il se présente dans l'Afrique du Nord. Depuis une époque récente, il paraît entrer rapidement dans la voie du mysticisme, surtout au Sénégal, ce qui pourrait avoir des conséquences assez inattendues pour l'orientation de l'islamisme soudanais.

Les « marabouts », connus chez les Noirs du Soudan sous les noms de *cheikh* (ou *sékou*), *ouali*, *moriba*, etc., sont des musulmans qui ont acquis un grand renom par leur piété, leur rigorisme, leur vie ascétique, leur science, leur grand âge, ou simplement par la réputation qu'ils ont de posséder le don de *kardma*, c'est-à-dire le pouvoir de faire des miracles, de prédire l'avenir, etc.

Un marabout quelque peu connu est vénéré partout, mais il n'est l'objet d'un véritable culte que dans le pays où il réside ; peut-être même serait-il plus exact de dire que ses compatriotes le respectent, l'honorent et le comblent de leurs offrandes, mais que son entourage immédiat de disciples est seul à lui donner les témoignages d'un culte véritable.

Depuis que l'islamisme a commencé de se répandre parmi les Noirs, il y a eu des marabouts au Soudan : les uns ont été des lettrés et des jurisconsultes célèbres, comme le cadi de Tombouctou Sidi Mahmoud-ben-Omar, qui vivait au xvie siècle et dont il est longuement parlé dans le *Tarikh-es-Soudân* ; d'autres furent des *khalifa* ou des *mokaddem* de confréries comme Cheikh Mohammed Fadel ; certains devinrent des fondateurs d'empire, comme El-hadj-Omar ; d'autres enfin, dont la notoriété ne dépassait guère les environs immédiats de leur résidence, étaient des ignorants, fort peu versés dans la science religieuse, parfois même des fous ou des faibles d'esprit, mais des thaumaturges remarquables, si l'on en croit les traditions populaires.

Tous ces marabouts, à quelque catégorie qu'ils aient appartenu, ont certainement plus fait pour l'islamisation des Noirs que la simple propagande des *cheikh* ou des *mokaddem* de confréries et même que les conquêtes des divers « commandeurs des croyants » qui ont pullulé au Soudan depuis le xie siècle environ jusqu'à nos jours. Actuellement encore, le grand nombre des marabouts soudanais et la vénération dont ils sont l'objet constituent assurément la pierre angulaire de l'islamisme aux pays du Sénégal et du Niger.

S'ils sont vénérés durant leur vie, ils le sont également après leur mort, et le pouvoir qu'on leur attribue de faire des miracles les accompagne dans leur tombeau. Un peu partout, généralement auprès des mosquées ou dans les faubourgs des centres musulmans, on rencontre des tombes entourées d'un petit enclos en argile durcie ou en épines : ces tombes, le plus souvent modestes en raison du manque de matériaux de construction, sont des lieux de pèlerinage assidûment fréquentés ; celles qui se trouvent dans les régions privées d'eau courante sont presque toujours situées dans le voisinage d'un puits, que l'on a creusé primitivement pour abreuver les pèlerins et leurs montures et grâce à la présence duquel l'endroit est devenu par la suite un gîte d'étape habituel pour les voyageurs. L'un des plus fréquentés de ces tombeaux est celui où est enterré Mohammed-Fadel-el-Adrami, père de Saad-Bou et de Mâ-el-Aïnin, près du puits de Dar-es-Salam, sur la route de Goumbou à Oualata ; non seulement les Maures, mais aussi quantité de Noirs du Sahel, se rendent en pèlerinage à la tombe de Mohammed-Fadel, pensant, par cet acte de dévotion, obtenir en ce monde la protection du saint, en même temps que son intercession auprès de Dieu pour leur salut éternel.

De tout temps, on a demandé aux marabouts, vivants ou défunts, des miracles matériels. Dans un pays essentiellement agricole comme le Haut-Sénégal-Niger, où tout dépend de l'abondance des pluies durant une saison déterminée et relativement courte, il est assez naturel que le miracle le plus souvent réclamé ait consisté à faire tomber la pluie : c'est en effet ce qui a toujours été le plus demandé aux thaumaturges et c'est le miracle qui a le plus contribué à leur renom, puisque son accomplissement profitait à toute une région et à un nombre considérable d'individus.

Depuis quelque temps, un vent de mysticisme — venu peut-être de Mauritanie — souffle sur les pays musulmans du bas Sénégal et donne en cette région au maraboutisme un aspect nouveau. Jusqu'à présent, cette sorte de réforme religieuse semble être localisée dans les provinces s'étendant de la Gambie au Fouta-Toro, mais elle paraît vouloir se propager dans certains cantons soninké du cercle de Kayes et il se pourrait qu'elle fasse des prosélytes au cœur même de la colonie du Haut-Sénégal-Niger, en raison de la présence, dans les centres principaux de cette colonie, de nombreux Ouolofs et Foutanké qui demeurent en relations suivies avec leurs compatriotes demeurés au pays. Il m'a donc semblé intéressant, même en me plaçant au point de vue de la colonie du Haut-Sénégal-Niger, d'étudier cette forme nouvelle et quelque peu redoutable du maraboutisme.

Outre le don de *karâma* ou *tassarrof*, c'est-à-dire la faculté d'accomplir des miracles, les marabouts possèdent également le don de *baraka*, c'est-à-dire le pouvoir de répandre sur les fidèles la bénédiction divine qui confère la certitude du salut. Jusqu'à présent, les Noirs de l'Afrique Occidentale demandaient surtout à leurs marabouts des prodiges matériels ; mais, depuis qu'a passé le vent de mysticisme dont je parlais tout à l'heure, et tout au moins dans la région mentionnée plus haut, il semble qu'on n'exige plus les miracles que pour s'assurer que le marabout est réellement un *ouali*, un familier de Dieu, et que, une fois son pouvoir surnaturel bien établi, on sollicite surtout de lui l'exercice de son don de *baraka*.

Cette croyance à la *baraka*, qui a existé de tout temps au Maghreb et dans le Soudan musulman, a passé peu à peu au Sénégal de la période théorique à la période de réalisation pratique, si l'on me permet l'emploi de ces termes en la circonstance. Des marabouts intelligents et avides ont trouvé dans l'exploitation de cette croyance un moyen d'accroître leurs revenus et ils ont réalisé en peu d'années, grâce à ce moyen, de véritables fortunes, en même temps qu'ils acquéraient un prestige considérable et une autorité incontestée sur leurs disciples. Ces derniers, qu'on appelle *mourid*, sont recrutés un peu partout, de préférence parmi les gens ignorants et grossiers, les serfs ou descendants d'esclaves, les paysans, même parmi les animistes ; le marabout se contente d'enseigner à ces derniers la formule de la foi musulmane, sans exiger d'eux les pratiques même les plus élémentaires du culte, telles que les prières quotidiennes.

Sur ces gens sans foi ni morale, le marabout étend sa *baraka* et il fait d'eux sa chose en leur promettant le paradis à condition qu'ils ne se mettent pas dans le cas de perdre la *baraka*. Et, pour ne pas se mettre dans ce cas fâcheux, les *mourid* apportent à leur marabout le produit intégral de leur travail, et parfois de leurs rapines ; car, dans leur empressement à plaire à leur maître, dans leur foi aveugle dans la *baraka* qui les couvre et leur assure le salut quoi qu'ils fassent, ces gens n'hésitent pas à commettre des vols ; dès le moment que le produit de leurs larcins est destiné au marabout, ces larcins deviennent, dans leur esprit ignorant et endoctriné, des œuvres pies et méritoires.

Ils ne remplissent le plus souvent aucun de leurs devoirs religieux, qu'ils ignorent du reste à peu près complètement. Ils ne font pas leurs prières, n'observent pas le jeûne du ramadan, font volontiers usage de boissons fermentées et s'abstiennent de toute aumône pieuse en dehors des offrandes qu'ils remettent à leur marabout. En réalité ils ne connaissent que ce dernier, ne se considèrent comme liés qu'envers lui, lui obéissent scrupuleusement, attendent de lui seul leur salut ; leur religion est bien un *islam*, mais leur *islam* n'est plus l'abandon à la volonté de Dieu, c'est l'abandon à la volonté de leur marabout. Ils ont la persuasion absolue que, tant qu'ils n'auront pas démérité vis-à-vis de lui, personnellement, ils jouiront après leur mort de toutes les félicités, quels qu'aient été les actes de leur vie.

Les *mourid* de chaque marabout cherchent à recruter à celui-ci de nouveaux disciples, afin de mieux mériter les faveurs de leur maître, et leur propagande, s'exerçant dans tous les milieux, est assez fructueuse.

Il est facile d'envisager les résultats considérables que pourrait amener dans l'évolution religieuse et sociale du Soudan, et même dans son évolution économique, cette déformation de l'islamisme, si elle parvenait à prendre de l'extension. Ces résultats ne pourraient être que déplorables. Cette opinion n'est pas seulement celle des autorités françaises chargées de guider les destinées de l'Afrique Occidentale, c'est aussi celle de tous les musulmans éclairés du pays. On peut espérer que leurs conseils et leurs enseignements amèneront une réaction salutaire, ou tout au moins empêcheront le mouvement « maraboutique » de pénétrer dans les régions qu'il n'a pas gagnées encore.

4° *Son esprit et ses résultats.*

L'esprit des musulmans du Haut-Sénégal-Niger — certains Maures mis à part — est en général peu porté vers le fanatisme ; les Toucouleurs et les Soninké ont souvent une foi intransigeante, mais ils font actuellement peu de prosélytisme. D'ailleurs, en dehors des conversions à main armée opérées autrefois par les Marocains dans la région de Tombouctou et plus récemment par El-Hadj-Omar, le prosélytisme musulman ne se manifeste guère au Soudan français que par l'attirance morale qu'exercent les mahométans, mieux habillés et plus policés, sur les populations plus frustes qui les entourent.

Quant aux sentiments que professent nos sujets musulmans à notre égard, ils ne sont, je crois, ni plus bienveillants ni plus malveillants que ceux qui animent les populations animistes : pour les uns comme pour les autres, nous sommes l'étranger et le maître, ce qui ne peut entraîner l'affection. « Rien n'est plus délicat, dit M. E. F. Gautier (1), que des affirmations ou même des hypothèses sur les sentiments intimes de nos sujets musulmans. On entend parfois dans leur bouche des protestations de dévouement et d'admiration pour nos institutions. Ils les font avec la mesure et la dignité qui leur sont naturelles, et qui donnent l'illusion de la sincérité. La sagesse est de conclure que le panégyriste désire les galons de brigadier, un avancement quelconque, ou plus simplement un pourboire. Au fond du cœur le musulman, sûr du paradis, garde intact son mépris infini pour le mécréant damné, et le barbare son aversion pour des hommes dont la langue, la tournure d'esprit, les habitudes et les vêtements lui sont étrangers. Cela fait pourtant un complexe

---

(1) *La conquête du Sahara*, page 161.

de sentiments assez éloigné de ce que nous appellerions la haine patriotique. »

Pris en bloc, l'état d'esprit des musulmans du Haut-Sénégal-Niger ne paraît pas opposé à notre civilisation ; si certains partis nous ont fait de l'opposition, ce n'est pas parce que nous sommes une nation chrétienne, mais simplement parce que notre action a menacé l'indépendance jusqu'ici absolue de chefs turbulents ou de tribus pillardes : que ces chefs ou ceux qui cherchent à soulever ces tribus mettent en avant la question religieuse et prêchent la guerre sainte contre les infidèles, rien de plus naturel ; mais la religion est ici un masque et non une cause, et le sultan du Maroc chercherait à établir sa domination sur la Mauritanie qu'il rencontrerait tout autant d'hostilité que la France, sinon plus.

Nul doute que les indigènes musulmans préféreraient le plus souvent leur indépendance au joug pourtant bénin de l'autorité française, mais les non musulmans pensent de même ; et des faits récents ont prouvé qu'il est plus difficile d'obtenir la soumission des animistes de la forêt que celle des musulmans du Soudan septentrional ; dans le Haut-Sénégal-Niger même, c'est chez les animistes que nous avons rencontré les résistances les plus acharnées et les tribus que nous n'avons pu soumettre que tout récemment, comme celles des Lobi et des Tombo, comptent parmi celles que l'islamisme n'a jamais entamées.

Quoi qu'en disent ceux pour qui l'islamophobie est un principe d'administration indigène, la France n'a rien de plus à craindre des musulmans au Soudan que des non musulmans. Les uns et les autres nous considèrent comme des maîtres parfois gênants, parfois utiles, généralement bienveillants, et nous subissent avec plus ou moins de facilité selon la nature de leur caractère et la diversité de leurs intérêts. Ceux d'entre eux qui désireraient le plus ardemment nous voir partir du pays — et il s'en trouve certainement dans la haute classe sinon dans la plèbe — le désirent, non pas parce que nous ne sommes pas de leur foi, mais simplement parce que nous ne sommes ni de leur race, ni de leur mentalité, ni de leur sol, en un mot parce que nous sommes « l'étranger ».

Les Noirs en particulier ne sont ni des mystiques ni des philosophes spéculatifs : ce sont des matérialistes superstitieux, qui n'adoptent telle ou telle religion que parce qu'ils sont persuadés que les pratiques de cette religion détourneront d'eux des maux tangibles, tels que la maladie ou la mort, ou que l'abstention de ces pratiques attirera sur eux les mêmes maux. Quant à la doctrine, elle ne passe qu'au second plan et il est douteux qu'on puisse rencontrer chez eux beaucoup de fidèles disposés à subir le martyre plutôt que de renier leur foi.

L'islamophobie n'a donc pas de raison d'être au Soudan, mais, par contre, l'islamophilie, dans le sens d'une préférence accordée aux musulmans ou d'un encouragement à la propagation de l'islamisme, constituerait également une erreur fort grave, en créant un sentiment de méfiance parmi les populations animistes, qui se trouvent être les plus nombreuses et qui, à certains égards, sont plus accessibles à nos idées que les populations musulmanes.

Lorsqu'on envisage l'influence exercée par l'islamisme sur la race noire, les avis sont très partagés. Il semble que la religion musulmane ait produit, là où elle s'est implantée, des résultats indéniables en ce qui concerne la civilisation extérieure et matérielle, mais il ne paraît pas que la modification de la mentalité indigène ait été bien profonde et que la moralité des individus ait été sensiblement améliorée ; quant à l'état social des populations, il n'a, je crois, subi aucun progrès. Les résultats de l'islamisation des Noirs sont vraisemblablement supérieurs, au point de vue purement objectif, à ceux obtenus çà et là par leur christianisation, mais il serait peut-être préférable, pour les indigènes, que leur civilisation évoluât normalement par suite d'une modification lente des religions autochtones.

Au point de vue de la capacité intellectuelle, les peuples du Soudan qui ont adopté l'islamisme n'apparaissent pas sensiblement supérieurs aux autres : d'une part, ce ne sont pas toujours les mieux doués sous le rapport de l'intelligence qui se sont convertis à l'islam et, d'autre part, on ne constate pas de différence appréciable entre les fractions d'un même peuple demeurées animistes et celles qui ont embrassé l'islamisme. Si les musulmans sont en général plus affinés que les autres, cela tient à leur éducation supérieure, à leur groupement en centres plus considérables et à leurs déplacements plus fréquents et plus lointains, d'où résultent des frottements qui font souvent défaut aux populations animistes, plus dispersées et plus casanières.

Au point de vue social, l'islamisme a bien créé entre ses divers adeptes une sorte de lien de mutualité qui s'étend au delà des limites provinciales et des distinctions ethniques ; mais ce lien n'a pas toujours toute la solidité désirable et les grands conquérants musulmans, tels qu'El-Hadj-Omar et Samori, n'en ont tenu aucun compte, se contentant de déclarer impies les populations musulmanes auxquelles ils voulaient faire la guerre et détruisant sans scrupule les mosquées des pays conquis, sous le simple prétexte qu'elles avaient été construites par d'autres que par eux-mêmes. Si les peuples musulmans se solidarisent plus que les autres lorsqu'il s'agit de résister à une intervention européenne, le principe de la solidarité sociale proprement dite est moins fortement assis chez eux, du fait de la communauté de la foi, qu'il ne l'est parmi les nombreuses populations animistes demeurées fidèles aux institutions indigènes des clans et des associations ; ces institutions, du reste, ont presque toujours survécu à l'islamisation, rien d'analogue n'étant apporté en échange par la civilisation musulmane. Les confréries, nous l'avons vu, sont bien loin d'avoir la même portée que les associations sociales ou religieuses des animistes. L'aumône prescrite par le Coran profite surtout aux marabouts et a plutôt le caractère d'un impôt que celui d'un moyen d'améliorer la situation des pauvres : la chose est du reste de médiocre importance, le paupérisme n'existant pas encore dans le pays ou du moins ne s'y manifestant que sous une forme très bénigne. L'islam a trouvé au Soudan l'esclavage et la polygamie : il a accru plutôt que diminué le premier et n'a fait que réglementer la seconde en restreignant à quatre le nombre des femmes légitimes ; la condition des esclaves et celle de la femme sont à peu près les mêmes au Soudan chez les musulmans que chez les animistes, peut-être cependant celle de la femme est-elle légèrement supérieure chez ces derniers.

Au point de vue administratif, on a souvent vanté le système réellement remarquable qui régnait dans certains Etats musulmans de l'Afrique Occidentale et Centrale, mais il convient de ne pas oublier que ce système est antérieur à l'islamisme, que des Etats non musulmans très fortement organisés ont existé de toute antiquité au Soudan, que certains y existent encore et que, la plupart du temps, ils ont eu une durée supérieure à celle des Etats musulmans et ont été moins troublés par des révolutions intestines : je me contenterai de citer, à titre d'exemple, les empires mossi de Ouagadougou et du Yatenga.

Au point de vue moral enfin, l'islamisme n'a eu au Soudan que des résultats peu appréciables : il n'a pas amélioré la conception indigène du bien et du mal, sinon en dissimulant parfois sous plus d'hypocrisie la brutalité primitive. Toutefois, il faut rendre cette justice à la religion musulmane que, si elle n'a pas réussi, en général, à abolir la sauvage pratique des meurtres rituels, provoqués par la croyance aux maléfices et à l'action occulte des génies et des esprits, elle a fait disparaître la coutume odieuse des sacrifices humains partout où elle s'est fortement implantée. Il faut aussi lui faire honneur d'avoir enrayé de façon très appréciable la plaie de l'alcoolisme en proscrivant, non seulement les alcools proprement dits, mais aussi les boissons fermentées de fabrication indigène, bière de mil et vin de palme : à vrai dire, on rencontre au Soudan un certain nombre de soi-disant musulmans qui ne se font pas scrupule d'user de ces boissons ni même d'en abuser, on en rencontre aussi qui ne craignent pas d'absorber du tafia ou de l'absinthe ; mais ceux qui pratiquent ces errements encourent le mépris non déguisé de la grande majorité de leurs coreligionnaires et les « marabouts-cognac », comme on les surnomme de façon pittoresque dans la colonie, sont à classer parmi les gens qui ne sont musulmans que de nom.

A mon avis, l'islamisme au Soudan ne doit pas être regardé comme un mal, mais il n'y a pas lieu non plus de le considérer comme un bien : si j'essayais de résumer mon opinion sur ce sujet, je dirais que, dans notre intérêt politique, il est parfois préférable, surtout au début de l'occupation d'un pays, d'avoir affaire à des musulmans plutôt que d'avoir affaire à des animistes, et que l'islamisation de nos sujets africains serait en tout cas moins redoutable pour nous que leur christianisation; mais j'ajouterais que, si l'on se place dans le domaine purement objectif, n'ayant en vue que l'intérêt et l'avenir des races indigènes, bien que là encore l'islamisation soit préférable à la christianisation, le mieux serait que les populations soudanaises se bornassent à perfectionner les religions locales. Et peut-être, en fin de compte, serait-ce là pour tout le monde la meilleure des solutions.

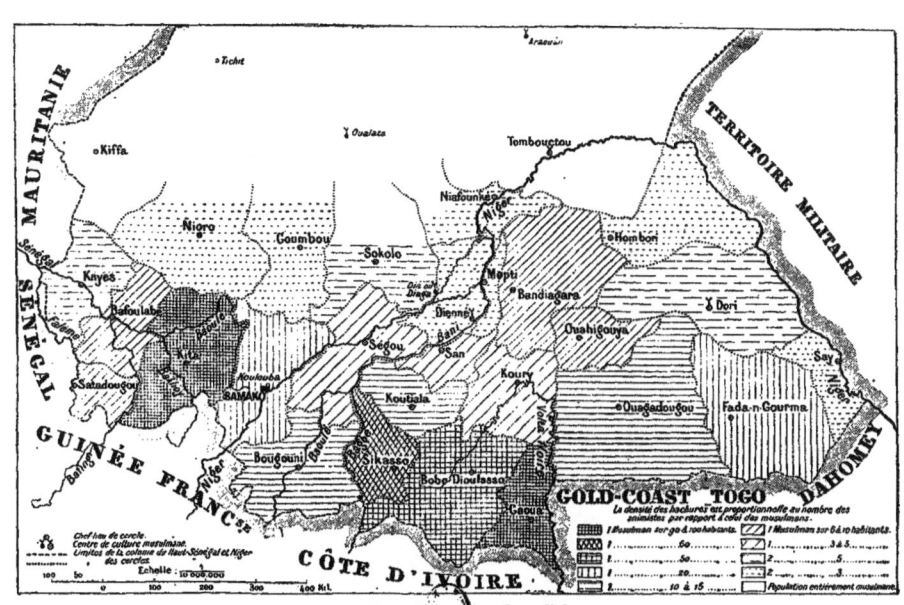

Carte 24. — Répartition des religions.

BIBLIOGRAPHIE

Nota. — La présente bibliographie a été établie selon l'ordre chronologique dans lequel ont été composés les divers ouvrages et non, au moins en ce qui concerne les auteurs anciens, selon la date de publication des volumes cités. Elle ne constitue aucunement une bibliographie complète du Haut-Sénégal-Niger (1), mais renferme seulement la liste des ouvrages, mémoires ou documents que j'ai utilisés ou simplement consultés pour la rédaction de mon travail.

? *La Sainte Bible*, trad. Le Maistre de Sacy, Paris, 1854, in-4.

ve siècle av. J.-C. — Hérodote (484-410). — *Histoire*, trad. Larcher, revue par Pessonneaux, Paris, 1883, in-18.

ive siècle av. J.-C. — Aristote (384-322). — *Aristotelis opera omnia græce et latine*, Parisiis, 1862-74, gr. in-8 (édition Didot, 5 tomes en 6 volumes).

iie siècle av. J.-C. — Polybe (210-125). — *Histoire*, trad. Félix Bouchot, Paris, 1847, in-12 (3 volumes).

i^{er} siècle av. J.-C. et i^{er} siècle ap. J.-C. — Diodore de Sicile. — *Bibliothèque historique*, trad. Hœfer, Paris, 1865, in-8 (2e édit., 4 vol.).

— Strabon. — *Géographie*, trad. Am. Tardieu, Paris, 1867-94, in-8 (livre XVII).

— Salluste (86 av. J.-C.-34 ap. J.-C.). — *Bellum Jugurthinum*, édit. Jordan, Berlin, 1887, in-8.

i^{er} siècle ap. J. C. — Pomponius Mela. — *De situ orbis seu chorographia*, éd. Finck, Leipzig, 1880, in-8.

— Pline l'Ancien (23-79). — *Histoire naturelle*,

(1) Consulter, parmi les bibliographies africaines concernant spécialement le Soudan, celle publiée en 1890-91 par M. Clozel dans la *Revue de Géographie* et intitulée *Bibliographie des ouvrages relatifs à la Sénégambie*. Voir aussi l'abrégé de bibliographie linguistique qui se trouve aux pages 421 à 426 du premier volume du présent ouvrage.

Ier siècle .... — JOSÈPHE (37-100). — *OEuvres complètes*, trad. I. A. C. Buchon, Paris, 1843, in-4.

— Le même. — *Flavii Josephi opera edidit et apparatu critico instruxit* B. Niese, Berlin, 1885-94, in-8 (6 vol.).

IIe siècle .... — PTOLÉMÉE. — *Claudii Ptolemæi geographia*, éd. C. Müller, Paris, 1883-1901, in-8 et atlas in-fol. (texte grec et trad. latine).

VIe siècle .... — PROCOPE. — *Historiarum sui temporis libri VIII, de ædificiis Justiniani libri VI, arcana historia*, ed. Maltretus, Parisiis, 1642-43, in-fol. (2 vol.).

— Le même. — *Anecdota ou histoire secrète*, trad. Isambert, Paris 1856, in-8 (2 vol.).

Xe siècle .... — MASSOUDI. — *Les prairies d'or*, texte arabe et trad. Barbier de Meynard et Pavet de Courteille, Paris, 1861, in-8 (9 vol.).

— Le même. — *Le livre de l'avertissement et de la révision*, trad. Carra de Vaux, Paris, 1896, in-8.

— IBN-HAOUKAL. — *The oriental geography*, trad. W. Ouseley, London, 1800, in-4.

— Le même. — *Description de l'Afrique*, trad. de Slane, Paris, *Journal asiatique*, 1842.

XIe siècle .... — BEKRI (Abou-Obeïd-Allah-el-Bekri-el-Kortoubi). — *Description de l'Afrique septentrionale*, texte arabe publié par de Slane, Alger, 1857, in-8.

— Le même. — Même ouvrage, trad. de Slane, Paris, 1859, in-8.

XIIe siècle .... — ZOHRI (Mohammed-ibn-Abi-Bekr-ez-Zohri). — *Kitâbou'l-djografia*, Mss. 2.220 de la Bibliothèque nationale (composé à Grenade vers 1137).

— EDRISSI. — *Description de l'Afrique et de l'Espagne*, texte arabe et trad. Dozy et de Goeje, Leyde, 1866, in-4.

XIIIe siècle .... — YAKOUT (1178-1229). — *Jacut's Geographisches Woerterbuch*, herausgegeben von F. Wüstenfeld, Leipzig, 1866-70, in-8 (texte arabe, 6 vol.).

— IBN-SAÏD (Aboul-Hassân-Ali-Nour-ed-Dîn-ibn-Saïd-el-Gharnati, 1214-1286). — *Djografia* (cité par Aboulféda, Ibn-Khaldoun, etc.).

— Le même. — *Kitâb-al-Mugrib*, texte arabe publié par Tallqvist, Leiden, 1899, in-4.

— Anonyme. — *El-houlel el-mouwachia fî dikr el-akhbâr el-Merrâkochia*, Mss. 1873 de la Bibliothèque nationale.

xiv° siècle . . . . — Nouiïni. — *Encyclopédie historique* (extraits relatifs à la conquête de l'Afrique septentrionale par les musulmans, traduits et publiés par de Slane en appendice au 1er vol. de sa traduction d'Ibn-Khaldoun, Alger, 1852, in-8).

— Ghabnati (Abou-Mohammed-Salah-ibn-Abi-Zera'a-ibn-Abd-el-Halim-el-Gharnati). — *Roudh el-Qarthas* (Histoire des souverains du Maghreb), trad. Beaumier, Paris, 1860, in-8.

— Aboulféda. — *Annales muslemici*, texte arabe et trad. latine de J. Reiskius et Adler, Hafniæ, 1789-94, in 4 (5 vol.).

— Le même. — *Historia anteislamica*, texte arabe et trad. latine de Fleischer, Lipsiæ, 1831, in-4.

— Le même. — *Géographie* (texte arabe), publié par Reinaud et de Slane, Paris, 1840, in-4.

— Le même. — *Géographie* (introduction et 1re partie), trad. Reinaud, Paris, 1848, in-4.

— Le même. — *Géographie* (2e partie et index), trad. St. Guyard, Paris, 1883, in-4.

— Ibn-Batouta. — *Voyages*, texte arabe et trad. Defrémery et Sanguinetti, Paris, 1853-59, in-8 (5 vol.).

— Le même. — *Voyage dans le Soudan*, trad. de Slane, Paris, 1843, in-8.

— Ibn-Khaldoun (1332-1406). — *Prolégomènes historiques*. trad. de Slane, Paris, 1868, in-4 (3 vol.).

— Le même. — *Histoire des Berbères*, trad. de Slane, Alger, 1852-56, in-8 (4 vol.).

xv° siècle . . . . — Makrizi (1364-1442). — *Description historique et topographique de l'Egypte*, trad. P. Casanova, Le Caire, 1906, in-fol. (Mémoires publiés par les membres de l'Institut du Caire, tome III).

— Cadamosto (Alvise de Ca'da Mosto). — *Relation des voyages à la Côte occidentale d'Afrique* (1455-57), trad. française de Temporal, édition nouvelle publiée par Ch. Schefer, Paris, 1895, in-8.

xvi° siècle . . . . — Léon l'Africain (Hassân-ibn-Mohammed-el-Ouazzân, dit Jean-Léon l'Africain, (1491-1540 environ). — *Description de l'Afrique, tierce partie du monde*, escrite par Iean Leon African, premièrement en langue arabesque, puis en toscane, et à présent mise en françois par Iean Temporal, nouvelle édition annotée par Ch. Schefer, Paris, 1896-98, gr. in-8 (3 vol.).

— Ibn-Meriem. — *El-Bostan ou jardin des biogra-*

phies des saints et savants de Tlemcen, trad. F. Provenzali, Alger, 1910, in-8.

XVIᵉ siècle .... — J. DE BARROS. — *Asia*, Lixboa, 1552-53, in-fol. (2 vol.).

— Le même. — Même ouvrage, 2ᵉ édit., Lisboa, 1777-88, in-8 (24 vol.).

— MARMOL CARVAJAL. — *Descripcion general de Africa* (primera parte), Granada, 1573, in-fol.

— Le même. — *Tierra de los Negros* (segunda parte del descripcion general de Africa), Malaga, 1599, in-fol.

— Le même. — *L'Afrique*, trad. Perrot d'Ablancourt, Paris, 1667, in-4 (3 vol.).

— A. THEVET. — *Cosmographie universelle*, Paris, 1575, in-fol. (2 vol.).

— FR. DE BELLE-FOREST, Commingeois. — *La cosmographie universelle de tout le monde*, Paris, 1575, in-fol.

— Le même. — *L'histoire universelle du monde*, Paris, 1577, in-fol.

— J. OSORIUS. — *Histoire de Portugal...* comprinse en 20 livres dont les 12 premiers sont traduicts du latin de Jerosme Osorius, evesque de Sylves en Algarve, et les 8 suyvans prins de Lopez Castagnede et d'autres historiens, et mise en françois par Simon Goulard, Senlisien, Paris, 1587, in-fol.

— LIVIO SANUTO. — *Geografia*, Vinegia, 1588, in-fol.

— ALVAREZ D'ALMADA. — *Traité succinct sur les rivières de Guinée et du Cap-Vert* depuis le Sénégal jusqu'au fleuve Sainte-Anne (1594), édition Diego Köpke, Porto, 1841, in-8.

XVIIᵉ siècle .... — J.-B. GRAMAYE. — *Africa illustrata*, Tornaci-Nerviorum, 1622, in-4.

— P. DAVITY, sieur de Saint-Martin. — *Etats ou empires du monde*, Paris, 1626, in-4.

— Le même. — Même ouvrage revu et augmenté par J.-B. de Rocoles, Paris, 1660, in-fol.

— AHMED-BABA. — *Tekmilet-ed-dibadj* (dans : A. CHERBONNEAU, *Essai sur la littérature arabe au Soudan* d'après le Tekmilet-ed-dibadj d'Ahmed-Baba le Tombouctien, Paris et Constantine, 1866, in-8).

— JEANNEQUIN DE ROCHEFORT. — *Voyage de Lybie au royaume de Senega*, Paris, 1643, in-12.

— CHAULMER. — *Le tableau de l'Afrique*, Paris, 1654, in-12.

xviiᵉ siècle..... — Sa'di (Abderrahmân-es Sa'di-et-Tomboukti). — *Tarikh-es-Soudân*, texte arabe publié par O. Houdas et E. Benoist, Paris, 1898, in-8 (composé vers 1655).

— Le même. — Même ouvrage, trad. Houdas, Paris, 1900, in-8.

— O. Dapper. — *Description de l'Afrique*, Amsterdam, 1686, gr. in-4 (l'édition hollandaise a paru en 1668).

— Gaby. — *Relation de la Nigritie*, Paris, 1689, in-12.

xviiiᵉ siècle..... — Baudrand. — *Dictionnaire historique et géographique*, Paris, 1715, in-fol. (2 vol.).

— J.-B. Labat. — *Nouvelle relation de l'Afrique Occidentale*, Paris, 1728, in-12 (5 vol.).

— Bruzen de la Martinière. — *Le grand dictionnaire géographique, historique et critique*, Amsterdam, 1726-36, in-fol. (6 vol.).

— Anonyme. — *Tedzkiret en-nisiân fi akhbâr moloûk es-Soudân*, texte arabe publié par O. Houdas et E. Benoist, Paris, 1899, in-8 (composé vers 1750).

— Le même. — Même ouvrage, trad. Houdas, Paris, 1901, in-8.

— D'Anville. — *Géographie ancienne abrégée*, Paris, 1768, in-18 (3 vol.).

— Le même. — *Mémoire concernant les contrées de l'intérieur de l'Afrique d'après les notions tirées des anciens et des modernes* (Mémoires de l'Académie des Inscriptions, tome XXVI).

— S. M. X. Golberry. — *Fragmens d'un voyage en Afrique* (1785-87), Paris, 1802 (an X), in-12 (2 vol.).

— L. Degrandpré. — *Voyage à la Côte occidentale d'Afrique* fait dans les années 1786 et 1787, Paris, 1801, in-12 (2 vol.).

— Pruneau de Pommegorge. — *Description de la Nigritie*, Amsterdam, 1789, in-8.

— Mungo-Park. — *Travels in the interior of Africa* (1795-97), London, 1799, in-4 (premier voyage de Mungo-Park au Soudan).

xixᵉ siècle .... — J. B. L. Durand. — *Voyage au Sénégal*, Paris, 1802, in-4.

— Mungo-Park. — *Les trois voyages de Mungo-Park au Maroc et dans l'intérieur de l'Afrique* (1787-1804), trad. française, Paris, s. d., in-18.

— J. G. Jackson. — *An account of the empire of Marocco*, to which is added an account of Timbuktoo, Philadelphia, 1810, in-12.

xix° siècle .... — Geoffroy-Villeneuve. — *L'Afrique*, Paris, 1814, in-12 (4 vol.).
— R. Adams. — *The narrative of Robert Adams, a sailor*, London, 1816, in-4.
— Le même. — *Nouveau voyage dans l'intérieur de l'Afrique*, trad. du chevalier de Frasans, Paris, 1817, in-8.
— J. Riley. — *Loss of the american brig « Commerce », an authentic narrative*, New-York, 1818, in-8.
— Ch. Cochelet. — *Naufrage du brick français « La Sophie » (1819)*, Paris, 1821, in-8, (2 vol.).
— C. A. Walckenaer. — *Recherches géographiques sur l'intérieur de l'Afrique septentrionale*, Paris, 1821, in-8.
— W. Gray and Dochard. — *Travels in Western Africa* (1818 21), London, 1825, in 8.
— Les mêmes. — *Voyage dans l'Afrique occidentale* (1818-21), trad. de Mme Huguet, Paris, 1826, in-8.
— K. Ritter. — *Géographie générale et comparée : l'Afrique*, trad. Buret et Devor, Paris, 1836, in-8 (3 vol. ; l'original allemand a paru en 1822).
— Denham and Clapperton. — *Narrative of travels and discoveries in Northern and Central Africa* (1822-24), London, 1826, in-4.
— Les mêmes. — *Voyages et découvertes dans le Nord et les parties centrales de l'Afrique*, trad. Eyriès et de la Renaudière, Paris, 1826, in-8 (3 vol).
— C. A. Walckenaer. — *Histoire générale des voyages : l'Afrique*, Paris, 1826, in 8.
— Clapperton. — *Journal of a second expedition into the interior of Africa*, Philadelphia, 1829, in-8.
— René Caillié. — *Journal d'un voyage à Timboctou et à Jenné dans l'Afrique centrale*, publié par Jomard, Paris, 1830, in-8 (3 vol.).
— Anonyme. — *Histoire abrégée des voyages en Afrique*, Paris, 1830, in-32 (6 vol.).
— D'Avezac. — *Esquisse générale de l'Afrique*, Paris, 1837, in-12.
— G. d'Eichthal. — *Histoire et origine des Foulahs ou Fellans*, Paris, 1841, in-8.
— W. D. Cooley. — *Histoire générale des voyages*, trad. A. Joanne et Old-Nick, Paris, 1841, in-12 (3 vol.).

xixᵉ siècle	— Le même. — *The Negroland of the Arabs*, London, 1841, in-8.
—	C. A. Walckenaer. — *Collection des relations de voyage par mer et par terre en différentes parties de l'Afrique depuis 1400 jusqu'à nos jours*, Paris, 1842, in-8 (21 vol.).
—	A. Raffenel. — *Voyage dans l'Afrique occidentale*, Paris, 1846, in-8 (2 vol.).
—	C. Ralfs. — *Beiträge zur Geschichte und geographie des Sudan* (Zeitschrift der Deutschen Morgenländischen Gesellschaft, Band IV), Leipzig, 1855, in-8.
—	A. Raffenel. — *Nouveau voyage au pays des Nègres*, Paris, 1856, in-8.
—	A. Roscher. — *Ptolemœus und die Handelsstrassen in Central-Afrika*, Gotha, 1857, in-8.
—	H. Barth. — *Travels and discoveries in Northern and Central Africa* (1849-55), London, 1858, in-8 (5 vol.).
—	Le même. — *Voyages et découvertes dans l'Afrique septentrionale et centrale* (1849-55), trad. Ithier, Paris, 1863, in-8 (4 vol., incomplet).
—	L. Faidherbe. — *Notice sur la colonie du Sénégal*, Paris, 1859, in-8.
—	C. J. Reichardt. — *Three original Fulah pieces in Arabic Letters, in Latin transcription and in English translation*, Berlin, 1859, in-8.
—	L. A. J. Michon. — *Quid Libycæ geographiæ auctoræ Plinio Romani contulerint*, Lutetiæ, 1859, in-8.
—	Ch. Lévêque. — *La physique d'Aristote et la science contemporaine*, Paris, 1863, in-8.
—	Vivien de Saint-Martin. — *Le Nord de l'Afrique dans l'antiquité grecque et romaine*, Paris, 1863, gr. in-8.
—	E. Mage. — *Voyage dans le Soudan occidental*, (1863-1866), Paris, 1868, gr. in-8.
—	P. Gaffarel. — *Eudoxe de Cyzique et le périple de l'Afrique dans l'antiquité*, Paris, 1872, in-8.
—	Vivien de Saint-Martin. — *Histoire de la géographie et des découvertes géographiques depuis les temps les plus reculés jusqu'à nos jours*, Paris, 1873, gr. in-8 et atlas in-fol.
—	S. F. Berlioux. — *Doctrina Ptolemœi ab injuria recentiorum vindicata sive Nilus superior et Niger verus, hodiernus Eghirren, ab antiquis explorati*, Parisiis, 1874, in-8.

xixᵉ siècle . . . . — E. Cat. — *Découvertes et explorations du XVIIᵉ au XIXᵉ siècles*, Paris, s. d., in-18.
— A. Tardieu. — *Sénégambie et Guinée* (dans l'*Univers pittoresque*, Afrique, tome III, Paris, 1878, in-8).
— Bérenger-Féraud. — *Les peuplades de la Sénégambie*, Paris, 1879, in-8.
— A. Mageau. — *Explorations en Afrique pendant le XIXᵉ siècle*, Paris, s. d., in-12.
— Dʳ Quintin. — *Étude ethnographique sur les pays entre Sénégal et Niger* (Bulletin de la Société de géographie de Paris, septembre 1881).
— J. Gros. — *Les voyages et découvertes de Paul Soleillet*, Paris, 1881, in-18.
— P. Gaffarel. — *Les explorations françaises depuis 1870*, Paris, 1882, in-12.
— J. Gourdault. — *L'homme blanc au pays des Noirs*, Paris, 1885, in-12.
— Capitaine Piétri. — *Les Français au Niger*, Paris, 1885, in-16.
— O. Lenz. — *Tombouctou, voyage au Maroc, au Sahara et au Soudan*, trad. Lehautcourt, Paris, 1886, in-8 (2 vol.).
— J. Ancelle. — *Les explorations au Sénégal et dans les contrées voisines depuis l'antiquité jusqu'à nos jours*, Paris, 1886, in-18.
— G. A. Krause. — *G. A. Krause's Reise* (dans *Petermann's Mitteilungen*, Gotha, 1887-88).
— Grimal de Guiraudon. — *Notes de linguistique africaine : les Puls*, Vienne, 1888, in-8.
— R. Basset. — *Essai sur l'histoire et la langue de Tombouctou et des royaumes de Songhaï et Melli* (Mélanges d'histoire et de littérature orientales, II, Louvain, 1888, in-8).
— P. Gaffarel. — *Les découvreurs français du XIVᵉ au XVIᵉ siècles*, Paris, 1888, in-12.
— L. Faidherbe. — *Le Soudan français* (Bulletin de la Société de géographie de Lille, 1881-88).
— Le même. — *Le Sénégal*. Paris, 1889, in-8.
— L. G. Binger. — *Du Niger au golfe de Guinée par le pays de Kong et le Mossi*, Paris, 1889, in-4 (2 vol.).
— Colonel Fulcrand. — *Le général Faidherbe*, Paris, 1890, in-8.
— E. Mercier. — *Histoire de l'Afrique septentrionale depuis les temps les plus reculés jusqu'à la conquête française*, Paris, 1888-91. in-8 (3 vol.).

xix. siècle	M. Dubois. — *Examen de la géographie de Strabon*, Paris, 1891, in-8.
—	Dr Tautain. — *Légendes et traditions des Soninké relatives à l'empire de Ghanata* (Bulletin de géographie historique et descriptive, Paris, 1895, in-8).
—	Colonel de Trentinian. — *Notice sur les tribus nomades dans la région de Tombouctou* (Renseignements coloniaux publiés par le Comité de l'Afrique française, novembre 1896).
—	Mohammed-ben-Saïd. — *Les tribus arabes de la région de Tombouctou* (1896), dans la *Revue tunisienne*, 1904.
—	F. Dubois. — *Tombouctou la mystérieuse*, Paris, 1897, in-8.
—	Commandant de Lartigue. — *Notice sur les Maures du Sahel et du Soudan* (Renseignements coloniaux publiés par le Comité de l'Afrique française, juillet 1897).
—	Le même. — *Notice géographique sur la région du Sahel* (*ibid.*, juin 1898).
—	A. Mévil. — *Samory*, Paris, 1899, in-12.
—	A. Le Chatelier. — *L'islam en Afrique occidentale*, Paris, 1899, in-8.
—	A. Hacquard. — *Monographie de Tombouctou*, Paris, 1900, in-18.
—	Dr Lasnet. — *Les races du Sénégal* (dans *Une mission au Sénégal*, Paris, 1900, in-8).
xxe siècle.....	M. Dubois et A. Terrier. — *Un siècle d'expansion coloniale*, Paris, 1902, in-8.
—	E. D. Morel. — *Affairs of West-Africa*, London, 1902, in-8.
—	Ch. Monteil. — *Monographie de Djénné*, Tulle, 1903, in-8.
—	Dr Ruelle. — *Notes sur quelques populations noires* (*L'Anthropologie*, Paris, 1904).
—	G. Poulet. — *Les Maures de l'Afrique occidentale française*, Paris, 1904, in-8.
—	M. Delafosse. — *The mystery of the Fulani* (*West African Mail*, janv. 1904, Liverpool ; translated by E. D. Morel).
—	Le même. — *Where the natives build castles of clay* (*ibid.*, sept.-déc. 1904).
—	Le même. — *Vocabulaires comparatifs de plus de soixante langues ou dialectes* parlés à la Côte d'Ivoire et dans les régions limitrophes, Paris, 1904, gr. in-8.
—	Dr Maclaud.— *Etude sur la distribution géogra-*

phique des races sur la côte occidentale d'Afrique de la Gambie à la Mellacorée (Bulletin de géographie historique et descriptive, Paris, 1906).

xx° siècle..... — L. DESPLAGNES. — *Le plateau central nigérien*, Paris, 1907, in-8.

— Lieutenant CANCEL. — *Etude sur le dialecte de Tabelbala* (Revue africaine, Alger, 1908).

— H. GADEN. — *Note sur le dialecte foul parlé par les Foulbé du Baguirmi* (Journal asiatique, Paris, 1908).

— M. DELAFOSSE. — *Les frontières de la Côte d'Ivoire, de la Côte d'Or et du Soudan*, Paris, 1908, in-8.

— Le même. — *Le peuple Siéna ou Sénoufo* (Revue des études ethnographiques et sociologiques, Paris, 1908-09).

— L. MARC. — *Le pays mossi*, Paris, 1909, in-8.

— P. GUEBHARD. — *Les Peulh du Fouta-Dialon* (Revue des études ethnographiques et sociologiques, Paris, 1909).

— R. CHUDEAU. — *Sahara soudanais*, Paris, 1910, in-8.

— A. TERRIER et C. MOUREY. — *L'œuvre de la troisième République en Afrique occidentale : l'expansion française et la formation territoriale*, Paris, 1910, gr. in-8.

— J. BRUN. — *Le totémisme chez quelques peuples du Soudan occidental* (Anthropos, Vienne, 1910).

— A. QUELLIEN. — *La politique musulmane dans l'Afrique occidentale française*, Paris, 1910, in-8.

— H. GADEN. — *Les salines d'Aoulil* (Revue du monde musulman, Paris, 1910).

— J. HENRY. — *L'âme d'un peuple africain : les Bambara*, Münster-in-Wien, 1910, in-8.

— C. MAHAUT. — *La colonie du Haut-Sénégal et Niger*, Paris, 1910, in-8.

— ISMAEL HAMET. — *Littérature arabe saharienne* (Revue du monde musulman, Paris, 1910).

— M. DELAFOSSE. — *L'état actuel de l'islam dans l'A. O. F.* (ibid., mai 1910).

— Le même. — *Le clergé musulman de l'Afrique occidentale* (ibid., juin 1910).

— Le même. — *Coutumes et fêtes matrimoniales chez les musulmans du Soudan occidental* (ibid., juillet-août 1910).

xx° siècle. . . . . — C. Vicars Boyle. — *Historical notes on the Yola Fulanis* (Journal of the African Society, London, 1910).

— Lieutenant Salvy. — *La région de Raz-el-Mâ* (La Géographie, Paris, 1910).

— E.-F. Gautier. — *La conquête du Sahara*, Paris, 1910, in-12.

— A. Dupuis-Yakouba. — *Note sur la population de Tombouctou* (Revue d'ethnologie et de sociologie, Paris, 1910).

— M. Delafosse. — *Monographie historique du cercle de Bamako* (Renseignements coloniaux publiés par le Comité de l'Afrique française, Paris, 1910).

— P. Cultru. — *Histoire du Sénégal du XV° siècle à 1870*, Paris, 1910, in-8.

— R. Basset. — *Etude sur le dialecte Zénaga* (fasc. I du tome XXXIX des publications de la Faculté des lettres d'Alger), Paris, 1910, in-8.

— Le même. — *Notes sur le hassania, arabe parlé par les tribus maures de la rive droite du Sénégal* (fasc. II, *ibid.*), Paris, 1910, in-8.

— M. R. Weill. — *Les Hyksôs et la restauration nationale dans la tradition égyptienne et dans l'histoire* (Journal asiatique, Paris, 1910-11).

— M. Delafosse. — *Les confréries musulmanes et le maraboutisme dans les pays du Sénégal et du Niger* (Renseignements coloniaux publiés par le Comité de l'Afrique française, Paris, 1911).

— Le même. — *Land tenure system among the natives of French West africa*, translated by Captain Ruxton (Journal of the African Society, London, 1911).

— F. W. H. Migeod. — *The languages of West Africa*, London, 1911, in-8.

— Ismael Hamet. — *Chroniques de la Mauritanie sénégalaise*, Paris, 1911, gr. in-8.

— M. Hartmann. — *Kuga und Kugu* (Orientalische Literaturzeitung, Leipzig, oct. 1911).

— G. François et M. Olivier. — *L'œuvre de la troisième République en Afrique occidentale : l'organisation administrative et la vie économique*, Paris, 1912, gr. in-8.

Documents officiels inédits appartenant aux archives du Haut-Sénégal-Niger

Brévié. — *Monographie du cercle de Bamako* (1904).
Dominé. — *Coutumier du cercle de Gaoua* (1907).
Lasselve. — *Monographie du cercle de Nioro* (1909).
Logeay. — *Monographie du cercle de Goumbou* (1909).
Fauré. — *Monographie du cercle de Sokolo* (1909).
Rocaché. — *Monographie du cercle de Niafounké* (1909).
Galibert. — *Monographie du cercle de Dienné* (1909).
J. de Kersaint-Gilly. — *Monographie du cercle de Bandiagara* (1909).
Bourgoin. — *Monographie du cercle de Koury* (1909).
Vadier. — *Monographie du cercle de Ouahigouya* (1909).
Carrier. — *Monographie du cercle de Ouagadougou* (1909).
Maubert. — *Monographie du cercle de Fada-n-Gourma* (1909).
Quégneaux, Chevalier et Maronne. — *Monographie du cercle ae Gaoua* (1909).
Bourgeron. — *Monographie du cercle de Bobo-Dioulasso* (1909).
J. Martin. — *Monographie du cercle de Sikasso* (1909).
L. Dehais. — *Monographie du cercle de Bougouni* (1909).
Collieaux. — *Monographie du cercle de Koutiala* (1909).
Doux. — *Monographie de la circonscription de San* (1909).
M. Delafosse, Rinkenbach et Nirpot. — *Monographie du cercle de Bamako* (1909).
Relhié. — *Monographie du cercle de Ségou* (1909).
Maurice. — *Monographie du cercle de Kita* (1909).
Battesti. — *Monographie du cercle de Bafoulabé* (1909).
Arnauld. — *Monographie du cercle de Satadougou* (1909).
Bénévent. — *Monographie du cercle de Kayes* (1909).
Barriéty. — *Coutumier des Habbé* (Tombo) (1909).
Canivenq et Geschwind. — *Coutumier du cercle de Bamako* (1909).
Carrier. — *Coutumier mossi* (1909).
Collieaux. — *Coutumier des Minianka* (cercle de Koutiala) (1909).
Maubert. — *Coutumier du Gourma* (1909).
Maurice. — *Coutumier du cercle de Kita* (1909).

INDEX

Les *noms géographiques* (pays, localités, fleuves, montagnes) sont représentés en *italiques*.

Les NOMS DE PERSONNAGES légendaires ou historiques, ainsi que les noms des auteurs cités, sont représentés en CAPITALES.

Les noms de peuples, tribus, castes, clans, etc., sont représentés en **égyptiennes**.

Les mots se rapportant à des sujets traités ou à des termes définis dans le courant de l'ouvrage (noms communs) sont représentés par des caractères ordinaires.

Les chiffres romains indiquent les volumes ; les chiffres arabes indiquent les pages ; les chiffres mis entre parenthèses indiquent les notes ; le mot (note) renvoie à une note dont le début se trouve à la page précédente.

Ne figurent pas à l'index les noms des auteurs simplement mentionnés dans les bibliographies, non plus que certains noms géographiques accidentellement cités dans le courant de l'ouvrage mais n'ayant pas de rapports directs avec la géographie ni l'histoire du Soudan.

De plus, certains mots comme « Soudan », « Niger », etc., qui reviennent très fréquemment dans le texte, ne figurent à l'index qu'avec le renvoi aux pages traitant spécialement du sujet auquel ils se rapportent.

A

Abakak, I : 132 ; — II, 379.
Abandon de l'épouse, III : 88, 89.
— des enfants, III : 89.
— du domicile conjugal, III : 88.
Abarbé, I : 134 ; — III, 118 (1).
Abba-Manko (voir Amari-Sonko), II : 183 (1).
ABD-EL-HALIM, II : 205.
ABD-EL-MOUMEN, II : 187.
ABDALLAH (Moulaï-), II : 250.
ABDALLAH-ABOU-MOHAMMED, II : 33.
ABDALLAH-BEN-YASSINE (ou ben Yassin), I : 188, 264 ; — II : 34, 34 (2), 34 (3), 35, 36, 37, 38, 39, 54.
ABDALLAH-EL-BALBALI, I : 201 (1) ; — II : 270.
ABDALLAH-EL-IMRANI (pacha), II : 265.
ABDELKADER-EL-DJILANI, III : 194 (1), 199, 200.
ABDELMALEK (caïd), II : 216, 228, 249, 250.
ABDELMALEK (Moulaï —), II : 107.
ABDERRAHMAN (cadi de Mali), II : 196.
ABDERRAHMAN-BEN-AHMED (pacha), II : 256.
ABDERRAHMAN KOUMBA, II : 325.
ABDESSALEM, II : 239, 321, 322.
ABDOUL-BELNADIO, II : 326.
ABDOULAYE (voir Bokar-Ahmat-Sala).
ABDOULKADER TORODO, I : 233 (1) ; — II : 358.
ABDOULLAH TOURÉ, II : 96.
ABDOULLAHI TORODO, I : 231.
ABIDDINE (fils d'Ahmed-el-Bekkaï), II : 337, 337 (1).

ABIDDINE (chef des Kounta), II : 423, 426; — III : 194.
ABOU-ABDALLAH (cadi), II : 269 (2).
ABOU-ABDALLAH EL-OUALID (Moulaï —), II : 253 (1).
ABOU-AMRAN, II : 33, 34.
ABOU-FARÈS (Moulaï —), II : 248, 250.
ABOU-HAFS OMAR (cadi de Tombouctou), II : 116, 245, 247, 248, 251 (note), 271.
ABOU-HASSOUN, II : 250.
ABOU-INAN, II : 194 (1).
ABOU-ISHAK (voir ES-SAHÉLI).
ABOU-MÉROUAN ABDELMALEK (Moulaï —), II : 253 (1).
ABOU-MOHAMMED Abd-el-Melek, II : 14.
ABOU-SALEM, II : 193, 204, 205.
ABOU-TALEB, I : 188.
ABOU-ZIYAN (sultan mérinide), II : 205.
ABOUBAKARI (chef du Liptako), II : 368.
ABOUBAKARI I (empereur de Mali), II : 185.
ABOUBAKARI II (empereur de Mali) II : 186.
ABOUBAKARI-LAMBARO, II : 112.
ABOUBAKARI TOURÉ, I : 244; — II : 83, 83 (1).
ABOUBEKR-BEN-OMAR, II : 35 (note), 39, 40, 54, 55, 163, 174.
ABOUBEKR-OULD-EL-GHANDAS, II : 246.
ABOUL-ABBAS (jurisconsulte), II : 203 (1).
ABOUL-HASSAN, II : 190, 191, 192, 193, 197.
ABOULFÉDA, I : 57, 235 (2); — II : 3, 17, 29 (2), 38 (2), 49 (1), 59, 67, 380.
ABRAHAM, I : 176, 186 (note), 208, 208 (1), 209, 211, 213, 214, 216.
Achanti, II : 212.
Achor ou *Atior*, II : 258.
Achourat, II : 426.
ADAM, I : 256 (2); — II : 300.
Adamaoua, I : 231, 234; — II : 390.

ADAMS (Robert —), II : 388 (2).
Adiga-farima (fonction), II : 88, 93.
Adjectif, I : 395, 396.
Adjer ou Azer, I : 123, 255 (2).
ADNAN, I : 188, 213.
Adrar des Iforhass, I : 42, 85, 194, 195.
Adrar mauritanien, I : 82, 86, 132, 183, 184, 187, 189, 191 (2), 195, 218, 221, 224 (1), 255, 256; — II : 31 (1), 33, 34, 35, 36, 38, 38 (1), 39, 40, 51, 54, 55, 113, 212, 209, 353; — III : 195.
Adrar Timetrhine, I : 42, 85, 157.
Adultère de l'épouse, III : 87.
— de l'époux, III : 87, 88.
Adyidi, II : 368.
ADYINI KOUNATÉ, I : 263, 270 (1) : — II : 275.
Aéranké, I : 136.
Affranchis, III : 112.
AFRICUS (voir IFRIKOS).
AG-CHEIKH, II : 265.
Agadès, I : 217; — II : 75 (1), 91, 191, 193 (1), 382, 390.
Agisymba, I : 217.
Aghmat (ville du Maroc), II : 39.
Agni, II : 212; — III : 104, 174.
AGUIBOU TAL, II : 333 (1), 337, 338, 411, 417, 418, 419 (1), 420, 420 (1).
Ahaggar, II : 203.
Ahl-Amar, I : 132.
Ahl-Chérif-Ahmed, III : 195.
Ahl-Massina, I : 133, 144, 220, 256, 256 (note).
Ahl-Mokhtar, I : 132.
Ahl-Nioroua, II : 244, 245.
Ahl-ould-Amar, I : 133; — II : 378.
Ahl-Sidi, I : 133.
Ahl-sidi-Ali, I : 134, 160.
Ahl-sidi-Mahmoud ou Oulad-Sidi-Mahmoud, I : 132, 144, 164.
Ahl-Soueïd, I : 132, 258.
Ahl-Tafrasset ou Ahl-Taghrasset, I : 256 (note).
Ahl-Tichit, I : 114, 133, 144, 157, 189.
AHMADOU-LOBBO (voir HAMADOU-LOBBO).

INDEX

AHMADOU TAL, II : 295, 295 (1), 296, 306, 318, 321, 322, 324 à 332 (son commandement à Ségou), 332, 333, 334, 337, 374, 390, 391, 392, 408, 409, 411, 412, 413, 414, 415, 416, 417, 418, 420 (1).
AHMED (prénom arabe, ses déformations), II : 232 (1).
AHMED (neveu de Moulaï Ismaïl), I : 248, 248 (2), 322 ; — II : 263.
AHMED (père d'Ahmed Bâba), II : 271.
AHMED BABA, I : 247 ; — II : 77, 248, 250 (3), 251 (note), 269, 269 (2), 270 (note), 271, 272 (1), 273 (1).
AHMED BARHAYORHO, II : 277.
AHMED-BEN-ALI (pacha), II : 257.
AHMED-BEN-HADDOU (pacha), II : 259, 259 (1).
AHMED-BEN-SENIBER (pacha), II : 266.
AHMED-BEN-YOUSSOF (pacha), II : 253, 268.
AHMED-ED-DAR'I (pacha), II : 266.
AHMED-ED-DÉHÉBI (Moulaï —), I : 246, 247 ; — II : 107, 110, 113, 114, 115, 116, 240, 244, 245, 246, 248, 249, 250, 263, 271.
AHMED-EL-AAREDJ (Moulaï —), II : 102.
AHMED-EL-BEKKAÏ (voir EL-BEKKAÏ).
AHMED-EL-FILALI, II : 245, 246.
AHMED ET-TIDJANI (Sidi —), III : 194 (3), 200.
AHMED-TAHA, III : 195.
AHMED TORFO, II : 277.
AÏCH-BEN-TALHA, I : 189.
AÏCHA (femme d'Ahmed-ed-Déhébi), II : 250.
AÏCHAT-EL-FOULANIA, I : 201.
Aïr, I : 192, 194, 215, 217, 217 (1), 219, 219 (1), 234, 255, 319 ; — II : 6, 22, 75 (1), 91, 92 (note), 203, 380 (1).
AÏSSATA ou AÏCHA (voir AÏCHAT-EL-FOULANIA), II : 270.
Aïssé DIAWARA, II : 158.
Akenken, II : 95, 422.
AKIL-AG-MELOUAL, I : 182 ; — II : 75, 75 (2), 76, 77, 78, 81, 95, 210, 270, 270 (note), 271.

Akit, II : 77, 269, 270, 270 (note), 271.
Akjoujt (localité de Mauritanie), II : 38, 38 (3).
Akka (ou Saint-Jean-d'Acre), I : 211 (1).
Akka (ville du lac Débo), II : 218.
Akka (ville du Maroc), II : 390 (1).
AKKAÏ (Dia —), II : 63.
AKKOU (Dia —), II : 63.
AKLOUCH, II : 419.
Akor, I : 189, 190 (1), 220.
Alaïbé, I : 229, 231.
ALAKAMESSA, II : 344, 410.
ALASSANE, II : 345.
ALBY, II : 397.
Alcoolisme, III : 214.
ALDJAKIR, II : 366.
ALEXANDRE, I : 200.
Alexandrie, I : 200 ; — II : 187.
Alfa, I : 136, 251 ; — II : 274 ; — III : 190, 191.
ALFA-AHMADOU, II : 305 (1), 306, 319.
ALFA-BOUBOU, II : 308.
ALFA-HAÏNOU, II : 372.
ALFA-HIMÂ (voir ALFA-HAÏNOU), II : 372, 372 (1).
ALFA-Moussa, II : 417.
ALFA-OUMAR-BOÏLA, II : 309, 311, 312, 313, 314, 317, 318, 319, 320, 321, 323, 332, 379.
ALFA-OUSMAN, II : 314, 317, 319.
ALFA-SAMBA, II : 371.
ALFAKIR, II, 366.
Alfaman, I : 227.
ALFAO, II : 366.
Alfao, II : 78.
ALI (roi des Oulad-Mbarek), II : 292, 378, 386.
ALI-BEN-ABDALLAH ET-TELEMSÂNI (pacha), II : 251, 252, 253, 254, 255.
ALI-BEN-ABDELKADER (pacha), II : 228, 229, 255, 255 (1).
ALI-BEN-GHANEM, II : 190.
ALI-BEN-HAÏDAR, I : 247, 248, 248 (2) ; — II : 263, 286.
ALI-BEN-MOBAREK (pacha), II : 255.
ALI-BER ou SONNI ALI, I : 201 (1), 244,

245, 269, 278 (1), 293, 321, 322; — II : 61, 74, 75, 75 (2), 76, 77, 78, 79, 79 (1), 80, 80 (2), 81, 82, 83, 83 (1), 84, 85, 86, 88, 89, 107, 116, 123, 138, 142, 210, 211, 212, 225, 243 (1), 269 (1), 276.
ALI-BOURI (chef de migration), I : 233.
ALI-BOURI (lieutenant d'Ahmadou), II : 413.
ALI-DADO, II : 103, 104, 109.
ALI DIARA, II : 293, 294, 295, 312, 315, 316, 317, 318, 320, 322, 324, 326.
ALI-ER-RACHEDI, II : 246.
ALI-ET-TELEMSANI (voir (ALI-BEN-ABDALLAH).
ALI-FOLEN, II : 86, 93, 95.
ALI-KARI, II, 419 (1).
ALI-KOLEN (Sonni —) ou ALI-KOLON, I : 122, 321 ; — II : 62 (1), 73, 74, 75, 189, 192.
ALI-KOTIA, II : 102, 103, 105 (2), 121 (1).
ALI KOULOUBALI, II : 287, 288.
ALI-OULD-BADDI, II : 379.
ALI-SAMBA-DIOLILI (askia du Nord), II : 256, 260.
ALIAMEN (Dia —), I : 240, 241, 242 ; — II : 60, 62, 63, 64, 83.
ALIDIOU MAKASSA, I : 283.
ALIFAÏ (Dia —), II : 63.
ALIKAR (Dia —), II : 65.
ALIKASSA SEMPRÉ, I : 262 ; — II : 358.
ALIKASSA II, II : 359.
ALIOUN I (ardo), II : 224.
ALIOUN II (ardo), II : 224, 225.
ALIOUN III (ardo), II : 230.
ALIOUN TAL, II : 305 (1).
ALIOUNE SAL, II : 321 (1), 390.
ALLAKOÏ KEÏTA, I : 294, 321 ; — II : 175, 176, 176 (1), 207.
Allemands, II : 387, 390, 393 (1), 394.
Alliance (contrat d' —), III : 59.
Allouch ou Oulad-Allouch, I : 133, 144, 188, 189, 190 ; — II : 421, 423.
ALMAMI (gouverneur de Nioro), II : 333.
Almami (fonction), II : 307 (Voir aussi « imâm »).
Almami (titre), II : 343 (3), 346, 347, 348.

ALMAMI-GUÊDO, II : 305 (1).
Almohades, II : 187.
Almoravides, I : 117, 187, 198 (note), 221 (1), 226, 227, 265, 320 ; — II : 15, 28, 32 à 40 (débuts historiques), 41, 42, 51, 54, 55, 154, 163, 165, 174, 355.
Aloar, II : 305, 307.
ALOU (chef de Kabara), II : 111.
ALOU TOURÉ, II : 96, 97.
Alouken, II : 51.
ALTINI-SÉGA, II : 363 (4).
Ama ou Oma, II : 210, 216, 217, 256.
AMADI MAKASSA, I : 283.
Amadia, I : 73 (1) ; — II : 76, 77.
AMADOU-BÉ, II : 359.
AMADOU-HAOUA, I : 290.
Amalécites, I : 186 (note).
AMAR (huissier), II : 245.
AMARI-SONKO, I : 292 ; — II : 183, 185, 359, 361.
Amatlich, II : 38 (3).
Amatlous, II : 38 (3).
Ambara, II : 51.
Ambidédi, I : 39, 65, 262 (1) ; — II : 41, 49, 358, 384, 399.
Aménokal (titre royal), II : 265.
AMER, II : 250 (2).
Amir-el-Moumenin (titre), II : 343, 343 (3).
Amirou (titre), II : 234, 236, 336.
AMIROU-BA-LOBBO, II : 335.
Amirou-l-moumenina (titre), II : 233 (voir aussi « Amir-el-Moumenin »).
AMMAR (maire de Tombouctou), II : 76, 78, 81, 85.
AMMAR (pacha), I : 246 (3) ; — II : 246, 250, 250 (1), 253, 254, 268.
AMMAR-OULD-OUSMAN, II : 378, 379.
AMMIEN MARCELLIN, I : 185 (1).
AMROU-ben-el-Assi, I : 212, 213 (1), 214.
Amulettes, III : 177 (2), 184.
ANBER, II : 190.
Ancêtres (culte des =), III : 167, 168, 169.
Andalous, II : 250 (1).
ANDERSON, II : 387.

Anglais, II : 385, 387, 388, 394, 394 (2), 398, 399, 401, 402.
Angoo, II : 84.
ANIAYA DIALLO (voir NIA DIALLO).
Animaux errants, III : 24, 25, 26.
Animaux sacrés, III : 182 (1) (Voir aussi « tana »).
Animisme, I : 142 (2) ; — III : 161, 165 à 177, 177 (2), 217.
Animistes, I : 142, 146, 147, 149 (notes), 150, 151, 152, 153, 154, 154 (6 et 8), 155 (notes), 156, 157 à 171, 350, 351 ; — III : 204, 211, 212, 213, 214, 215, 217.
Ansongo, II : 241.
ANSOUMANA, II : 369.
Anthropophagie, I : 301, 301 (2), 302, 302 (1) ; — II : 202, 203, 203 (1).
ANVILLE (D' —), I : 61.
Aoudaghost, I : 183, 187, 187 (1), 235 (1), 264, 320 ; — II : 13, 14, 17, 18 (1), 29, 29 (1), 29 (2), 30, 31, 32, 37, 38 (1), 40, 41, 51, 381.
Aougam, II : 14, 32, 32 (3).
Aoukar, I : 218, 219, 220, 221, 255, 263, 264, 265, 268, 287 (4) ; — II : 12, 14, 18, 20, 21, 22, 25, 26, 27, 56, 56 (1), 82, 163, 165, 180, 192, 207.
Aoultl, I : 86 ; — II : 29 (2), 30, 44, 50, 51, 52 (1), 354.
Aourets, II : 28.
APOLLINAIRE, II : 384, 399.
Arabe (langue —), I : 194, 198 (note), 221, 361, 364, 365. 372, 373, 374, 375, 376, 377, 378, 379, 380, 387 à 407, 420, 421, 422 ; — II : 274.
Arabes, I : 85, 88, 113, 114, 117, 120, 132, 133, 180, 181, 182, 183, 185, 186 (note), 188, 189, 190, 191, 194 (2), 195, 196, 197, 203, 237, 239, 249 (1), 252 (1), 289, 304, 364 ; — II : 29 (1), 30, 37, 42, 56, 64, 68, 106, 173, 178, 190, 196, 259, 266, 267, 268, 270, 271, 273 (1), 274, 353, 377, 380, 381 ; — III : 115, 188 (1), 195.
Arabia ou arabe littéral, I : 365, 374, 375, 376, 377.

Araméens, II : 21.
Araoudne ou *Araoudn*, I : 38, 81, 84, 85, 86, 143, 157, 180, 181, 182 ; — II : 7, 41, 56 (2), 76, 114, 191, 210, 255, 266, 388, 390, 390 (1), 391, 424.
Arbala (Fouladougou —), I : 164, 292, 295.
Arbitres, III : 43, 148, 149.
ARBOUSSIER (D' —), II : 423.
ARCHINARD, II : 276, 296, 332, 334, 337, 342, 347, 372, 409, 411, 412, 413, 414, 417, 418, 424.
Ardo (titre princier), I : 225, 227, 227 (2), 228, 229 ; — II : 223, 224, 233.
Aretnenna, II : 35.
Arguin (localité de Mauritanie), II : 37, 212.
Aribinda, I : 72, 154, 164, 305, 312 ; — II : 366.
Aribinda ou *Haribanda* ou *Gourma* (voir aussi *Gourma*), I : 245 (1) ; — II : 87, 90 (3).
ARISTOTE, I : 46 (1), 49.
Arma, I : 120, 120 (1), 136, 247, 249, 249 (1), 251, 328, 366 ; — II : 232, 234, 253, 259, 261, 263, 267, 274, 276, 280 ; — III : 3 (1).
Armée, II : 235, 236, 261, 262, 273, 276, 284, 285, 328, 328 (2), 336, 342, 348, 351, 373, 376.
Armement, I : 341.
ARNAUD, II : 423.
Arondou, II : 314.
Article, I : 403.
Asben, I : 217.
Askeur, I : 133, 144, 164 ; — II : 310.
Askia (titre dynastique ; chercher par le mot suivant ce titre les noms des princes de la dynastie), I : 219 (1), 245, 246, 277, 278 (1), 279 (note), 322 ; — II : 56 (2), 61, 65, 73, 84, 84 (1), 243 (2), 260, 276, 356, 364.
Askia (histoire de la dynastie —), II : 85 à 124.
Askia du Dendi, II : 117, 260, 262, 263.
Askia du Nord, II : 117, 260, 261, 262, 273.

Assaba (monts —), I : 38.
Assakandé Niakaté, I : 274.
Assakoullé Soudouré, I : 257.
Assibaï (Dia —), II : 65, 73, 189.
Associations, III : 119 à 123, 174, 175, 182, 213.
Assoua, II : 368.
Assouanik, I : 122, 123, 123 (1).
Atakora, I : 42, 78, 156, 170.
Atar (ville de Mauritanie), II : 38, 38 (2), 38 (3).
Atarama, II : 106.
Atib (Dia —), II : 65, 65 (2).
Atiba, I : 228.
Atkaï (Dia —), II : 63.
Attribut (place de l' —), I : 401, 402.
Aube (capitaine de frégate), II : 314.
Aube (enseigne), II : 418.
Audéoud, II : 376, 377, 410, 421.
Aussenac, II : 385.
Autrichiens, II : 391.
Ayam-Daa (Dia —), II : 65, 65 (2).
Ayam-Danka (Dia —), II : 63.
Ayam-Danka-Kibao (Dia —), II : 63.
Ayam-Karaoueï (Dia —), II : 63.
Ayorou, I : 71 ; — II : 84, 89, 90.
Azaouad, I : 83, 84, 85, 131, 132, 133, 143, 145, 147, 159, 160, 183, 185 (1), 187, 188, 191, 191 (2), 196, 282 (1), 321, 336, 364, 377 ; — II : 250 (1), 336 (1).
Azaouag, I : 73.
Azer, I : 123, 133 (2), 157, 255, 256 (note), 364 (Voir aussi Adjer).
Azgounane, II : 31.
Azgui ou *Azoggui*, II : 38, 38 (1), 38 (2).
Azkaï (Dia —), II : 63.
Azougui (localité de Mauritanie), II : 38.

B

Bâ, I : 135, 136, 213. 224, 224 (2) ; — III : 104, 104 (1), 106.
Ba-Haddou (pacha), II : 265.
Ba-Lobbo, II : 239, 295, 316, 319, 321, 322, 323, 335, 336, 371, 418.
Baba-Demba Diallo, II : 417.
Baba Koumba, II : 325.
Babato, II : 370, 372, 373, 420, 421.
Babemba, II : 346 (2), 347, 375, 376, 377, 377 (1), 417, 421.
Babo, II : 117.
Babou-Binoï, II : 367.
Babylone, I : 200.
Bada (Dia —), II : 65, 73.
Badaire, II : 394.
Baddi-ould-Mokhtar, II : 379.
Badima, I : 41.
Badoumbé, I : 65 ; — II : 291.
Badyindé, II : 274.
Bafing (affluent du Bani), I : 40, 69.
Bafing (affluent du Sénégal), I : 40, 64, 65, 75, 79, 164, 293, 296 ; — II : 50 (1), 185, 308, 359, 360, 363, 387, 390, 407.
Bafoulabé, I : 43, 65, 99, 100, 104, 146, 147, 148, 150, 151, 164, 228, 229, 290, 295, 368, 373 ; — II : 185, 345, 359, 360, 390, 391, 407, 408, 412, 412 (1) ; — III : 193, 196.
Bagaboula, II : 100, 101.
Bagama, I : 282, 282 (1) ; — II : 48.
Bagâma (voir Beggâma), II : 71.
Bagana ou *Baghena*, I : 64, 218, 220, 222 (1), 228, 229, 253 (note), 264, 268, 277, 282, 292 ; — II : 12, 17, 18, 19, 20, 20 (1), 27, 55, 80 (4), 89, 90, 90 (1), 92, 103, 109, 112, 114, 141, 142, 165, 180, 207, 211, 212, 214, 215, 216, 220, 223, 224, 225, 246, 286, 322.
Baganes, I : 282.
Bagaré, II : 135.
Bagaré ou Bouilli, II : 146, 147, 420.
Bagaré-naba (fonction), II : 148.
Bagaréya, II : 307.
Bagassi, II : 370.
Bagbé ou *Bagoé*, I : 40, 44 (2), 63 (2), 69, 75, 76, 152, 283, 284, 285, 295, 300, 375, 376.
Bagoïna, II : 314, 332, 391.
Bagui, II : 294 (2), 315.
Baï (Dia —), II : 63.
Baï-Keïna-Kamba (Dia —), II : 65, 66.

Baï-Komaï (Dia —), II : 63.
Baïkaï-Kimi (Dia —), II : 65.
Bakar-ould-Soueïd, II : 379.
Bakari (askia du Nord), II : 262 (1).
Bakari (chef de Dienné), II : 255.
Bakari (chef du Karadougou), II : 246.
Bakari (fils de Bengan-Korel), II : 99, 103, 109, 111.
Bakari (gouverneur du Bagana), II : 246.
Bakari (gouverneur du Haribanda), II : 103.
Bakari-Ali-Doundo, II : 97, 101, 102, 103, 106, 106 (2).
Bakari-Daa (Sonni —), II : 74, 83, 84.
Bakari-Dilla-Bimbi (Sonni —), II : 74.
Bakari-Diongo (Sonni —), II : 74, 74 (1).
Bakari-Gombo ou Bakari-Kombo (askia du Nord), II : 253, 254, 260.
Bakari Kouloubali, II : 287 (2).
Bakari-Lambaro, II : 242, 243 (voir aussi Aboubakari-Lambaro, qui peut-être était le même personnage).
Bakari-Tako, II : 317.
Bakari Taraoré (Modibbo —), II : 277.
Bakari-Siladyi, II : 109.
Bakel (ville du Sénégal), I : 39, 43, 65, 205, 226, 227 (1), 262 (1), 294 ; — II : 13, 41, 50, 52 (2), 307, 309, 310, 313, 314, 323 (1), 334, 356, 357 (2), 358, 384, 386, 388, 390, 400, 402, 403, 404 (1), 407, 412 ; — III : 195.
Bakhoy, I : 40, 60, 65, 76, 79, 151, 164, 253, 291 ; — II : 45, 173, 345, 360, 387.
Baki-Ounogo, II : 375.
Bakili, I : 137, 262, 267 ; — II : 358.
Bakili (rivière), I : 262.
Bâkô, I : 177 ; — II : 179.
Bakoro Taraoré, I : 287, 287 (4).
Bakounou, I : 144, 158, 159, 222, 222 (1), 222 (2), 229, 229 (2), 230 (note), 262, 265, 282, 320, 321, 367 ; —

II : 17, 55, 90, 90 (1), 91, 154, 155, 165, 180, 299, 300, 310, 311, 332, 333, 356, 378, 379.
Bala Touré, II : 93, 95.
Balama ou balamassa (fonction), II : 87, 111, 112, 113, 121 (1), 241.
Balball, I : 252.
Balinko (affluent de la Falémé) I : 39.
Balinko ou *Galamagui* (affluent du Bafing), II : 313.
Ballay, II : 425 (1).
Baloum, I : 169 ; — II : 128, 129.
Baloum (fonction), II : 87, 129, 134, 135, 136, 148.
Bama, II : 145.
Bamabougou, II : 289, 317, 325, 327.
Bamako, I : 43, 65, 68, 71, 76, 79, 92, 93, 98, 99, 100, 104, 126, 146, 148, 149, 150, 151, 157, 163, 177, 253, 276, 284, 286, 288, 289, 289 (1), 294, 296, 321, 367, 368, 373 ; — II : 18, 166, 174, 291, 293, 329, 330, 344, 386, 387, 388, 392, 393, 408, 410, 411, 412, 425 ; — III : 175, 186, 193, 201.
Bamâna ou Minianka, I : 115, 128, 152, 166, 167, 301 (Voir aussi Minianka).
Bamâna (dialecte —), I : 362, 369.
Bamba, I : 42, 72, 104, 131, 145, 148, 160, 177 (1), 195, 241, 242, 243, 244, 245, 246, 249, 320 ; — II : 63, 70, 71, 114, 241, 247, 256, 258, 259, 260, 266, 423.
Bamba ou Bambaya, I : 138, 140 ; — III : 102, 103, 108.
Bamba Sakho, I : 289, 289 (1).
Bambabougou (voir *Bamabougou*).
Bambara (voir Banmana).
Bambara (expression désignant plusieurs peuples non musulmans), I : 125, 126, 126 (1), 128, 129, 202, 301 ; — II : 105, 105 (1), 117, 264, 264 (3), 309 ; — III : 161.
Bambibéro, II : 311.
Bambougou (voir *Bambouk*), I : 140, 164 ; — II : 184, 359, 360.

Bambouk, I : 55, 87, 140, 151, 164, 165, 226, 278, 291, 292, 293, 296, 297 ; — II : 30, 41, 45, 54, 183, 183 (1), 184, 214, 215, 276 (1), 297, 299, 301, 307, 308, 313, 356, 359, 360, 361, 385, 388, 389, 400, 401, 407, 411 ; — III : 49.
Bana, II : 109.
Banamba, I : 104, 163, 239, 277, 287, 288, 323 ; — II : 18, 19, 19 (2), 20, 291, 390 ; — III : 186.
Banankoro, II : 317.
Bandama, I : 63 (2), 75, 77, 152, 299 ; — II : 375.
Bandiagara, I : 44, 77, 82, 98 (1), 99, 100, 104, 129, 146, 147, 149, 150, 151, 152, 153, 154, 155, 161, 231, 254 (1), 263, 280, 303, 310, 373, 415 ; — II : 107, 145, 146, 235 (note), 236, 276, 306, 323, 334, 335, 336, 337, 338, 392, 393 (1), 397, 417, 420, 425 ; — III : 193.
Bandiougou Diara, II : 412.
Bandiougou Diawara, II : 157.
Bandiougou Keita, II : 308.
Bandiougou Mangassa, II : 301.
Bané, I : 168, 231.
Banfora, I : 104, 172 ; — II : 373.
Banga, II : 370.
Bangadina, II : 336.
Bangama, II : 153.
Bangassi (cercle de Kayes), II : 413.
Bangassi (cercle de Kita), II : 291, 298, 314, 387, 388
Bango (Débo), II : 80, 80 (3).
Bango (Yatenga), II : 147.
Bango-fari ou bangou-farima (fonction), II : 87, 93.
Bani (affluent de la Comoé), I : 41.
Bani (affluent du Niger), I : 40, 66, 69, 71, 75, 76, 77, 97, 151, 152, 156, 162, 163, 166, 167, 230, 244, 253, 269, 284, 285, 286, 288, 295, 298, 300, 304, 316, 368 ; — II : 79, 143 (2), 191, 209, 216, 217, 228, 233, 234, 236, 246, 251, 276, 282, 286, 287, 289, 295, 296, 297, 318, 319, 320, 414, 416.

Baniakadougou, I : 164, 295 ; — II : 185.
Banifing, I : 69.
Banigbé, I : 40, 69.
Baninko, II : 416.
Baninkoka, I : 139.
Banissiralla, I : 214, 215.
Bankassi, I : 161.
Bankasso, I : 310.
Bankoumana, II : 410.
Banmana ou Bambara, I : 115, 121, 125, 126 126 (1), 128, 137, 138, 139, 141, 150, 151, 151 (1), 158, 159, 161, 162, 163, 164, 165, 166, 167, 179, 229 (1), 246, 247, 254, 254, 277, 278, 282, 283 à 289 (origines), 290, 292, 293, 295, 296, 298, 299, 300, 301, 302, 316, 321, 322, 328, 329, 330, 331, 332, 335, 336, 338, 339, 340, 341, 344, 345, 347, 348, 359, 367, 368, 411 ; — II : 48, 105 (1), 117, 143, 144, 158, 161, 176, 178, 206, 217, 219, 220, 223 (1), 227, 228 (1), 229, 230, 231, 233, 236, 263, 265, 267, 273, 274, 276, 277, 282 à 296 (histoire de l'empire de Ségou), 297 à 302 (histoire de l'empire du Kaarta), 306, 308, 309, 310, 311, 314, 315, 316, 317, 318, 319, 324, 325, 326, 327, 328, 329, 330, 332, 336, 343, 344, 360, 363, 377 (1), 378, 394, 408, 412, 413, 414, 415, 416 ; — III : 34, 36, 106, 108, 109, 121, 130, 166, 188.
Banmana (dialecte —), I : 276, 362, 367, 368, 411, 424.
Banna-Boubou, II : 163, 164.
Bantchandé, I : 311 ; — II : 153.
Baogo, II : 146.
Baol, II : 307.
Baoro, II : 128.
Baoulé (affluent du Niger), I : 40, 69, 75, 76, 284, 285, 292, 300 ; — II : 178, 179.
Baoulé (affluent du Sénégal), I : 60, 65, 76, 79, 82, 164, 295 ; — II : 27.
Baoulé ou *Komonoba* (affluent de la Comoé), I : 64.

Bapla, II : 369.
Bara (titre), II : 174, 174 (1).
Bara, I : 69, 159, 242, 244, 246, 367; — II : 80, 95, 96, 111, 112, 117, 211, 252.
Bara (près Tombouctou, voir *Dori*).
Bara-Issa, I : 69, 242, 243 ; — II : 80.
Bara-koï (fonction), II : 88.
Barada Tounkara, II : 315.
Baradyi, I : 138.
Baraka, III : 208, 209.
Baramangolo, I : 285, 285 (1), 286 ; — II : 285 (1), 297.
Baramendana ou Baramandéna, II : 174, 175, 176 (1).
Barani, I : 168, 233 ; — II : 147, 371, 372.
Barga, II : 147.
Barhayorho, I : 140 ; — III : 108.
Barho, I : 138, 279 (1).
Bari, I : 135, 136, 213, 224, 229, 382 ; — II : 223, 224, 231, 231 à 239 (histoire de la dynastie), 251, 288, 313, 316, 321, 328 (2) ; — III : 104 (1).
Bari (chef songaï), II : 252.
Bari (Sonni —) (voir Bakari-Daa).
Bari-Keïna-Nkabé (Sonni -), II : 74, 74 (1).
Bariba, I : 116, 131, 153, 156, 160, 170, 245, 309, 312, 318, 319, 331, 333, 337, 339, 341, 345, 350 ; — II : 90, 150.
Bariba (groupe linguistique), I : 363, 363 (3), 370
Bariba (langue —), I : 363, 370, 373, 426.
Barinta, II : 360.
Barissa (voir *Yaressi* ou *Diaressi*), I : 262 (1); — II : 14, 41, 49, 49 (1).
Barissongué, II : 150.
Barka (ville de Cyrénaïque), I : 47 (3), 185 (1), 215 (1).
Barka (ville ou pays du Tombola), II : 106.
Barka, II : 309.
Barkatou, II : 370.

Baroueli, I : 285 ; — II : 282, 283, 416.
Barros (Joao de —), I : 60, 201, 277 ; — II : 211, 212, 213, 215, 381, 382.
Barth, I : 193 (1), 203, 207, 252, 255 (1), 256 (note); — II : 18, 20 (1), 26 (2), 29 (2), 50 (1), 61, 64, 181, 196 (1), 211, 270 (1), 272 (1), 317 (1), 336 (1), 390, 392, 393, 394.
Bartibogou, II : 153.
Basilic (aviso), II : 406.
Bassaka, II : 333, 379.
Bassatcha (voir *Bassaka*).
Basset (René —), I : 193 (1).
Bassi, II : 141.
Bassi, II : 39, 40, 52.
Bassikounou, I : 82, 84, 143, 144, 182, 255, 267, 269, 277 ; — II : 13, 14, 56, 180, 321 (1), 390, 391, 423.
Bassirou Tal, II : 337.
Bata, II : 361.
Batassi, I : 140 ; — II : 361, 362.
Baud, II : 153, 394, 397, 421.
Baudry, II : 397.
Baya, I : 165, 292.
Bayidoba, II : 150.
Bayol, II : 391.
Bazy, II : 383, 399.
Bé-Bakari Ouatara, I : 317 ; — II : 368.
Béda-Hamma, II : 368.
Beggâma, I : 282 (1) (voir **Bagâma**).
Bégho, I : 279, 279 (1), 280 (note), 317 ; — II : 276 (1).
Beïna-Foloko (Dia —), II : 65.
Bekdra, II : 33.
Bekkaï, I : 131, 182 (1), 183 (1); — II : 75 (1), 234, 236, 239, 270 (note), 271, 274, 287, 423 ; — III : 194, 199.
Bekkaya, III : 194.
Bekri, I : 56, 57, 58, 74, 88, 193, 195, 195 (1), 205, 205 (1), 216 (1), 221, 221 (2), 226, 227, 227 (1), 242 (1), 250, 262 (1), 282, 302 (1), 308 (1); — II : 13, 13 (3), 14, 15, 17, 18, 20, 21, 29, 29 (2), 30, 31, 31 (1),

32 (1), 32 (3), 33, 33 (2), 34 (1), 34 (2), 35, 37, 38, 38 (3), 40, 41, 42, 42 (1), 43, 44, 45, 48, 49, 50, 51, 52 (1), 52 (3), 65, 66, 67, 68, 68 (1), 69, 69 (2), 70, 70 (note), 70 (2), 71, 72, 80 (4), 164 (1), 174, 175, 178 (1), 202, 354, 380.

Belba-Galfermi, II : 366.

Bélédougou, I : 126, 163, 222 (1), 261, 263, 268, 277, 282, 286, 287, 287 (4), 292 ; — II : 27, 55, 162, 165, 167, 168, 173, 179, 180, 220, 285, 286, 291, 293, 294 (2), 300, 301, 314, 315, 315 (1), 388, 391, 407, 412, 417.

Bélédougouka, I : 139.

Béliard, II : 391.

Bella ou Iklân, I : 85, 118, 134, 135, 142, 145, 252, 323, 365 ; — II : 246.

Bellevue, II : 423.

Béloussa, I : 154, 169, 315 ; — II : 125, 126, 128, 129, 135.

Béma, II : 290.

Bemba Niakaté, I : 267, 274, 275 ; — II : 155.

Bembella, II : 141.

Bempa Massassi, II : 298.

Bena, II : 182 (1).

Benay, I : 255 (1) ; — II : 182.

Bendougou, I : 167, 284 ; — II : 88, 102, 116, 117, 208, 209, 215, 216, 217, 217 (2), 219, 228, 246, 256, 282, 286, 288, 294, 416.

Benga ou *Bengo*, II : 253.

Bengan-Koreï (Askia Mohammed —), II : 93, 95, 96, 96 à 99 (règne), 99, 100, 105, 121 (1), 214, 215.

Beni-Hâm, I : 304.

Beni-Hassân, I : 117, 132, 188, 189, 190, 190 (1), 191, 191 (2), 195, 278, 322, 342, 364, 365 ; — II : 106, 205, 377.

Beni-Makil, I : 190 ; — II : 190.

Beni-Sebeh, II : 102.

Beni-Soleïm, I : 190.

Bénoum, II : 378, 378 (1), 386.

Benquey, I : 317.

Bentia, I : 192, 240, 241 ; — II : 10, 11 (1), 60, 67.

Bentigui Doukouré, I : 205 ; — II : 25.

Bérabich, I : 113, 117, 131, 143, 157, 180, 181, 182, 183, 193, 195, 248, 257, 319, 320, 322, 342, 364 ; — II : 110, 259, 266, 273, 274, 388, 419, 422.

Berbères, I : 85, 88, 110, 113 (1), 114, 117, 120, 123, 132, 133, 175, 179, 181, 182, 183, 184, 185, 185 (1), 186, 186 (note), 187, 187 (2), 188, 189, 190, 191, 192, 193, 194, 197, 197 (1), 200, 207, 208, 211, 217, 218, 219, 220, 227, 236, 237, 238, 239, 244, 249 (1), 252 (1), 255, 256, 264, 265, 278, 279 (note), 280, 282 (1), 319, 320, 321, 322, 345, 364 ; — II : 4, 5, 6, 10, 14, 21, 23, 27, 28, 29, 29 (1), 29 (2), 30, 31, 33, 34, 35, 37, 39, 42, 56, 60, 61, 63, 64, 65, 66, 68, 69, 71, 72, 74, 75 (1), 76, 82, 83, 101, 106, 113, 117, 155, 156, 163, 178, 187, 190, 194, 194 (1), 196, 205, 207, 225 (1), 268, 269, 271, 273 (1), 353, 380.

Berbères (langues —), I : 198 (note), 361, 365, 419.

Berdâma, I : 118 (2) ; — II : 75 (1).

Béré ou Bérété ou Béréya, I : 138, 140 (voir Bérété).

Bérenger-Féraud, I : 204, 205, 256 (2).

Bérété, I : 138, 140, 258, 267.

Bérété Kourouma, II : 375.

Béretti, II : 419.

Bergadjâna, II : 30.

Berghouâta, II : 39.

Berlioux, I : 54.

Bernard, II : 399.

Bernès, I : 185 (1).

Bérouyane, II : 31.

Berr, I : 185 (1).

Bertin, II : 348

Bétéya, II : 360.

Betsine, II : 28.

Beyla (ville de Guinée), I : 294 ; - II : 343 (2).

Bezerkâni, II : 68.

Biban, II : 372.

Bibers (Ed-Daher —), II : 184.
Bibliographie linguistique, I : 421 à 426.
Bida Boli, II : 183, 184, 184 (1).
Bieurt, II : 399.
Biffaud, II : 416.
Bikoun-Kabi, I : 269; — II : 80.
Bikounkabé, II : 80 (1).
Bilakoro, II : 348.
Bilali, II : 287.
Bilanga, II : 153.
Bilidougou, II : 360.
Bimba, I : 129, 312.
Bina, II : 218, 219, 255.
Bindé-naba (fonction), II : 129.
Bindo (femme de Maga Diallo), II : 224.
Binger, I : 62, 63, 123 (1), 279 ; — II : 128, 181, 182, 212, 346, 392, 393, 394, 394 (1).
Bir-ez-Zobeir, II : 246.
Bir-Mari, II : 367.
Bir-Takhndt, II : 246.
Birama Diarisso, II : 164, 165.
Birgo, I : 154, 164, 292, 296 ; — II : 304, 345, 411.
Birifo ou Bérifon, I : 115, 131, 154, 155, 170, 171, 305, 306, 312, 313, 317, 323, 329, 330, 331, 332, 337, 339, 340, 341, 349 ; — II : 9, 9 (1), 347, 369, 370, 422 ; — III : 34, 36 (1), 67 (2), 83 (1), 107.
Birifo (dialecte —), I : 363, 370, 425.
Birket-el-Habech, II : 187.
Birou (voir *Oualata*), I : 255, 256 (note), 268 ; II : 56, 166.
Biskra (ville d'Algérie), I : 182; — II : 188, 193.
Bissandougou (ville de Guinée), II : 343, 346, 347, 414.
Bissi-Ber (Dia —), II : 65.
Bissigué, I : 277.
Biton Kouloubali, I : 247, 286, 287, 322; — II : 143, 220, 263, 275 (2), 283, 284, 285, 286, 287, 288, 290, 297, 298.
Bitou, I : 41, 169, 307, 308 ; — II : 276 (1), 394.

Bicougou, II : 153.
Bla, II : 415, 416, 417.
Blachère, II : 418.
Blé, I : 115, 141, 152, 171, 300.
Blé (dialecte —), I : 362, 368.
Bluzet, II : 397.
Bobo, I : 115, 116, 127, 129 (2), 130, 133, 153, 155, 156, 161, 162, 166, 167, 169, 170, 171, 172, 263, 270, 277, 280, 288, 298, 299, 301, 302, 315, 316, 316 (1), 330, 331, 332, 333, 335, 337, 339, 340, 341, 348, 349, 370; — II : 252, 282, 370, 371, 377 (1), 420, 421 ; — III : 67 (2).
Bobo (langue) — I : 363, 370, 372, 373, 374, 425.
Bobo-Dioula (voir Sia), I : 171, 299, 300.
Bobo-Dioulasso, I : 43, 44 (2), 64, 67, 77, 98, 99, 100, 104, 116, 138, 146, 148, 149, 150, 151, 152, 153, 155, 157, 171, 172, 233, 281, 299, 300, 316, 317, 318, 323, 341, 368, 370, 374 ; — II : 212, 348, 368, 369, 374, 377, 393, 394, 421 ; — III : 130, 193, 197.
Bobo-Fing, I : 116, 130, 166, 167, 168, 171, 370.
Bobo-Ghé, I : 116, 130, 162, 163, 167, 370.
Bobo-Oulé, I : 116, 130, 167, 168, 370 ; — II : 371.
Bodian Kouloubali, II : 296 (2), 414, 415, 416, 417, 417 (1).
Bodian-Moriba Massassi, II : 301, 304 (1), 302.
Bogandé, II : 153.
Bogoré, II : 150.
Bogué, II : 287.
Bois sacrés, II : 42 ; — III : 177.
Boiteux, II : 418.
Boka, II : 266.
Bokar-Ahmat-Sala, II : 312.
Bokar-Amina, II : 233, 234.
Bokari-Koutou ou Boukari-Koutou, I : 383 (1), 384, 384 (1); — II : 128, 394, 420.
Boké, I : 164, 297.

Bokhari, II : 246.
Boko, I : 292.
Bokoum, I : 229 (1).
Bôlé (ville de Gold-Coast), I : 305.
Boli, I : 135, 136, 224, 224 (2), 229 ; — II : 183, 184 (1) ; — III : 104 (1).
Boloi, II : 367.
Bonaccorsi, II : 419 (1).
Bondoukou (ville de la Côte d'Ivoire), I : 43, 279 (1), 315, 317, 318, 321 ; — II : 276 (1), 347, 393 ; — III : 138.
Bonga ou Lambouéga, II : 141, 142, 210.
Bongona Konndé, II : 117, 245.
Bongourou, II : 309, 309 (3).
Boni, II : 106 (1), 112.
Boni, II : 106.
Bonnel de Mézières, I : 58 (2) ; — II : 56 (2), 65 (1), 388.
Bonnier, II : 347, 409, 416, 418, 419.
Bonoto, II : 294 (2), 315.
Borgnis-Desbordes, II : 343, 344, 392, 408, 409, 410.
Borgou (pays des Bariba), II : 90.
Borgou (zone d'inondation du Niger), II : 80, 90 (2), 225.
Bori, II : 257.
Bornou (pays de la rive occidentale du Tchad), I : 204, 215, 217, 217 (1), 310 ; — II : 17, 67, 75 (1), 92 (note), 186, 206, 278, 306, 337, 341, 390 ; — III : 197.
Bornou (village du Niger), II : 104, 105, 241.
Boromo, I : 104, 155, 168, 382 ; — II : 368, 370, 421.
Boron ou Bolon, I : 138, 149 (5 et 7), 168, 171, 281, 368.
Borrada, I : 131, 143.
Bossé, II : 419 (1).
Bosséa, II : 357.
Bosséabé, I : 136.
Botou, I : 170.
Bou-Djebiha, I : 38, 84, 85, 104 ; — II : 424.
Bou-el-Anoudr, II : 336 (1).
Bou-Ikhtiyar, II : 248.

Boua, I : 146, 130, 155, 156, 166, 167, 171.
Boua (dialecte —), I : 363, 370.
Bouaré, I : 139.
Boubakar (empereur du Tekrour), II : 357.
Boubakar (lieutenant de Tidiani), II : 371.
Boubakar-Saada, II : 343.
Boubakar-Samba, II : 333.
Boubou, II : 232.
Boubou-Aïssata Diallo (ardo), II : 229, 251.
Boubou Doukouré, I : 266.
Boubou-Ilo Diallo (ardo), II : 226, 227 (note).
Boubou-Mariama Diallo (ardo), II : 108, 109, 226, 226 (1), 227.
Boubou-Ouolo-Keïna, II : 251.
Boubou Sissé, II : 325, 326, 329.
Boudofo, I : 292.
Bouet-Willaumez, II : 389, 403.
Boufflers (de —), II : 385, 402.
Bougadié, I : 419.
Bougarat, II : 70, 72.
Bougoula, I : 166 ; — II : 373, 374.
Bougounam, II : 141.
Bougouni, I : 40, 43, 44 (2), 96, 99, 100, 104, 141, 146, 148, 149, 150, 151, 152, 165, 284, 292, 295, 300, 368, 373 ; — II : 181, 347, 376, 393, 394, 418 ; — III : 193.
Bougounso, II : 375.
Bougouré, I : 314 ; — II : 149.
Bougouré-nâba (fonction), II : 148.
Bougouri (voir Pougouli).
Bougouriba, I : 66, 67, 77, 156, 171, 316.
Bouhima Diallo (ardo), II : 224, 226.
Bouido-Ali-Bangal, II : 368.
Bouilli (voir Bagaré).
Boukar-Siré, II : 358.
Boukari (roi du Galam), II : 384, 399.
Boukari-Koutou (voir Bokari-Koutou).
Boulé Kané, II : 286.
Boulgou, II : 153.
Bouli, II : 158.
Boulsé, I : 130.

Boumba (bas Niger), I : 42.
Boumba (Fouta), II : 307.
Boun-Lambo (voir *Lambo*).
Bouna (ville de la Côte d'Ivoire), I : 156, 313, 315, 318, 321 ; — II : 348, 369, 397, 421.
Boundou, I : 226, 232, 236, 277, 278, 290, 292, 322 ; — II : 50 (1), 158, 183, 299, 301, 307, 309, 313, 385, 386, 388.
Boundoubabou, II : 368.
Bounga (femme de Kanta Diallo), II : 225.
Bour-Mali (titre), II : 208.
Boura ou **Frafra**, I : 306.
Bourahima-Boye Diallo (ardo), II : 229, 230.
Bourdiaux, II : 409.
Bouré, I : 55, 262, 291, 292, 293, 296 ; — II : 45, 178, 202, 307, 308, 345, 360, 361.
Bourei, II : 368.
Bourem, I : 42, 71, 72, 145, 148, 195, 197, 241, 252 ; — II : 69, 70 (2), 71, 83, 87, 259, 423.
Bournâbé, III : 118 (1).
Bournei, II : 244.
Bourouro ou **Bourourdo** (singulier de Ourourbé, voir ce mot), I : 224.
Bourpoudabonga, I : 42.
Boussa, I : 62, 72 ; — II : 104, 292, 388, 397.
Boussansé, I : 115, 130, 155, 169, 307, 308, 309, 311, 314, 315, 333, 337, 339, 369, 371 ; — II : 126, 129.
Boussansé (langue —), I : 363, 370, 372, 374, 425.
Bousse, II : 372.
Boussoum, II : 140.
Boussouma, I : 154, 169, 234, 341, 345 ; — II : 125, 126, 128, 129.
Bouticq, II : 147, 422.
Bouverot, II : 419.
Bouvet, II : 147, 422.
Bouya (pacha), II : 259, 264 (1).
Bouya (Sidi —), II : 312 (1).
Bouyagui-Toumbéli, I : 266, 266 (1), 320.

Boye, I : 142 (1).
Boyle (Vicars —), I : 213 (1).
Boylève, II : 344, 409, 411.
Bozo, I : 114, 127, 137, 149, 150, 161, 162, 167, 218, 242, 243, 243 (1), 244, 251, 253, 254, 263, 269, 270, 270 (2), 288, 303, 304, 316, 329, 370, 331, 332, 335, 336, 338, 346, 367 ; — II : 224, 321 ; — III : 130, 188.
Bozo (langue —), I : 304, 362, 367, 372, 423.
Brakna, I : 189 (1) ; — II : 354, 357 (2).
Bratières, II : 421.
Braulot, II : 347, 376, 394 (1), 421.
Brière de l'Isle, II : 403, 408, 409.
Briquelot, II : 415, 416.
Brossard de Corbigny, II : 390.
Brue (André —), II : 357, 357 (2), 383, 383 (1), 384, 385, 399, 400, 401.
Brun (Père —), I : 139 (2), 140 (2), 142.
Bunas, II : 348.
Buonfanti, II : 392.

C

Cadamosto, I : 58, 59, 201, 205 ; — II : 60, 181 (2), 210.
Cadi, III : 146, 147, 149, 189, 190.
Cagnou (île de —), II : 384, 400, 401.
Caille, II : 307.
Cailleau, II : 416.
Caillié (René —), I : 246 (1) ; — II : 389.
Caire (le —), II : 187, 193, 211 (note), 306, 341.
Canard, II : 409.
Cancel, I : 252.
Canton, III : 124, 134 à 136, 147.
Caractères physiques des populations, I : 327 à 333.
Cardin (veuve —), II : 400.
Caron, II : 336, 392.
Carrier, II : 134 (1).

Carthaginois, II : 4, 5, 6, 46.
Case, III : 124, 125, 126, 147.
CASSIEN, I : 185 (1).
Castes : I : 113, 134, 135, 136, 137, 139, 141, 156 (1), 224 ; — III : 84, 115 à 118.
CAUDRELIER, II : 348, 370, 421.
CAULLIER (Louis —), II : 399.
Cauries, II : 44, 51, 101, 101 (1), 203, 266, 272 ; — III : 48, 48 (1), 48 (2).
Cavally, II : 348, 421.
Cayor, II : 307, 357 (2), 385, 399.
CAZEAUX, II : 426.
Cercles (nomenclature des —), I : 103, 104.
Cercles (population des —), I : 99, 100, 157 à 172.
Cession, III : 49.
CHAMBONNEAU, II : 383.
CHANAAN, I : 185 (1), 186 (note), 199, 208.
Chanaan (pays de Palestine), I : 214, 215.
CHANOINE, II : 420, 421.
CHARTIER, I : 256 (2).
Chasse et pêche, III : 9, 10.
Châtiment, III : 153, 155, 156, 157.
CHAUDIÉ, II : 409, 425 (1).
CHEBANA, I : 189.
Chebanât, I : 189.
Cheikh (titre), III : 198, 199, 203, 204, 205.
Chemenama, I : 134, 146.
Chemin de fer, II : 408.
Cheraga, II : 262.
Cherata, II : 29 (2).
Chétou ou *Tichit* (voir *Tichit*), I : 220.
CHEVANT, II : 404.
Cheveux, I : 330, 331.
CHEVIGNÉ (DE —), II : 423.
Chin-Feness, II : 81.
Chinguetti (ville de Mauritanie), I : 255, 255 (2) ; — II : 31 (1), 76.
Choamât, I : 133.
Chorfa, I : 114, 131, 143, 144 ; — II : 265.
Chorfiga, I : 134, 145, 160 ; — II : 419.

Chous, I : 199, 200 (2).
Chrattit, I : 132.
Chrétiens, I : 187, 187 (2), 192, 193, 202, 250 (note), 380 ; — II : 63, 113, 309.
Christianisme, I : 187 (2), 216, 219 ; — II : 63 ; — III : 160, 164 (1), 165 (note), 200, 212, 215.
Chronologie, I : 319 à 323.
CHUDEAU, I : 78, 84 ; — II : 397.
Circoncision, I : 331, 332 ; — III : 176, 177.
Civilisation, III : 1, 2, 3, 4.
Clans, I : 113, 135, 135 (1), 136, 136 (1 et 2), 137, 138, 139, 140, 141, 142, 142 (1), 224, 229, 229 (1), 233, 262, 274 ; — III : 98 à 109, 118 (1), 180, 181, 213.
CLAPPERTON, I : 62, 202, 202 (1), 212 (note), 213 (1), 223 (2), 254 (2), 304 ; — II : 80 (1), 91 (3), 388, 389 (1).
Classes linguistiques, I : 390, 391.
Classes sociales, III : 114, 115.
CLÉMENT-THOMAS, II : 409.
Clergé animiste, III : 167, 169, 176, 177.
Clergé musulman, III : 188, 189, 190.
Climatologie, I : 90 à 95.
CLOUÉ, II : 408.
CLOZEL, II : 424, 425, 426.
Cochia, II : 60, 211 (note).
Coemption (mariage par —), III : 68, 69, 70, 71.
COLBERT, II : 399.
COLLIN, II : 392.
Coloration de la peau, I : 327, 328, 329.
COMBES, II : 344, 345, 347, 409, 411, 417, 418.
Comoé, I : 41, 63, 64, 66, 67, 68, 77, 152, 299.
Compagnies de commerce du Sénégal, II : 398 à 401, 402 (1), 403.
COMPAGNON, II : 384.
Compensation, III : 153, 154, 155.
Confédération, III : 124, 137, 141, 142, 142 (1).
Confréries musulmanes, III : 193 à 205, 213.

Consentement mutuel (mariage par —), III : 67, 68.
Consentements nécessaires au mariage, III : 71, 72, 78.
Consonnes, I : 405, 406.
Consonnes radicales (modifications des —), I : 390.
Contrats, III : 40 à 60.
Contrats (conditions de validité des —), III : 40, 41, 42, 43.
Contrats (différends relatifs aux —), III : 45.
Contrats (extinction des —), III : 44, 45.
Contrats (forme des —), III : 40.
COOLEY, II : 17, 41, 52 (1), 353 (2).
COPPOLANI, II : 18, 423.
CORIPPUS, I : 185 (1).
CORNELIUS BALBUS, I : 217 ; — II : 6.
CORNJET, II : 400.
CORNU, II : 313.
CORTIER, I : 51 (1), 94 (1) ; — II : 75 (1).
Courtiers, III : 43.
Crimes excusables, III : 157.
CHOZAT, II : 128, 394, 394 (1).
CULTRU, I : 58 (1) ; — II : 383 (1).
Cyrénaique, I : 184, 200, 209, 210, 211, 212, 215, 216, 216 (1), 218, 219, 224, 234, 255, 319, 419 ; — II : 22 ; — III : 196 (1).
Cyrénéens, II : 5.

D

Da, I : 142.
Da (près San), II : 210, 256.
DA (chef des Dian), II : 369.
DA DIARA, II : 233, 292, 293, 296, 301.
Daa, II : 107.
DAA ou DAADOU, I : 212.
DAANKA, II : 248 (1), 257, 258.
Daba, I : 287 (3) ; — II : 344, 391, 408, 410.
DABA (guide), II : 311.
DABA SANGARÉ, I : 233.
Dabakala (ville de la Côte d'Ivoire), II : 347.

DABAKOUTOU, II : 362, 302.
Dabia, II : 362, 392.
DABILA, II : 369.
Dabo, II : 178
Dabo ou Dabora, I : 137, 321 (voir Dabora).
DABO DIAWARA, II : 158.
Dabora ou Daboro, I : 137, 321 ; — II : 158, 161, 298, 299.
Daébé, I : 135, 213, 224 (3), 229 ; — II : 231 ; — III : 104 (1).
Daédio (singulier de Daébé), I : 224, 229.
Dafiélé ou Dakpélé, I : 142.
Dafina, I : 125, 138, 168, 233, 276, 277, 280, 313, 367 ; — II : 394 ;— III : 197.
Dafing, I : 125, 125 (1), 138, 168.
Daga, I : 118.
Dága, II : 48.
Dagari, I : 115, 126, 131, 141, 153, 154, 155, 169, 170, 171, 305, 306, 312, 313, 316, 317, 323, 330, 331, 332, 337, 339, 340, 341, 349, 350, 369, 370 ; — II : 347 ; — III : 67 (2).
Dagari (langue —), I : 363, 363 (1), 370, 372, 374, 425.
Dagari-Fing, I : 141.
Dagari-Oulé, I : 141, 156 ; — II : 369 (Voir Oulé).
DAGNEAUD, II : 426.
Dagnorho ou Dagnokho, I : 138, 140, 141, 280 (note) ; — II : 361.
Dagomba, I : 309, 314 ; — II : 392, 393.
Dagomba ou Dagboma, I : 305, 306, 307, 308, 310, 311, 312, 313, 314, 315, 318, 320 ; — II : 122, 138.
Daï, I : 72, 73 ; — II : 258, 266.
DAÏ TAL, II : 334.
DAÏKARA, II : 368.
DAKA, II : 421.
Dakar, II : 425.
Dakka, II : 372.
Dakol, II : 420.
Dakouraré, I : 269.
Dallôl-Dosso, I : 239.
Dallôl-Maouri, I : 239, 244 ; — II : 241 (1).

DAMA, I : 231, 231 (1).
DAMAN DIAWARA, II : 157, 158.
DAMAN-GUILÉ, I : 271, 272, 273, 274, 275 ; — II ; 156.
Damfa, I : 159 ; — II : 315.
Damga, I : 136 ; — II : 301. 326.
Damossân, I : 134, 146, 161 ; — II : 259.
Dan ou Mèbé, I : 134 (1), 297.
Dan (langue—), I : 362 (4).
Danakil, II : 186.
Danané (village de la Côte d'Ivoire), II : 348.
DANCOURT, II : 383.
DANDO, I : 292.
DANFASSARI KOULOUBALI, I : 285, 322 ; — II : 282, 283, 286 (2).
Danga, II : 417.
DANGUINA KONNTÉ, II : 168, 169, 178.
Dâni (mont —), II : 257.
Dano, II : 370.
Dansira, I : 139, 139 (2).
Dansoko, I : 140.
Dao, I : 138, 140, 279 (1) ; — II : 361.
Dao, II : 49, 50, 178 (1).
DAOUD (askia —), II : 67, 93, 102, 103, 103 à 108 (règne), 108, 111, 121 (1), 215, 226, 227, 243, 251, 260.
DAOUD I (askia du Dendi), II : 254, 255, 256, 260.
DAOUD II (askia du Dendi), II : 256, 259, 260.
DAOUD III (askia du Dendi), II : 260.
DAOUD-BEN-HAROUN (askia du Nord), II : 261.
DAOUDA-BENGAÏ, II : 367.
DAOULA, II : 373.
Daouna-ber, I : 70, 73, 74.
Daouna-keïna, I : 70, 73, 74.
Dapoui-nâba (fonction), II : 129.
DAPPER, I : 61 ; — II : 66, 67, 181 (2), 182, 182 (1), 213.
Dar-es-Salam, III : 194, 207.
Dara (mont —), II : 259.
Dara ou *Draa* (pays, ville et fleuve du Sud marocain), I : 49, 54, 61, 180, 181, 182, 189, 190, 207, 289 ; — II : 29 (2), 36, 37, 45, 102.

Dara-nâba (fonction), II : 129.
Darados, I : 207.
Daraga, I : 257, 259.
Daramé, I : 137, 138, 275.
Daraoué, I : 137, 289.
Darbout, I : 120.
DARIUS, I : 46.
Dassalami, I : 281.
D'ASSÉ KOULOUBALI-MASSASSI, II : 290, 291, 300, 378, 386.
Dassiri, III : 168, 169, 169 (2).
DAVOUST, II : 392.
DAWOÉMA, II : 126, 129.
Dayambéré, II : 323.
Dazouli, II : 126.
Débo, I : 51, 55, 69, 72, 123 (1), 159, 162, 230, 242, 243, 244, 245, 252, 252 (2), 253, 263, 265 ; — II : 63, 78, 80, 81, 87, 144, 203, 207, 210, 218, 225, 225 (2), 249, 251, 252, 264, 264 (3), 267, 275.
DECŒUR, II : 394.
Dédougou, II : 370.
Déforo, I : 115, 129, 153, 154, 161, 305, 305 (1), 312, 330, 331, 332, 335, 339 ; — II : 366.
Déforo (langue —) I : 363, 369, 373, 425.
Dégha ou Mô ou Diammou, I : 315.
Dégha (langue —), I : 363 (2).
Déguésellen ou Déguisellen, I : 134, 146, 160.
Deïlouba, I : 133, 144.
DÉKORO KOULOUBALI (voir DENKORO).
Dékou ou *Dégou*, I : 40, 293 ; — II : 184, 359, 361.
DELABRUE, II : 385.
DELESTRE, II : 423.
DELISLE (Guillaume —), I : 61.
DELLO TÒRODO, I : 230, 231.
Demba, I : 140, 140 (2).
DEMBA BARI, II : 371.
DEMBA-DEMMO, II : 224.
DEMBA-DONDI, II : 89, 214, 224, 225.
DEMBA GALADIO, I : 231.
DEMBA-HAMADOU, I : 232.
DEMBA SANGARÉ (voir DEMBA BARI).
DEMBA-SÉGA, I : 290 ; — II : 299,

299 (2), 300, 301, 363, 363 (2), 386.

DEMBA-YAMADOU, II : 364.

Dembacané, II : 357 (2) (voir *Dembakané*).

Dembakané ou *Dembacané*, II : 357 (2), 384.

Dembélé ou Dambélé, I : 138, 139, 139 (2), 140, 141 ; — III : 102, 104, 108.

DEMBO TÔRODO, I : 230, 231.

Demdem, I : 302, 302 (1).

DEMMO, II : 224.

Dendi (contrée), I : 120, 239, 240, 244, 246, 249 ; — II : 87, 89, 91 (1), 92, 98, 102, 107, 109, 111, 116, 117, 241, 242, 243, 243 (2), 244, 246, 247, 248, 249, 251, 252, 253, 254, 255, 256, 259, 260, 262, 263.

Dendi (tribu songaï), I : 114, 120, 136.

Dendi-fari (fonction), II : 87, 103, 109.

Denga, II : 83, 84.

DENHAM, I : 62 ; — II : 389 (1).

DÉNI DABORA, II : 299, 299 (1).

DÉNI MASSASSI ou DÉNIMBABO, II : 299, 299 (1), 299 (2).

Déniankè, I : 136, 225, 230 (note), 233, 233 (1) ; — II : 355, 355 (2), 356, 356 (2), 358.

DENIS FERNANDEZ, I : 58.

DENKORO KOULOUBALI, II : 143, 143 (3), 286, 286 (2), 287, 288, 289.

Dentilia, II : 402.

Dépôt, III : 54.

Dérébo, I : 138.

Deren, II : 39.

DESCEMET, II : 407 (note).

DESHAYES, II : 404.

DESMARAIS, II : 404.

DESPLAGNES, I : 235 (1), 243 (1), 287 (4) ; — II : 19, 397.

DESPLATS, II : 404, 405.

DESSÉKORO (voir DASSÉ KOULOUBALI-MASSASSI).

DESTENAVE, II : 146, 147, 372, 373, 397, 420, 421.

Déterminatifs et qualificatifs, I : 402, 403.

Dettes, III : 55.

Dia (souffle vital), III : 165, 166, 171.

Dia ou *Diaga* ou *Diagha* ou *Diaka* ou *Diakha* (bras du Niger), I : 69, 162, 230, 252 (2), 253, 253 (note), 254 (1) ; — II : 218, 223, 224, 225, 228, 230.

Dia ou *Diaga* ou *Diagha* ou *Diaka* ou *Diakha* (ville), I : 159, 252 (2), 268, 268 (1), 270 (1) ; — II : 177 (1), 180, 196, 203, 209, 223, 224, 227, 230 ; — III : 103 (1).

Dia ou *Diaga* ou *Diagha* ou *Diagara* ou *Diagari* (contrée), I : 123 (1), 124, 178, 179, 203, 212, 215, 217, 220, 222 (1), 228 (1), 229, 252, 252 (2), 253 (note), 254, 254 (1), 255, 256, 257, 257 (1), 263, 264, 265, 267, 268, 269, 276, 280, 282, 292, 319, 367 ; — II : 25, 27, 55, 89, 154, 162, 165, 177 (1), 180, 195, 196, 203, 207, 216, 223, 224, 225 (1).

Dia (titre dynastique ; chercher au nom qui suit Dia les noms des princes de cette dynastie, I : 193, 245, 319 ; — II : 61, 62, 62 (1), 63, 74, 83, 84.

Dia (histoire de la dynastie des —), II : 60 à 72.

DIA-FOUNÈ, I : 257.

DIA-MOUSSA NIARÈ, I : 289, 289 (1).

DIABA LOMPO, I : 308, 311, 312 ; — II : 122, 125, 149, 150.

Diabaaté ou Diabahaté ou Diawaté, I : 140 ; — III : 118 (1).

Diabéra, I : 258.

Diâbi, I : 137, 138, 258, 267, 269 ; — II : 358.

DIABIGNÉ-DOUMBÉ, II : 156.

Diabigué, II : 158, 311.

Diabo, II : 153.

Diabouraga, I : 137.

DIADIÉ-GAO, I : 231.

DIADIÉ-SADIO, I : 228, 229, 229 (2).

DIADIÉ-SAFO, II : 224, 226.

DIADIÉ-TOUMANÉ, II : 103, 226.

Diafarabé, I : 69, 252 (2), 269, 270 ; — II : 117, 196, 203, 276, 335, 386, 392.

Diafouko, II : 52, 52 (3).
Diafounko, II : 52.
Diafounou, I : 158, 222, 222 (2), 256, 257, 263, 266, 319 ; — II : 27, 52, 154, 155, 314, 334, 411.
Diaga, Diagara, Diagari, Diagha, Diaka, Diakha (voir *Dia*). I : 178, 179, 203, 222 (1), 228 (1), 229, 253 à 257, 263 à 269, 276, 280, 282, 292, 319 ; — II : 23, 27, 55, 89, 154, 162, 165, 177 (1), 180, 195, 196, 203, 207, 216, 223, 224, 225 (1).
DIAGABA-FOUNÈ, I : 257.
Diaganka, I : 124.
Diagara ou *Diagari* (voir *Diaga*), II : 195, 196, 203, 224.
Diaghaté ou Diakaté (voir Niakaté).
Diagouraga, I : 138, 260.
Diagouraga, I : 274.
Diagourou, II : 423.
Diaka (voir *Dia* et *Diaga*).
Diaka-nàba (fonction), II : 148.
Diakandapé, II : 405.
Diakaté ou Diakhaté ou Diaghaté (voir Niakaté), I : 228 (1), 229, 253 (note) ; — II : 154, 358 ; — III : 103 (1).
DIAKILI DIARA, II : 289.
Diakité, I : 135, 140, 229, 233, 253 (note) ; — III : 103 (1), 104, 109.
Diakolo, I : 268.
Diala, I : 140.
Diala, II : 158, 312.
Dialafara, II : 308.
Dialako, I : 39.
Dialana, II : 90.
Dialectes, I : 113, 357, 358, 359, 364, 373.
Diallo (singulier de Dialloubé, voir ce mot), I : 140, 224, 224 (2), 227, 229, 233 ; — II : 223 à 231 (histoire de la dynastie), 234, 236 ; — III : 104 (1), 109.
Diallon (voir *Fouta-Diallon*), I : 296, 296 (1).
Diallonké, I : 113, 115 (2), 121, 127, 140, 151, 152, 163, 164, 165, 233, 233 (1), 283, 293, 296, 297, 301, 302, 330, 331, 333, 334, 338, 348, 368 ; — II : 41, 49, 178, 184, 207, 308, 361.
Diallonké (dialecte —), I : 283, 362, 368.
Dialloubé, I : 135, 136 (1), 201, 212, 224 (3), 229, 232 ; — II : 82, 117, 143, 146, 147, 148, 226, 231, 258, 328 (2) ; — III : 104 (1).
DIAMADI, II : 362.
Diamala (voir *Niamala*).
Diamanatigui (fonction), II : 376.
DIAMÉRA SOGONA, I : 260, 261 ; — II : 162, 163.
DIAMONDI, II : 368.
Diamou ou nom de clan, I : 110, 141, 142, 142 (1) ; — III : 80, 107, 107 (1), 108 (note), 180.
Dian ou Dian-né, I : 116, 131, 133, 156, 170, 171, 300, 312, 316, 317, 321, 332, 334, 335, 339, 350 ; — II : 369, 370.
Dian (langue —), I : 363, 370, 373, 425.
DIAN SIDIBÉ, II : 371
Diandian, II : 241.
Diang, I : 142 (1).
DIANGANA BORO, I : 257.
Dianghirté, I : 158.
DIANGO, II : 313.
Diagounté (province), I : 158 ; — II : 155, 158, 161, 314.
Diangounté (village), II : 312.
Dianguitoi, II : 81.
Diankabé, II : 251, 252.
Diankabo, II : 248 (1), 257, 258.
Diao, I : 136, 142 (1).
Diaogo, II : 355 (3), 356 (note).
Diapaga, I : 104 ; — II : 153.
Diapangou (voir *Diupaga*).
Diara (entre le Niger et le Bani), II : 209.
Diara (près Nioro), I : 190 (1), 220, 230 (note), 253 (note), 261, 266, 267, 271, 273, 274, 275, 276, 288 ; — II : 55, 90, 91, 154 à 161 (histoire du royaume), 165, 180, 207, 214, 216, 228, 292, 297, 298, 299, 300, 301, 358, 378, 386.

Diara, I : 139, 140, 253 (note), 287 ; — II : 177 (1), 285, 288 à 296 (dynastie), 324, 416 ; — III : 80, 103 (1), 104, 106, 108, 180.
DIARA KANNTÉ, II : 164, 165.
DIARA MAKASSA, I : 283.
DIARA-MAMADI, I : 273.
Diarassouba, I : 140, 141.
Diaressi, I : 137, 260, 267 ; — III : 103 (1).
Diaressi, II : 13, 14, 41, 44, 49, 50, 51, 52, 358.
DIARI, II : 366.
Diarisso ou Diaressi, I : 137, 260, 265, 268 (2) ; — II : 154, 162, 163, 165, 358 ; — III : 103 (1).
Diarissona, II : 41, 49, 358.
DIATA (ministre de Moussa II), II : 206.
Diatara, I : 140.
Diawambé, I : 119, 135, 137, 224, 224 (3), 228, 229, 229 (1), 230, 264 (note), 267, 271 (2), 321 ; — II : 157 ; — III : 118 (1).
Diawando (voir Diawambé).
Diawara, I : 115, 137, 149 (6), 222 (2), 256 (2), 260, 267, 271, 271 (2), 272, 273, 276, 321, 332 ; — II : 155 à 164 (histoire de la dynastie), 294 (2), 297, 298, 299, 301, 302, 310, 311, 312, 314, 315, 328, 329, 378 ; — III : 118 (1).
Diawara, II : 302.
Dibikarala, II : 104.
Diébédougou, II : 308, 360.
Diébelli, II : 360.
Diébougou, I : 67, 104, 156, 170, 171, 299, 300, 313, 316, 317, 323 ; — II : 369, 421.
Diédougou, I : 166.
DIÉGO GOMEZ, II : 208.
Diégounko, II : 307.
DIÉGUÉ-MANIABA SOUKO, II : 167, 168, 177.
Diéli, I : 139 (voir aussi Dyéli).
Diéna, II : 414.
Dienné, I : 44, 69, 71, 98, 99, 100, 104, 111, 137, 138, 146, 147, 148, 149, 149 (8), 150, 153, 155, 162, 231, 239, 244, 245, 247, 249, 250, 251, 253, 254, 254 (1), 255, 256 (1), 257, 263, 265, 269, 270, 270 (1), 270 (2), 271, 274, 276, 279, 279 (1), 280, 284, 286, 298, 316, 319, 320, 321, 322, 336, 346, 359, 366, 367, 373, 420 ; — II : 27, 75, 78, 79, 79 (1), 88, 95, 99, 102, 105, 105 (1), 108, 117, 121 (1), 191, 208, 209, 210, 214, 216, 217, 218, 219, 220, 224, 226, 227, 228, 228 (1), 229, 232, 233, 234, 236, 244, 245, 246, 251, 252, 254, 255, 256, 260, 267, 268, 268 (1), 269, 269 (1), 273, 275 à 277 (monographie), 278, 281, 281 (2), 282, 286, 289, 293, 319, 320, 322, 335, 336, 337, 371, 382 383 (note), 386, 389, 393 (1), 417, 418 ; — III : 7 (1), 109 (1), 130, 192, 193, 193 (1).
Dienné-koï (fonction), II : 88.
Diennenké ou Diennéens, I : 137, 148, 149 (8), 270 ; — II : 269, 275.
Diennépo, I : 137, 270 (2).
Diennéri, I : 162, 276, 278, 279.
Dienta (voir *Zenta*).
Diéou, II : 275.
Dieppois, II : 398, 399.
DIÈR-GALFERMI, II : 366.
Diermabé, I : 120.
DIÉROUMPA DOUKOURÉ, I : 266.
Digna, I : 158.
DIGNA ou DINGA, I : 256, 257, 258, 259, 263, 279 ; — II : 27 (note), 162.
DIGUIMADI, II : 362.
Dikéné, I : 138, 257.
Diko, I : 136.
DIKO, I : 230 (note).
Dimar, I : 136.
DIMBANÉ, I : 271.
Dina, II : 329, 330.
Dindéra, I : 293.
Dinguira, II : 313, 363.
Dinguiray (ville de Guinée), I : 40, 43, 294 ; — II : 306, 307, 308, 324, 331, 333, 333 (1), 337, 362, 411.
Dio, II : 391, 408.
Diobango, II : 107.

Diobo Tôrodo, I : 230, 231.
Dioboro, I : 263, 269, 270, 270 (1), 270 (2), 279 ; — II : 78, 79, 275, 278.
Diofina, II : 294.
Diogoré-naba ou Zogonaba, II : 145.
Dioka, I : 257 ; — II : 162, 292, 300, 301, 310.
Diola, I : 131 (1).
Diolof, I ; 204, 230 (note); — II : 50 (1), 355, 356, 357, 385.
Dioloumpo, I : 142.
Dioman, III : 104.
Diomandé ou Diomansi, I : 140 ; — III : 104.
Diomboko, I : 165, 222, 222 (2), 227, 290 ; — II : 52, 52 (3), 299, 300, 301, 302, 331, 359, 363, 407.
Diondio, II : 79, 95.
Dionfalla, II : 248.
Diongo-Ber (Dia —), II : 65, 66.
Diongoi, I : 265 ; — II : 379.
Dionka, II : 285 (note).
Dionkadougou, I : 166 ; — II : 285 (note).
Diop, I : 142 (1).
Diouf, I : 142 (1).
Diouga Sambala, II : 363.
Diougou, II : 48.
Diougou-Koullé. II : 328.
Diougouraguiet, I : 274 (1).
Diougouri, I : 298.
Dioula, I : 110, 111, 115, 115 (1), 121, 124, 125, 126, 127, 131 (1), 138, 141, 149, 150, 153, 157, 165, 166, 167, 168, 169, 170, 171, 251, 278, 279 à 282 (origines), 295, 298, 290, 300, 313, 317, 318, 320, 323, 329, 330, 331, 332, 335, 336, 338, 346, 347, 348, 359, 368, 369, 375, 411, 412 ; — II : 144, 148, 212, 276, 276 (1), 277, 289, 368, 373, 374, 374 (1) ; — III : 38, 104, 108, 109, 188, 194, 197.
Dioula (dialecte —), I : 150, 276, 279, 362, 367, 368, 411, 424.
Dioulo, II : 218.
Diouma Sal, I : 223, 224 (3).

Dioumbalé, I : 170.
Diouna, I : 202 ; — II : 178, 179.
Dioura, I : 267 ; — II : 180, 195 (1).
Dirma, I : 159, 246 ; — II : 79, 95, 96, 117.
Dirma-koï (fonction), II : 79, 88.
Divination, III : 184, 184 (1), 185.
Divisions ethniques, III : 109, 110, 111.
Divorce, III : 73, 74.
Diyé, I : 298.
Djafer, I : 188.
Djedala (voir Goddala), I : 185 (1), 186.
Djedda (ville du Hidjaz), II : 306.
Djerma ou Djermaganda (contrée de la rive gauche du Niger), I : 98 (1), 240, 242, 244, 249, 252, 420 (voir Djermaganda).
Djerma (contrée de Tripolitaine), I : 87, 217.
Djerma ou Songaï du Sud-Est, I : 114, 120, 136, 240.
Djermaganda, II : 89.
Djibo, I : 68, 77, 82, 104, 154, 161, 231, 383, 383 (1) ; — II : 128, 257.
Djifango, I : 316.
Djilgodi, I : 231, 304, 305, 310, 314, 383, 383 (1) ; — II : 146.
Djitoumou, I : 163 : — II : 343
Djouder (pacha), I : 246, 247, 250 (note), 322, 345 ; — II : 56 (2), 114, 115, 116, 158, 216, 228, 240, 241, 244, 244 (2), 245, 247, 249, 250, 253, 259, 268, 271.
Djouf, I : 38, 43, 51, 84.
Djougou (ville du Dahomey), I : 43.
Do (génie), III : 174.
Dô (lac), I : 70.
Do Kouroubari, II : 368.
Dochard, II : 385, 388.
Dogom, I : 115, 129, 153, 154, 160, 161, 162, 168, 303, 304, 305, 305 (1), 309, 310, 312, 314, 330, 331, 333, 335, 339 ; — II : 81, 107, 139, 150.
Dogom (langue —), I : 363, 369, 373, 425.
Dokita, II : 347, 394 (2), 421.

Dokuy, I : 168 ; — II : 371.
Dolindougou, I : 166.
Dom, II : 107.
Dominé, I : 142.
Domitien, I : 56, 247.
Donation, III : 49, 50.
Donation entre vifs, III : 30.
Donaye ou *Dounaye*, II : 307.
Dongoï, II : 423.
Dongoligo, II : 98.
Donso ou Donzo ou Lonzo, I : 139 ; — III : 118 (1).
Dorhossié, I : 116, 131, 157, 171, 316 (1).
Dorhossié (dialecte —), I : 364, 370.
Dori, I : 43, 68, 72, 73, 77, 82, 98 (1), 99, 100, 104, 115, 146, 147, 153, 154, 155, 164, 197, 230, 231, 373 ; — II : 100, 234, 253, 259, 337, 366 (1), 367, 367 (2), 368, 390, 394, 420, 421 ; — III : 192 (2).
Dosséguéla, II : 416.
Dosso, I : 138.
Dosso (ville du territoire militaire), I : 120, 148, 251.
Dot, III : 67, 69.
Dotula, II : 233.
Dou (titre), II : 49, 50.
Douaïch (voir Idao-Aïch).
Douaire, III : 71.
Doué (marigot du Sénégal), II : 354.
Doué (montagne), II : 254.
Douentza, I : 77, 82, 104, 154, 162, 230 ; — II : 107, 251, 257, 337, 393 (1), 418.
Douga (chef légendaire), I : 259.
Douga (interprète), II : 196, 196 (2), 200
Dougaba, II : 325.
Dougassou, II : 319.
Dougbolo, II : 377 (1), 415, 416, 417.
Dougoutigui (fonction), II : 149 (1) ; — III : 129, 130, 169 (1).
Douissé, I : 258.
Doukouré, I : 137, 140, 265, 320 ; — II : 55, 154, 165.
Doumbouya ou Doumouya, I : 139, 140, 140 (2) ; — II : 361 ; — III : 108.

Dounga, II : 337.
Dounzou, II : 397.
Douro (Dia —), II : 65.
Doussé, II : 421.
Doutté, III : 185 (1).
Draa (voir *Dara*).
Dramané, II : 309, 309 (3), 384, 400.
Du Bellay, II : 401.
Dubois (Félix —), I : 148 (1), 238 ; — II : 74 (2).
Dugast, I : 417.
Duliron, II : 385.
Dumontet, II : 402.
Dupuis-Yakouba, I : 243 (1), 243 (3), 381 (1), 420.
Durand, II : 385.
Duranton, II : 363, 389.
Dyêli (caste), II : 200, 200 (1) ; — III : 118 (1) (voir aussi Diéli).
Dyiba, I : 229 (1).
Dyigui-Bilali, II : 175.
Dyinguer-ber, II : 270, 275.
Dynamisme, III : 165, 173, 175.
Dynamique (esprit —, voir « niâma »).
Dzikr, II : 306 ; — III : 197, 198, 200, 201, 203, 204, 205.

E

Ebîâbé, I : 136.
Echange, III : 47.
Ecoles d'initiation, III : 177 (2) (voir « associations »).
Ecoles musulmanes, III : 191, 192, 193, 193 (1).
Edrissi, I : 56, 250 ; — II : 14, 15, 17, 18, 24, 42, 43, 45, 47, 48, 49, 50 (1), 55, 66, 67, 68, 69 (1), 70, 71, 354, 380.
Eghot, II : 399.
Egypte, I : 176, 186 (note), 198, 200, 204, 205, 206, 207, 208, 208 (1), 209, 210, 211, 212, 212 (note), 213 (1), 214, 215, 218, 238, 249, 250, 250 (1), 251, 419 ; — II : 4, 59, 64, 75 (1), 86, 185 (2), 188

(note), 194 (1), 196, 205 (2), 208, 211 (note), 269 (1).
Egyptiens. I : 186 (note), 199, 200, 204, 208 (1), 209, 214; — II : 5, 6, 21, 196.
Eichthal (d' —), I : 202.
El-Abbas (Moulaï —), II : 253 (1), 259, 263.
El-Abbas Guibi, II : 276, 277.
El-Akib (cadi), II : 106 (2), 107, 270.
El-Amin (askia du Dendi), II : 253, 254, 260.
El-Amin (chef de Dienné), II : 105.
El-Bekkaï, II : 239, 317 (1), 321, 321 (1), 322, 323, 323 (1), 335, 336, 336 (1), 337, 390, 407 (1).
El-Djouher, II : 36.
El-Ghâba, II : 42.
El-Hadi (gouverneur du Gourma), II : 109, 110, 111, 112, 121 (1).
El-Hadj (askia du Nord), II : 229.
El-Hadj (frère de l'askia Daoud), II : 103.
El-Hadj I (voir Mohammed Touré).
El-Hadj II (voir Mohammed-el-Hadj II), II : 251, 260.
El-Hadj III (askia du Nord), II : 254, 255, 260.
El-Hadj IV (Mohammed —, askia du Nord), II : 256, 257, 261.
El-Hadj V (askia du Nord), II : 266.
El-Hadj-Ali (Sidi —), II : 306 ; — III : 195.
El-Hadj-ben-Daoud (askia du Dendi), II : 260.
El-Hadj-Bougouni, II : 414, 416.
El-Hadj-Mohammed-el-Mokhtar, III : 195, 196.
El-hadj-Omar, I : 147, 176 (1), 190 (1), 191 (2), 236, 287, 287 (1), 323 ; — II : 161, 223 (1), 234, 239, 274, 276, 293, 293 (2), 294, 294 (1), 294 (2), 295, 295 (1), 296, 302, 305 à 323 (sa vie et ses conquêtes), 324, 325, 326, 332, 335, 337, 338, 341, 342, 343, 360, 363, 363 (3), 363 (4), 364, 371, 378, 379, 390, 391, 404, 405, 406, 407, 407 (1), 410, 411, 417, 418 ; —

III : 131, 142, 194, 195, 203, 206, 210, 213.
El-Hafid (Moulaï —), II : 263.
El-Hamdiya, II : 110.
El-Hassan (amin), II : 250, 250 (2), 251.
El-Kanèmi, II : 306.
El-Mamer, II : 187, 188, 189, 190.
El-Mehellebi, II : 29 (3), 71.
El-Melek En-Nasser, II : 186.
El-Merhili, I : 183, 219 (1) ; — II : 65, 65 (1), 85.
El-Mokhtar (maire de Tombouctou), II : 77, 78, 82, 85.
El-Mokhtar Bekkaï, II : 239.
El-Mokhtar-ben-Ahmed El-Kounti (Sidi —), II : 336 (1) ; — III : 194.
El-Mokhtar-el-Adrami, III : 194 (2).
El-Motaouekkel (khalife), II : 86.
El-Oualedji ou *Issafeï*, I : 69, 70 ; — II : 99, 253.
Elmina (ville de la Côte d'Or), II : 212, 381.
Emmanuel (roi de Portugal), II : 211 (1).
Empire, III : 124, 142, 143.
Endogamie, III : 81.
Enfants (attribution des —), III : 75, 76, 77, 90, 92.
Enfants (obligations des —), III : 84, 85.
Enfants adultérins, III : 90.
Enfants incestueux, III : 90, 91.
Enfants naturels, III : 39.
Epouse (droits de l' —), III : 86.
— (obligations de l' —), III : 83, 84.
Epoux (droits de l' —), III : 85.
— (obligations de l' —), III : 82, 83.
Epreuves judiciaires, III : 152, 153.
Er-Rachid (Moulaï —), I : 247, 248, 248 (2), 322, 345 ; — II : 263, 286.
Eratosthène, I : 46 (1).
Erg-ech-Châche, I : 42.
Erg-Iguidi, I : 51.
Erg-Moughtir, I : 43, 51.
Ernessé, II : 70.
Es-Sahéli (Abou-Ishak —), I : 250, 250 (1) ; — II : 188, 188 (note),

189, 189 (1), 190, 203. 270, 270 (1), 272, 274, 275, 275 (2).
Es-Saouri, II : 254.
Es-Soyouti, II : 86.
Es-Souk (voir *Tadmekket*), I : 194 ; — II : 69.
Esaü, I : 186 (note), 259 (1).
Escayrac de Lauture (d' —), I : 213 (1).
Esclavage, III : 113, 114, 213.
Esclavage volontaire, III : 58, 59.
Esclaves (droits des —), III : 31, 38, 39.
— (mariage des —), III : 72.
Espagne, II : 380.
Espagnols, II : 381 (1).
Essarts (des —), II : 405, 406, 407 (note).
Et-Temimi, II : 270.
Etéarque, I : 47.
Etendue et population, I : 37.
Ethiopie, I : 200, 209.
Ethiopiens, I : 199, 200, 207.
Eudoxe de Cyzique, I : 49, 50 ; — II : 380.
Excision, I : 334 ; — III : 176, 177.
Exogamie, III : 80, 100.
Exploration du Soudan, II : 380 à 397.
Eyar, II : 36.
Ez-Zobeïri, II : 105.
Ezéchiel, I : 199, 200.

F

Fabou Touré, II : 344, 345, 410.
Faciès, I : 329, 330.
Fada-n-Gourma, I : 43, 68, 72, 77, 79, 99, 100, 103, 104, 146, 153, 154, 155, 156, 169, 306, 309, 310, 311, 312, 318, 371, 374 ; — II : 122, 123, 124, 125, 149 à 153 (histoire de l'empire), 394, 397 ; — III : 193.
Fadadio (Dia —), II : 65.
Fadé, I : 138.
Fadé Kanédyi, I : 274.
Fadigui, II : 301.
Fadougou (cercle de Koutiala), I : 166.

Fadougou (rive droite du Niger), II : 117, 209, 219, 230, 315 (1).
Fadougou (rive gauche du Niger), I : 163 ; — II : 315.
Fafa, II : 374, 375, 415.
Faguibine, I : 51, 55, 70, 73, 74 77 (1), 193 ; — II : 14, 71, 72, 78, 203, 207, 418, 422.
Faidherbe, I : 205, 413 (1) ; — II : 312, 313, 390, 403, 404, 404 (1), 406, 406 (1), 407, 407 (note), 407 (1).
Fakaloumpan, II : 156.
Fal, I : 136.
Fala, II : 218, 219.
Falémé, I : 39, 39 (1), 55, 65, 75. 151, 226, 227 (1), 253, 262, 262 (1), 296 ; — II : 44, 45, 50, 50 (1), 51, 214, 215, 302, 309 (1), 313, 314 (2), 358, 359, 362, 362 (1), 383, 384, 385, 387, 389, 390, 399, 401, 402, 403, 405, 407.
Fali, I : 140.
Fali, II : 328.
Falilou, II : 333.
Fama, I : 166.
Fama (titre princier), II : 21, 321 (1), 414.
Famaba, II : 366.
Famba Keïta (voir Kamba Keïta).
Fâmié, III : 104.
Famille (bien de —), III : 21, 22, 26, 34, 36.
Famille globale, III : 93 à 98, 126, 127.
Famille réduite, III : 81 à 86, 93.
Familles ethniques, I : 112, 113, 114, 115.
Familles linguistiques, I : 112, 357, 358, 359, 361, 362, 363, 364.
Famorhoba, II : 373.
Fané ou Fani, I : 140 ; — III : 118 (1).
Fanti, II : 212.
Fara-Sôra, II : 104 (voir *Farana-Sôra*).
Farabana, II : 302, 308, 309, 401.
Farach, II : 422.
Faragaran, II : 418 (1).
Farako (chef-lieu du Fadougou, rive

droite du Niger), II : 117, 209, 216, 218, 219, 230, 296, 315 (1).
Farako (rivière), II : 345.
FARAM-BER, I : 241.
Farama, II : 209.
FARAMA-OULÉ, I 281.
Faran (titre princier), II : 21.
Faran ou Faram, I : 136, 241, 242, 243, 244, 320 ; — II : 63.
FARAN-NABO, I : 242, 243 (3), 244 (note).
Farana (ville de Guinée), I : 294 ; — II : 347.
Farana-sôra ou *Faran-sôra*, II : 208, 216 (voir *Fara-Sôra*).
FARANGALLI, II : 333, 334.
Faraoua ou Faraoui, II : 52, 53.
Farba (titre), II : 21, 194, 202, 203.
FARÉ DIAWARA, II : 158.
Farhama (titre princier), II : 21.
Fari (titre princier), II : 21.
Fari-mondio (fonction), II : 87, 93, 103.
Fariko, I : 40.
Farima (titre), II : 21.
Farimaké, I : 159 ; — II : 80, 211, 337.
Farimboula, II : 360.
Farka, II : 397.
Farmanata, II : 218.
FARON, II : 314.
FASSAKORÉ BAGAKA, I : 274, 275.
FASSIRÉ, I : 258.
Fatako (rivière, voir *Farako*).
Faté ou Paté, II : 367.
Faténé, II : 218, 219.
Fati, I : 70, 145 ; — II : 419.
FATI (femme de Dia Assibaï), II : 73.
FATI (fille de Bengan-Korei), II : 97.
FATIMATA (mère de Sékou-Hamadou), II : 232.
FATIMATA SAL, II : 54.
FATO-MAKHAN, II : 156, 157.
FATOUMA-SÉRI, II : 233.
Faune, I : 81, 83.
Fellata, I : 119.
Félou, I : 64 ; — II : 343, 383, 383 (1), 384, 389, 404.

Femme (droits de la — en matière de propriété), III : 22, 23.
Femme (modes d'obtention de la —), III : 63 à 72.
FÉNADOUGOUKO-MAGHAN, II : 177.
Férébé ou Férôbé, I : 135, 213, 224 (3), 229, 230 (note) ; — II : 164 ; — III : 104 (1).
FERGUSSON, II : 394, 394 (2).
Ferlo, I : 207, 226, 232, 320 ; — II : 34, 313, 323 (1).
Fermage, III : 52.
Férôbé (voir Férébé), III : 104 (1).
Fété-Dioullé, I : 39.
Fétichisme, III : 161, 162, 167.
Fez, I : 53, 203, 246, 247, 248 ; — II : 33, 53, 143, 190, 192, 193, 194, 194 (1), 199, 203, 204, 205, 250, 262, 263, 270, 388 (2) ; — III : 195.
Fezzan, I : 203 (1), 217 ; — II : 6, 13, 271.
Fi, II : 227, 230.
Fiançailles, III : 63 à 67, 67 (1).
FIÉ-MAMOUDOU DIAWARA, I : 274, 275, 321 ; — II : 155, 156, 157.
FIGARET, I : 382 ; — II : 11 (1).
FIGEAC, I : 204 (2).
Filaliens, II : 263.
Fili, II : 258.
FINA-MAGHAN, II : 168.
FINDIOUGNÉ DIABI, II : 358.
Finkolo, II : 373.
FIOTÉ MAKASSA, I : 283.
Fiou, II : 335.
FIRAOUMA, I : 214, 215.
FIRHOUN, II : 426.
Fitôbé, I : 135, 231 ; — II : 148.
Fitoubé (voir Fitôbé), II : 148.
Fitouka, I : 159, 231 ; — II : 231.
Flanton (association), III : 119 (1), 120, 121.
Flore, I : 80, 81, 82, 84, 86, 88, 89.
FLORENTIN, II : 422.
FO TARAORÉ, II : 375.
FODÉ MAKASSA, I : 283.
Fodéagui, II : 307.
FODIÉ DIABI, III : 196, 201.

Fofana, I : 138, 139, 140, 141 ; — III : 102, 108.
Fogni, II : 329.
Folk-lore, I : 380 à 384.
Folo ou Foro, I : 115, 128, 152, 171 ; — II : 373 ; — III : 140 (3).
Folo (dialecte —), I : 362, 369.
Folona, II : 374, 377, 393.
Foncier (régime —), III : 5 à 18.
Fondoko ou fondokoï (titre), I : 227, 227 (2) ; — II : 251.
Fono, I : 136, 241, 242, 243, 244 ; — II : 63.
Fontofa, I : 165, 297.
FORLANI DE VÉRONE, I : 60.
Foromana (voir *Poromani*).
Foromani (voir *Poromani*).
FOTIGUÉ KOULOUBALI dit Biton Kouloubali (voir BITON KOULOUBALI), I : 286 ; — II : 283.
Foudh ou Fouth ou Foul, I : 199, 199 (1), 200, 200 (1), 215, 215 (2), 216, 217, 218, 220, 226.
Foula, I : 119, 233 (1).
Fouladougou ou *Fouladou*, I : 127, 151, 164, 165, 292, 295 ; — II : 179, 291, 297, 298, 308, 314, 388, 390, 407, 411, 412.
Foulani, I : 119.
Foulanké, I : 115, 119, 127, 139, 140, 150, 151, 163, 164, 165, 166, 228, 229, 233, 278, 282, 294, 295, 296, 322, 323, 331, 332, 334, 338, 347, 367 ; — II : 289, 297, 342, 374 ; — III : 103 (1), 104, 104 (1), 106, 109, 188.
Foulao, II : 218.
Foulbé (voir Peuls), I : 226.
Foulfouldé (langue peule, voir « peule (langue —) »), I : 226, 362, 415 (1).
FOULIKORO MASSASSI, II : 286, 290, 298.
Foullânia, I : 119.
Foulsé, I : 130.
Founè ou Founérhè, I : 139, 141 ; — III : 118 (1).
Fourou, I : 166.

Fouroumané (voir *Poromani*).
Fouta (voir *Fouta Sénégalais*).
Fouta-Diallon, I : 75, 76, 127. 135 (1), 179, 203, 204 (note), 211, 213 (1), 232, 233, 233 (1), 236, 253, 268 (2), 278, 283, 291, 292, 295, 296, 296 (1), 297, 298, 320, 321, 323 ; - II : 167, 178, 179, 214, 306, 307, 346, 389 ; — III : 138.
Fouta Sénégalais ou *Fouta-Toro*, I : 82, 136, 176 (1), 199 (1), 201, 202, 202 (1), 203, 204 (note), 211, 212 (1), 213 (1), 214, 215 (2), 222 (3), 223, 224, 225, 226, 230, 230 (note), 232, 233 (1), 234, 235, 237, 248 (2), 263, 277, 294, 296 (1), 320, 322, 415, 416, 417, 418, 419 ; — II : 26, 50, 50 (1), 52, 91, 157, 158, 170, 183, 214, 299, 299 (1), 299 (2), 305, 307, 309, 313, 320 (1), 352 (1), 354, 355, 356, 356 (note), 357, 358, 362, 363, 383 ; — III : 192, 195, 208.
Foutanké (voir *Toucouleurs*), I : 135, 136 ; — II : 313, 319 ; — III : 208.
Foutina, II : 218, 219.
FRANÇOIS, II : 399.
FREY, I : 204 (2) ; — II : 345, 409, 411.
FROGER (administrateur), I : 382 (1). 408.
FROGER (enseigne), II : 392.
Funéraires (coutumes —), II : 43, 44, 133, 365 ; — III : 169, 170, 170 (1), 171.

G

Gabibi, I : 120, 120 (1), 136, 240, 244, 247, 249, 251, 366 ; — II : 274.
GABY, I : 59 (1).
GADEN, I : 135 (1), 211 (1), 252 ; — II : 18 (2), 21 (2), 26 (1), 52 (2), 348, 352 (1), 355 (3), 421.
GADIA, I : 215.
Gadiaga ou *Galam*, I : 165, 226, 227, 228 (1), 253 (note), 262, 276, 277, 296 ; — II : 308, 358.

Gadiara ou *Gadiaro*, II : 13, 44, 48, 49, 51.
Gadougou, I : 164, 295.
Gage, III : 55, 56, 57.
Gagouli ou *Galgouli*, I : 41 ; — II : 8, 9.
Gahoua (voir *Gaoua*).
GAIL (DE —), II : 423.
GAKA-BOUGARI, II : 177.
Gakou, I : 138.
Gakoura, III : 196.
GALADIO (chef du Kounari), II : 233, 234.
Galadyi, I : 138.
GALADYI-TABAR, II : 357.
Galam, I : 165, 226, 227, 227 (1), 228, 253 (note), 262, 265, 267, 277, 289, 319, 320, 322 ; — II : 27, 41, 55, 91, 165, 207, 214, 304, 307, 354, 355, 358, 359, 363, 383, 384, 385, 389, 400, 401, 402 (voir *Gadiaga*).
Galamagui ou *Balinko*, II : 313.
Galambou, I : 227 (1), 262, 262 (1) ; — II : 41, 50, 52, 358.
Galé, II : 345.
GALIEN, II : 3, 4.
Gallaire (navire), II : 398.
Gallat, II : 52 (2), 356, 357 (1).
GALLET, II : 377.
GALLIÉNI, II : 326 (1). 391, 408, 409, 411.
GALLO-HAOUA DIALLO (ardo), II : 234.
GAMA, I : 215, 216 (note) ; — II : 22 25, 26.
GAMA-FATÉ-KOLI, II : 90, 92.
Gambaga (ville de Gold-Coast), I : 302 (1), 306, 307, 308 ; — II : 133, 397.
Gambao (voir *Kambao*).
Gambo, I : 314.
Gan ou Gan-né, I : 116, 128 (2), 131, 131 (1), 156, 170, 174, 300, 316, 317, 318, 321, 332, 334, 350 ; — II : 9, 9 (1), 368, 369.
Gan (dialecte —), I : 363, 370, 425.
Gan (nom donné aux Sénoufo par les Koulango), I : 128, 128 (2).
Gana, I : 166, 295.

Gana (village du cercle de Bamako), I : 277, 287, 287 (4) ; — II : 19, 20, 291.
Ganadougou, I : 151, 166, 294, 322 ; — II : 289, 374.
Ganaka ou Gana (voir Gana), I : 295.
Ganaoua, II : 277 (1).
Ganar, I : 136 ; — II : 320, 320 (1), 328.
Gaudé-naba (fonction), II : 129.
Gandiaga, II : 421.
GANDIARI, II : 372, 372 (1).
Gando, II : 91 (3), 92 (note), 244, 372, 390.
Gané Diarisso, II : 164.
Gangado, II : 125.
Gangara, II : 33, 55.
Gangara, I : 294 ; — II : 33, 360.
Gangaran, I : 140, 151, 164, 291, 292, 295, 296, 297 ; — II : 41, 45, 183, 185, 276 (1), 297, 313, 359, 360, 362 (2), 388.
Gantiesso, II : 417.
Ganto, II : 109, 110, 111, 112.
Gao, I : 43, 48, 52, 55, 57, 71, 72, 98 (1), 120, 122, 145, 192, 192 (1), 193, 195, 196, 197, 219 (1), 230 (note), 241, 242 (1), 243, 244, 245, 246, 249, 250, 252, 276, 277, 278 (1), 286, 291 (1), 293, 302 (1), 303, 304, 310 (1), 319, 320, 321, 322, 345, 420 ; — II : 10, 11, 13, 15, 41, 52 (1), 56 (2), 60, 61 (2), 62 (1), 63, 64, 65, 66 à 68 (nom), 69 à 121 (histoire de l'empire et de la ville), 122, 123, 124, 129, 131 (1), 142, 158, 173, 184, 185, 185 (2), 189, 191, 192, 193 (1), 196, 203, 205, 206, 207, 210, 214, 215, 225, 226, 227, 240, 243, 247, 255, 256, 258, 259, 260, 261, 263, 264, 267, 268, 269 (1), 271, 272, 275, 276, 283, 356, 364 381, 382, 383 (note), 388, 390, 423 ; — III : 135 (1), 142.
GAO GALADIO, I : 234.
Gaoga ou *Gaogao* (voir *Gao*), II : 13, 15, 66, 67.
Gaogadem, II : 36.

Gaogao ou *Gao* (voir *Gao*), II : 52 (1), 66, 67.
GAOU KEÏTA, II : 186, 206.
Gaoua ou *Gahoua*, I : 43, 77, 99, 100, 103, 104, 116, 146, 149, 153, 154, 155, 156, 157, 170, 171, 299, 312, 313, 316, 317, 318, 320, 321, 323, 370, 374 ; — II : 7, 8, 9, 347, 368, 369, 370, 394 (2), 422, 425 ; — III : 193.
Gaouati, I : 70, 269.
Gaoudéra, I : 137.
GARA, I : 230 (note).
GARABARA DIANÉ, I : 257, 258, 259, 260.
Garamantes, I : 217.
Garamvoté, I : 138.
GARAN BOLI, II : 183.
GARAN MASSASSI, II : 301, 304 (1), 302.
GARAN SISSOKO, II : 411.
Garango, II : 129.
Garankè, I : 271 ; — III : 118 (1).
Garantel, II : 48, 49.
Garantie, III : 47.
Garbil, II : 48.
GARNIER, II : 419.
Garo, II : 283.
Garou (lac), I : 70.
Garou (village près Mella), II : 244.
Garou (village près Tillabéry), II : 244 (1).
GAUTHERON, II : 419.
GAUTHIER DE CHEVIGNY, II : 402.
GAUTIER (E.-F. —), I : 84, 87 (1), 133 (2) ; — II : 397 ; — III : 210.
GAYE, I : 215.
Gayéri, II : 153.
GBANGARA (voir OUANGARA), II : 360.
Gbanian ou Gondja ou Nta, I : 126, 305, 313.
Gban-né, I : 142.
Gbolé, I : 142.
Génies, III : 166, 173 à 177.
GENOUILLE, II : 409.
Genres, I : 390, 391.
Géologie, I : 78, 83, 84, 85, 86.
GERHARDT, II : 38 (3).
Gétules, I : 185, 185 (1), 207.
Ghadamès (ville de Tripolitaine), I :

87 ; — II : 69, 116, 188, 191, 274, 388.
Ghana ou *Ghanata*, I : 55, 184, 203, 213 (1), 220, 221, 221 (2), 222 (2), 223, 224, 227, 228, 255, 256, 258, 263, 264, 264 (note), 265, 266 (1), 267, 268, 269, 282, 287 (4), 292, 294, 295, 310 (1), 319, 320, 321, 418 ; — II : 8, 12 à 19 (emplacement), 20 et 21 (nom), 22 à 59 (histoire), 64, 69, 70, 71, 88, 91 (1), 104 (1), 122, 131 (1), 154, 158, 162, 163, 165, 165 (1), 166, 174, 178, 180, 181, 182, 269, 269 (1), 270 (note), 278 (note), 278 (1), 354, 358, 359, 381 ; — III : 142.
Ghana (titre royal), II : 20, 21, 21 (1).
Ghana-faran ou Ghana-fama (fonction), II : 104, 104 (1).
GHARNATI, II : 28 (1), 32 (1), 33 (2), 39, 380.
Ghinée, II : 278, 281.
GIRARDOT, II : 405.
GIRONCOURT (DE —), II : 11 (1).
Gober, II : 92 (note), 382.
Gobi, II : 252.
Gobnangou, II : 153.
Goddala, I : 114, 184, 185 (1), 186, 187, 188, 189, 191, 195, 196, 320 ; — II : 27, 28, 33, 34, 35, 36, 37, 38, 39, 54, 55, 77, 207, 269.
GOG, I : 200.
GOGOUNA, II : 337.
GOLBERRY, II : 183 (1), 360.
GOLDSCHEN, II : 423.
Gomboro, I : 232, 280 ; — II : 145, 146.
Gomitogo II : 218, 255.
Goou ou Gow, I : 242, 243, 244, 247, 251.
Gordio, II : 104.
GORÉ, I : 232.
Gorgol, I : 38, 43, 221, 222, 319 ; — II : 26.
GORI, II : 150.
GORO, I : 230 (note).
Goro (lac), II : 99.
Gorou, I : 230, 231.

17

Gorouol, I : 73.
Gossa, II : 143.
Gossi, I : 145.
Gouanan, I : 165.
Gouandiaka, I : 165.
Gouanhala, I : 71.
Goufoudé, II : 308.
Goulané, II : 244, 247.
Goularé, II : 244.
Goulbi-n-Kebbi, I : 239.
Goulbi-n-Sokoto, II : 91 (3). (Voir *Goulbi-n-Kebbi*).
Goumal, II : 357 (2).
GOUMATÉ-FADÉ, I : 260, 261, 262, 263, 265 ; — II : 162, 163.
Goumbou, I : 43, 82, 99, 100, 103, 144, 145, 146 (1), 148, 149, 150, 157, 158, 190 (1), 191 (2), 213 (1), 220, 222 (1), 229, 259, 261, 265, 266, 266 (1), 268 (3), 273, 283, 283 (1), 320, 373 ; — II : 15, 17, 27, 51, 127 (1), 165, 168 (1), 216, 370, 391, 417, 423 ; — III : 193, 194, 207.
Goumbou-Koïra, II : 112.
Goumel, II : 357, 357 (2).
Gouméouel, I : 231.
Goumparé, I : 313.
Goundam, I : 70, 104, 145, 160, 246, 252 ; — II : 78, 261 (1), 322, 323 (1), 418, 419, 422.
Goundiémou, I : 138.
GOUNDO SARHANORHO, II : 302, 309, 310.
Gounga, II : 128, 129.
Gounga-nâba (fonction), II : 129, 133.
Goungou, II : 92 (note).
Goungou-korei, II : 258.
Gounguia ou *Koukia*, I : 192, 192 (1), 193, 196, 240, 240 (1), 241, 242, 319, 320 ; — II : 60, 61, 62, 62 (1), 63, 64, 65, 67, 68, 71, 84, 87, 89, 92, 93, 102, 103, 104, 208, 211 (note), 241, 242, 255, 256, 259, 259 (2).
Gourao (sur le Débo), I : 242, 243, 244, 246, 320 ; — II : 218, 252.
Gourao ou *Garou* (village du bas Niger), II : 244.

GOURAUD, II : 348, 421, 422.
Gourdjigai, II : 423.
Gouri, II : 334, 411, 413.
Gourma (région de la rive droite du Niger), I : 43, 72, 103, 114, 129, 130 (1), 177, 177 (1), 233, 311 ; — II : 82, 86, 87, 92, 93, 94, 95, 96, 99, 99 (1), 100, 101, 102, 105 (2), 107, 108, 109, 111, 121 (1), 217, 227, 267.
Gourma (pays des Gourmantché), I : 233.
Gourman-fari (fonction), II : 87, 97, 101, 103, 243.
Gourmankobé (voir Gourmantché), II : 366.
Gourmantché ou Bimba, I : 145, 129, 130 (1), 154, 155, 169, 170, 251, 305, 305 (1), 306, 311, 312, 313, 314, 318, 320, 329, 330, 331, 333, 334, 339, 349, 369 ; — II : 122, 123, 149, 150, 153, 242, 366, 367 ; —III : 28 (1), 36, 67 (1), 91, 184 (1).
Gourmantché (langue —), I : 363, 370, 372, 374, 425.
Gourmou, II : 98.
GOURORI I (ardo), II : 231.
GOURORI II (voir HAMADI-DIKKO), II : 231.
Gourounsi (groupe ethnique), I : 145, 129, 130, 153, 155, 167, 168, 169, 301, 302, 306, 309, 314, 315, 316, 318, 320, 329, 330, 331, 332, 337, 339, 341, 349, 350 ; — III : 176.
Gourounsi (groupe linguistique), I : 363, 363 (2).
Gourounsi (pays), I : 371 ; — II : 126, 369, 372, 372 (1), 373, 393, 393 (1), 420, 421.
Goursel, I : 137.
Goursi, II : 139, 140, 141.
Gousséla, II : 402.
Gow (voir Goou), 1 : 381 (1).
Goye, I : 262, 262 (1) ; — II : 27, 214, 309, 324, 358, 359.
GRALL, II : 414, 419.
GRAVANTI, II : 404.
Grecs, II : 4, 6.

GRESSARD, II : 423.
GRODET, II : 409, 420.
GROSDEMANGE, II : 426.
Grottes, II : 10.
Groupes ethniques, I : 112, 113, 114, 115, 116, 148 à 157.
Groupes linguistiques, I : 112, 357, 358, 359, 361, 362, 363, 364.
GROUX DE BEAUFORT, II : 389.
GRÜNER, II : 394.
Gualata (voir *Oualata*), II : 182.
GUEBHARD, I : 213 (1), 222 (2).
GUÉDA, II : 140.
Guédé (village du Sénégal), I : 223 ; — II : 354, 356.
GUÉLADIO DIALLO (ardo), II : 231.
Guélémou (localité de la Côte d'Ivoire), II : 348.
Guémou (Guidimaka), II : 314, 314 (1), 407.
Guémou (près Diaughirté), II : 298, 298 (1), 299, 312, 312 (2).
Guémou (sud de Nioro), II : 291, 292, 299, 300, 333, 386.
Guenaoua, II : 26 (1) (voir Guinaoua).
Guerzé, I : 297.
Guerzé (langue), I : 362 (4).
Guesséné, I : 261 ; — II : 162, 163.
Guet-N'dar (aviso), II : 405, 406.
Guezoula, I : 185 (1), 186, 187, 190 ; — II : 34 (2), 39.
GUIBRIL DIALLO, I : 232.
GUIDADO DIALLO (ardo), II : 231.
Guidimaka ou *Guidimakha*, I : 164, 165, 222, 227, 262, 262 (1), 267, 289 ; — II : 13, 27, 41, 52, 292, 300, 314, 354, 358, 359, 404 (1), 407, 413 ; — III : 190.
Guidingouma, II : 292, 300.
Guidioumé, I : 158, 262, 267 ; — II : 155, 299, 300, 310, 413.
Guienné (voir *Dienné*), II : 277.
GUILIGA, II : 127.
GUIMA, II : 150.
Guimbala ou *Djimbala*, I : 159, 265 ; — II : 225, 225 (2), 264, 264 (3), 267.
GUIMÉ SISSOKO, II : 215, 356, 360, 361.

Guinaoua, II : 277 (1), 278, 278 (1).
Guinaoua, II : 278 (note) (voir Guenaoua).
Guinée, II : 277 à 281 (origine du nom).
GUIRAUDON (GRIMAL DE —), I : 203 (1), 206, 206 (1), 413 (1).
Guireye, II : 357.
Guirganké, I : 133, 144, 190, 190 (1), 221, 418.
Guitoumon (voir *Djitoumon*).
Guyorel, II : 357, 357 (2).

H

Habé, I : 145, 139 (voir Tombo).
Habech ou *Abyssinie*, II : 278.
HABIBOU TAL, II : 306, 308, 331, 333, 333 (1).
Habitations, I : 333 à 337.
HACHEM, I : 188.
HACQUARD, I : 420 ; — II : 268 (1), 397.
HADDOU-BEN-YOUSSOF (pacha), II : 254.
HADI TAL, II : 319.
Hadjar ou *El-hadjar*, I : 303 ; — II : 248, 249, 252, 257, 259.
Hayoundou, I : 70.
Haïdara, I : 120, 136, 138, 247 ; — III : 109 (1).
Halpoularen, I : 119.
HAM ou CHAM, I : 185 (1), 199, 200, 200 (1), 200 (2).
HAMADI-AÏSSATA, II : 228.
HAMADI-BILAL, II : 257, 257 (1), 258.
HAMADI-BINDO, II : 224.
HAMADI-DIKKO DIALLO ou GOURORI II (ardo), II : 231, 232, 233, 234, 292.
HAMADI-FATIMA, II : 230.
HAMADI-TIDDO, II : 224.
HAMADI TORODO, I : 230, 231.
HAMADOU-ABDOUL, II : 335, 448.
HAMADOU-AÏSSATA, II : 368.
HAMADOU-AMINA I (ardo), II : 109, 216, 217, 217 (2), 227, 228, 229.
HAMADOU-AMINA II (ardo), II : 229, 230, 255.

Hamadou-Amina III (ardo), II : 231.
Hamadou-Araya, II : 101, 102, 121 (1).
Hamadou-Boubou, II : 232.
Hamadou-Hamadou, II : 232 (2), 239, 293, 294, 295, 295 (1), 311, 312, 316, 318, 319, 320 321, 321 (1), 371, 390.
Hamadou-Hamadou-Lobbo (voir Sékou-Hamadou), II : 232.
Hamadou-Lobbo, II : 232, 232 (2).
Hamadou-Poullo (ardo), II : 226, 227 (note).
Hamadou-Sékou, II : 232 (2), 239, 295 (1).
Hamadou-Siré (ardo), II : 226.
Hamama, II : 175.
Haman Diallo, I : 232.
Hamaria, II : 420.
Hamat-Moussa, I : 232.
Hamdallahi, II : 234, 236, 239, 274, 294, 294 (1), 306, 316, 317, 319, 320, 321, 322, 323, 324, 325, 335.
Hamed (balama), II : 121 (1).
Hamid-ben-Abderrahman (pacha), II : 257, 258, 259.
Hamidou-Kolado, II : 420.
Hamites ou Chamites, I : 113, 114, 117, 142, 157, 158, 159, 160, 161, 178, 183, 184, 185 (1), 186 (note), 208, 304.
Hamitiques (langues —), I : 360, 361, 365, 372, 387, 418, 419.
Hamma-Saïdou, II : 367, 368.
Hamma-Taoua, II : 368.
Hammou (pacha), II : 254, 255, 255 (1).
Hammou-Barka, II : 243.
Hammou-ben-Abdallah (pacha), II : 268.
Hammounât, I : 133.
Hannon, I : 45, 46, 46 (1), 49, 57, 207, 417 ; — II : 380.
Hannoun, II : 378.
Haoua-Demba, II : 363.
Haoussa (contrée), I : 72 (1), 310, 323, 374 ; — II : 75 (1), 306, 337, 366 (1), 390.
Haoussa (langue —), I : 276 (2), 361,

364, 371, 372, 374, 378, 379, 387 à 407, 414, 419, 422.
Haoussa (peuple), I : 113, 116, 157, 169, 236, 237, 239, 251, 369, 374, 378, 379, 414 ; — II : 91, 92 (note), 104 ; — III : 35.
Haoussa (région de la rive gauche du Niger), I : 72, 123 (1), 177 ; — II : 99, 99 (1).
Harendi-Demmo, II : 224.
Haribanda (voir *Gourma*), I : 245 (1) ; — II : 87, 90 (3), 103.
Haribanda-farima (fonction), II : 87.
Haribongo (lac), I : 70.
Haribongo (montagnes), I : 77 (1).
Haribongo ou *Issabongo* ou *Ras-el-Ma* (voir *Ras-el-Ma*).
Harikouna (voir *Guimbala*), II : 264, 267.
Harits-er-Raïch, I : 197 (1).
Haroun (askia du Nord), II : 251, 260, 261.
Haroun-Dengataï (askia du Dendi), II : 251, 253, 260.
Haroun-ould-Barkani, I : 189 (1).
Harrâtin, I : 85, 117, 118, 132, 133, 133 (2), 135, 142, 143, 144, 252, 258, 328, 364, 365, 375.
Hartmann, I : 360.
Hassan, I : 189.
Hassâni ou hassânia (arabe parlé par les Maures), I : 365, 374, 375, 422.
Hassanides ou Filaliens, II : 263.
Héber, I : 200 (2).
Hébreux, I : 186 (note), 200, 208, 209, 211, 215 (2).
Hecquart, II : 307
Héna, I : 142.
Henderson, II : 347, 421.
Hérodote, I : 46, 47, 48, 49, 86, 87, 87 (1), 88, 184, 185 (1) ; — II : 4, 5, 46.
Hi-koï (fonction), II : 87, 101, 103, 242, 243, 251.
Hidjaz, I : 176, 177 (1), 208, 212, 271 ; — II : 86, 270, 337.
Hilaliens, I : 188, 189.
Himyar, I : 176, 189, 197 (1).

Ho--koï-koï (fonction), II : 88.
Hodh ou *Haoudh*, I : 83, 84, 85, 86, 88, 114, 132, 143, 144, 183, 184, 185 (1), 187, 188, 189, 190, 191, 191 (notes), 193, 195 (1), 196, 264, 319, 320, 322, 336, 364, 365, 377, 418 ; — II : 27, 28, 55, 106, 211 (note), 312 (1), 322, 377, 379, 390, 407 (1), 413, 423 ; — III : 194.
Hoggar ou **Ihaggaren**, I : 118, 186, 192 ; — II : 422, 423.
Hogon ou **hogoun** (titre), II : 364, 365, 366, 425 ; — III : 142 (1).
Holle (Paul —), II : 312, 313, 314, 404, 405, 406, 406 (1), 407 (note).
Hombori, I : 43, 72, 75, 77, 82, 98 (1), 99, 100, 103, 104, 129 (1), 145, 146, 147, 153, 154, 160, 196, 197, 302, 302 (1), 303, 304, 373 ; — II : 52 (1), 88, 106 (1), 111, 112, 248, 248 (1), 253, 254, 257, 258, 337, 390, 397, 418, 422 ; — III : 192 (2).
Hombori-koï (fonction), II : 88, 101.
Hondomi, II : 266.
Honeïhîn, I : 221, 227.
Honeïn (ville d'Algérie), II : 205.
Hooaara, I : 185 (1), 186, 187, 191, 192, 319 ; — II : 60.
Hornemann, II : 387.
Horo, I : 70, 159.
Hosseïn, II : 194.
Houdas, II : 11 (1), 18, 21 (2), 208 (1), 272 (1), 278 (note).
Houghton, II : 378, 385, 386.
Houmbébé, I : 129.
Hourst, II : 397, 412, 414.
Huart, II : 389.
Hubert (Henry —), I : 78.
Hugot, II : 421.
Hugueny, II : 419.
Huillard, II : 416.
Humbert, II : 347, 409, 415.
Hydrographie, I : 45 à 74, 79, 82, 83, 84, 85.
Hydrographie rétrospective, I : 45 à 63, 86, 87, 88.
Hyksos, I : 207, 210, 211, 216, 217.

I

Ibâdites, II : 195.
Ibn-Batouta, I : 57 ; — II : 17, 18, 66, 67, 73, 75, 75 (1), 180, 181, 190, 192, 192 (1), 194, 194 (1), 195, 195 (3), 196, 197, 198, 199, 200, 201, 201 (1), 202, 202 (1), 203, 203 (1), 381.
Ibn-Djozaï, II : 194 (1).
Ibn-el-Faqih, II : 47.
Ibn-Haoukal, I : 56, 250 ; — II : 3, 13, 15, 17, 18, 29, 29 (2), 31, 52 (1), 66, 67, 381.
Ibn-Khaldoun, I : 185 (1), 186 (note), 188, 189, 190, 250, 268 (2) ; — II : 17, 23, 24, 26, 28, 28 (1), 31, 33 (2), 34 (1), 34 (3), 54, 59, 61 (2), 91 (1), 162, 165 (1), 174, 175, 177, 178, 181, 182 (2), 184 (2), 185, 185 (2), 186, 187, 190, 192, 193, 193 (1), 204, 205, 205 (2), 206, 206 (1), 207, 380.
Ibn-Meriem, I : 219 (1) ; — II : 86.
Ibn-Merzouk, II : 205.
Ibn-Saïd, I : 57, 187 (1), 235 (1) ; — II : 3, 16, 17, 29 (2), 91 (1), 380.
Ibourliten, I : 134, 146, 160.
Ibrahim (voir Bouhima Diallo).
Ibrahim (médecin), II : 259 (1).
Ibrahim (pacha), II : 255 (1).
Ibrahim-ben-Yahia, II : 33.
Ibrahim-Boye Diallo (ardo), II : 226.
Ibrahim-Galadio, II : 234.
Ibrahim-Kabaï (Sonni —), II : 74, 74 (1).
Ibrahim Sal, II : 54.
Ibrahima-Hamma, II : 368.
Ibrahima-Saïdou, II : 366, 367, 367 (1).
Ibrahima Tal, II : 349.
Idao-Aïch ou Douaïch, I : 114, 132, 144, 157, 185 (1), 189, 190, 258, 365 ; — II : 314, 379, 423.
Idao-Ali, I : 132, 189.
Idao-el-hadj ou Darmankor, I : 132, 365 ; — III : 195.
Idao-Yata, I : 134, 143.
Idjil, I : 86.

Idnân, I : 134, 145, 157, 160.
IDRISSA SIDIBÉ, II : 372.
Idrissides, I : 181.
Iforhass, I : 194.
Ifoulân, I : 119.
Ifrikia, I : 182, 185 (1), 186 (note), 192, 194, 194 (2) ; — II : 30, 72, 205 (2), 380.
IFRIKOS ou AFRICUS, I : 180, 185 (1), 186 (note), 194 (2), 197 (1).
Igouadaren, I : 134, 145, 160 ; — II : 423.
Iguellad, I : 114, 134, 145, 160, 188, 191, 195, 196 ; — II : 419.
Ihattân, I : 120.
Iklân ou Bella, I : 365.
ILA GALADIO, I : 231.
ILETTANE, II : 28.
ILO-DIADIÉ GALADIO, II : 184, 184 (1).
ILO DIALLO (ardo), II : 226, 226 (1).
Imakelkellen, I : 134, 145, 160.
Imalân, I : 127.
Imâm (fonction), II : 270, 271, 276 (2), 307, 343 (3) ; — III : 188, 188 (3), 188 (4), 189, 190, 192 (1).
Imazirhen, I : 185 (1).
IMBERT (Paul —), II : 383 (note), 388 (2), 389 (note).
Imededrhen, I : 134, 145, 157, 160 ; — II : 419.
Imetchas, I : 134, 145, 160.
Imocharhen, I : 118, 133, 185 (1) ; — II : 106 (3).
Impôts, II : 44, 87, 235, 261, 267, 273, 284, 285, 288, 325, 334, 336, 362, 365, 376 ; — III : 143 à 145.
Imraden, I : 118, 133.
In-Bara, II : 51, 52, 52 (1).
In-Kelâbine, II : 33.
In-Ouzel, I : 84.
IN-TEGGOU, II : 36.
Inataben, I : 134.
Incapacité d'hériter, III : 28, 29.
Indassen, II : 106.
Infractions, III : 153, 154.
INIS BEN-YAÏS, I : 181.
Infinitif suivant un verbe, I : 400.
Inscriptions, II : 40, 41, 44 (1).

Interdiction paternelle, III : 86.
Intérêt, III : 53.
Interrogation, I : 394, 395.
Ioualaten (voir *Oualata*), I : 268.
Ira, II : 372.
Irlâbé, I : 135, 136, 229 ; — II : 320, 320 (1), 326, 328.
Irréganaten ou Irréghanaten, I : 134, 145, 160 ; — II : 419, 426.
ISAAC (interprète), II : 387.
ISAAC (personnage biblique), I : 214.
ISAÏE, I : 199, 200.
Islam ou islamisme, I : 187 (2), 189, 193, 194, 196, 221 (1), 226, 233, 233 (1), 234, 236, 241, 265, 270, 280, 281, 282, 284, 317, 320, 321, 322, 323 ; — II : 33, 34, 41, 54, 64, 65, 68, 89, 165, 174, 175, 176, 214, 231, 236, 275, 287, 294, 295, 316, 317 (1), 355, 361, 374, 384 ; — III : 2, 35, 146, 161, 176, 176 (1), 186 à 217.
Islamisme (esprit et résultats de l'—), III : 210 à 215.
Islamophilie, III : 212.
Islamophobie, III : 211, 212.
ISMAËL (fils d'Abraham), I : 213.
ISMAËL HAMET, I : 183 (1).
ISMAÏL (Askia —), II : 90, 93, 95, 97, 98, 99 à 101 (règne), 103, 215.
ISMAÏL (cheikh —), II : 56.
ISMAÏL (le Judéo Syrien), I : 222, 222 (3), 223, 224, 224 (3) ; — II : 354.
ISMAÏL (Moulaï —), I : 222 (3), 248, 248 (2) ; — II : 263.
ISMAÏL I (askia du Dendi), II : 256, 260.
ISMAÏL II (askia du Dendi), II : 260.
ISMAÏLA TOUNKARA (Fodié —), III : 196, 201.
Isongân, I : 57, 58.
ISRAËL, I : 208, 209, 210, 214, 214 (1), 215 ; — II : 22.
Israélites, I : 186 (note), 204, 208, 209, 210, 214, 214, 215, 218 ; — II : 33.
Issa-Ber, I : 43, 69, 103, 159, 243.

Issabongo (voir *Ras-el-Ma*), II : 14, 71.
Issafeï (voir *El-Oualedji*), II : 253.
Issihak I (Askia —), II : 67, 96, 101 à 103 (règne), 103, 113, 215, 226, 226 (1).
Issihak II (Askia —), I : 246 ; — II : 111 à 115 (règne), 117, 121 (1), 158, 227, 240, 241, 242, 243, 244 (2), 245, 260.
Italiens, II : 381 (1).
Itkariren, I : 119.
Izar, II : 32.
Izar (chef de Takedda), II : 75 (1).

J

Jackson (Grey —), I : 201, 248 (2) ; — II : 289.
Jacob, I : 208, 213 (1), 214, 214 (1), 259 (1).
Jauréguiberry, II : 403.
Jayme, II : 393.
Jean II, II : 142, 211, 211 (1), 213, 215, 381.
Jean III, II : 211 (1), 215, 382.
Jeannequin de Rochefort, II : 357 (2), 399.
Jérémie, I : 199, 200.
Jérusalem, I : 211.
Joao Collaçao, II : 213, 381.
Joffre, II : 419.
Joseph, I : 208, 208 (1), 209, 214, 215, 218.
Jouissance (entrée en — d'une succession), III : 28.
Juba II, I : 50, 51, 52.
Judaïsme, III : 200.
Judéo-Syriens, I : 114, 184, 187, 190 (1), 199, 202 (1), 207, 208, 209, 211, 212 (1), 214, 215, 215 (2), 216, 216 (note), 217, 218, 219, 220, 221, 222, 223, 224, 225, 226, 227, 234, 237, 248 (2), 255, 256, 256 (note), 263, 264, 265, 278, 279, 294, 295, 319, 320, 419 ; — II : 24, 22 à 25 (leur hégémonie à Ghana), 26, 27, 33, 154, 354, 355 (3).
Judiciaire (pouvoir —), III : 146, 147.
Juifs, I : 182, 183, 186 (note), 202, 206, 208, 209, 210, 211, 212, 212 (note), 216, 219 (1), 221 (1), 223, 239, 289, 322 ; — II : 85, 273.
Jules-Davoust (chaland), II : 397.
Julius Maternus, I : 56, 217 ; — II : 6, 380 (1).
Justice indigène (administration de la —), II : 43, 44, 130, 131, 197, 198, 199, 201, 236, 276 (2), 277 (note), 335 ; — III : 146 à 159.
Justice indigène (gratuité de la —), III : 149.
Justice indigène (organisation actuelle de la —), III : 157 à 159.

K

Ka, I : 136 ; — III : 104 (1).
Kaana ou *Kaghana*, II : 209.
Kaarta, I : 164, 222 (1), 222 (2), 227, 261, 267, 268, 282, 283, 283 (1), 286, 288, 291 (1), 293, 322, 367 ; — II : 27, 52, 155, 157, 158, 161, 165, 180, 220, 285, 290, 290 (2), 291, 292, 293, 294, 297 à 302 (histoire de l'empire), 308, 310, 311, 312, 314, 331, 332, 360, 363, 378, 386, 388, 389, 391, 407, 411, 414.
Kaartanka ou Kaartanké, I : 139.
Kaba, I : 138.
Kabali-Simba, II : 176.
Kabara (lac), I : 70.
Kabara (ville), I : 72, 73, 73 (1) ; — II : 77, 85 (1), 95, 111, 115, 228, 249, 266, 273, 336, 382, 389 (note), 392, 397, 418, 419, 423.
Kabinga, II : 239.
Kaboïla, I : 166.
Kabora, II : 196.
Kabou, I : 39.
Kadé (ville de Guinée), I : 294.
Kadérisme, III : 193, 194, 194 (2), 195, 196, 198, 199, 200, 201.

Kado, I : 129.
Kadria (voir « kadérisme »).
Kaédi (ville de Mauritanie), II : 313, 357.
Kafa-Diougou, II : 288.
Kaffo, II : 224.
Kafiri, I : 131.
Kâgho ou *Kâ'o* (voir *Gao*), II : 66, 67.
Kâgoro, I : 115, 127, 139. 150, 151, 158, 159, 163, 164, 227, 229 (1), 282, 283, 283 (1), 288, 289, 290, 296, 302, 329, 330, 331, 332, 334, 338, 347, 367 ; — II : 48, 156, 301, 310 ; — III : 188.
Kâgoro (langue —), I : 282, 362, 362 (2), 367, 373, 424.
Kâgorota, I : 139.
Kaïnoura, II : 384, 385, 400.
Kaïroudn (ville de Tunisie), I : 182 ; — II : 33, 37, 69.
Kaka, I : 298.
Kakadian, II : 308, 313.
Kakagnan, II : 218, 230, 275, 335.
Kaké Kanédyi, I : 271, 271 (1).
Kakoundi (Guinée), II : 389.
Kala ou *Kara* (voir *Kara*), II : 208, 209.
Kala ou *Sokolo* (voir *Sokolo*), I : 229, 277 ; — II : 114, 208, 215, 246 (1).
Kala-san (titre), II : 219.
Kalabamba-Diokountou, II : 177.
Kaladian (roi de Kong ?), II : 283 (1).
Kaladian Kouloubali, I : 284, 286, 322 ; — II : 282.
Kaladougou (voir *Karadougou*), I : 163 ; — II : 209.
Kalari ou *Kaladougou* (voir *Karadougou*), II : 325.
Kalé, I : 138, 258.
Kalifa Keïta, II : 185.
Kalsaka, I : 232.
Kama Keïta, II : 90, 92, 214.
Kama-Koli, II : 104, 109.
Kama-Safo, II : 225.
Kamakan-Dyita, II : 360.
Kamana, I : 165.

Kamara ou Kamaya ou Kamaaté, I : 137, 138, 139, 140, 141, 271, 280 (note) ; — II : 156, 168 ; — III : 108, 118 (1).
Kamatingué, I : 261.
Kamba Keïta, II : 203, 204.
Kambambi, II : 150.
Kambao, II : 232.
Kambiné Diarisso, II : 163, 164.
Kambiri ou *Kambou*, I : 142.
Kambo-nâba (fonction), II : 129.
Kambossé, I : 125.
Kambou, I : 142 ; — III : 104.
Kaméra, I : 165, 262 (1) ; — II : 27, 41, 214, 314, 358, 359, 404 (1), 411.
Kamfat, II : 367.
Kamini, II : 329.
Kaminia ou *Kamiya*, II : 209, 218.
Kaminiadougou, II : 219, 325, 416.
Kamissa, II : 94.
Kamissorho, I : 140 ; — III : 108.
Kammara, II : 52.
Kampadi, II : 150.
Kamsoro, II : 128, 129.
Kamsoro-nâba (fonction), II : 129, 134.
Kanafa, I : 263, 270.
Kananké, II : 22, 276.
Kanda ou Ganda (titre royal), II : 68 (1).
Kandi (ville du Dahomey), I : 43.
Kandia Massassi, II : 161, 302, 309, 310, 311.
Kandia-Moussa (ministre de Mansa Souleïmân), II : 197.
Kandiari, II : 311.
Kane, I : 136 ; — III : 104 (1), 106.
Kané, II : 361.
Kané (voir Kanté).
Kanédyi ou Kannté, I : 271 (1).
Kanem, II : 67, 72, 278, 390.
Kanessi, I : 140 ; — II : 361.
Kanga, I : 128.
Kangaba, I : 65, 68, 291. 292, 321 ; — II : 166, 167, 168 (1), 173, 176, 179, 180, 220, 220 (1), 284, 343, 344.
Kangbê ou langue mandingue banale, I : 368, 411, 412.

Kango, I : 280, 298; — II : 143, 143 (2), 143 (3), 144, 144 (1), 145, 289.
Kango-Moussa, II : 320.
Kangoté, I : 138.
Kaniaga, I : 159, 228, 228 (1), 229, 231, 253 (note), 256, 261, 263, 265, 268, 271 (1), 273, 276, 282, 283, 283 (1), 292, 320, 321, 367; — II : 27, 53, 104 (note), 154, 155, 162 à 170 (histoire de l'empire), 180, 183, 208, 223, 228, 285, 286, 297, 335, 356 (note).
Kaniouba-Niouma, II : 287, 288.
Kankan (ville de Guinée), I : 40, 43, 71, 291; — II : 186, 186 (1), 307, 347, 414.
Kankan-Moussa, I : 224, 250, 250 (1), 293, 307 (1), 321; — II : 64 (2), 73, 80, 107, 140, 180, 181 (3), 185, 186 à 191 (règne), 192, 202 203 (1), 207, 269, 270, 357.
Kankira, II : 373.
Kanko-Diéli, II : 310.
Kankoumakania, I : 164, 297.
Kankoura, II : 218.
Kannté, I : 137, 139, 140, 265, 268 (2); — II : 165.
Kano (ville de la Nigeria). I : 219 (1), 276 (2); — II : 92 (note), 95, 382.
Kanta (roi du Kebbi), II : 91, 92, 92 (note), 97, 104.
Kanta Diallo (ardo), II : 224, 225.
Kanté ou Kannté ou Kanndé ou Kané, I : 137, 139, 140 (voir Kannté).
Kao ou *Kou*, II : 209.
Kaogo, II : 145, 146.
Kaoua, II : 367.
Kaoukadam, II : 36.
Kapolondougou, I : 166.
Kar-Bifo (Sonni —), II : 74, 74 (1).
Kara, II : 198, 209, 246.
Kaba ou Karaké, I : 215, 216 (note); — II : 22, 22 (2), 25.
Kara-Guidé, I : 258.
Kara-Sakho, II : 196.
Karabara, I : 246; — II : 114, 249.
Karaboro, I : 115, 115 (3), 152, 171.

Karaboro (dialecte —), I : 362, 369.
Karadougou, II : 109, 111, 209, 216, 219, 228, 246, 251, 252, 276, 282, 286, 289, 325.
Karakara, II : 369.
Karakoro ou *Tartafout* ou *Bakhambora*, I : 39, 65.
Karâma, III : 206, 208.
Karama, II : 258.
Karamoko (voir Kiéoulé-Karamoko).
Karamoko Diara, II : 296.
Karamorho, II : 309.
Karan, II : 230.
Karangasso, II : 377 (1).
Karankasso, II : 9.
Karanké ou Kananké, II : 22, 276.
Karapata, I : 137.
Karéga, II : 301.
Karei (Dia —), II : 63.
Karémanguel, II : 421.
Karfata, II : 104.
Karfo, II : 128.
Karidioula, I : 138.
Karkar (voir *Kouka*), II : 67 (1).
Karounka, II : 310, 311, 315.
Kassa (femme de Mansa Soulefmân), II : 204.
Kassa (voir Kamba Keïta).
Kassakéré, II : 312.
Kassama, II : 360.
Kassuya, I : 39.
Kassomsé, I : 115 (4), 130.
Kassoun, II : 372.
Kata ou Kato, II : 357.
Katana Boro, I : 258, 261.
Kateb-Moussa, II : 270.
Kati, I : 65, 98, 104.
Katia, II : 413.
Katséna (ville de la Nigeria), I : 219 (1), 239; — II : 91, 92 (note), 104, 390.
Kaya-Maghan Sissé, I : 258 (2), 261, 263, 265, 294, 319; — II : 17, 18, 19, 19 (1), 24, 25, 26, 26 (2), 27, 165.
Kayaba, I : 292; — II : 179.
Kayao, II : 126.
Kayes, I : 43, 61, 65, 71, 76, 82, 92, 97, 98, 99, 100, 104, 126, 144, 146,

147, 148, 149, 150, 151, 157, 164, 165, 222, 226, 227, 229, 231, 257, 262 (1), 290, 367, 368, 371, 373 ; — II : 48, 49, 292, 309, 310, 313, 348, 360, 363, 383, 384, 385, 386, 389, 404, 404 (1), 405, 406, 410, 412, 423, 424, 425 ; — III : 192, 193, 195, 196, 201, 208.

Kebbi (contrée voisine du Gando), I : 239, 239 (2), 241 ; — II : 91, 91 (3), 92, 92 (note), 97, 104, 196, 241, 242, 248, 372.

Kebbi (village voisin de Korienza), II : 81.

Kédiou (fonction), II : 366.

Kédougou (ville du Sénégal), I : 43, 294.

Kégué-Mari Diara, II : 293, 295, 296 (1), 312, 326, 327, 328, 329, 331.

Keïna-Tianiombo (Dia —), II : 65.

Keïta ou Koïta, I : 122, 138, 140, 140 (2); — II : 175, 206, 220, 356, 356 (2), 361, 362 ; — III : 80, 100, 108.

Kéké ou *Kékey*, II : 223, 225, 229, 230.

Kékotondi, II : 167.

Kel-Antassar, I : 134, 134 (1), 145, 160, 195, 195 (1) ; — II : 258, 274, 321, 336 (1), 419, 422, 423 ; — III : 134.

Kel-Dokoré, I : 134.

Kel-es-Souk, I : 134, 145, 160, 195.

Kel-Gheress, I : 134, 145, 160.

Kel-Gossi, I : 134, 145, 160.

Kel-Guerisouân, I : 134, 145, 160.

Kel-Haoussa ou Tagama (voir Tagama).

Kel-Nchéria, I : 134, 145, 160 ; — II : 419.

Kel-Nkounder; I : 134, 145, 160 ; — II : 419.

Kel-Oui, I : 419.

Kel-Oulli, I : 134, 145, 160.

Kel-Ouorodjel, I : 134.

Kel-Rezzaf, I : 134.

Kel-Rila, I : 134, 146, 160.

Kel-Taberint, I : 134.

Kel-Tadmekket, I : 114, 134, 145, 191, 193, 195, 196, 320, 322 ; — II : 69, 70, 259, 264, 264 (4), 265, 266.

Kel-Teguiait, I : 134.

Kel-Témoulal, I : 134, 145, 160 ; — II : 419.

Kel-Tigouelt, I : 134, 145, 160.

Kel-Tinakaouat, I : 134.

Kel-Tounboukouri, I : 134.

Kel-Tountoun, I : 134.

Kélétigui (fonction), II : 376.

Kelléma, I : 140.

Kelli, I : 229 (1).

Kénédougou, II : 373.

Kéniarémé, I : 158 ; — II : 155, 413.

Kéniéba, II : 407.

Kénienko ou *Kénientou*, II : 167, 169, 179, 327, 329, 330.

Kéniéra, II : 344, 410.

Kenken (Dia —), II : 63, 64.

Kenntiéri, II : 417.

Kéra (voir *Tira*).

Kérané, II : 334.

Kérango ou *Kéranion*, II : 289, 293 (1), 317.

Kérango-Bá Diara, II : 293, 293 (1).

Kerifelt, II : 39.

Kérina, II : 168 (1).

Kérou, I : 138, 279 (1).

Kérouané (cercle de Bamako), I : 163, 277.

Kérouané (Guiné française), II : 347.

Kersaint-Gilly (J. de —), II : 235 (note).

Kersignané, III : 196.

Kessékho, I : 140 ; — II : 361.

Ketama, I : 186 (note).

Khaled (balama), II : 121 (1).

Khalifa (fonction), II : 306, 188 (3), 194, 195, 202, 203, 206.

Khalil (Sidi —), III : 3.

Khasso, I : 126, 151, 165, 227, 290, 296 ; — II : 299, 300, 301, 312, 358, 359, 363, 364, 384, 385, 386, 389, 390, 402, 403, 404.

Khassonkè, I : 115, 126, 139, 140, 150, 151, 158, 164, 165, 227, 229, 231, 289, 290, 330, 331, 332, 334,

338, 348, 367 ; — II : 299, 301, 312, 362, 363, 400, 405, 406 ; — III : 488.
Khassonkè (dialecte —), I : 290, 362, 387, 411, 424.
Khâtib (fonction), III : 188, 188 (4), 189, 190, 192 (1).
Kiâlo, I : 130.
Kian, I : 116, 130, 155, 156, 161, 162, 167.
Kian (dialecte —), I : 363, 370.
Kiba, I : 163, 277.
Kibsé, I : 129.
Kida, II : 126.
Kiéoulé-Karamoko, II : 346, 346 (1), 411.
Kiffa, I : 38, 39, 43, 84, 98 (1), 99, 100, 103, 144, 146, 157, 158, 187, 187 (1), 373 ; — II : 13, 18 (1), 29, 51 ; — III : 193 (note).
Kili, I : 145.
Kilia-Moussa Sissoko, I : 203.
Kimba, II : 126.
Kindia, I : 294.
Kingui, I : 144, 158, 228, 256, 257, 258, 259, 262, 265, 266, 267, 271, 273, 275, 276, 290, 319, 320, 321, 322 ; — II : 27, 55, 154, 155, 157, 158, 161, 294 (2), 299, 300, 310, 311, 315, 332, 333, 356, 378, 386.
Kinian, II : 374, 375, 376, 394, 415.
Kinnti Sambala, II : 312, 363, 404, 405.
Kinntiéri, II : 377 (1).
Kintampo (ville de la Côte d'Or), II : 393, 393 (1).
Kiokia ou *Kiokoun*, II : 208.
Kipirsi, I : 130, 155, 169, 370.
Kipirsi (dialecte —), I : 370.
Kipirsi, I : 309, 314, 315, 316, 317, 318, 320 ; — II : 125, 126, 128, 372.
Kirei, II : 258.
Kirina, I : 292, 321 ; — II : 168, 169, 169 (1), 170, 179, 180, 183.
Kirko ou *Guirgo*, II : 209.
Kiro, II : 258.
Kissidougou (Guinée française), II : 347.

Kissou, I : 145, 246, 246 (1) ; — II : 258.
Kissoum, II : 141, 142.
Kita, I : 40, 43, 76, 99, 100, 104, 146, 147, 148, 150, 151, 152, 163, 164, 179, 228, 229, 283 (1), 291, 292, 295, 296, 297, 368, 373 ; — II : 179, 185, 291, 299, 308, 333, 343, 344, 345, 348, 387, 390, 391, 392, 408, 409, 410 ; — III : 193.
Kita-Demba, II : 364.
Kitaba, I : 296.
Kitâbou-l-jarafiya (ouvrage arabe), II : 41.
Klobb, II : 423.
Kobé-Tara, I : 241.
Kobi (village au Sud du Débo), II : 81.
Kobikéré, II : 117, 209, 227, 230.
Kobilo, II : 307.
Koboga, II : 147.
Kobougoula, I : 295.
Kobra, II : 126.
Kodaa, I : 189.
Kodiar, II : 153.
Kodié, II : 302.
Kogou, II : 295.
Koï (titre), II : 88.
Koïla, II : 416.
Koïra-kiné (langue songaï), I : 367.
Koïra-Tao (Tombola), II : 258, 258 (1).
Koïratao (près Tombouctou), II : 419.
Koïta (voir Keïta), II : 175.
Kôkô ou *Kaokao*, II : 66.
Kôkô ou *Koukou*, II : 67, 71, 72.
Kokoro-Kari, II : 102.
Kokry, II : 203, 209, 218, 227, 228.
Kolama, II : 185.
Kolembiné, I : 65, 82 ; — II : 47, 48, 413.
Koli ou *Kolikoli*, I : 243 (voir *Kolikoli*).
Koli Galadio ou Koli-Tenguéla, I : 230 (note), 233 (1), 237, 277, 322 ; — II : 91, 214, 355 (1), 355 (2), 356, 356 (note), 356 (1), 356 (2), 357, 358, 360.
Koli Sangaré, I : 296.
Koli-Tenguéla ou Koli-Tenguélé (voir Koli Galadio), II : 356 (1).

Koltâbé, I : 136, 225 ; — II : 355, 355 (1), 355 (2).
Kolikoli, I : 69.
Kolo, II : 244.
Kolomina, II : 413.
Kolon, I : 144, 159.
Koloni, II : 418 (1).
Kolou ou *Kollou*, I : 164, 297.
Kolounko, I : 39.
Kom (voir Tanga).
Kom I, II : 128, 135.
Kom II, II : 128.
Kom-nàba (fonction), II : 148.
Koma (génie et association religieuse), III : 123, 174. 175, 177 (2), 181, 182.
Kombori, I : 129 (1), 168.
Komboro Mana, I : 270 ; — II : 275.
Kombossi, I : 363.
Kominianga, II : 153.
Komino, II : 218, 219.
Komintara, I : 158 ; — II : 333.
Komma, II : 219.
Komma (voir Koumba).
Komo (voir Koma).
Komodo, II : 344, 345 (1).
Komongallou, I : 119, 229 (1).
Komono, I : 115, 152, 171.
Komono (dialecte —), I : 363, 369.
Komonoba, I : 64.
Komtonna, II : 219.
Konaté (voir **Kounaté**).
Kondou, II : 181.
Kondyi, II : 219.
Koné ou **Konndé** ou **Konnté**, I : 138, 139, 140, 141, 267 ; — III : 108.
Kong (ville de la Côte d'Ivoire), I : 43, 62, 63, 126, 279 (1), 280, 281, 299, 300, 318 ; — II : 283 (1), 347, 393, 394 (1), 422.
Kongokourou, II : 196.
Koni (rivière), II : 82, 82 (1).
Koni (village près Sansanding), II : 295, 316.
Koniakari, I : 290 ; — II : 48, 290, 299 (2), 301, 302, 309, 310, 314, 331, 332, 333, 334, 363, 363 (2), 364, 386, 394, 412.
Konian, II : 343 (2).

Konignon, II : 209.
Konihou, II : 319.
Konina, II : 181.
Konionmassa, II : 286.
Konko-koïra, II : 258.
Konkobiri, II : 153.
Konkodougou, I : 165, 293, 296, 297 ; — II : 184, 359, 360, 361, 362, 387, 392, 394, 411.
Konkoreï (Dia —), II : 63.
Konkouné, I : 316.
Konkour-Moussa, (pour Kankan-Moussa), II : 186 (2).
Kono (génie et association religieuse), III : 123.
Kononiogo-Simba, II : 176.
Konséguéla, II : 375.
Kontaga, I : 140 ; — II : 361.
Kontella, I : 164.
Konti, II : 219.
Koou, II : 209.
Korandi, II : 367.
Koratou, I : 70.
Koré (association), III : 121.
Koré-farima (fonction), II : 87, 103.
Koreï ou Mansour (pacha), II : 264, 264 (2), 264 (3), 265.
Koreïch, I : 188, 213.
Koreïchites, I : 214.
Korhogo ou *Koroko* (ville de la Côte d'Ivoire), I : 43, 44 (2), 63 (2), 131 (1), 344 ; — II : 374, 375, 377.
Koria Keïta, I : 273, 274.
Korienza, I : 69 ; — II : 81, 142, 214, 252.
Koriga, II : 413.
Korikori, II : 337.
Korimansa, II : 203.
Korioumé, I : 72, 73 ; — II : 76, 258, 266 (1), 393, 419.
Koro, I : 138.
Koro, II : 209, 217.
Koro-Belbéga, II : 366.
Koroko (ruisseau), I : 39.
Koroko (ville de la Côte d'Ivoire, voir *Korhogo*).
Koromaga ou **Koromakha**, I : 137, 140.

KOROMAMA KOUMBA, II : 316, 325.
Korondiofi (voir *Korioumé*), II : 258.
Korté, III : 177 (2), 182, 184.
KOSSA MAKASSA, I : 283.
Kôssé, I : 129, 129 (2).
KOSSEÏLA, I : 182.
Kossidéré, II : 371.
Kossof ou Kossaf (Dia —), I : 193, 242, 320 ; — II : 64, 65, 68, 68 (1).
Kossof-Daraf (Dia —), II : 65.
KOUAKOUROU, I : 292.
Kouandé (ville du Dahomey), I : 43.
Kouba, II : 141.
KOUBA-DEMMO, II : 224.
KOUDA (fils de Koundoumié), II : 126.
KOUDA (fils de Nassébiri), II : 140.
Koudougou, II : 125.
Kougha, II : 51, 52, 52 (1), 67.
Kouka ou *Koukaoua* (ville du Bornou), II : 13, 15, 67, 71, 186, 203, 278, 392.
KOUKA, II : 128, 134 (1), 421.
Koukaoua (voir *Kouka*), II : 278.
Koukia (voir *Gounguia*), I : 192 (1), 193, 196, 240, 241 ; — II : 60, 67, 208, 211 (note), 244.
Koukiri, II : 209, 218, 219, 228.
Koulango ou Pakhalla, I : 115, 130, 131 (1), 153, 156, 156 (1), 170, 315, 316, 317, 318, 320, 321 ; — II : 212.
Koulango (langue —), I : 363, 370, 373, 425.
Koulé, I : 139 ; — III : 148 (1).
Kouléré, II : 244.
Koulikoro, I : 68, 71, 76, 79, 98, 104, 268, 284 ; — II : 167, 168, 169, 179, 181, 329, 330, 386, 388, 391, 392.
Koulila, II : 415.
Koulouba, I : 98, 104 ; — II : 425.
Kouloubali, I : 110, 138, 139, 139 (1), 140, 141, 284, 285, 285 (1), 286 ; — II : 282, 283 à 287 (dynastie), 287 (3), 288, 297 ; — III : 80, 100, 101, 102, 103, 104, 108.
Kouma (village du Kaniaga), I : 228.
Kouma (village voisin de Nampala), II : 103, 103 (1).
Koumba ou Koumma, I : 137, 258, 267, 269, 277 ; — II : 316, 325.
Koumbi, I : 259, 260, 261.
KOUMBORO MANA, I : 270 ; — II : 275.
Koumdel, II : 357.
KOUMPAOUGOUM, II : 143.
Kouna (cercle de Mopti), I : 243, 249, 263 ; — II : 233, 234, 252.
Kouna (circonscription de San), II : 371.
Kounari, I : 162 ; — II : 233, 234, 236, 335.
Kounaté ou Kounaré ou Konaté, I : 137, 138, 139, 140, 263, 269, 279 ; — III : 108.
Kounda, II : 407.
KOUNDAKO, I : 39.
KOUNDÉGNÉ (voir KOUNDOUMIÉ).
Koundian, I : 164, 293 ; — II : 184, 308, 313, 345, 359, 360, 411.
Koundou, II : 411.
KOUNDOUMIÉ ou KOUNDÉGNÉ, II : 126, 139, 140.
Kounguel, I : 262 ; — II : 358.
Kounta, I : 42, 113, 113 (1), 117, 131, 143, 144, 157, 181, 182, 183, 185 (1), 191 (2), 195, 196, 219 (1), 252, 321, 322, 342, 364 ; — II : 75 (2), 225 (1), 234, 239, 266, 267, 273, 274, 317 (1), 321, 323, 336 (1), 337, 407 (1), 423, 425, 426 ; — III : 194.
Kountigui (fonction), II : 149 (1) ; — III : 130.
Kouoro, I : 166.
Koupéla, I : 68, 154, 169, 315 ; — II : 397.
Koura, I : 70, 242, 243, 244, 246, 246 (1), 249 ; — II : 419.
Kouranko, II : 347.
KOURGO, II : 143.
KOURITA, II : 140.
Kourita (titre), II : 133.
Kourouba, II : 360.
Kouroubari (voir Kouloubali), I : 280 (note).
Kouroukoto, I : 292 ; — II : 179.
Kourouma, I : 139, 140.
Kouroumankobé, I : 130, 130 (1), 305 (1) ; — II : 366.

Kouroussa (ville de la Guinée), I : 71, 294 ; — II : 389, 411.
Koursitigui, II : 348.
Koursoudougou, II : 373.
Kourteï ou Kourtibé (voir Sorko), I : 240, 244.
Koury, I : 44, 66, 67, 77, 78, 79, 99, 100, 104, 125, 129 (1), 138, 146, 148, 149, 150, 151, 152, 153, 154, 155, 156, 167, 168, 233, 313, 314, 315, 373, 382 ; — II : 145, 147, 370, 371, 372, 373, 394, 422 ; — III : 193.
Koussané, III : 196.
Koussata, I : 138, 139, 265, 267.
Koutiala, I : 44, 99, 100, 104, 126, 141, 146, 149, 150, 152, 153, 155, 166, 233, 299, 301, 367, 373 ; — II : 209, 285 (note), 375, 377, 422 ; — III : 193.
Koutou, II : 128.
Kouroukou, II : 369.
Koyaté, I : 140.
Kparhala, I : 131, 131 (1).
Kpéré, I : 41.
Krause (G.-A. —), II : 393, 393 (1).

L

Lâ, II : 125, 126, 127, 139, 140, 141, 141 (1), 146.
La Courbe, I : 59 (1), 64 ; — II : 383, 384, 399, 400, 401.
La Mecque, I : 177 (1), 272, 280, 291 ; — II : 33, 37, 56, 85 (1), 86, 89, 173, 175, 176, 184, 186, 187, 188, 193, 205, 234, 255, 293 (2), 305, 306, 341, 370, 371 ; — III : 194, 195, 196.
La Tour (de —), II : 423.
Labat, II : 383 (1).
Labata, II : 308.
Labbo (voir Laobé).
Labé (ville de Guinée), I : 292, 294, 296, 297 ; — II : 167, 178, 307.
Labezenga, I : 71.
Labi-Diédo, II : 150.
Lafia Touré, II : 343 (2).

Lagarde, II : 412 (1).
Laggam (fonction), II : 366.
Laghlal ou Lakhlal, I : 132, 144.
Lagui ou El-Hadj, II : 372.
Laha, II : 241, 242.
Laing (Gordon —), I : 62 ; — II : 385, 388, 389.
Lallé, I : 169 ; — II : 128.
Lambert (Thomas —), II : 339.
Lambo, II : 257.
Lambouéga (voir Bonga).
Lambourou-Safo, II : 224.
Lamothe (de —), II : 409.
Lampakhé-Boundayoré, I : 258.
Lancelot du Lac, I : 59.
Lander (Richard —), I : 62, 202 (1) ; — II : 389 (1).
Lanfiéra, II : 372.
Langues (classification), I : 357, 359, 360, 361, 362, 363, 364.
Langues (définition), I : 112, 357, 358, 359.
Langues (étude analytique), I : 387 à 407.
Langues (nomenclature), I : 361, 362, 363, 364, 371, 372, 373.
Langues (répartition), I : 364 à 374.
Langues dominantes, I : 373, 374.
Langues écrites, I : 374 à 380.
Langues principales, I : 408 à 420.
Lankamané, I : 158 ; — II : 299, 341, 386.
Lanlassé, II : 141.
Lanneau, II : 409.
Lantaro-Samba, II : 379.
Lao, I : 136.
Laobé, I : 119, 134, 224, 224 (3), 415 ; — III : 118 (1).
Laperrine, II : 412, 418 (1), 422.
Larabtenga, I : 309.
Laralé, II : 128, 129.
Larallé-nâba (fonction), II : 129, 133.
Lartigue (de —), I : 158 (1) ; — II : 348.
Lasnet, I : 206, 224 (3).
Lasselves, II : 300.
Latins, II : 4, 6.
Latsir, II : 28.

LAUZUN (duc DE —), II : 401.
LEBBI, II : 38, 54.
LEBLANC, II : 389, 402.
Léger (*le* —, vaisseau), II : 399.
Legha (charge), II : 264.
LEGRAND, II : 385.
LEJEAL, II : 397.
LEMAIRE, II : 383.
LEMAÎTRE, II : 400.
Lemlem, I : 302 ; — II : 41, 49, 50 (1), 178 (1).
Lemta, I : 114, 181, 185 (1), 186, 190, 191, 192, 194, 196, 197, 198 (note), 240, 241, 242, 243, 244, 245, 319, 320, 321 ; — II : 28, 34, 36, 54, 60, 64, 64, 66, 73, 84, 91.
Lemtouna, I : 114, 184, 185 (1), 186, 187, 188, 189, 194, 195, 196, 227, 264, 320 ; — II : 27, 28, 29, 29 (2), 30, 31, 33, 35, 36, 37, 38, 38 (1), 38 (3), 39, 40, 46, 54, 55, 64, 163, 174, 175, 207.
LENOIR, II : 419.
LENZ, II : 7, 389 (note), 394.
Léo, I : 104, 130, 155, 169 ; — II : 372, 373, 421.
LÉON L'AFRICAIN, I : 49, 59, 60, 118 (1), 278 ; — II : 17, 56 (1), 61, 66, 67, 74, 83 (1), 86 (1), 117, 174, 175, 213, 213 (1), 213 (2), 260 (1), 272, 278, 281, 281 (2), 381, 382.
LEPSIUS, I : 210.
Léraba, I : 41, 63 (2), 64.
LESPIEAU, II : 417.
Lettrés musulmans, III : 190, 191.
Leucœthiopes, I : 207 ; — II : 26 (2).
LEVENS, II : 401.
Li, I : 136.
Libres (gens —), III : 111, 112.
Libyens, I : 184, 185, 185 (1), 200, 208, 278 ; — II : 61, 83, 83 (1).
Ligbi (langue —), I : 362 (3).
Ligouatit, I : 132.
LIGUIDI, II : 147.
Liki ou *Lika*, II : 91, 92 (note), 248.
Lilsé, I : 115, 115 (4), 130, 314.
Limi, II : 196.
Limites, I : 37 à 43 ; avec l'Algérie, 42 ; avec la Côte d'Ivoire, 40 ; avec le Dahomey, 41 ; avec la Gold-Coast, 41 ; avec la Guinée, 39 ; avec la Mauritanie, 38 ; avec le Sénégal, 39 ; avec le Territoire Militaire, 42 ; avec le Togo, 41.
Linguékoto, I : 292.
Linguistique comparée, I : 387 à 407, 421.
LIPPERT, I : 360.
Liptako, I : 230, 231, 233, 239, 305, 366 ; — II : 366, 366 (1), 367, 367 (1), 368.
Littérature, I : 380 à 384.
LIVIO SANUTO, I : 59, 61.
LIVRELLI, II : 419.
Lo, I : 297, 299.
Lo (langue —), I : 362 (4).
LOBBO, II : 232.
Lobi (contrée), I : 103 ; — II : 8, 10 ; — III : 49.
Lobi (groupe linguistique), I : 363, 370.
Lobi (langue —), I : 363, 370, 372, 374, 425.
Lobi (peuple), I : 116, 131, 134 (1), 142, 153, 156, 170, 171, 312, 313, 315, 316, 317, 318, 321, 329, 330, 331, 332, 337, 339, 340, 341, 349, 350 ; — II : 9, 9 (1), 369, 422, 425 ; — III : 18 (1), 34, 36 (1), 67 (1), 67 (2), 82 (1), 83 (1), 91, 104, 107, 125 (1), 211.
Lobi-Dagarti, I : 343.
LOGEAY, I : 213 (1).
Logo, I : 165, 290 ; — II : 312, 313, 360, 362, 363, 363 (4), 364, 390, 408.
Logomaten, II : 368.
Londané, II : 370.
Lorha (ville de Gold-Coast), I : 317.
Lorho (caste), I : 139, 156 (1) ; — III : 118 (1).
Lorho (dialecte —), I : 363, 370.
Lorho (tribu), I : 116, 156, 156 (1), 170, 171, 317, 318, 320, 333, 334, 339, 350, 370 ; — II : 9, 9 (1), 369.
Lorhopéni, I : 318.

Lorhosso, I : 131 (1), 156, 170, 171, 299, 300, 316, 317, 318, 321, 323 ; — II : 8, 9, 348, 369, 421.
Loroum, I : 314.
Loto, I : 313, 316, 317, 323 ; — II : 368, 379, 370.
Louange (des choses), III : 50, 51.
Louange (des personnes), III : 50, 51, 52.
Louâta, I : 132, 185 (1) ; — II : 30.
Loubim, I : 200.
Loud, I : 200.
Loudagh, II : 422.
Loudamar (voir Oulad-Mbarek), I : 133 ; — II : 377, 378, 379, 380.
Loudim, I : 200.
Lougoussi, II : 126.
Louldmi, II : 107, 256.
Loumbila, II : 125, 126.
Loury, II : 377.
Louta, I : 161, 280 ; — II : 371, 421.
Loutana, II : 415.
Louvel, II : 344, 345, 411.
Lucrèce, I : 185 (1).

M

Ma-el-Aïnin, I : 191 (2) : — III : 203, 204, 207.
Maa, II : 107.
Mabbé ou Maboubé, I : 134, 229, 229 (1) ; — II : 104, 226 ; — III : 118 (1).
Mabrouk, I : 42, 84, 131, 143, 145, 157, 182, 182 (2), 183 ; — II : 239, 424, 426 ; — III : 194.
Madani Tal, II : 296, 332, 337, 412.
Madassa, II : 71.
Maddassa, I : 185 (1), 186, 187, 188, 193 ; — II : 28, 71, 72.
Mademba (fama), II : 321 (1), 414, 416.
Madghis, I : 185 (1).
Madina ou *Médina* (cercle de Ségou), II : 219, 325.
Madiori, II : 153.
Mddougou, II : 189, 190, 274.

Maga, I : 140.
Maga Diallo (ardo), I : 228, 229 ; — II : 223, 224, 231.
Magaza ou Makassa, I : 139.
Mage, I : 262 ; — II : 286, 299 (2), 301 (1), 322 (1), 326 (1), 327, 329, 390, 391, 407, 408.
Mage (canonnière), II : 392, 394.
Maghan (nom d'homme), II : 26 (2), 27 (note).
Maghan ou Magha (farba), II : 202.
Maghan I (Mansa —), II : 73, 140, 191, 192, 204.
Maghan II, II : 206.
Maghan III, II : 207, 210, 211.
Maghan-Diabé Sissé, I : 256, 258, 259, 260, 261, 262, 319.
Maghan-Kaya (voir Kaya-Maghan), I : 258, 261.
Maghan-Mamari, I : 258, 261.
Maghan-Oulé (chef du Bendougou), II : 117.
Maghan-Tané, I : 258, 261.
Maghan-Tané Fankanté, I : 258, 261.
Maghcharen, II : 106.
Maghrâoua, I : 185 (1) ; — II : 37, 39.
Maghreb, I : 180, 184, 185 (1), 186, 186 (note), 190, 193, 208, 249, 251 (note), 252 ; — II : 15, 16, 17, 26, 42, 45, 50, 75 (1), 113, 186, 205 (2), 208, 261, 269, 271, 272, 274, 380.
Maghzâra (voir Magzâra), II : 354.
Magiciens, III : 178, 182, 184, 185.
Magico religieux (croyances et rites —), III : 167, 177 (2), 178 à 185.
Magrâra (voir Magzâra).
Magui (étang de —), II : 48.
Magzâra ou Magrâra, II : 50 (1), 354.
Maham Boli, II : 183, 184, 184 (1).
Mahina, II : 412.
Mahmadou-Kaya, II : 333.
Mahmadou-Lamine, II : 334, 411.
Mahmadou-Racine, II : 345, 412 (1), 417.
Mahmoud (cadi de Tombouctou), II : 85 (1), 94, 95, 99, 103 (note), 247 — III : 206.

MAHMOUD (gouverneur du Gourma), II : 121 (1).
MAHMOUD (le Judéo-Syrien), I : 222, 222 (3), 223, 224.
MAHMOUD II, I : 225, 226 ; — II : 354.
MAHMOUD BARHAYORHO, II : 102, 277.
MAHMOUD-BEN-ZERGOUN (pacha), II : 121 (1), 240, 241, 242, 243, 244, 245, 246, 247, 248, 248 (1), 249, 268, 271.
MAHMOUD DARAMÉ, II : 115.
MAHMOUD DOUNDOUMI, II : 121 (1).
MAHMOUD-LONKO (pacha), I : 247 ; — II : 250, 251, 252, 253, 262, 268.
MAHMOUDOU (almami), II : 307.
MAHOMET, I : 160, 175, 188, 189, 212, 213.
MAÏ TAL, II : 319.
Maires du palais, III : 140, 140 (3).
Maka (mont —), II : 257.
MAKA (roi du Galam), II : 383.
MAKA-BOUNGA, II : 225.
MAKA MAKASSA, I : 283.
Makadougou, II : 300.
MAKAN KEÏTA, I : 292 ; — II : 179.
Makassa ou **Magaza** (voir **Magaza**), I : 139.
MAKHAN DIARISSO, II : 164.
MAKHAN-DOUMBÉ, I : 260, 261, 262.
Makhana, II : 309, 309 (2), 384, 399, 400, 402, 403.
MAKHANI SAMBALA, II : 364.
MAKIBA-YÉDENKÉ, II : 224.
MAKIL, I : 188, 189.
Makil (pour Beni-Makil), II : 190.
MAKIOU TAL, II : 319.
Makira, II : 218.
MAKORO DIARA, II : 289, 290, 291 (voir aussi MONSON DIARA).
MAKOUTA KEÏTA, II : 90 (1).
MAKRIZI, I : 204, 205 ; — II : 91 (1), 176 (1).
Maladie du sommeil, II : 205, 206, 206 (1).
Malangal, II : 232.
Malé, I : 141.
Maléfices, III : 182, 183, 184.
Malékite (rite —), II : 196 ; — III : 3, 13, 13 (1), 14, 15, 146.

Mali ou *Melli* ou *Mandé*, I : 55, 121, 121 (1), 201, 202, 211, 229, 230 (note), 244, 256 (2), 269, 277, 286, 290, 291, 292, 293, 303, 307 (1), 310 (1), 321 ; — II : 18, 19, 19 (1), 24, 45, 50, 59, 61 (2), 65, 72, 73, 74, 75, 78, 80, 88, 89, 90, 90 (1), 91, 92, 100, 102, 104, 104 (note), 105, 106, 109, 122, 123, 124, 129, 131 (1), 138, 140, 142, 155, 158, 170, 173 à 221 (histoire de l'empire et de la ville), 180 à 182 (emplacement et nom de la ville), 223, 224, 225, 226, 228, 249, 264 (3), 268, 269, 270, 272, 273, 276, 281, 282, 283, 283 (1), 284, 285, 297, 308, 358, 360, 362, 381, 382 ; — III : 142.
MALI-GUIMÉ, II : 361.
MALI-SIRIMAN (voir SIRIMAN KEÏTA).
MALIK SIDIBÉ, II : 371.
Malinké (voir **Mandingues**), II : 181.
Malinké (dialecte —), I : 276, 279, 362, 367, 368, 411, 421.
MALINKÉ-MORI, II : 344, 345.
Mallel, II : 44, 49.
Malo, II : 244.
MALOUM-IDRIS, II : 275, 275 (2).
MAMA FOFANA, II : 286.
MAMA-MAGHAN, II : 220, 283, 284.
MAMA TARAOURÉ, II : 293.
MAMADI-DIAN (lieutenant de Bodian), II : 415.
MAMADI-DIAN (lieutenant d'El-hadj-Omar), II : 308.
MAMADI-KANDIA (voir KANDIA MASSASSI).
MAMADI-SIDIANKÉ, II : 319.
MAMADI-YOROUBA, II : 319.
MAMADOU-ABI, II : 326.
MAMADOU KEÏTA, II : 186.
MAMADOU-LAKI, II : 146.
MAMADOU-LAMINE (conquérant, voir MAHMADOU-LAMINE).
MAMADOU-LAMINE (El-hadj —, voyageur), II : 184.
MAMADOU-MORI, II : 370.
MAMADOU-RACINE (voir MAHMADOU-RACINE).

Mamari, I : 258.
Mamari Sakho ou Mamari-Sité-Dor-hoté), I : 261, 262.
Mambi Keïta, II : 220 (1).
Mami-ben-Barroun, II : 245, 246, 247.
Mami Santara, II : 293.
Mamoudou ou Maghan III (voir Maghan III), II : 206.
Mamoudou I, II : 211, 212, 213, 215.
Mamoudou II, II : 215.
Mamoudou III, II : 216, 228.
Mamoudou Diawara (voir Fié-Mamoudou Diawara).
Mamounian, II : 307.
Mamourou (chef de Dougbolo), II : 415, 417.
Mamourou (chef de migration), I : 280.
Mamourou Diara, II : 289.
Mamourou Diara (chef des Banmana), II : 296.
Mamourou Diarassouba, I : 295.
Mampoursi, I : 306, 307.
Mana, I : 138, 269, 270 ; — II : 275.
Mana-Maghan Niakaté, I : 267, 273, 274, 275 ; — II : 155, 157.
Mana Niakaté, I : 267 ; — II : 155.
Manambougou, II : 329, 330, 392.
Manambougou (chaland), II : 392.
Mandat, III : 53, 54.
Mandé (famille ethnique), I : 64, 113, 114, 120, 121, 124 (1), 124, 126, 127, 131 (1), 135, 141, 143, 148, 149, 150, 151, 152, 157, 158, 159, 161, 162, 163, 164, 165, 166, 167, 168, 169, 170, 171, 178, 179, 201, 227, 233 (1), 238, 252 (1), 252 à 300 (origines), 301, 303, 379, 381, 414 ; — II : 25, 45, 212 ; — III : 80, 103, 107, 109, 118 (1), 174, 188, 190 (1).
Mandé du Centre, I : 115, 148, 149, 150, 253, 254, 278, 282 à 296 (origines), 298, 347, 348, 351, 368.
Mandé du Nord, I : 114, 148, 149, 150, 153, 252 à 282 (origines), 346, 347, 350.
Mandé du Sud, I : 115, 148, 149, 151, 152, 253, 296 à 300 (origines), 321, 348, 351 ; — III : 188.

Mandé (pays) (voir *Manding*), II : 166, 167, 168, 169, 173, 174, 175, 176, 177, 178, 181, 183, 206, 212, 220, 220 (1).
Mandé (ville) (voir *Mali*), II : 181.
Mandé (langues —), I : 297, 299, 300, 360, 362, 362 (1), 367, 368, 371, 387 à 407, 423.
Mandé-fou (groupe linguistique), I : 362, 362 (4).
Mandé-tamou (groupe linguistique), I : 362.
Mandé-tan (groupe linguistique), I : 362, 362 (3).
Mandenga (voir Mandingues), II : 181.
Mandi (voir *Manding*).
Mandi-mansa (titre), II : 212.
Manding ou *Mandé*, I : 55, 121, 127, 140, 151, 163, 179, 222 (2), 253, 262, 267 (2), 271, 272, 274, 283, 284, 290, 292, 294, 295, 296 ; — II : 45, 166, 167, 168, 169, 173, 174, 175, 176, 177, 178, 181, 183, 276 (1), 293, 301, 343, 345, 360, 361, 386, 407, 410, 411.
Mandinga (voir Mandingues), II : 269 (1).
Mandingue (langue —), I : 295, 360, 362, 362 (2), 367, 368, 372, 373, 374, 409, 410, 411, 412, 414, 419, 420, 424.
Mandingues ou Malinké, I : 110, 115, 121, 126, 127, 138, 139, 140, 150, 151, 151 (1), 163, 164, 165, 179, 222, 228, 233, 243 (2), 244, 250, 267, 267 (2), 268, 269, 277, 278, 282, 283 (1), 284, 288, 289, 290 à 294 (origines), 295, 296, 297, 298, 300, 302, 307, 321, 322, 329, 331, 332, 334, 338, 341, 345, 347, 348, 359, 367, 411, 412 ; — II : 33, 45, 50, 55, 56, 59, 75, 80, 90 (1), 100, 102, 104, 117, 140, 155, 158, 166, 167, 169, 173 à 221 (histoire de l'empire), 223, 225, 270, 271, 276, 277, 282, 284, 286, 297, 299, 308, 342, 343, 343 (2), 343 (3), 355, 355 (2), 356, 356 (note), 356 (2), 359, 361, 362, 375, 400,

401 ; — III : 7, 34, 36, 67 (1), 101, 102, 104, 108, 109, 118 (1), 121, 125, 127, 130, 134, 188.
Manéthon, I : 210.
Mangara, I : 138, 265.
Mangin, II : 412.
Mani, I : 169.
Maninian (ville de la Côte d'Ivoire), I : 40.
Mankono (ville de la Côte d'Ivoire), I : 280, 280 (note), 294.
Manna, II : 356 (note).
Manouan, I : 316.
Manouan-Mâné, I : 316.
Mansa (titre royal), II : 21, 197.
Mansa-Dio, II : 194.
Mansa-Moussa (voir Kankan-Moussa).
Mansa-Oulé I, II : 184, 184 (2), 185.
Mansa-Oulé II, II : 211.
Mansa-Souleïman (voir Souleïman Keïta), II : 197, 199.
Mansara, II : 421.
Mansaré, I : 140 ; — II : 176, 362 ; — III : 100.
Mansour (caïd de Gao), II : 259.
Mansour (caïd de Tombouctou), II : 248, 249.
Mansour (pacha, voir Seniber).
Mansour ou *Mansourou* (près Gao), II : 96, 98, 99.
Mansour-Koreï (pacha, voir Koreï).
Mansourou (près Say), II : 96 (1).
Mantia-Maghamba, II : 177.
Mantiouga, II : 379.
Maouassa, II : 71.
Maouli, II : 196.
Maoundé, II : 310.
Maouri, I : 239 ; — II : 196, 244.
Mar-feï-koul-diam (Sonni —), II : 74, 74 (1).
Mar-har-kann (Sonni —), II : 74, 74 (1).
Mar-har-na-dano (Sonni —), II : 74, 74 (1).
Mar-Kareï (Sonni —), II : 74, 74 (1).
Mar-Nafa, II : 111, 112.
Mar-Sindine (askia du Dendi), II : 260.
Mar-Tamza, II : 98, 99.

Maraba, I : 371.
Maraboutisme, III : 202, 205 à 210.
Marabouts, II : 35 ; — III : 202, 203, 205, 206, 207, 208, 209.
Marassa, II : 71.
Marassé, I : 277.
Marc (lieutenant —), I : 305, 310 (1) ; — II : 11 (1), 124 (1), 127 (1), 134 (1), 212, 366 (1).
Marc (saint —), I : 216.
Marchand, II : 376 (1), 394, 412, 413, 415.
Mardochée, II : 390 (1).
Maré-Diago Doukouré, I : 265, 266 (1).
Maréga, I : 138 ; — III : 102.
Maréeal, II : 232.
Marhan, I : 277.
Mari Diara, II : 296, 296 (1), 295 (2), 412, 413, 414.
Mari-Diata I (voir Soundiata Keïta), I : 291 ; — II : 177, 178.
Mari-Diata II, II : 193, 204 à 206 (règne), 206.
Mari-Kassa Bakili, II : 358, 359.
Mari-Taniaguélé, II : 176.
Mariage, III : 60, 61 à 72.
Mariage (annulation du —), III : 74, 75.
Mariage (rupture du — par décès), III : 75.
Mariama Dabo, II : 90.
Mariko, I : 139, 140 ; — III : 108, 180.
Maritz, II : 407.
Marka (voir Soninké), I : 124, 138, 239, 277, 278 ; — III : 186.
Markadougouba, I : 273, 286 ; — II : 282, 327, 330.
Markona, II : 315.
Marmol, I : 59, 60, 61, 255 (1) ; — II : 59, 61, 182, 269 (1).
Maroc, I : 176, 180, 182, 184, 187, 190, 191 (2), 193, 203, 219, 222 (3), 246, 246 (3), 247, 248, 248 (1), 250, 251 (note), 293, 322, 341 ; — II : 4, 6, 30, 37, 38, 39, 44, 54, 102, 107, 110, 113, 192, 197, 199, 205, 211 (note), 242, 246, 247, 248, 249,

250, 251 (note), 253, 254, 263, 268, 271, 286, 289 (1), 381, 391 ; — III : 145.

Marocains, I : 120, 120 (1), 181, 197, 238, 239, 246, 246 (2), 247, 248, 249, 249 (1), 251, 286, 322, 328, 419 ; — II : 77, 110, 114, 115, 116, 117, 121, 123, 129, 190, 196, 204, 216, 217, 219, 220, 223 (1), 227, 228, 229, 234, 240 à 268 (histoire de leur domination à Tombouctou), 268, 273, 274, 275, 276, 277, 282, 289, 324 (note), 366 ; — III : 204, 210.

Marot, II : 404.

Marrakech, I : 54, 222 (3), 246, 246 (3), 247, 248 ; — II : 30, 53, 102, 113, 115, 174, 205, 240, 248, 249, 250, 251, 254, 259, 261, 271, 277 (1).

Marter, II : 404.
Martin de Tyr, I : 53.
Martyr, II : 387, 388.

Masmouda, I : 186 (note), 190 ; — II : 34, 39.

Massa (titre royal), II : 21.
Massa-Toroma, II : 373.
Massala, II : 219.
Massala-Demba Diara, II : 293.
Massala-Mari (voir Kégué-Mari), II : 296 (1).
Massamana, II : 203.

Massassi, I : 139, 139 (1), 286, 288, 290 ; — II : 158, 161, 176, 220, 285, 286, 293, 297 à 302 (histoire), 309, 310, 311, 363, 378, 414, 416 ; — III : 100, 108.

Massatoma Diara, II : 296.
Massigui, I : 300.

Massin, I : 133, 144, 220, 221 ; — II : 26, 26 (1), 27, 32, 32 (3), 190, 193 (2).

Massina, I : 72, 114, 147, 162, 178, 191 (2), 201, 203, 204 (note), 212, 215, 216 (note), 218, 219, 220, 229, 230, 231, 232, 233, 237, 244, 247, 248 (2), 254, 254 (1), 263, 264, 278 (1), 288, 294, 295, 303, 319, 321, 323, 366, 367 ; — II : 22, 32 (2), 82, 89, 103, 104, 104 (note), 108, 109, 117, 141, 145, 146, 210, 211, 214, 215, 216, 217, 219, 220, 223 à 239 (histoire du royaume), 246, 249, 254, 255, 257, 259 (3), 263, 267, 270 (note), 274, 276, 286, 292, 293, 294, 295, 295 (1), 306, 311, 316, 316 (1), 317, 318, 319, 320, 321, 322, 323, 324, 326, 328 (2), 331, 333 (1), 335 à 338 (histoire de la domination toucouleure), 364, 371, 372, 390, 391, 407, 407 (1), 413, 415, 417, 418, 419 (1), 420, 420 (1).

Massinankobé ou Massinanké, I : 114.
Massiré, I : 292.
Massorona Kamara, II : 343 (2).
Massoudi, II : 43 (1), 47.

Matam (ville du Sénégal), I : 136, 262 (1) ; — II : 314, 357, 357 (2), 383, 406.

Matam, I : 258.
Matiakouali, II : 153.
Maubert, II : 149 (2) ; — III : 184 (1).

Maures, I : 57, 59, 81, 83, 85, 117, 132, 134, 135, 136, 142, 220, 221, 246, 251, 252, 279, 289, 328, 329, 330, 331, 332, 334, 340, 343, 344, 347, 350, 364, 365, 367, 374, 375, 378 ; — II : 14, 161, 209, 330, 383 (note), 388 (2) ; — III : 3, 11, 12, 63, 98, 116, 119, 134, 145 (1), 188, 190 (1), 194, 195, 198, 203, 204, 205, 207, 210.

Maures de l'Azaouad, I : 113, 117, 131, 132, 143, 157, 159, 160, 180 à 183 (origines), 327, 330, 338, 342 ; — II : 274, 323, 422.

Maures du Hodh, I : 114, 117, 132, 133, 144, 157, 158, 159, 183 à 191 (origines), 193, 327, 330, 338, 342, 343, 365 ; — II : 291, 292, 298, 299, 310, 314, 332, 423.

Maxwell, II : 387.
Mazi, II : 128.
Mazigh, I : 185 (1).
Mbarek-Ould-Barkani, I : 189 (1) ; — II : 377, 378.

Mbaro (titre), II : 153.
Mbébala, II : 289.
Mbouin ou **Gouin**, I : 115, 152, 171.
Mbouin (dialecte —), I : 362, 369.
Mbout (ville de Mauritanie), II : 51.
Mecias de Villadestes, II : 181 (3).
Médina (cercle de Bamako), I : 277.
Médina (cercle de Ségou, voir *Madina*).
Médine (près Kayes), I : 61, 104, 165, 290 ; — II : 301, 308, 309, 312, 313, 314, 363, 363 (4), 364, 384, 389, 390, 391, 399, 400, 403, 404, 404 (1), 405, 406, 406 (1), 407, 407 (note), 408, 410.
Médine (ville du Hidjaz), I : 212 ; — II : 186.
Méduse (vaisseau), II : 402.
Méguétana, I : 163 ; — II : 343.
Méharistes, II : 423.
Meïga, I : 136 ; — III : 109 (1).
Meinhof, I : 360, 361.
Mejdouf, I : 114, 133, 144, 157, 188, 189, 191 (2) ; — II : 379, 423 ; — III : 134.
Mékrou, I : 42.
Melkous, II : 34 (1).
Mella, II : 244.
Mellé ou *Melli* (voir *Mali*), II : 181, 181 (3), 182.
Melli (voir *Mali*), II : 18, 19, 181 181 (3), 182.
Melloux, II : 255.
Mendé, I : 297.
Mendé (langue —), I : 362 (4).
Mendo-nàba (fonction), II : 129.
Ménédian Diallo, I : 295.
Ménien, II : 308.
Ménin, II : 21, 40, 41, 51, 52, 52 (1), 54 (1).
Mentalité et genre de vie, I : 341 à 351.
Menvielle, II : 423.
Mère (voir « épouse »).
Mérémédi, II : 158.
Mérétembaya, I : 165, 297.
Mérinides, II : 190, 205.
Mérité, I : 140.

Merkoya, I : 287 ; — II : 314, 315.
Meslay (de —), II : 402.
Mésopotamie, I : 200, 210, 212 (note).
Mesraïm, I : 200.
Mesraïm, I : 199.
Mesrâta, I : 186 (note) ; — II : 28.
Messaoud-ben-Mansour (pacha), II : 256, 260.
Messékélé, I : 163.
Messoufa, I : 181, 184, 185 (1), 186, 187, 188, 189, 191, 193, 197 (1), 319 ; — II : 27, 28, 29 (2), 36, 39, 54, 55, 71, 110, 194, 198, 201, 203, 207.
Mété, I : 140.
Meurtre rituel, III : 157, 172, 182, 183.
Mévil (André —), II : 343.
Meynier, II : 423.
Migeod, I : 276 (2), 419.
Milo, I : 68, 71, 75 ; — II : 343, 347, 411.
Mima ou *Méma*, I : 267 ; — II : 203, 203 (1), 207.
Mines d'or, I : 55, 56, 87, 88 (1), 217 ; — II : 44, 45, 46, 47, 49, 51, 52 (1), 53, 183, 210 (1), 211 (note), 214, 276 (1), 361, 401, 407.
Minianka, I : 115, 126, 128, 152, 166, 167, 301, 301 (1), 362 ; — II : 236, 336, 375, 377 (1), 414, 415, 417, 422 ; — III : 125 (1).
Minianka (dialecte —). Voir : Bamana (dialecte —).
Miniankala, II : 416.
Ministres, III : 140, 140 (2).
Missiguender, I : 134, 146, 161.
Missira, I : 212, 212 (note), 214.
Moaouiya, I : 182, 213 (1).
Modest, II : 422.
Modibbo-Daouda, II : 320, 323.
Modrik-ben-Faris, II : 180, 190.
Mogador, II : 289.
Mohammed (fils de l'Askia El-Hadj II), II : 112.
Mohammed (fils de l'Askia Moussa), II : 95.
Mohammed (frère de Sa'di), II : 259 (1).

Mohammed (gouverneur du Karadougou), II : 252.
Mohammed (ouakil), III : 195.
Mohammed I (Askia —, voir Mohammed Touré).
Mohammed II (Askia —, voir Bengan-Koreï).
Mohammed III (Askia —, voir Mohammed-el-Hadj II).
Mohammed-Abdoul-Ouahhab, III : 201.
Mohammed Akit, II : 270 (note).
Mohammed Bamba (chef de Dienné), II : 251, 252.
Mohammed-Bamba Konaté (cadi de Dienné), II : 245, 246.
Mohammed-Bani (Askia —), II : 109, 110, 111 (règne), 242, 254, 260.
Mohammed Banhayorho, II : 271, 277.
Mohammed-Bani (askia du Dendi), II : 260.
Mohammed Bello, I : 201, 202, 202 (1), 235 (1), 239 (2) ; — II : 91 (3), 92 (note), 306.
Mohammed-ben-Abdallah, III : 195.
Mohammed ben-Abi-Médien, II : 100.
Mohammed-ben-Ahmed (pacha), II : 259, 259 (3).
Mohammed-ben-Daoud (askia du Dendi), II : 256, 260.
Mohammed-ben-Hammedi (pacha), II : 264.
Mohammed-ben-Khalifa, II : 306.
Mohammed-ben-Mahmoud (cadi de Tombouctou), II : 103 (note), 106 (2).
Mohammed ben-Mohammed (pacha), II : 229, 256, 257.
Mohammed-ben-Moussa (pacha), II : 259.
Mohammed-ben-Ouassoul, II : 181, 205, 205 (2).
Mohammed ben-Zine, II : 407 (1).
Mohammed-Bengan (fils de l'Askia Daoud), II : 103, 107, 108, 109, 111, 112, 121 (1), 227.
Mohammed-Bengan II (askia du Nord), II : 255, 256, 260.
Mohammed Bengan-Koreï (Askia —, voir Bengan-Koreï).

Mohammed-Bengan-Simbilo, II : 103.
Mohammed-Borko (askia du Dendi), II : 260.
Mohammed-Daa (Sonni —), II : 74.
Mohammed-ech-Cheikh (Moulaï —), II : 253 (1).
Mohammed-ech-Chergui (pacha), II : 263.
Mohammed-ech-Chetouki ou Bouya (pacha), II : 259.
Mohammed-el-Hadj I (Askia —, voir Mohammed Touré).
Mohammed-el-Hadj II (Askia —), II : 108, 108 à 110 (règne), 113, 227, 251, 260.
Mohammed-el-Kébir (Moulaï —), II : 103.
Mohammed-el-Kounti (Sidi —), I : 182 (1).
Mohammed-el-Massi (pacha), II : 254.
Mohammed-es-Sadik (voir Saliki Tounkara).
Mohammed-es-Senoussi, III : 196 (1).
Mohammed-Fadel (cheikh —), I : 191 (2) ; — III : 194, 206, 207).
Mohammed-Fari (Sonni —), II : 74.
Mohammed-Gao, II : 121 (1), 241, 242, 243, 243 (1), 243 (2).
Mohammed-Gounguia (Sonni —), II : 74.
Mohammed-Guener, III : 195.
Mohammed-Ikoma, II : 105.
Mohammed Konaté, II : 104.
Mohammed-Koreï (balama), II : 121 (1).
Mohammed-Lahmed-Yôra, II : 21, 21 (2).
Mohammed-Mar, II : 93.
Mohammed-Naddi, II : 76, 271.
Mohammed-Ouao, II : 121 (1).
Mohammed-ould-Della, II : 121 (1).
Mohammed-ould-Mohammed, II : 419.
Mohammed Sanou (Fodié —), II : 276, 276 (1).
Mohammed-Sorko (askia du Dendi), II : 256, 260.
Mohammed-Taba (pacha), II : 249, 268.
Mohammed Touré (Askia — ou Askia El-hadj-Mohammed I), I : 219 (1), 230 (note), 244, 245, 322 ; — II :

80 (2), 81 (1), 83, 83 (1), 84, 85 à 94 (règne), 97, 98, 99, 100, 101, 103, 105, 105 (2), 107, 108, 116, 117, 142, 158, 188, 210, 214, 225, 243 (1), 272.
Moïse, I : 209, 210, 215, 215 (2), 216, 218, 240 (1)
Mokaddem, III : 195, 197, 202, 203, 204, 205, 206.
Mokhossiré, I : 138.
Mokhtar-ben-Mohammed-ben-Makil, I : 189.
Mokoti Diawara, II : 158.
Moktar Tal, II : 331, 333.
Moktarou-Karamorho, II : 370.
Molasso, I : 166.
Mollien, I : 62.
Molo-Kounansa, II : 373, 374.
Molobala, II : 375.
Mona, I : 297.
Mona (dialecte —), I : 362 (4).
Mondio (fonction), II : 88.
Monékata, I : 140 ; — II : 361.
Monempé, I : 159.
Monnaies, III : 47, 48, 49.
Monnier, II : 394 (1).
Monson Diara (empereur de Ségou), I : 287 ; — II : 291, 291 (2), 292, 293, 300, 386, 387.
Monson Diara (fils de Tiéfolo), II : 296.
Monteil (Ch. —), I : 122 (1), 123, 137, 239, 263 (1), 270 (1), 270 (2) ; — II : 209 (2), 226 (1), 231 (1), 234 (1), 268 (1) ; — III : 15, 16.
Monteil (L. —), II : 128, 394.
Moore, I : 59.
Mopti, I : 44, 69, 71, 82, 84, 98, 98 (1), 99, 100, 104, 146, 147, 148, 149, 150, 153, 155, 156, 162, 243, 253, 254 (1), 269, 270, 303, 367, 373 ; — II : 80, 90 (2), 117, 211, 217, 228, 233, 251, 252, 320, 332, 337, 392, 417, 418 ; — III : 193.
Morel (E. D. —), I : 206 ; — II : 181 (3).
Moreri, I : 59 (1).
Mòrhé (voir Mossi (langue —).

Mòrho, I : 129 ; — II : 125, 125 (1).
Mòrho-naba, I : 310 (1) ; — II : 125, 125 (1), 126, 130, 131, 132, 133, 134, 134 (1), 135, 136, 137, 138, 140, 147, 153.
Mori-Maga (docteur), II : 276.
Mori-Maghan (cheikh —), II : 95.
Mori-Salihou Diawara, II : 86, 89.
Moribadougou, I : 289.
Moribougou (cercle de Bamako), II : 181.
Moribougou (cercle de Dienné), II : 290.
Morifing-Dian, II : 348.
Morin (lieutenant —), II : 412.
Morin (veuve —), II : 400.
Morisson, II : 376.
Morolanga, II : 169.
Morts (culte des —), III : 165, 166, 167 à 172.
Mosalla, II : 305.
Mossi (empires —) voir *Ouagadougou* et *Ouahigouya*.
Mossi (groupe ethnique ; voir aussi Mossi (peuple), I : 305 à 313 (origines), 314, 318 ; — II : 122.
Mossi (groupe linguistique), I : 303, 363 (1).
Mossi (langue —), I : 129, 360, 363, 369, 370, 372, 373, 374, 408, 409, 414, 425.
Mossi (pays), I : 97, 103, 157, 231, 232, 233, 277, 280, 281, 301, 303, 305, 306 (1), 307 (1), 308, 310, 310 (1), 366, 371 ; — II : 107, 138, 276 (1), 367, 392, 393, 393 (1), 397, 421 ; — III : 139, 156, 182.
Mossi (peuple), I : 113, 129, 133, 141, 142, 153, 154, 155, 161, 167, 168, 169, 170, 180, 230, 232, 250, 251, 298, 302 (1), 303, 305, 306, 310, 310 (1), 311, 312, 313, 314, 315, 320, 321, 322, 328, 330, 331, 333, 334, 339, 341, 345, 349, 350, 369, 382, 384, 384 (2), 409, 414 ; — II : 77, 80, 81, 87, 89, 103, 105, 122, 123, 125, 125 (1), 138, 140, 142, 144, 148, 149, 153, 191, 199 (1),

210, 211, 212, 225, 236, 289, 368 ; — III : 36, 64 (1), 64 (2), 67 (1), 73 (1), 78 (1), 91, 104, 105, 130, 135 (1), 187.
Mossogo, II : 366.
Mosson Diara (voir Monson Diara), I: 287, 287 (2).
Mots (formation des —), I : 389.
Mottoba, II : 127.
Mouddoûken, II : 13.
Moulaï (titre des sultans du Maroc ; chercher les noms des sultans au mot qui suit le titre), I : 222 (3).
Mounirou Tal, II : 337, 337 (1).
Mountaga Tal, II : 319, 332, 333, 334.
Mourdia, I : 144, 159, 273, 286 ; — II : 220, 286, 297.
Mourey, II : 410.
Mourgoula, I : 164, 292 ; — II : 179, 410.
Mourid, III : 208, 209.
Moussa (Askia —), II : 90, 93, 94 à 96 (règne), 96, 214.
Moussa (chef de la flottille), II : 101, 102, 103.
Moussa (chef de Tombouctou), II : 203.
Moussa (Sonni —), II : 74.
Moussa I (voir Allakoï Keïta).
Moussa II, II : 206.
Moussa III, II : 211.
Moussa-bango, II : 241.
Moussa-Diadié, I : 231, 231 (1), 232.
Moussa Diarisso, II : 164.
Moussa-el-Ouangarati (El-hadj —), II : 192, 199.
Moussa Keïta (voir Allakoï Keïta), II : 175.
Moussa-Kourabo Massassi, II : 300.
Moussa-Mohamadou Doukouré, I : 266 (1).
Moussa-Son-Koroma Sissoko, I : 293 ; — II : 184, 359, 360.
Moussa Touré (fils aîné de Mohammed Touré), II : 86.
Moussogandaké, II : 177.
Moussokoro, II : 176.
Moustafa (askia du Dendi), II : 242, 243, 251, 260.

Moustafa (gouverneur de Nioro), II : 306, 314, 325, 331, 332, 333, 379.
Moustafa-el-Fil, II : 216, 228, 249, 250.
Moustafa-et-Tourki, II : 227, 228, 228 (1), 244, 245, 246, 249.
Moustier, I : 63.
Mpessoba, II : 377 (1), 414, 417.
Muezzin, III : 188, 189, 192 (1).
Mungo-Park, I : 62, 287 (2) ; — II : 292, 363 (2), 378, 378 (1), 382, 385, 386, 387, 388, 388 (1), 389 (note).
Mustellier, II : 384, 400.
Musulmanes (coutumes —), III : 2, 3, 3 (1), 13, 14, 18 (2), 31, 32, 63.
Musulmans, I : 142, 143, 144, 145, 146, 147, 149 (notes), 150, 152, 153, 154 (notes), 156, 157, 158 à 171, 193, 194, 254, 280, 341 à 347, 350, 377 ; — II : 11, 30, 33, 39, 42, 43, 48, 49, 50, 54, 56 (1), 63, 64, 68, 69, 72, 78, 81, 82, 85, 129, 148, 174, 175, 194, 196, 219, 234, 273, 273 (1), 274, 294, 305, 309, 357, 361, 370 ; — III : 2, 3, 109 (1), 169 (2), 186, 187, 188, 190 (1), 210 à 215, 217.
Mutilations, I : 340, 341.
Myskiewicz, II : 348.

N

Naba (titre chez les Mossi), I : 308, 311 ; — III : 130.
Nabangou, II : 153.
Nabasséré, I : 277 ; — II : 143.
Nabuchodonosor, I : 200.
Nadié (mont —), II : 257.
Nafadié (cercle de Kita), II : 345.
Nafadié (Guinée française), II : 344, 345, 345 (1), 348, 411.
Nafana, I : 128.
Nagnama, II : 373.
Nahoum, I : 199, 200.
Nakira, II : 218, 219.
Nâkomsé, II : 132, 134, 136, 137, 138.
Nakry, II : 218, 219, 230.

INDEX 281

Nama (génie et association), III : 123, 177 (2), 182, 183.
Nambi-Kouna, I : 41.
Nambounou, I : 138.
Namoéro, II : 126.
Namounou, II : 153.
Nampala, I : 159; — II : 103, 226.
Nana-Biro Touré, II : 270.
Nanaya, I : 138
Nanergué, I : 115, 152, 171.
Nanergué (dialecte -), I : 362, 369.
Nangaï, I : 70, 159.
Nango, II : 392, 408.
Nanifara, II : 360.
Nankaba (voir Makiba-Yédenké).
Nankana, I : 115, 131, 154, 155, 169, 305, 306, 307, 312, 315, 330, 331, 333, 335, 337, 339, 349, 369 ; — II : 126.
Nankana (langue —), I : 363, 363 (1), 370, 372, 374, 425.
Napoko, II : 146.
Nara, II : 105.
Naré-Famaghan Keïta, II : 166, 176, 177.
Narimtoré (voir Sorba).
Nasamons, I : 47, 47 (3) ; — II : 380.
Nassédiri, II : 129, 130.
Nasségué, II : 140, 191, 192.
Nassékiendé, II : 126.
Nasser-et-Telemsani (pacha), II : 263 (2).
Nasséré I ou Nassodoba, II : 80, 80 (2), 81, 89, 138 (1), 141, 142, 211, 225.
Nasséré II (voir Nabasséré).
Natiaga, I : 165 ; — II : 312, 313, 363, 363 (4), 364, 408.
Natié, I : 166 ; — II : 374.
Natioro, I : 115, 141, 152, 171, 300.
Natioro (dialecte —), I : 362, 368.
Nattia, II : 126.
Naye, II : 384, 401.
Ndar ou *Saint-Louis*, II : 357 (1), 399.
Ndiadiane Ndiaye, II : 355.
Ndiaye, I : 142 (1), 237 ; — III : 104, 105.

Ndiaye Sour, II : 309.
Ndioum, II : 313.
Ndoungoumé (voir Salounga II).
Nebba, II : 153.
Néchao ou Néko I, I : 200.
Néchao ou Néko II, I : 46, 49 ; — II : 380.
Nédéga, I : 307, 308.
Nefts, II : 34.
Nefoussa, II : 30.
Nefzâoua, II : 30.
Négation, I : 393, 394.
Néko (voir Néchao).
Néma, I : 55, 81, 141, 156, 157, 184, 218, 220, 255, 319; — II : 12, 14, 18, 51, 413.
Néré, I : 159 ; — II : 422.
Nettéko, II : 384
Ngan, I : 128 (2), 131 (1), 297, 299.
Ngan (dialecte —), I : 362 (4).
Nganda, II : 249.
Ngaroungadam (Itia —), II : 65, 68 (1).
Ngoï, II : 287, 288, 292.
Ngolo Diara, I : 281, 323 ; — II : 144, 144 (1), 286 (2), 287, 288, 288 (1), 289, 289 (1), 290, 296.
Ngolossi, II : 288 (1).
Ngom, I : 142 (1).
Ngorho, I : 63 (2), 69; — II : 212, 377.
Ngoro, II : 323.
Ngounna, II : 419, 422, 423.
Nia Diallo ou Aniaya (ardo), II : 224, 225, 226.
Niafounké, I : 43, 69, 70, 93, 99, 100, 103, 143, 145, 146, 147, 149, 150, 159, 177 (1), 230, 231, 242, 246, 268 (1), 269, 367, 373 ; — II : 78, 79, 80, 232, 419, 423 ; — III : 193.
Niagala, I : 165.
Niagalé-Mességi, I : 272, 273.
Niagassola (Guinée française), I : 40 ; — II : 343, 344, 345, 348, 411.
Niagué-Maghan, I : 271.
Niagué-Maghan Diawara, I : 274, 275.
Niakaté, I : 124, 137, 228 (1), 253 (note), 265, 266, 267, 271, 275, 288 (2), 320, 321 ; — II ; 55, 154, 155, 156, 358 ; — III : 103 (1).

NIALEL, II : 224.
Niâma ou esprit dynamique, III : 165, 166, 170 (1), 171, 172, 173, 179, 181, 182, 184.
Niamala, I : 159, 273 ; — II : 285, 297.
NIAMANDO TARAORÉ, I : 287 (4).
Niambiya, II : 300.
NIAMÉ DIALLO (voir BOUBOU-AÏSSATA), II : 229.
NIAMÉ-FALI, II : 364.
Niamey (ville du Territoire Militaire), I : 43, 51 (1), 71, 82, 120, 148, 239, 251, 252 ; — II : 337.
Niamina, I : 73, 163, 268, 269, 277, 292 ; — II : 169, 170, 179, 181, 181 (2), 196 (1), 202 (1), 209, 220, 284, 286, 287, 290, 291, 300, 315, 327, 329, 330, 332, 346, 386, 387, 388, 390, 391, 412.
NIAMODI, II : 312, 363 (4).
NIANANKORO (voir NIÉNÉKORO).
NIANDEFFO, II : 126, 127 (1).
Niang, I : 142 (1).
NIANGOLO, I : 285, 285 (1), 286 ; — II : 297.
Niani ou *Nianimâdougou*, II : 182.
Niani-Ouli, I : 292, 294.
Niara, II : 209.
Niaré, I : 137, 139, 288, 289 ; — III : 103 (1), 108.
Niéna, II : 219.
Niéné, I : 141, 165.
Niénédougou, I : 152, 165, 300.
NIÉNÉKORO DIARA, II : 289, 290, 291, 294 (2), 300.
NIÉNEMBA I, II : 293.
NIÉNEMBA II, II : 296.
Nienguélédougou, I : 166.
Niénigué, I : 116, 130, 155, 156, 169, 170, 171, 277, 316, 370 ; — II : 370.
Niénigué (dialecte —), I : 363, 370.
Niéria, II : 209.
Niességa, II : 144.
Niger, I : 40, 42, 47, 48, 49, 50, 51, 51 (1), 52, 53, 54, 55, 56, 57, 59, 60, 61, 62, 63, 63 (1), 65, 67, 68, 69, 70, 71, 72, 73, 75, 76, 77, 78, 79, 82, 83, 84, 85, 86, 89, 97, 98 ; — II : 381, 386, 387, 388, 389, 390, 391, 392, 393, 394, 397.
Niger (canonnière), II : 392.
Nigéro-logonaises (langues —), I : 363, 363 (5), 371, 372, 387.
NIGOTTE, II : 418.
Nigritie, I : 53.
NIMA, I : 230 (note).
NIMA BOLI, II : 183.
Nimadi, I : 133, 133 (1), 221, 221 (3), 418.
Nimsé, I : 130, 314.
NINGUEM, II : 120, 139.
Ninive, I : 200.
Ninkiessa, I : 298.
NINTASSAÏ (Dia —), II : 65.
NIOGO, II : 143.
Niogoméra, II : 413.
Niola, II : 287.
Nioniossé, I : 115, 115 (4), 129 (2), 130, 130 (1), 155, 167, 168, 169, 231, 305 (1), 309, 310, 314, 315, 333, 337, 339, 369, 370 ; — II : 125, 139, 148, 149.
Nioniossé (dialecte —), I : 363, 370.
Nionko, I : 273.
Nionsorora, II : 219.
Nioro, I : 43, 65, 82, 93, 99, 100, 103, 144, 146, 147, 148, 149, 150, 151, 157, 158, 190 (1), 220, 222 (1), 228, 229, 230 (note), 256 (2), 257, 261, 264 (note), 267 (1), 274 (1), 283, 288, 321, 323, 373 ; — II : 91, 154, 157, 161, 228, 291, 292, 299, 300, 302, 306, 309, 310, 311, 313, 314, 315, 322, 325, 326, 331, 332, 332 à 335 (histoire de la domination toucouleure), 336, 337, 378, 379, 385, 386, 391, 412, 413, 414, 417 (1), 419, 423, 425 ; — III : 193, 195.
Nioungou ou *Noungou* (voir *Fadan-Gourma*), II : 150.
NIZAR, II : 32.
N'jolé (Gabon), II : 348.
NKORO-NTYI DIARA, II : 291.

Noboga, II : 146, 147.
Nombres, I : 394, 392.
Noms de clan ou diamou, III : 103, 103 (1), 104, 107, 107 (1), 108 (note), 109 (1).
Nonkama, II : 232.
Nono ou Nononkobé, I : 123, 124, 124 (1), 137, 229, 268, 269, 270, 279, 295, 321 ; — II : 275 ; — III : 130.
Nono, I : 268, 268 (1), 269, 320.
Normands, II : 384 (1), 398, 399.
Notémé Kouloubali, I : 286 ; — II : 282.
Noufé ou *Noupé*, II : 196, 387.
Noufi, I : 142 ; — III : 104.
Nougamarta, II : 49.
Nougandé, II : 126.
Nougoula, II : 416.
Nouha (fils de Diogol), II : 366 (1).
Nouha (frère d'El-Hadi), II : 111.
Nouha I (askia du Dendi), II : 242, 243, 244, 247, 248, 249, 251, 260.
Nouha II (askia du Dendi), II : 260.
Nouhou (chef peul), II : 310.
Nouhou-Galou, I : 304.
Noul ou *Noun*, I : 180, 189.
Noumou, I : 139, 289 ; — III : 118 (1).
Nounio, II : 219.
Nounou, I : 268 (1), 269 ; — II : 80.
Nounouma ou Nourouma, I : 115, 115 (4), 130, 155, 156, 167, 168, 169, 309, 313, 314, 315, 316, 333, 337, 339, 340, 341, 370 ; - II : 125, 126, 370, 372, 373.
Nounouma (langue —), I : 363, 370, 372, 373, 374, 425.
Noupé (voir *Noufé*).
Noursanna, II : 218.
Noussou, I : 212, 213.
Noutiyé-Mari-Yérességué, II : 176.
Nso Mana, II : 79.
Ntina, I : 205.
Ntô Diara, II : 296.
Ntoba, II : 102.
Ntolondougou, I : 166.
Ntomo (association), III : 119, 120.
Ntossoni, II : 375.

Ntyi Diara, II : 289.
Nubilité, III : 31.
Numération, I : 404.
Numides, I : 185.
Nzoko, I : 125 ; — II : 212.

O

Oberdorff, II : 394.
Obiri, II : 369.
Objets trouvés, III : 24
Obligations résultant des contrats, III : 43, 44.
Occupation française du Soudan, II : 398 à 426.
Odienné (ville de la Côte d'Ivoire), I : 69, 71, 76, 126, 276, 283 ; — II : 317, 389, 418.
Oghmor, II : 200.
Oitala, II : 294, 315, 316.
Okba-ben-Amir, I : 213 (1).
Okba-ben-Nafi, I : 182, 183, 213 (1), 221 (2).
Okba-ben-Yasser, I : 212, 213, 213 (1), 221 (2), 223 (2), 224 (3).
Oma (voir Ama), II : 256.
Omar (chercher par Ouman les noms que l'on ne trouverait pas par Omar).
Omar (chef lemtouna), II : 174, 175.
Omar (roi des Oulad-Mbarek), II : 378.
Omar-ben-el-Khattab, I : 212.
Omar-ben-Idris, II : 246.
Omar-Komdiago, II : 86, 87, 89, 90, 92, 93, 96, 121 (1), 214, 215, 225, 254, 271.
Omar-Saïdou Tal (voir El-Hadj-Omar), II : 305.
Oméïades, I : 221 (2).
Omma, II : 73.
Or (poudre d' —), III : 49.
Oréfondé, II : 313.
Origines et formation des groupements ethniques, I : 175 à 323.
Orléans (île d' —), II : 401.
Orographie, I : 75, 76, 77, 78.

Orondougou, II : 209.
ORTELIUS, I : 60.
OSMAN (chercher par OUSMAN les noms que l'on ne trouverait pas par OSMAN).
OSMAN-DAN-FODIO, I : 236 ; — II : 232, 233. 367, 368.
OSMAN-OULD-BARKANI-OULD-MAGHFAR, I : 189 (1) ; — II : 377.
Ossoubé, III : 118 (1).
Oti, I : 41 67, 68, 78.
Oua (ville de la Côte d'Or), II : 373, 397.
OUABÉGO, II : 143.
OUACHNIK, II : 31.
Ouadaï, II : 72, 337 ; — III : 195.
Ouadân (ville de Mauritanie), II : 110, 211 (note).
Ouagadou, I : 144, 159, 256, 258, 259, 260, 261, 262, 263, 263 (2), 264 (note), 265, 279, 292, 319 ; — II : 24, 25, 26, 55, 127 (1), 154, 162, 163, 164, 178, 180, 354, 358, 379, 417.
OUAGADOU-BIDA, I : 257, 259.
OUAGADOU-MAKHAN (voir MAKHAN DIARISSO).
Ouagadougou, I : 43, 64, 97, 99, 103, 104, 146, 148, 149, 150, 153, 154, 155, 157, 169, 303, 305, 306, 306 (1), 308, 308 (1), 309, 311, 313, 314, 369, 371, 374, 383 (1), 409 ; — II : 80 (2), 122, 123, 124, 124 à 138 (histoire et organisation de l'empire), 138, 139, 140, 141, 141 (1), 143, 144, 147, 149, 153, 368, 372, 393, 393 (1), 394, 397, 420, 421 ; — III : 193, 214.
OUAGANÉ SAKHO, I : 260, 261, 262.
OUAGGAG-BEN-ZELLOUI, II : 34, 36, 37.
Ouaghadogho (vulgairement *Ouagadougou*, voir ce dernier mot), II : 127 (1).
Ouagui, I : 138.
Ouahabou, I : 168 ; — II : 370.
Ouaharo, I : 144, 159, 283.
Ouahigouya, I : 44, 67, 68, 79, 99, 100, 103, 104, 146, 147, 149, 150,

151, 152, 153, 154, 155, 168 231, 277, 280, 297, 298, 306, 309, 310, 314, 374 ; — II : 89, 138, 138 (1), 138 (3), 141, 142, 143, 144, 145, 146, 147, 153, 420, 422 ; — III : 193.
Ouailoubé, I : 134 ; — III : 118 (1).
Ouakara, I : 168.
Ouakîl (fonction), II : 306 ; — III : 195.
Ouakoré (voir Ouangara).
Oualabbé, III : 118 (1).
Oualaïbé (voir Alaïbé), II : 184 (1).
Oualarbé, I : 135, 229, 230, 230 (note) ; — II : 184, 184 (1).
Oualata ou *Birou*, I : 38, 55, 59, 84, 87, 133 (1), 133 (2), 144, 150, 157, 181, 191 (2), 195 (1), 220, 221, 222 (1), 255, 255 (1), 256 (note), 268, 274 (1), 292, 321, 322, 418 ; — II : 12, 14, 15, 17, 18, 24, 56, 56 (1), 59, 72, 76, 77, 78, 80, 80 (4), 81, 85, 95, 97, 100, 101, 114, 123, 138, 138 (1), 141, 142, 165, 166, 180, 182 (1), 187, 190, 191, 192, 193, 194, 195, 201, 204, 207, 210, 211, 225, 269, 269 (1), 270 (note), 278, 378 (1), 381, 382, 388, 390, 423 ; — III : 194, 207.
OUALI DIAWARA, II : 158.
Oualia, II : 412.
Ouallam, II : 248, 249.
Oualo, II : 307, 357 (2), 399.
Ouambâbé, I : 135, 224 (3) ; — III : 118 (1).
OUAMTANANGO, I : 310 ; — II : 139.
Ouandiodougou, II : 209 (2).
Ouangara (ou Ouangaraoua ou Ouangarbé ou Ouankoré ou Ouankoreï), I : 124, 125, 127, 276 ; — II : 25, 33, 55, 185 (2), 195, 264 (3), 276, 277.
Ouangara (pays), I : 55, 56, 124, 291, 301 ; — II : 30, 41, 45, 183, 192 (1), 205, 276 (1), 360.
Ouaninkoro, II : 372.
Ouankoré (voir Ouangara).
Ouanta, II : 219.

Ouantarmassa, II : 97.
Ouaouloubé, I : 135; — I,I : 148 (1).
Ouar ou Ouara (titre), II : 174, 174 (1).
OUAR-DIABI ou OUAR-DIADIÉ ou OUAR-NDIAYE, I : 225, 226, 320 ; — II : 34, 38, 41, 50, 174 (1), 354, 355, 355 (1), 356 (note), 356 (2).
Ouara, I : 115, 141, 152, 300.
Ouara (dialecte —), I : 362, 368.
OUARABA DIAKITÉ, I : 295.
Ouarane, II : 31 (1).
Ouaratyi-Bakari, II : 404.
Ouareth ou **Beni-Ouareth**, I : 185 (1), 186, 187 ; — II : 28, 33.
OUARGA, II : 127, 128, 130.
Ouargla (ville d'Algérie), II : 41, 60, 60 (2), 188, 191, 193, 193 (1).
Ouarguetta, II : 379.
OUARI DOUKOURÉ, I : 265.
Ouarkoy, I : 168 ; — II : 371, 420.
Ouartants, II : 72.
Ouassoulou, I : 140, 151, 233, 276, 278, 283, 291, 295, 323, 359 ; — II : 289, 342, 343, 343 (2), 346, 389, 410, 414, 415, 418 ; — III : 142.
Ouassouloubalé, I : 40.
Ouatara, I : 138, 141, 279 (1), 281 :— II : 369 ; — III : 104, 108.
OUATI, II : 185.
OUAYAKTINE, II : 28.
Ouayougouya (vulgairement *Ouahigouya*, voir ce mot), II : 143.
OURRA, II : 127.
OUBRI, I : 306 (1), 309, 310, 311 ; — II : 122, 124, 125, 126, 127 (1), 128, 133, 139, 149.
Oubritenga, I : 309, 309 (2), 310 ; — II : 125, 126.
Oudalen, I : 134, 145, 160, 164.
OUDNEY, I : 62 ; — II : 389 (1).
Oué, II : 372.
Oued-Draa (voir *Dara*), II : 13, 29 (2), 391.
OUENTAG, II : 368.
Ouéto, I : 314.
OUICHNOU, II : 31.
Ouidi, II : 128, 129.

Ouidi-nâba (fonction), II : 129, 133, 134, 147, 148.
OUIDI SIDIBÉ, I : 233 ; — II : 371, 372.
Ouidianga-nâba (fonction), II : 129.
Ouidikim-nâba (fonction), II : 148.
OUIDIRAOGO, I : 307, 308, 309, 310, 311 ; — II : 122, 123, 138, 139, 140, 149.
Oujeft (localité de Mauritanie), II : 38 (3).
Oulad-Abderrahmân, I : 131, 181.
Oulad-Ameur, I : 131, 181.
Oulad-Bousseif, I : 144.
Oulad-Daïmân, I : 365 ; — II : 21.
Oulad-Daoud, I : 133, 144, 189.
Oulad-Delim, I : 114, 133, 144, 157, 182, 189.
Oulad-el-hadj-el-Hassân, I : 131, 143.
Oulad-el-Ouafi, I : 131, 182 (2).
Oulad-Gana, II : 26 (1).
Oulad-Mahmoud ou **Ladoum**, I : 133, 144.
Oulad-Mbarek ou **Gassouch**, I : 114, 133, 144, 157, 189, 189 (1), 190 (1) ; — II : 161, 292, 298, 322, 377 à 379 (histoire du royaume), 385, 386, 423.
Oulad-Nasser ou **Mozara** ou **Asrach**, I : 114, 133, 144, 157, 189 ; — II : 423.
Oulad-Noumou, I : 131, 143.
Oulad-sidi-Boubakar, I : 144.
Oulad-sidi-Haïballah, I : 144.
Oulad-Slimân, I : 131, 180 (1).
OULD-AMAR, II : 378.
OULD-KIRINFEL, II : 113, 245.
Oulé ou **Oulé-Oulé**, I : 141, 154 (4), 155, 170, 313, 316, 317 ; — II : 369, 370, 421.
Oulmidden, I : 52, 114, 118, 134, 145, 186, 191, 192, 194, 195, 196, 252, 322 ; — II : 64, 258, 263, 264 (4), 265, 426.
OUMAR (chercher par OMAR les noms que l'on ne trouverait pas par OUMAR).
OUMAR (chef du Liptako), II : 367.
OUMAR-DIÈLI, II : 345.

OUMAR-KATO, II : 112, 243.
OUMAR-SAMBA-DONDÈL, II : 414.
Ounogo, I : 141.
OUNTANI, II : 150.
Ouo, II : 376, 416.
OUODDÉRHO ou KOUKA, II : 128, 134 (1).
Ouof, I : 212.
Ouolof (langue —, voir « Ouolove »).
Ouolofs, I : 57, 59, 113, 116, 142 (1), 157, 158, 164, 201, 230 (note), 236, 237, 269, 321, 322, 329, 371, 379, 380, 416 ; — II : 91, 170, 183, 208, 212, 269 (1), 316, 353, 354, 355, 355 (1), 356, 356 (note) ; — III : 34, 104, 105, 208.
Ouolossébougou, II : 393.
Ouolove (langue —), I : 360, 361, 363, 370, 371, 373, 387 à 407, 416, 417, 422, 423.
Ouonkoro, II : 371.
OUONTAMBÉRI, II : 366.
Ouonzo, II : 209, 209 (2).
Ouorodara, I : 64.
Ouorodougou, I : 177, 280 (note).
Ouoron II : 209, 218, 219, 256, 275.
Ouossébougou, I : 158 ; — II : 164, 379, 386, 391, 412, 414.
Ouosso, II : 209.
OURD, III : 198, 201, 203.
OURLKKOUT, II : 28.
Ouri, I : 168.
Ourikéla, II : 375.
Ouro, II : 146.
Ouromodi, II : 231.
Ourourbé, I : 135, 158 (1), 213, 224 (3), 229, 230, 230 (note) ; — II : 117, 184 (1) ; — III : 104 (1).
Ourtentak, II : 28.
Oury, II : 370.
OUSMAN (chercher par OSMAN les noms que l'on ne trouverait pas par OUSMAN).
OUSMAN (mufti), II : 59, 174, 178, 185, 185 (2).
OUSMAN-DAN-FODIO (voir OSMAN-DAN-FODIO).
OUSMAN-KANAFA (Sonni —), II : 74, 74 (1).

OUSMAN-OUMAROU, II : 371.
OUSMAN-TINFEREN, II : 97, 99, 100, 101, 121 (1).
OUSMAN-YOUBABO, II : 94, 95, 121 (1).
OUSMANA (gouverneur du Bagana), II : 89, 214, 225.
Ousra, I : 131, 143, 182.
OVERWEG, II : 390.
Oyako, II : 314.

P

PABRÉ, II : 139.
Padorho, I : 116, 131, 157, 170, 171, 316, 316 (1).
Padorho (dialecte —), I : 364, 370.
Pagou, II : 153.
Paix (contrat de —), III : 59, 60.
Pakhalla, I : 130, 318.
Pala, I : 142.
Palestine, I : 186 (note), 198, 200, 203, 206, 207, 208, 209, 210, 212 (note), 215.
Pallaka, I : 131 (1).
Pama, II : 153.
Panyou (monts —), I : 42.
Pantara, I : 128.
PARIMA, II : 143.
Parure, I : 340, 341.
PASCAL, II : 390.
Paspanga, II : 134.
Paté (voir Faté).
PATÉ PITODO, I : 232.
PATÉ TORODO, I : 230.
Peines (voir « châtiment »).
PELAYS, II : 385, 401.
Pélinga, II : 425.
PELLETIER (Raphaël —), II : 421, 422.
PÉLOUNA, I : 231.
Pendjari, I : 41, 68, 78.
Péné, I : 141.
Pentateuque, I : 199, 208.
Pépiénou ou *Yanga*, I : 41, 68.
Père (voir « époux »).
Pérédio (singulier de **Férébé** ou **Férôbé**, voir ce mot), I : 224.

Perles anciennes, II : 5 (1), 46, 46 (1), 69, 69 (3), 70 (note).
Pero Reinal, II : 213, 381.
Perorsi, I : 207.
Pérou, I : 203.
Péroz, II : 345, 346, 411, 415.
Péroz Fernandez, II : 215, 382.
Perraud, II : 391.
Pesséma, II : 425.
Peule (langue —). I : 198, 201, 202, 205, 206 (1), 215 (2), 223 (2), 234, 236, 360, 362, 365, 366, 372, 373, 374, 378, 379, 382, 383, 388 à 407, 412, 413, 414, 415 à 419 (origines), 420, 423; — II : 26 (2), 50.
Peuls, I : 83, 85, 111, 118, 119, 133, 134, 135, 136, 137, 140, 141, 142, 144, 146, 146 (1), 153, 158, 158 (1), 159, 160, 161, 162, 163, 164, 165, 166, 167, 168, 169, 170, 171, 190, 190 (1), 197, 198 à 235 (origines), 236, 237, 239, 246, 247, 251, 252 (1), 254, 264 (note), 267, 268 (2), 276, 277, 278, 288, 289, 290, 294, 295, 296, 299, 304, 320, 321, 322, 323, 327, 328, 329, 330, 331, 332, 334, 338, 340, 341, 343, 344, 345, 347, 350, 359, 362, 364, 366, 367, 369, 378, 379, 382, 383, 383 (1), 384 (3), 414, 415, 415 (1), 416, 417; — II : 12, 24, 26 (2), 34, 80, 80 (1), 82, 89, 91, 92 (note), 103, 103 (1), 104 (note), 108, 117, 128, 143, 145, 146, 148, 157, 163, 183, 184, 184 (1), 214, 215, 216, 217, 219, 223 à 239 (histoire des Peuls du Massina), 246, 251, 252, 257, 257 (1), 258, 259, 264, 264 (4), 267, 269 (1), 270 (note), 273, 274, 276, 286, 288, 289, 294, 295, 310, 313, 316, 317, 319, 322, 323, 324, 328, 328 (1), 328 (2), 329, 330, 332, 333, 335, 336, 337, 354, 355 (1), 355 (2), 356, 356 (note), 356 (2), 358, 360, 364, 366, 366 (1), 367, 367 (1), 368, 371, 372, 378, 379, 414, 415, 416, 417, 418, 420, 420 (1); — III : 11, 13, 34, 62, 63,
67 (2), 104 (1), 107, 115, 118 (1), 188, 194.
Peuples, I : 112.
Peuples (appellations des —), I : 116 à 131.
Peuples (composition des divers —), I : 131 à 142.
Peuples (répartition numérique des —), I : 142 à 172.
Phallique (culte —), III : 168 (1), 169 (note).
Pharaon, I : 208, 209, 214.
Pharusii, I : 207.
Phazanie (voir *Fezzan*), I : 217.
Phénicie, I : 212 (note).
Phéniciens, I : 210 ; — II : 6.
Phetrusim, II : 207.
Philistins, I : 207, 208.
Phonétique, I : 405, 406, 407.
Pichon, II : 424.
Piéla, II : 153.
Pierres polies et taillées, II : 6, 7, 7 (1).
Piétri, II : 344, 391, 410.
Pignari, I : 162 ; — II : 234, 323.
Pigo I, II : 143, 145.
Pigo II, II : 146.
Pilote (brick), II : 314.
Pima, I : 142 ; — III : 104, 105.
Pineau, II : 348, 376, 377, 422.
Pinet-Laprade, II : 403.
Pinntièba Ouatara, I : 281.
Pirima, II : 143.
Pissi, II : 144.
Planterose (Fr. et Ch. —), II : 400.
Plat, II : 394.
Pline l'Ancien, I : 46 (1), 50, 51, 52, 53, 53 (1), 54, 56, 62, 80, 207.
Pobé, I : 314.
Podor (bateau), II 406.
Podor (ville du Sénégal), I : 136, 223, 227 (1), 235 (1) ; — II : 307, 309, 353, 354, 398, 403 ; — III : 196.
Poitevin, II : 416.
Poko (voir Yennenga), I : 307.
Politiques (groupements —), III : 124 à 143.
Polybe, I : 49.

Polygamie, III : 61, 62, 63, 213.
Pompoï, II : 370.
POMPONIUS MELA, I : 50.
Pomporon, I : 115, 128.
Pondori, I : 162, 270, 367 ; — II : 217 (1), 228, 236.
Poni ou *Bammasso*, I : 67.
Ponsa, I : 109, 309.
Pontchartrain (île —), II : 384, 401.
PONTY, II : 338, 420 (1), 424, 425, 425 (1).
Population (chiffre de la —), I : 37, 98, 99, 100.
Population (classification ethnique de la —), I : 109 à 131.
Population (densité et répartition de la —), I : 96 à 100.
Poromani, II : 117, 143 (2), 236, 335.
PORTAL, II : 402.
Portugais, I : 59, 60, 61, 63 (1) ; — II : 9, 142, 173, 181, 208, 212, 213, 215, 228, 249, 361, 381, 384 (1), 382.
Portugal, I : 293 ; — II : 142, 211, 213, 215, 381.
Possessifs, I : 398, 399.
POSSINGA, II : 140.
POTTIN-PATERSON, II : 389.
Pougouli, I : 116, 131, 156, 170, 171, 312, 313, 316, 317, 320, 332, 337, 339, 350, 370 ; — II : 369, 370.
Pougouli (dialecte —), I : 363, 370, 425.
Poni-nâba (fonction), II : 129.
Poular (langue —), I : 119, 119 (1), 223, 224, 226, 362, 415 (1). (Voir « Peule (langue — »).
Poulli, I : 233 (1).
Poullo (voir **Foulbé**), I : 226.
Poura, II : 370.
Pourognes, I : 118.
Prescription, III : 45.
Prêt, III : 52, 53.
Procédure civile, III : 149 à 151.
Procédure pénale, III : 152, 153.
PROCOPE, I : 185 (1), 186 (note).
Propriété (marques de —), III : 23, 24.
Propriété collective, III : 20, 21, 22.

Propriété foncière, III : 5 à 18.
Propriété mobilière, III : 18 à 26.
Propriété privée, III : 20, 26.
Prostitution, III : 91, 92.
PROTET, II : 310.
Proto-Peuls, I : 133, 190 (1), 237, 255, 263, 417, 418 ; — II : 25.
PTOLÉMÉE, I : 46, 46 (1), 50, 53, 53 (2), 54, 55, 56, 61, 86, 185 (1), 207.
PTOLÉMÉE SOTER, I : 211.
Puniques, I : 211 ; — II : 6.
PUTIPHAR, I : 208.

Q

Quartier, III : 124, 126, 127, 128, 147.
Quêtes religieuses, III : 202, 203, 204, 205.
QUINTIN, I : 278 (1) ; — II : 322 (1), 326 (1), 327, 329, 390, 391, 407.
QUIQUANDON, II : 375, 376 (1), 411, 415, 417.

R

Raabou ou **Raarabou**, I : 212, 213.
RABIS, II : 355.
Races, I : 112, 113, 114, 142, 143, 350, 351, 419.
RACINE TAL, II : 313.
Racines (composition des —), I : 388.
Racines (emploi des —), I : 388, 389.
RAFFENEL, II : 389.
RAGONGO, II : 145.
RAGUENET, II : 390.
RALFS, II : 65 (2), 74 (2).
Rambi, II : 147.
RAMUSIO, I : 60.
RAOKO, II : 135.
RAOUA, I : 308, 310 ; — II : 122, 125, 138, 139, 141, 149.
Ras-el-Ma, I : 56, 70, 73, 74, 104, 143, 144, 145, 160, 181, 182, 197 ; — II : 14, 17, 52 (1), 70, 70 (2), 71, 81, 117, 246, 247, 270 (note), 391, 422.

Rassoum-nàba (fonction), II : 148.
Rayoun, II : 41.
Regad, II : 419.
Regaguida, I : 131.
Régime des particules, I : 400, 401.
Régime du nom, I : 396, 397.
Régime du verbe, I : 397, 398.
Régions climatériques, I : 90, 91.
Régions naturelles, I : 79 à 89.
Reguelbât, I : 114, 133, 144, 157, 189.
Reichardt (C. J. —), I : 203, 203 (2).
Reichemberg, II : 411.
Réjou, II : 422.
Réko, II : 146.
Relatif, I : 399, 400.
Relhié, II : 283 (1).
Religions, III : 160 à 217.
Réo, II : 372.
Reybaud, II : 408.
Rhât, II : 390.
Rhergo, II : 109, 423.
Rialé ou Riaré, I : 307, 308 ; — II : 139, 149.
Ribât, III : 196.
Riby, I : 62.
Richardson, II : 390.
Richebourg, II : 400.
Richelieu, II : 398.
Ridimba, II : 143, 145.
Ridimba-nàba (fonction), II : 145.
Rimaïbé, I : 85, 119, 135, 142, 146, 199, 229, 229 (1), 328, 366, 369, 414 ; — II : 224, 233, 235, 328 (1).
Rio de Cantor, II : 212.
Riziam, II : 140, 145.
Roba, II : 146.
Rodriguez Rabello, II : 213, 381.
Romains, I : 182, 249 ; — II : 6, 380.
Ronga ou *Rounga*, I : 314.
Roudh-el-Qarthâs (ouvrage de Gharnati), II : 33.
Rouennais, II : 400.
Roulougon, II : 128.
Roume, II : 425 (1).
Royaume, III : 124, 137 à 140, 147.
Ruault, II : 412, 412 (1).
Rubault, II : 385, 402..

Ruby, II : 422.
Ruines, II : 7, 8, 9, 10.

S

Sa-Massa Kouloubali, I : 291 (1) ; — II : 297 (voir Sounsa).
Saad-Bou, I : 191 (2), 255 (1) ; — II : 312 (1) ; — III : 194, 194 (2), 199, 203, 207.
Saadiens, II : 263.
Saba, II : 131.
Saba-nàba (fonction), II : 148.
Sabassi, II : 145.
Sabou Diakité, I : 295.
Saboula (Fouladougou —), I : 164, 295.
Saboussiré, II : 312, 313, 363 (4), 408.
Sachais, II : 404.
Sacrifices, III : 185.
Sacrifices humains, III : 170, 214.
Sadaka, III : 203, 204.
Sa'di, I : 123, 201, 201 (1), 230 (note), 240 (1), 241, 245, 249, 249 (1), 255 (2), 258 (2), 260, 278 ; — II : 17, 18, 19 (1), 23, 24, 45, 62, 62 (1), 63, 64, 65 (2), 66, 67, 74, 75 (2), 77, 79 (1), 80 (3), 82, 83 (1), 88, 90, 90 (1), 92, 101, 102, 103, 105, 105 (1), 106, 112, 115, 116, 117, 121 (1), 138, 138 (1), 140, 187 (1), 189, 207, 208, 209, 209 (2), 210, 217, 217 (2), 218, 225, 225 (1), 226 (1), 229, 229 (1), 244, 248 (1), 251, 251 (note), 254, 256, 257, 258, 259 (3), 261, 263, 269, 270, 271, 272 (1), 276, 276 (1), 277, 282, 356 (note), 357, 382 (2).
Sadio Diallo, I : 228.
Sadio Sambala, II : 364.
Sadioba, II : 303.
Sadougou, I : 166.
Saëwal, II : 319.
Safalbé, I : 117.
Safané, I : 168 ; — II : 370.
Safé, II : 343.

Safo Daramé, II : 224.
Saga (fonction), II : 366.
Sagamandia, II : 188, 189.
Sagha (fils de Kom I), II : 128, 135.
Sagha (fils de Pigo), II : 143, 143 (2), 145.
Saghmâra, I : 191, 193, 194, 195, 320; — II : 69, 70, 70 (1), 71.
Saghmâra, II : 69 (1).
Sagoné ou **Sahonéra**, I : 137, 321 ; — II : 158, 161, 298.
Sagou (mont -), I : 39.
Sahdbi, II : 50.
Sahamar, II : 70, 70 (1).
Sahara, I : 79, 84, 86, 87, 88, 94 (1), 186, 191, 192, 193, 194, 196, 207, 218, 219, 221 (2), 250, 252; — II : 4, 5, 6, 10, 28, 32, 33, 36, 37, 39, 40, 44, 46, 62 (2), 72, 113, 165, 188, 189, 193, 205, 317 (1), 380, 422 ; — III : 145 (1).
Sahara soudanais ou *Zone saharienne*, I : 82, 83, 84, 85, 86, 87, 91, 95, 98, 99, 100, 143, 144, 145, 147, 149, 150, 157, 180, 365, 373, 377; — II : 6, 7, 10, 34 (2), 36, 381, 397.
Sahel, I : 81, 81 (1), 82, 83, 84, 86, 90, 91, 92, 97, 114, 150, 151, 177, 214, 243 (2), 259, 278, 270, 288, 289, 364, 366, 368 ; — II : 27, 91, 127 (1), 168 (1), 184, 370, 412, 414; — III : 194, 195, 201, 207.
Sahersé, I : 125.
Sahirou, II : 370.
Saïd-ben-Ali (pacha), II : 256.
Saïd-ben-Seniber (pacha), II : 267.
Saïdou (chef du Liptako), II : 367.
Saïdou Tal (fils de Tierno-Boubakar), II : 319.
Saïdou Tal (père d'El-hadj-Omar), II : 305, 305 (1).
Saïkoira, II : 92, 92 (1).
Saint-Charles (fort —), II : 403.
Saint-Joseph (forts —), II : 384, 385, 399, 400, 401, 402.
Saint-Louis, II : 309, 313, 324, 348, 354, 357 (1), 398, 399, 401, 405, 407 (1), 425 ; — III : 105.
Saint-Pierre (fort —), II : 384, 400, 401.
Saisie, III : 57, 58.
Saisons, I : 91, 92, 93, 94.
Sakhada (voir Sékouba Massassi).
Sakho, I : 137, 260, 277 ; — III : 108.
Sakhoura (voir Zakhoura), II : 417, 225 (1).
Sakiliba, I : 140, 140 (2).
Sakoura (ou Sabakoura), II : 185, 186.
Sal, I : 136, 223, 224, 224 (2); — II : 354.
Salaga (ville de la Gold-Coast), I : 67, 306 ; — II : 368, 393, 393 (1).
Salame (A. —), I : 202 (1), 304.
Saldé (ville du Sénégal), I : 136 ; — II : 313.
Saleh, II : 24.
Salih (gouverneur du Gourma), II : 111, 121 (1).
Salihou Diawara (voir Mori-Salihou Diawara).
Salihou-Hamma, II : 368.
Salihou Souaré (El-hadj —), I : 203, 218.
Saliki Tounkara ou Mohammed-es-Sadik (balama), II : 111, 112, 113, 121 (1), 260.
Salla, II : 147.
Salomon, I : 210.
Saloum, II : 301, 307.
Saloun Bari, II : 371.
Salounga I, II : 358.
Salounga II, II : 358.
Salsalbé, I : 135, 230.
Saltigué (titre princier), I : **227**, 227 (2).
Salvy, I : 73.
Sâm ou *Châm* (voir *Syrie*), I : 211, 212 (note), 214, 215.
Sama (contrée du Sahel), II : 48, 80.
Sama (près Sansanding, rive droite), II : 100, 100 (1), 105, 215, 296.
Sama (près Sansanding, rive gauche), II : 100 (1), 209, 325.

Sama (près Ségou), II : 100 (1).
SAMA (chef du Bélédougou), II : 286.
SAMA (chef du Fadougou), II : 417.
Samaka, II : 48.
Samakanda, II : 48.
Samakè, I : 139, 140 ; — III : 103, 108.
Samandé-nàba (fonction), II : 129, 148.
Samandé-nàbila (fonction), II : 134.
Samarina, II : 401.
Sàmat, II : 13.
Samaya, I : 163.
Samayana, II : 203.
Samba (voir *Sama*, près Sansanding, rive gauche), II : 209.
SAMBA (cadi), II : 229.
SAMBA BAKILI (voir SAMBA NDIAYE).
SAMBA-BINDO, II : 224.
SAMBA DIAWARA, II : 158.
SAMBA-KISSI, II : 117.
SAMBA-LAM, II : 357, 357 (2).
SAMBA-LAMDO, II : 116.
SAMBA LI, II : 417.
SAMBA NDIAYE, II : 313, 315, 318, 324, 341.
Sambagoré, II : 417 (1).
Sambakagny, II : 314 (1).
Sambakané, II : 413.
Sambala, I : 140.
Sambala (village voisin du Bani), II : 206.
SAMBO TÔRODO, I : 230, 231.
SAMBOUNÉ, II : 310.
Sambourou, I : 158 (1) ; — II : 184 (1), 333, 379.
SAMBOUROU GALADIO, II : 184 (1).
Samet ou *Samit*, II : 13.
Samo, I : 115, 115 (2), 127, 128, 141, 151, 152, 161, 167, 168, 232, 280, 281, 297, 298, 299, 321, 322, 330, 331, 333, 335, 337, 358, 341, 348, 369, 369 (1) ; — II : 144, 145, 146, 147, 148, 371, 372, 373, 420, 421, 422.
Samo (langue —), I : 298, 363, 363 (1), 369 (1).
Samorho, I : 115, 115 (2), 128, 141, 151, 152, 166, 171, 298, 299, 299 (1), 322, 330, 331, 333, 335, 336, 337, 338, 348, 368 ; — II : 373.
Samorho (langue —), I : 299, 362, 362 (4), 368, 372, 373, 424.
SAMONI, I : 96, 281, 318 ; — II : 341 à 354 (histoire), 360, 373, 374, 375, 376, 393, 410, 411, 414, 415, 417, 418, 418 (1), 421 ; — III : 59, 131, 142, 213.
Samoura, I : 138, 265.
Sampaka, II : 379.
Samsarah, II : 181.
San, I : 44, 66, 69, 71, 79, 97, 99, 104, 146, 149, 150, 152, 153, 154, 155, 156, 167, 233, 269, 276, 280, 298, 301, 303, 367, 373 ; — II : 102, 117, 143 (2), 209, 210, 217, 286, 293, 335, 336, 393 (1), 394, 417, 421 ; — III : 193.
Sana, II : 209, 218, 219, 230, 286.
SANA (chef de migration), I : 277.
SANA (empereur de Ouagadougou), II : 126.
Sanamàdougou, II : 218.
Sanankoro (cercle de Bamako), I : 287, 287 (3).
Sanankoro (Guinée française), II : 343, 347.
SANDOUVING DIAKITÉ, I : 295.
SANDYI, II : 288.
SANÉ-NIANGA TARAORÉ, I : 292 ; — II 185, 359.
Sanga, I : 151, 158.
SANGA-MOUSSA, II : 360.
Sangara-Soma, II : 100, 208, 208 (1), 216.
Sangaran, I : 233, 291, 292, 293 ; — II : 167, 168, 178, 179, 203 (1), 343, 361.
Sangaré, I : 135 140, 229, 233 ; — II : 224, 226, 231, 251 ; — III : 102, 104 (1), 106, 109.
Sangha, I : 104, 161 ; — II : 420, 426.
Sangoungou, II : 274.
Sanhadja (voir Zenaga).
Sankarani, I : 40, 68, 71, 75 ; — II : 179.

Sankoïra, II : 92.
Sankoré, II : 76, 247, 271, 271 (1), 272, 274.
Sanom (empereur de Ouagadougou), II : 128, 129, 372, 393.
Sanorho (voir Sarhanorho).
Sânou, I : 138, 141 ; — II : 276 (1).
Sanoum (empereur du Yatenga), II : 146.
Sânouna, II : 216.
Sanoussi Sissé, II : 233.
Sansan-Haoussa, II : 367 (2).
Sansanding, I : 62, 70, 104, 163, 253, 269, 274, 276, 277, 280 ; — II : 15, 100, 117, 165, 168, 180, 181, 203, 209, 215, 216, 218, 219, 220, 230, 239, 286, 289, 292, 294, 295, 296, 316, 317, 321 (1), 325, 326, 327, 329, 330, 331, 383 (note), 386, 387, 388, 391, 414, 415, 416, 418.
Sansanding (sur la Falémé), II : 362, 362 (1), 402, 403.
Sansanné-Mango (ville du Togo), II : 150, 373, 397.
Sansara, II : 181, 196, 202, 203.
Santankoto, II : 308.
Santigui ou Sandigui, II : 206.
Sao, II : 375.
Sao-farima (fonction), II : 87.
Saouadi (voir Soudi Diallo).
Saponé, II : 126.
Sar, I : 142 (1).
Saraféré, I : 69, 103, 159, 230, 231, 243, 244, 244 (note), 277, 320.
Sarakolé (voir Soninké), I : 123, 202, 254 (2) ; — II : 208 ; — III : 38.
Sarambounou, I : 138.
Sarankièni, II : 348.
Sarankièni-Mori, II : 347, 348, 373, 394 (2), 421.
Sarda, II : 419.
Sarédina, II : 336.
Sarei-keina, II : 274.
Sarékoura, II : 307.
Saréniamou, II : 236.
Saréya, II : 307.
Sarha, I : 138, 280 (note).

Sarhaba Kouloubali (voir Sounsa Kouloubali), I : 286, 294 (1) ; — II : 297.
Sarhanorho ou Sanorho, I : 138, 139, 140 ; — II : 196 ; — III : 108.
Sari, I : 231.
Sarifou, III : 109 (1).
Sarndt, II : 71.
Saro ou *Sarro*, I : 163 ; — II : 209, 209 (2), 294, 325.
Satadougou, I : 39, 43, 75, 76, 90, 100, 104, 146, 147, 149, 150, 151, 152, 165, 179, 297, 368, 373 ; — II : 359, 360, 362, 386, 392 ; — III : 193.
Satakoullé Dafé, I : 257.
Sataspe, I : 46.
Sati, II : 372 393 (1), 420.
Savadoro, II : 128.
Say, I : 72, 98 (1), 99, 100, 104, 146, 147, 153, 154, 155, 170, 231, 239, 276, 367, 371, 415, 420 ; — II : 62 (1), 90, 92, 96 (1), 234, 241, 244, 247, 256, 337, 372, 387, 390, 392, 394, 397, 418, 421 ; — III : 192 (2).
Say (cercle de Dienné), I : 163.
Scal, II : 347, 421.
Scarifications, I : 332, 333.
Schwartz, II : 422.
Scipion Émilien, I : 49.
Scott, II : 387.
Sébé, I : 123, 215.
Sébé Kouloubali-Massassi, I : 323 ; — II : 161, 298, 299 (1), 312 (2).
Sébéra, I : 162, 231 ; — II : 232, 233, 335, 336.
Sébi, II : 78.
Sébong, II : 367.
Sédioussaba, I : 292.
Séfé, II : 333.
Séga, I : 140.
Séga-Déoua, I : 290.
Ségala (cercle de Ségou), II : 169.
Ségala (cercle de Sokolo), I : 159, 277 ; — II : 169.
Ségou, I : 44, 57, 68, 76, 79, 92, 98, 99, 100, 104, 126, 146, 147, 148, 149, 150, 151, 163, 176 (1), 247,

248, 268, 273, 274, 276, 280, 281, 284, 286, 286 (1), 287, 291, 298, 310 (1), 321, 322, 323, 344, 367, 368, 373, 415; — II : 16, 18, 123, 129, 143, 143 (2), 143 (3), 144, 165, 168, 169, 179, 180, 217, 219, 220, 223 (1), 231, 233, 239, 263, 267, 273, 276, 282 à 296 (histoire de l'empire banmana), 297, 298, 300, 301, 306, 312, 315, 316, 316 (1), 317, 317 (1), 318, 319, 321, 322, 322 (1), 323 à 332 (domination toucouleure), 332, 333, 337, 346, 372, 374, 379, 386, 387, 390, 391, 392, 394, 407, 408, 412, 413, 414, 415, 416, 417; — III : 101, 182 (1), 193, 195.

Ségou-bougou, II : 286, 286 (2).
Ségou-koro, I : 286 (1), 322; — II : 275 (2), 282, 283, 286, 286 (2), 288, 289, 291, 329.
Ségou-koura, II : 286, 286 (2), 288, 290, 291.
Ségou-Sikoro, II : 286 (2), 288, 289, 290, 292, 317, 348 (voir aussi *Ségou*).
Ségouka, I : 139.
Séguéba Makassa, I : 283.
Séguékoro, II : 311.
Séguéla (ville de la Côte d'Ivoire), I : 280 (note).
Ségui-Khèri, I : 271.
Seignac-Lesseps, II : 409.
Sékongo, I : 141; — III : 103, 109.
Sékou, I : 286.
Sékou-Hamadou ou Sékou-Amadou, I : 72; — II : 231, 232, 232 (2), 233, 234, 234 (1), 235, 236, 239, 274, 276, 292, 293, 306, 371, 388.
Sékou-Salihou, II : 368.
Sékouba Massassi, II : 301, 301 (1).
Sel, II : 44, 50, 51, 53, 68, 118, 194, 272.
Séla, II : 218, 219, 276.
Séladougou, I : 163 ; — II : 117, 218, 219, 235, 286, 294.
Sélé, II : 386.
Sem, I : 185 (1), 200, 200 (2).

Sembla, I : 115, 141, 152, 171, 300.
Sembla (dialecte —), I : 362, 368.
Séméga, I : 138, 258.
Sémites, I : 113, 114, 117, 142, 157, 160, 161, 178, 182, 183, 185 (1), 186 (note), 190 (1), 199, 206, 223, 234 ; — II : 33.
Sémitiques (langues —), I : 360, 361, 364, 372, 387, 418, 419.
Sémou, I : 115, 152, 171.
Sémou (dialecte —), I : 362, 369.
Sémounou, II : 363 (4).
Sempré ou Simbara, I : 137, 256, 258, 262, 277 ; — II : 358.
Séna, II : 276.
Séna-faran (fonction), II : 276.
Sendougou, I : 296.
Sénégal (fleuve), I : 39, 40, 45, 46, 49, 56, 57, 58, 59, 60, 61, 62, 63, 64, 65, 66, 68, 75, 76, 79, 82, 86, 87, 89, 97 ; — II : 4, 17, 27, 34, 35, 37, 41, 44, 45, 46, 47, 49, 49 (1), 50, 50 (1), 51, 66, 157, 165, 208, 214, 309, 310, 312, 314, 314 (2), 342, 353, 354, 355, 356, 357, 357 (2), 358, 359, 363, 381 (1), 383, 384, 385, 386, 394, 398, 399, 401, 402, 403, 405, 407.
Sénégalaises (langues —), I : 363, 370, 371, 372, 387.
Senegana ou *Sangana*, I : 57, 58, 59 ; — II : 354.
Sénékoun ou sinankoun, III : 106, 108 (note), 151, 181.
Seniber ou Mansour (pacha), II : 264, 266, 267.
Sénidiadio, II : 335.
Sénoudébou, I : 66 ; — II : 384, 401, 402, 405.
Sénoufo ou Siéna, I : 110, 113, 115, 115 (3), 116, 126, 128, 131 (1), 141, 143, 152, 165, 166, 167, 171, 172, 178, 179, 180, 280, 281, 283, 288, 295, 298, 300, 301, 302, 316 (1), 329, 330, 331, 332, 333, 335, 336, 339, 340, 341, 348, 349, 350, 351, 368, 381 ; — II : 212, 282, 373, 374, 374 (1), 375, 415, 416 ; — III : 7, 36, 38, 67 (1),

67 (2), 70 (1), 75, 80, 91, 101, 103, 104, 109, 121, 130, 134, 140 (3), 174, 182, 183 (1), 188.

Sénoufo (langue —), I : 301, 362, 362 (5), 368, 369, 372, 373, 374, 387 à 407, 425.

Senoussia (voir « Senoussisme »).

Senoussisme, III : 194, 196, 197.

SENSARRIC, II : 419.

SEPTIMIUS FLACUS, II : 6.

SERBENDANA, II : 176 (1).

SÉRÉ, I : 311 ; — II : 125.

Sérère (langue —), I : 363 (4), 416, 417, 418.

Sérères, I : 230 (note), 236, 269, 321, 416 ; — II : 354, 355, 356.

Serfs ou captifs de case, III : 112, 113.

Serfs (droits des —), III ; 23.

SÉRI, I : 203, 204 (note), 233 (1).

SÉRI-MOHAMMED, II : 79.

SÉRI-NOUMOUKIÉ, II : 291.

Sérianké, I : 203, 233 (1).

SÉRIBA NIARÉ, I : 288, 289.

Sériri, II : 423.

Serments judiciaires, III : 150, 151, 152.

Séro, I : 164, 165, 290 ; — II : 299, 301, 310, 363, 364.

SERVATIUS, II : 409.

Servitudes d'utilité publique, III : 9.

Sétao, I 137.

Si, I : 133 ; — II : 231 ; — III : 104 (1).

Sia ou Bobo-Dioula, I : 115, 127, 131 (1), 141, 151, 152, 171, 172, 299, 300, 316, 322, 330, 331, 333, 335, 336, 338, 348.

Sia (langue —), I : 299, 362, 362 (4), 368, 372, 424.

SIA YATÉBARI, I : 261.

Siankadougou, I : 165, 292.

Sibi, I : 137 ; — II : 358.

Sibi (cercle de Bamako), II : 344.

Sibi ou *Tiébi*, II : 266.

Sibila (voir *Tiébla*).

Sibiridougou, II : 208, 209, 210, 282, 286.

SIBOUDOU, I : 232.

SIDAYÉTÉ, II : 147.

SIDI, I : 203, 204 (note), 233 (1).

SIDI-BABA, II : 289.

SIDI-GUESSÉ, II : 364.

Sidi-Yahia (mosquée), II : 271, 272.

SIDIA (fils d'El-Bekkaï), II : 323.

SIDIA (Cheikh —), III : 194, 199, 203.

Sidianké, I : 203, 233 (1).

Sidibé, I : 135, 140, 229, 233 ; — II : 264 ; — III : 104 (1), 106, 109.

SIDIKI, I : 277.

Sidjilmassa (ville ancienne du Sud marocain), II : 29 (2), 31, 34 (1), 36, 37, 41, 45, 47, 194, 203, 205.

Sido, II : 414.

SIÉ-BANMAMA (voir SÉBÉ KOULOUBALI), II : 298.

SIÉKOU, I : 286.

SIÉMA-TOULOUBA, I : 292.

Siénamana, I : 128.

Siénérhè, I : 115, 128, 128 (1), 141, 152, 166 ; — II : 373.

Siénérhè (dialecte —), I : 362, 369.

SIÉTIGUI KEÏTA, I : 292 ; — II : 179.

Sifarasso, I : 64, 67.

Siguiri (ville de Guinée), I : 40, 43, 65, 68, 71, 283, 292, 294 ; — II : 178, 306, 343, 344, 347, 410.

Sihinga, II : 241.

Sikasso, I : 44, 44 (2), 67, 71, 77, 98, 99, 100, 104, 126, 146, 148, 149, 150, 151, 152, 157, 166, 172, 233, 281, 283, 294, 295, 298, 299, 300, 368, 373 ; — II : 289, 346, 347, 373 à 379 (histoire), 393, 394, 394 (1), 415, 417, 421 ; — III : 142, 193.

SIKO, II : 374 (1).

Sikokaha ou *Sikokana* (voir *Sikasso*), II : 374 (1).

SILAMAGA-AÏSSATA DIALLO (ardo), II : 229.

Silatigui (titre princier), I : 227, 227 (2), 228, 290.

Silla, I : 124, 137, 244, 260, 267, 276, 277 ; — II : 83, 358.

Silla (sur le Niger), II : 386.

Silla (sur le Sénégal), I : 227, 227 (1),

262, 262 (1) ; — II : 13, 41, 44, 50, 51, 207, 355, 358.
SILLA-MAKAMBA KEÏTA, I : 273 ; — II : 168.
Sillabé (voir Silla).
Silmimossi, I : 135, 146, 168, 232, 366, 369.
Silmissé ou Silmissi, I : 119, 232.
Siluà, I : 141 ; — III : 103, 109.
Sim, II : 146, 147.
Siman, II : 232.
Simbi, II : 302, 310, 378, 385, 386.
SIMOGO KONÉ, II : 375, 415.
Sinaï, I : 209, 212, 212 (note), 213, 213 (1), 214, 224.
SINAKORÉ DOUKOURÉ, II : 379.
SINALI TARAORÉ, II : 375.
SINANGUILLÉ GOUNÉKOUSSO, I : 258.
Sine, II : 307, 355.
Sini, II : 107.
SINI, II : 143.
Sinngaré ou Sinnari, I : 138, 139 ;— III : 101, 102, 108.
Sintédougou, I : 165, 293 ; — II : 360.
SIRABO MASSASSI, II : 299, 300.
SIRADJ-ED-DINE, II : 187, 187 (2), 188 (note), 203.
Sirakoro, II : 292.
Siratiki ou siratique (titre princier), I : 227 (2) ; — II : 357, 360.
Sirba, I : 73.
Siré ou Siréya, I : 140.
SIRÉ-ADAMA, II : 314, 315, 325.
SIRÉ-MOKTAR, II : 325.
SIRÉ TÒRODO, I : 230, 231.
Sirifé, I : 138, 140 ; — III : 109 (1).
SIRIMAN KEÏTA, I : 293 ; — II : 184, 359, 361.
Sirimana, II : 360.
Sissala, I : 115, 130, 155, 169, 314, 315, 333, 337, 339, 340 ; — II : 126, 369.
Sissala (langue —), I : 363, 370, 373, 425.
Sissamba, II : 89, 141, 143, 146, 147.
Sissé, I : 137, 138, 139, 140, 228, 258, 259, 265, 267, 269, 280 (note), 320 ;

— II : 26, 27 (note), 154, 165, 231, 231 (1), 316, 325 ; — III : 100, 108.
Sissokho ou Sissoko ou Soussokho, I : 137, 140, 140 (2), 268 (2) ; — II : 179, 360, 361, 362 ; — III : 108.
Sissouma, I : 138.
Siti, I : 315.
Siti (langue —), I : 363 (2).
Sitigâbé, I : 135.
Sittiga, I : 232.
Siya, I : 138.
SLANE (DE —), II : 193 (2).
SLIMAN (askia du Nord), II : 243, 248, 249, 250, 253, 260.
SLIMAN (pacha), I : 247 ; — II : 250, 268.
SLIMAN-CHAOUCH, II : 217, 228.
Sô, I : 135, 136, 136 (1), 213, 224, 268 (2) ; — II : 164 ; — III : 104 (1).
Sòba-nâba (fonction), II : 148.
SOBO, II : 423.
SODOGA, I : 275.
Sodogalé, I : 275.
Soé (voir *Soi*).
Sofa, II : 319, 319 (1), 328, 329, 333, 334, 336, 345, 346, 351.
Sofara, I : 104, 162, 231, 298 ; — II : 79, 233, 234, 252, 319, 335.
Soi ou *Soé* (entre Dienné et Mopti), II : 216, 225, 228, 229, 232, 233.
Soi (sur le Débo), II : 218.
Sokaï, I : 304, 305.
Sokala, III : 126, 127, 128, 132, 138.
Sokhona (voir Soma), I : 258, 259.
Sokolo ou *Kala*, I : 43, 82, 99, 100, 103, 144, 146, 149, 150, 157, 159, 222 (1), 229, 263, 277, 287 (1), 321, 368, 373 ; — II : 27, 103, 104, 114, 208, 215, 323, 394 ; — III : 193.
Sokoto (ville de la Nigeria), I : 136 (1), 201, 202 (1), 212 (note), 213 (1), 231, 236, 254 (2), 304, 305 ; — II : 80 (1), 91 (3), 233, 306, 337, 341, 367, 368, 388, 390, 394.
SOLEILLET (Paul —), II : 391.
Solou ou *Sollou* ou *Soulou*, II : 185, 308.
Soloum-nâba (fonction), II : 147.

Soma, II : 209.
Soma ou Sokhona, I : 138, 258.
Somarha, I : 138.
Sombés, III : 49.
Somé, I : 142.
Somi, II : 387.
Somna, II : 140.
Somniaga, II : 141.
Somono, I : 115, 137, 139, 151, 253, 254, 284, 288, 289, 321, 346 ; — II : 176, 179, 285, 295, 322, 326, 327, 330 ; — III : 118 (1).
Sonfontir, I : 201 ; — II : 82, 258.
Songaï, I : 111, 113, 114, 119, 120, 123 (1), 136, 137, 143, 147, 148, 159, 160, 161, 162, 168, 170, 178, 179, 183, 192, 193, 193 (1), 196, 197, 202, 238 à 252 (origines), 253, 254, 277, 278, 278 (1), 279 (note), 304, 305, 319, 320, 329, 330, 331, 332, 334, 338, 340, 341, 345, 346, 347, 350, 364, 366, 379, 381 (1), 382, 414, 419 ; — II : 60, 61, 62, 63, 66, 68, 74, 83, 90, 91, 91 (1), 92 (note), 116, 185 (2), 192, 207, 217, 227, 239, 241, 242, 243, 243 (2), 251, 252, 253, 256, 259, 262, 274, 367, 372 ; — III : 35, 80, 109 (1), 188, 194.
Songaï (langue —), I : 138, 148, 239, 245, 246 (1), 247, 252, 255 (1), 269, 270, 276, 346, 359, 360, 362, 366, 367, 372, 373, 387 à 407, 414, 419, 420, 423 ; — II : 274.
Songaï (pays), II : 75 (1), 91, 91 (1), 100, 102, 103, 208, 210, 211, 212, 366 (1).
Songo, II : 211, 212.
Songo, II : 212.
Songoï (voir Songaï).
Soninké, I : 56, 111, 114, 115, 121, 122, 123, 123 (1), 124, 125, 126, 127, 133 (2), 137, 138, 144, 148, 149, 150, 153, 157, 158, 159, 161, 162, 163, 164, 165, 166, 167, 168, 169, 171, 181, 183, 184, 187, 190 (1), 193, 196, 202, 203, 215, 216 (note), 218, 220, 221, 227, 228, 229, 229 (1),
231, 236, 237, 239, 242, 243, 243 (2), 244, 247, 249, 251, 254 à 278 (origines), 279, 279 (note), 280, 282, 283, 283 (1), 286, 287 (1), 288, 289, 292, 294, 295, 296, 298, 313, 316, 319, 320, 321, 322, 323, 328, 329, 330, 331, 332, 335, 336, 338, 341, 345, 346, 347, 359, 364, 365, 366, 367, 368, 369, 371, 375 ; — II : 12, 22, 25, 25 à 32 (leur hégémonie dans la région de Ghana), 41, 48, 51, 55, 56, 56 (1), 83, 84, 86, 104, 154, 155, 162, 163, 164, 165, 170, 176, 178, 190 (1), 194, 195, 216, 224, 225 (1), 269 (1), 270, 275, 277, 278, 286, 290, 297, 301, 340, 345, 316, 324, 331, 334, 354, 355, 355 (1), 358, 362, 368, 370, 371, 372, 373, 377 (1), 378, 384, 402 ; — III : 34, 35, 38, 102, 103 (1), 109, 130, 186, 188, 194, 195, 196, 197, 208, 210.
Soninké (langue —), I : 255 (1), 264, 270, 279, 282, 283, 288, 362, 362 (2), 367, 372, 373, 414, 423, 424 ; — II : 20 (1).
Sonko, II : 257.
Sonni (titre dynastique ; chercher par le mot qui suit les noms des empereurs de Gao dits « Sonni »), I : 122, 201 (1), 245, 278 (1), 291 (1), 321 ; — II : 61, 62 (1), 66, 74, 83, 84, 177.
Sonni (histoire de la dynastie —), II : 72 à 84.
Sono (cercle de Dienné), II : 232.
Sono (cercle de Koury), II : 371, 372, 421, 422.
Sono ou Sonon, I : 141.
Sonondougou, I : 166 ; — II : 373, 374.
Sonongui ou Sorongui, I : 281.
Sontoukoulé, II : 310, 406.
Soo, II : 217.
So'oud-ben-Ahmed (pacha), II : 255, 256.
Sopi, I : 128.
Sorba (mont —), II : 218, 252.
Sohba ou Narimtoré, II : 126.

Sorho, I : 125 ; — II : 212.
Sorhoba, I : 138.
Sorhoné (charge), II : 129, 130.
Sori, I : 233 (1).
Sori Doumbouya, I : 293.
Soria-Moussa, II : 252.
Soritou ou *Sort* ou *Syrte*, I : 212, 215, 216 (1).
Sorko ou Kourtey, I : 114, 120, 136, 137, 162, 192, 240, 241, 242, 243, 244, 245, 247, 249, 251, 253, 254, 319, 320, 345, 366 ; — II : 60, 61, 63, 64, 87, 97, 225 (1), 241.
Soro, II : 169.
Sorokoto, II : 169.
Soroo, I : 110, 141 ; — III : 103, 104, 109.
Sossé ou Sossobé, I : 124, 124 (2), 126, 137, 140, 228, 237, 244, 256 (2), 263, 265, 268, 268 (2), 282, 283 (1), 292, 320, 321 ; — II : 55, 56, 157, 162, 164, 165, 170, 180, 355, 356 (note), 356 (2).
Sosso, I : 228, 261, 265, 268, 268 (2), 271 (1) ; — II : 27, 55, 56, 155, 158, 162 à 170 (histoire de l'empire), 176, 177, 180 ; — III : 180 (1).
Sossotoulou-Langadia, II : 176.
Sotigui (fonction), II : 149 (1).
Sotuba, I : 68, 289.
Soua, II : 217 (1), 228.
Souaré, I : 137, 203, 257.
Souba, II : 446.
Soubalbé, I : 135, 137, 254 ; — III : 118 (1).
Soubarha (jeteurs de sorts), III : 123, 166, 172, 182, 183.
Soudan (nom), I : 53, 79 ; — II : 277.
Soudan (région), I : 79, 80, 81, 82, 83, 88, 90, 91, 92, 93, 94.
Soudara, II : 368.
Soudi Diallo (ardo), II : 225.
Soudouré, I : 138, 257.
Sougounam, II : 141.
Souko, I : 140, 140 (2).
Souleïman-Dam (Sonni —), II : 74.
Souleïman de Syrie, I : 214, 215 ; — II : 22.

Souleïman Diarisso, II : 163.
Souleïman-Kassa, II : 359.
Souleïman Krïta (Mansa —), II : 190, 191, 192 à 203 (règne), 204.
Souleïman-Nar ou Souleïman-Néri (Sonni —), II : 73, 74, 74 (1), 189.
Soulou, II : 147 (Voir aussi *Solou*).
Souma-Kotobagui, II : 98, 101.
Souma Kouloubali, II : 283, 286 (2).
Soumahoro (voir Soumangourou Kannté).
Soumangourou Kannté, I : 268, 268 (2), 292, 321 ; — II : 56, 155, 165, 166, 167, 168, 169, 169 (1), 170, 177, 178, 180, 214, 355 ; — III : 180 (1).
Soumaré, I : 137, 265.
Soumba, I : 116, 131, 156, 169, 170, 318, 331, 333, 337, 339, 344, 350.
Soumba (langue —), I : 363, 370, 373, 426.
Soumission (contrat de —), III : 60.
Soumontara, I : 135, 204.
Soumpi, I : 70, 144, 159, 269 ; — II : 103, 422, 423.
Soun (titre), II : 177.
Soundiata Kéïta, I : 256 (2), 264 (note), 268, 269, 271, 272, 273, 283, 284, 287 (1), 291, 292, 293, 297, 321 ; — II : 16 (1), 19, 56, 155, 158, 166, 167, 168, 169, 176 à 184 (règne), 184, 184 (2), 185, 186, 187, 190, 204, 207, 214, 220, 355, 356, 359 ; — III : 180 (1).
Sounnougoro, II : 112.
Sounsa Kouloubali-Massassi, I : 286, 291 (1), 322 ; — II : 220, 297, 298.
Sountiun, I : 286 ; — II : 286, 297, 298.
Soura-Moussa, II : 179.
Souraka, I : 117.
Sourakadougou, I : 177.
Sourami, II : 92 (note).
Sourgou, I : 117, 118.
Sourma, II : 393 (1).
Souro-Bantamba, II : 106.
Sourou, I : 67, 68, 161 ; — II : 236, 371, 372, 373.
Souroudougou, II : 372.

Sous, I : 189, 190, 201, 213 (1), 247, 248 ; — II : 34, 39, 205, 259 (1).
Sous-dialectes, I : 357, 358, 359.
Sous-tribus, I : 113 ; — III : 134, 135.
Soussou, I : 127, 233 (1), 236, 268 (2), 296 ; — II : 162, 182 (1).
Soussou (langue —), I : 283, 362, 368, 373, 424.
Sow, III : 104 (1).
Spiess, II : 421.
Spitzer, II : 375, 415.
Stachir, I : 207.
Statuts, III : 111 à 114.
Strabon, I : 46 (1), 50.
Struck, I : 360, 360 (1).
Succession, III : 26 à 39.
Succession (composition de la —), III : 29.
Succession (répudiation de la —), III : 29.
Succession consanguine, III : 27, 34, 35, 36.
Succession patriarcale, III : 27, 36, 37, 38.
Succession utérine, III : 27, 32, 33, 34.
Successoraux (ordres —), III : 32 à 37.
Suétone, I : 185 (1).
Suétonius Paullinus, I : 50, 52, 53 ; — II : 6.
Suida, I : 129, 305.
Sujet (place du —), I : 401.
Superficie, I : 37.
Syllabes terminales, I : 407.
Syrie, I : 200, 203, 205, 207, 208, 210, 211, 212 (note), 214, 215, 419 ; — II : 211 (note).
Syriens, I : 186 (note).

T

Taadjit, II : 78.
Taarbine, II : 32.
Tába, II : 210.

Tabalbalet (oasis du Sahara algérien), I : 252 ; — II : 270.
Taberma, I : 131.
Tabo, II : 178.
Tabou ou tana, III : 99, 100, 101, 102, 103, 104, 105, 106, 107, 108, 109 (1) (voir « tana »).
Taburet, II : 397.
Tacirma, II : 219.
Tadiouma, I : 212, 213 (1), 223 (1), 224 (3).
Tadjakant, I : 132 ; — II : 29 (2).
Tadjourah (ville de la Côte des Somalis), II : 186.
Tadmekket ou *Es-Souk*, I : 55, 194, 194 (1), 195, 217, 322 ; — II : 64, 68, 69, 69 (1), 69 (2), 70, 71, 191.
Tafilelt (pays du Sud marocain), I : 51, 180, 189, 190 ; — II : 29 (2), 34, 36, 39, 44, 45, 105, 255, 426 ; — III : 194.
Tafrasset, I : 256 (note).
Tagâma ou **Teggâma**, I : 35, 134, 145, 160 ; — II : 71.
Tagant, I : 38, 43, 83, 86, 88, 183, 184, 187, 189, 190 (1), 191 (2), 195 (1), 220, 221, 222, 255, 264, 267 ; — II : 21, 24 (2), 26, 26 (1), 27, 28, 29, 29 (2), 33, 38, 38 (1), 40, 44, 51, 54, 55, 155, 165, 269, 390 ; — III : 194, 195.
Tagba ou **Tagoua**, I : 64, 115, 128, 152, 171, 172 ; — II : 373, 377.
Tagba (dialecte —), I : 362, 369.
Tagbana, II : 377.
Táka : II : 48.
Takadyi, I : 70.
Takamba, I : 116, 156, 170.
Takamba (dialecte —), I : 363, 370.
Takedda, I : 217, 219 (1) ; — II : 64, 75 (1), 191, 193, 193 (1), 203, 206.
Takoubao, II : 418, 419.
Tal, I : 136 ; — II : 305, 338.
Talari, II : 412.
Tâleb-Mokhtar ou Oulad-cheikh-el-Adrami, I : 133, 144, 191 (2) ; — II : 312, 379 ; — III : 194 (2), 201.
Talessé, I : 130.

Talibé, II : 232, 306, 307, 310, 319, 319 (1), 320, 322, 323, 324, 326, 327, 328, 329, 332, 337 ; — III : 192, 198.
Taliouyen ou *Talouine*, II : 38 (3).
Tamacheq (langue des Touareg), I : 361, 365, 372, 373, 377, 387 à 407, 419, 420, 422.
Tamakoro, II : 218.
Tamba, II : 308, 362.
Tambaoura, I : 165 ; — II : 359, 360, 362, 384, 387, 401.
Tambarga, I : 311.
Tamboukané, II : 309, 384, 385, 400, 405.
Tamboura, I : 66.
Tamboura ou *Tammoura*, I : 229 (1).
Tâmedelt, II : 29 (2).
Tamsôba (fonction), II : 129, 133, 137.
Tamtama, II : 219.
Tana ou téné, I : 285 (1) ; — II : 107, 167 (1) ; — III : 101, 101 (note), 107, 107 (1), 108, 109 (1), 162, 163, 167, 171, 172, 178 à 182, 185.
Tanezrouft, I : 42, 84.
Tanga ou Kom, II : 145, 146.
Tangaï, II : 141.
Tanganaga, I : 265, 266.
Tangara, I : 139 ; — III : 108.
Tango, II : 300, 310.
Tankara (voir Tangara).
Tankoïdé, II : 150.
Tankourou, I : 308.
Tanoazit, I : 133, 144.
Tantama (village de la Côte d'Ivoire), I : 41.
Taodéni, I : 38, 42, 51, 84, 85, 86, 143, 150, 157, 180, 181, 182, 184, 187, 322 ; — II : 7, 105, 110, 113, 388 (2).
Taotek, II : 69.
Taouatalla, II : 219.
Tapri Taraoré, II : 373.
Tapsirou Tal, II : 337.
Tara, I : 116, 130, 155, 156, 167.
Tara (dialecte —), I : 363, 370.
Tara (village du bas Niger), II : 242.

Tara (village du Bendougou), II : 209.
Târa (village près Gao), II : 99.
Tara-Maghan, II : 179.
Taram, II : 51.
Taraoré ou Travélé, I : 137, 138, 139, 140, 280 (note), 287 ; — II : 179, 209, 285, 361 ; — III : 106, 108.
Tarendi, II : 246.
Tarfeï, II : 251.
Targa, I : 418.
Tarîka, III : 198, 200.
Tarikh-es-Soudân (voir Sa'di).
Tarine, II : 32.
Taroudant, I : 190.
Tarsina ou Tarchina, II : 33.
Tassard, II : 419.
Tâsser-hala, II : 194.
Tata Diara, II : 294, 315, 316.
Tatafing, I : 292.
Tatental, II : 44, 45.
Tatinna, II : 219.
Tatirma, II : 219.
Tatouages, I : 110, 332, 333 (voir « scarifications »).
Tautain, I : 256 (2), 264 (note), 277 ; — II : 391.
Tchenhou, II : 133.
Tchériba, I : 168.
Tebalbalet (oasis du Sahara algérien), I : 232 ; — II : 270.
Tebferilla, II : 38, 38 (3), 54.
Teddi (voir Tiddo).
Tedzkiret-en-Nisiân (ouvrage arabe), I : 248 (2), 249 (1) ; — II : 259 (3), 262, 264 (2), 264 (3), 268.
Tégakoro (voir Téguenkoro).
Teghazza, I : 42, 86, 181, 193, 319, 320, 322 ; — II : 45, 88, 102, 105, 107, 110, 113, 116, 118, 194, 272.
Teghazzat-el-Ghizlân, II : 105, 110.
Téguenkoro Massassi, II : 301, 301 (1).
Teguidda, II : 75 (1).
Téharako, II : 370.
Tekarir, I : 119 ; — II : 353.
Teklessine, II : 33.
Tekrour, I : 56, 119, 202 (1), 213 (1), 222, 223, 224, 225, 226, 227, 227 (1), 227 (2), 230 (note), 233 (1), 234,

235, 235 (1), 235 (2), 236, 237, 262, 264, 267, 269, 290, 310 (1), 320, 321, 344, 415, 416, 417, 418, 419 ; — II : 14, 27, 34, 38, 41, 47, 49, 51, 52, 52 (1), 54, 55, 88, 91, 91 (1), 157, 158, 170, 174, 174 (1), 176 (1), 181 (3), 183, 185, 191, 207, 212, 213, 214, 215, 352, 353 à 358 (histoire), 358, 360.

Tekrourienne (langue —), I : 361, 365, 371, 387 ; — II : 185.

Tekrouriens (voir **Toucouleurs**), II : 185 (2), 353, 354.

Telagagguine, II : 28, 37.

Télé, I : 70.

Telkâta, II : 28.

Téma, I : 232.

Temamanaout, II : 34 (2).

Temassine (localité d'Algérie), II : 306.

Tembé, II : 362, 392, 394.

Tembi-kounda, I : 68.

Tembiko, I : 63, 75.

Témen ou *Tamana*, II : 95.

Temim, II : 28.

Temporal (Jean —), II : 66.

Ten-Gala ou Ten-Guélé, II : 356 (1).

Tenda, I : 70.

Tendirma, I : 159, 246, 249 ; — II : 79, 86, 87, 89, 93, 94, 99, 100, 104, 109, 112, 227, 251.

Tendo Galadio (voir Tindo Galadio).

Ténemba-Siriman, II : 362.

Ténemba-Tamba, II : 362.

Ténenkou, I : 232 (2) ; — II : 223, 225, 228, 228 (1), 234, 236, 335.

Ténétou, II : 181, 347, 393, 418.

Tenga-nàba (fonction), II : 147, 149.

Tenga-sòba (fonction), II : 149.

Tengodibo, II : 114.

Tengréla (ville de la Côte d'Ivoire), I : 40, 69, 300 ; — II : 339, 393, 394 (1).

Tenguéla ou Tenguélé (voir Tindo Galadio).

Tenguéréguédech, I : 134, 145, 161.

Tenguéréguif, I : 134, 145, 160 ; — II : 419, 423.

Teniahya, II : 354.

Tenkodogo, I : 41, 104, 155, 169, 302 (1), 306, 307, 308, 309, 310, 311, 315 ; — II : 122, 125, 126, 128, 129, 138, 139, 394, 397.

Tentuoriba, II : 150.

Téra, II : 367 (2).

Téré-Kalé, I : 258, 258 (1).

Téré-Kiné, I : 258, 259.

Téri, II : 372.

Termess, II : 356 (note).

Terrasson de Fougères, I : 63 (2).

Terrier, II : 321 (1), 410.

Terrouz, I : 189 (1).

Tessalit, I : 38, 42, 84.

Testamentaires (dispositions —), III : 29, 30.

Thaly, I : 205.

Théisme, III : 163, 164.

Thevet, I : 58, 60.

Tiaéwal (voir *Saéwal*).

Tialgo, II : 372.

Tiam, I : 142 (1).

Tiamakan Taraoré, I : 296.

Tiansé, I : 130.

Tibaré, II : 367.

Tichit, I : 38, 43, 82, 84, 86, 133 (2), 144, 150, 157, 190 (1), 191 (2), 220, 221, 255, 255 (1), 256, 256 (note), 319, 418 ; — II : 18 (1), 26 (1), 27, 29, 32, 41, 51, 190 (1), 191, 378 (1), 423.

Tidapo, II : 150.

Tiddo, II : 224.

Tidiani Tal, II : 319, 323, 331, 335, 336, 337, 371, 392.

Tidjania, II : 306 (voir « Tidjanisme »).

Tidjanisme, III : 194, 195, 196, 200, 201.

Tidjikja (ville de Mauritanie), I : 38.

Tié, II : 217, 228.

Tiéba, II : 346, 346 (2), 374, 375, 376, 376 (1), 394, 415, 417.

Tiébi (voir *Sibi*).

Tiébla ou *Sibila*, II : 218, 219.

Tiéfo, I : 146, 131, 157, 171.

Tiéfo (dialecte —), I : 364, 370.

Tiéfolo Diara, II : 293, 293 (2), 296, 306.
Tiékoro Sarhanorho, II : 377.
Tiékouta, II : 364.
Tienvi, II : 131.
Tiéou, II : 126, 139.
Tièp, I : 142 (1).
Tiéré, II : 375.
Tierno-Abdoul, II : 293 (2), 312, 325, 328.
Tierno-Alassane, II : 325, 327, 328.
Tierno-Boubakar, II : 305 (1), 319.
Tierno-Diala, II : 364.
Tierno-Moussa, II : 332, 407.
Tifat ou Tifaout, II : 33.
Tifinarh (alphabet des Touareg), I : 377 ; — II : 10, 40 (1).
Tiklane, II : 28.
Tila, II : 95.
Tildia, II : 90.
Tilemsi, I : 42, 52, 73, 86, 193, 194, 195 ; — II : 71.
Tiléra, I : 138.
Tillabéry (ville du Territoire Militaire), I : 83, 93 (1), 192, 240, 251 ; — II : 60, 90, 92 (1), 96 (1), 244 (1), 397.
Tiloutane, II : 28, 32, 32 (1).
Timbassinaï, II : 65 (2).
Timbo (ville de Guinée), I : 65, 294, 297.
Timbouctou (voir *Tombouctou*), II : 268.
Timé ou *Kiémé* (Côte d'Ivoire), II : 389.
Timéra ou Timété, I : 138.
Timiaouine, I : 38, 42, 84, 85, 87.
Timitama, II : 218, 219.
Timité ou Timété (voir Timéra), I : 138, 280 (note).
Tin-Boktou (voir *Tombouctou*), II : 268.
Tin-Ferella, II : 38.
Tindo Galadio ou Tendo Galadio ou Tenguéla ou Tenguélé, I : 229 (2), 230 (note), 322 ; — II : 91, 356, 356 (1), 356 (2).
Tindouf, I : 187, 193 ; — II : 394.

Tinfirina, II : 90.
Tingalhaï, II : 264.
Tini (près Diafarabé), II : 276.
Tini (puits du Sahel), II : 379.
Tinizamaren, II : 34 (2).
Tinké, II : 363 (4).
Tinkisso, I : 65, 68, 75, 252, 253 ; — II : 45, 178, 343, 346, 360.
Tinstall de la Tour, II : 385.
Tintyi, II : 242, 243 (1).
Tinyéroutane, II : 31, 32 (1).
Tio, II : 295, 317.
Tioboulouma, II : 9.
Tiorho, I : 125 ; — II : 212.
Tiorhotiéri (ville de la Côte d'Ivoire), I : 40.
Tiou, II : 146, 147.
Tira ou *Kéra*, II : 246.
Tira-Makan Taraoré, I : 293.
Tirafei, II : 95.
Tirailleurs sénégalais, II : 404, 404 (1).
Tirakka ou *Tiragga*, II : 70, 70 (2), 71, 72, 164, 164 (1), 269, 269 (1).
Tiris ou *Tirs*, I : 187 ; — II : 29 (2).
Tirmissi (Kaniaga), II : 356 (note).
Tirmissi (près Nampala), II : 103, 103 (1).
Tissé, I : 168 ; — II : 371.
Titi (chaland), II : 392.
Tlemcen, II : 190.
Toéré, I : 298.
Togaï ou *Togaya*, II : 266, 266 (1).
Togo, II : 327, 328, 329.
Togoma Diara, II : 296.
Togou-nâba (fonction), II : 147, 148.
Toï (Kaniaga), I : 228.
Toï (près Nampala), II : 103.
Tokourmou, II : 150.
Tòm-nâba (fonction), II : 148.
Toma, I : 297.
Toma (langue —), I : 362 (4).
Tombo ou **Habé**, I : 115, 129, 153, 154, 160, 161, 162, 167, 168, 230, 231, 251, 302, 302 (1), 303, 304, 305, 310, 314, 329, 330, 331, 333, 335, 339, 349, 367 ; — II : 7, 81, 88, 106 (1), 145, 236, 248, 257, 257 (1), 323, 335, 336, 337, 364, 397, 418, 420,

425; — III : 36, 67 (1), 67 (2), 118 (1), 125 (1), 130, 142 (1), 211.
Tombo (groupe linguistique), I : 363, 369.
Tombo (langue —), I : 304, 363, 369, 372, 373, 425.
Tombola, I : 303; — II : 104, 276, 364.
Tombouctou, I : 43, 44, 44 (1), 48, 51, 52, 54, 55, 60, 67, 69, 70, 71, 72, 73, 73 (1), 83, 84, 98, 99, 100, 104, 120, 131, 136, 138, 143, 145, 146, 147, 157, 160, 181, 182, 183, 188, 193, 195, 197, 217, 219 (1), 234, 240 (1), 242, 244, 245, 246, 246 (2), 246 (3), 247, 248, 248 (2), 249, 250, 251, 252 (1), 255 (1), 270, 286, 293, 303, 307 (1), 320, 321, 322, 323, 328, 336, 342, 346, 364, 373, 419, 420 ; — II : 17, 23, 27, 55, 56 (2), 70, 70 (2), 72, 73, 75, 75 (2), 76, 77, 78, 79, 79 (1), 80, 81, 82, 85, 85 (1), 88, 94, 95, 97, 98, 99, 103, 106, 108, 109, 110, 111, 112, 113, 115, 116, 117, 121 (1), 123, 127 (1), 138, 140, 164, 173, 181 (2), 182, 188 (note), 189, 190, 191, 192, 196, 203, 207, 210, 211 (note), 214, 216, 218, 220, 223 (1), 227, 228, 229, 230, 231, 234, 236, 239, 240 à 268 (histoire de la ville et de la région sous la domination marocaine), 268 à 275 (monographie), 276, 277, 281, 283, 286, 287, 289, 292, 293, 317 (1), 320, 321, 322, 323, 323 (1), 336, 336 (1), 347, 357 (2), 364, 366, 371, 381, 382, 382 (2), 383 (note), 385, 388, 388 (1), 388 (2), 389, 389 (note), 390, 390 (1), 391, 392, 393 (1), 394, 397, 407 (1), 418, 419, 422, 423, 424; — III : 3 (1), 109 (1), 188 (1), 192 (2), 194, 206, 210.
Tombouctou-koï (fonction), II : 88.
Tombougou (ville de la Côte d'Ivoire), I : 69; — II : 377.
Tomora, II : 360.

Ton-dion, II : 284, 284 (1), 286, 287, 288, 289, 416.
Ton-mansa ou Ton-massa, II : 143 (3), 287, 288, 289.
Tondibi, I : 246; — II : 108, 108 (1), 114, 115, 227, 244, 259.
Tondion (voir Ton-dion), II : 416.
Tondion ou Toundiougne, II : 356 (note).
Tondossama ou Samatondo, I : 138.
Tonfina, II : 242.
Tonko, II : 218, 219.
Tör, I : 212 (notes), 212, 213 (1), 214, 223 (1).
Tormoz, I : 131, 143, 182 ; — II : 422.
Toro, I : 135 (1), 136, 202, 212 (1), 213 (1), 223, 224, 225, 226, 227, 230 (note), 233 (1), 296 (1), 320, 322 ; — II : 50, 52, 52 (2), 320, 320 (1), 326, 328, 356, 356 (note), 357.
Tôrobé, I : 135, 135 (1), 136 (2), 202, 230, 231, 233 (1), 237 ; — II : 148, 305, 358.
Torodi, I : 170, 231, 232, 233.
Tôrodo (singulier de Tôrobé, voir ce mot).
Toron, I : 179, 283, 284, 292, 300, 321 ; — II : 176.
Toronka ou Toronké, I : 135 (1), 136, 227 ; — II : 50, 52.
Torture, III : 153.
Tosaye, II : 259.
Torébalobo, II : 145, 146.
Totem et totémisme, III : 99, 100, 101, 162, 163.
Touabo, II : 356, 384, 400.
Touareg, I : 85, 114, 118, 133, 134, 135, 136, 142, 143, 145, 157, 159, 160, 161, 183, 186, 188, 191 à 198 (origines), 246, 250, 251, 252, 282 (1), 304, 321, 322, 327, 328, 329, 330, 331, 332, 334, 338, 340, 341, 343, 344, 345, 347, 350, 364, 365, 367, 377, 378, 419 ; — II : 23, 69, 75, 75 (1), 76, 77, 78, 83, 84 (1), 92, 95, 102, 105, 106 (3), 112, 113, 193, 203, 210, 236, 239, 244, 245,

246, 247, 258, 259, 261, 263, 264, 264 (4), 265, 267, 268, 270, 272, 274, 321, 367, 368, 388, 392, 397, 418, 419, 422, 423, 425, 426 ; — III : 11, 12, 34, 63, 67 (2), 98, 115, 134, 188, 188 (1).

Touareg (langue —, voir « tamacheq »), I : 360.

Touat, I : 87, 87 (1), 182, 183, 192, 194, 203, 215, 219, 219 (1), 231, 246 (1), 255, 289, 319, 322 ; — II : 22, 85, 110, 116, 187, 187 (1), 203, 211 (note), 255, 271, 388, 426 ; — III : 194.

Touba ou *Touba-koro* (cercle de Bamako), I : 287, 287 (1).

Touba ou *Touba-koura* (cercle de Bamako), I : 163, 277, 287 (1) ; — II : 391.

Touba (ville de la Côte d'Ivoire), I : 40, 43, 294 ; — II : 348.

Toubaboukané, II : 402.

Toubakoro, I : 277, 287, 287 (1) ; — II : 291.

Toubara, I : 280.

Toubourou, II : 328, 328 (1), 329.

Toucouleurs ou **Tekrouriens**, I : 111, 113, 114, 119, 135, 136, 143, 147, 158, 161, 162, 163, 164, 165, 170, 178, 198, 199, 202, 204, 204 (note), 205, 206, 215 (2), 222, 223, 224, 224 (2), 225, 226, 227, 230, 230 (note), 232, 233, 233 (1), 234, 235, 236, 237, 264, 268 (2), 269, 277, 296 (1), 297, 320, 321, 322, 323, 328, 329, 330, 331, 332, 334, 338, 340, 344, 345, 347, 350, 362, 366, 371, 415, 415 (1), 416, 417, 419 ; — II : 34, 38, 50, 54, 62 (1), 157, 170, 214, 215, 223 (1), 236, 239, 269 (1), 276, 293 (2), 294, 295, 299 (2), 302, 305 à 338 (histoire de l'empire toucouleur au Soudan), 343, 353, 354, 355, 355 (1), 356, 356 (2), 358, 360, 362, 363, 363 (4), 364, 371, 372, 374, 379, 391, 392, 405, 406, 407, 408, 411, 412, 412 (1), 413, 414, 416, 417, 420 (1) ; — III : 34, 35, 38, 80, 104, 104 (1), 106, 118 (1), 188, 195, 210.

Toucouzor, II : 181 (3).

Touété, I : 289.

Tougouri, II : 145, 146.

Tougué (ville de la Guinée), I : 43.

Toukoto, I : 65 ; — II : 345.

Toulimandio, II : 387.

Touloufina, II : 227.

Toumané Doukouré, I : 266.

Toumé, II : 219.

Toumo, II : 218.

Touna, II : 295, 296, 318.

Toundiougne, II : 356 (note).

Toundoungoumé (ou *Touroungoumbé*), I : 274, 275 ; — II : 156, 158, 333, 379.

Toungamari-Kabida, I : 258.

Toungboro (ville de la Côte d'Ivoire), I : 41.

Tounka ou tonka (titre royal), II : 21, 27, 40, 384.

Tounkara, I : 137, 137 (1), 139, 140, 265, 267 ; — II : 26, 176 ; — III : 100, 108.

Tounkaréla, I : 292.

Tounou, I : 168.

Tounougoum, II : 146.

Toura, I : 297.

Toura (dialecte —), I : 362 (4).

Tourad (Cheikh —), III : 194, 199, 201.

Touré, I : 137, 138, 139, 140, 141, 258, 269, 276, 279 (1), 288, 289 ; — II : 196, 361 ; — III : 109 (1).

Touré, II : 258.

Touréla, II : 392, 408.

Touri-ntouri-ba, II : 153.

Tourka, I : 115, 152, 171.

Tourka (dialecte —), I : 368, 369.

Tournier, II : 345.

Tourougoulé-Fadiga, I : 259.

Touroukoro-Mari Diara, II : 293, 296 (1), 312.

Touroungoumbé (voir *Toundoungoumé*), I : 274 ; — II : 333, 379.

Toussia, I : 116, 131, 157, 171.

Toussia (dialecte —), I : 364, 370.

Toussourou, II : 143.
Toutée, II : 397.
Toya, II : 115.
Transmigration des âmes, III : 106, 107, 165, 170, 171, 181.
Trarza, I : 189 (1) ; — II : 354.
Treich-Laplène, II : 393.
Trentinian (de —), II : 336 (1), 410, 420, 422, 424.
Tribunaux indigènes, III : 147, 148, 158.
Tribus, I : 113 ; — III : 137, 138, 141.
Tripoli, II : 317 (1), 387, 388, 390, 392, 394.
Tripolitaine, I : 180 (1), 182, 191, 192, 194, 196, 217, 219, 240, 319 ; — II : 60, 63, 64, 91 (1), 186, 274.
Tumuli, II : 8.
Tunis, II : 211 (note).
Tunisie, I : 176, 182, 184, 211 ; — II : 64.
Tuô, I : 141 ; — III : 103, 109.
Turcs, II : 317 (1).
Tutelle, III : 86, 87.
Tyirko-tyirko, II : 253.
Tyr, I : 200, 211 (1).
Tziga, II : 143, 145, 147.

U

Underberg, II : 296, 412, 413.
Union libre, III : 89, 90.
Unisexuelles (relations —, etc.), III : 92.

V

Vadier, II : 138 (3).
Vaï (langue —), I : 362 (3), 379 (1).
Valentin, II : 334, 412, 412 (1).
Validité du mariage, III : 77, 78, 79, 80, 81.
Valière, II : 403.
Vallière, II : 394.
Vallon, II : 409.
Van Flint, II : 392.
Van Gennep, III : 99.

Vanté-Baragouan, II : 140, 141.
Vaudreuil (de —), II : 401.
Vente, III : 46, 47.
Vente à crédit, III : 47.
Vente à terme, III : 47.
Vente au comptant, III : 46, 47.
Verbe, I : 392, 393.
Verbe de non-existence, I : 403, 404.
Vergoz, II : 394, 421.
Vermeersch, II : 397.
Verneau, II : 206.
Vêtement, I : 337 à 340.
Veuves (sort des —), III : 30, 31.
Veyres, II : 426.
Victoria, II : 317 (1).
Vigué, I : 116, 131, 137, 171.
Vigué (dialecte —), I : 364, 370.
Village, III : 124, 128 à 133, 147.
Vimard, II : 410.
Virginité de la fiancée, III : 64, 65.
Vivaldi, II : 381 (1).
Vivien de Saint-Martin, I : 54.
Volta Blanche, I : 41, 66, 68, 155, 306, 312 ; — II : 373.
Volta Noire et *Volta* en général, I : 41, 62, 63, 65 (1), 66, 67, 68, 70, 73, 76, 77, 79, 82, 97, 114, 152, 153, 155, 169, 170, 233, 277, 279, 298, 302, 306, 309, 312, 313, 315, 316, 317, 318, 323, 366 ; — II : 236, 342, 347, 369, 370, 373, 393, 393 (1), 420, 421, 424 ; — III : 7.
Volta Rouge, I : 41, 68, 155, 169.
Voltaïques, I : 113, 115, 115 (3), 116, 128, 141, 142, 143, 153 à 157, 160, 161, 162, 166, 167, 168, 169, 170, 171, 178, 179, 180, 281, 302 à 319 (origines), 341, 349, 350, 351, 382 ; — III : 34, 80, 188.
Voltaïques (langues —), I : 298, 312, 313, 314, 362, 363, 369, 370, 371, 387 à 407, 425.
Von Carnap, II : 397.
Von François, II : 393 (1).
Voulet, II : 128, 147, 420.
Voyelles, I : 405.
Vuillemot, II : 418 (1).
Vuillet, II : 7.

W

Westermann, I : 360, 360 (1).
Wirth, II : 423.

X

Xerxès, I : 46.

Y

Ya-Diga, I : 310, 311; — II : 125, 139, 140, 147, 148.
Ya-Gallo Diallo (ardo), II : 231.
Yaba (cercle de Koury), I : 168.
Yaba ou *Niaba* (cercle de Tombouctou), II : 258
Yagha, II : 234, 367, 368, 390.
Yahia (chef touareg), II : 244.
Yahia (lieutenant d'Ahmadou Tal), II : 374.
Yahia (pacha), II : 259.
Yahia-ben-Ibrahim, II : 33, 34, 34 (3), 36.
Yahia-ben-Omar, II : 34 (3), 37, 38, 39, 54, 174.
Yahia-ben-Osman-ben-Yassen, I : 182 (1).
Yahia-el-Kounti (Sidi —), II : 75 (2), 270 (note).
Yahia Touré (frère de Mohammed Touré), II : 87, 93, 94, 121 (1).
Yaïch, I : 181.
Yako, I : 154, 155, 169; — II : 125, 126, 127, 128, 139, 143, 144, 145, 372, 394, 420.
Yakouba Touré, II : 105 (2), 107, 121 (1).
Yakout, I : 57, 87, 88, 88 (1), 185 (1), 250; — II : 15, 16, 20, 21, 26 (1), 29 (2), 29 (3), 30, 45, 46, 46 (3), 47, 66, 67, 71, 72, 278 (note), 353, 380.
Yaksan, I : 186 (note).
Yalâbé ou Alaïbé, I : 135, 229, 229 (2), 231; — II : 181, 181 (1).
Yamba, II : 153.
Yamba, II : 141, 142.

Yambéring (ville de la Guinée), I : 43.
Yamé-Dikko, II : 367.
Yamoriba Ouatara, I : 281.
Yannou, II : 38.
Yansi, I : 115, 129, 154, 161, 169, 170, 305, 306, 311, 312, 313, 314, 315, 330, 331, 333, 334, 339, 349, 369; — II : 153.
Yansi (dialecte —), I : 363.
Yao-Sori, II : 255.
Yaogo-nâba (fonction), II : 148.
Yaouloumfao-Gama, II : 140.
Yaressi, I : 260, 267 (voir **Diaressi**); — II : 358; — III : 103 (1).
Yaressi, I : 262, 262 (1) (voir *Diaressi*); — II : 43, 44, 44, 49, 358.
Yarhnâba (fonction), II : 129.
Yarhsé, I : 125; — II : 148; — III : 187.
Yari, II : 233.
Yari-Sonno-Dibi, II : 98, 100.
Yaro ou Yono, II : 367.
Yarouma, III : 196.
Yassi, II : 107, 108.
Yaté ou Yatéra, I : 138; — II : 366 (1).
Yatenga, I : 103, 154, 155, 168, 231, 232, 276, 277, 281, 298, 304, 305, 310, 311, 314, 315, 369, 409; — II : 80, 80 (2), 81, 81 (1), 89, 122, 123, 124, 125, 125 (1), 126, 127, 138 à 149 (histoire), 149, 210, 211, 289, 368, 394, 420, 421, 422; — III : 214.
Yatéra, II : 366.
Yédenké, II : 224.
Yertan, I : 209 (2).
Yélimané, I : 103; — II : 301, 302, 310, 413.
Yembirima, II : 153.
Yendé, II : 145, 146.
Yémen, I : 176, 177, 177 (1), 180, 189, 197 (1), 208, 210; — II : 62, 186, 213.
Yéménites, I : 185 (1), 186 (note), 200 (2).
Yempabou, II : 153.

YEMPADOUGOU, II : 153.
YENDABLÉ, II : 150.
YENGAMA, II : 153.
YENKIABLÉ, II : 153.
YENKIRIMA, II : 153.
YENKOUARÉ, II : 153.
YENNENGA, I : 307, 308, 308 (1), 311, 312 ; — II : 133, 138.
Yéo, I : 141 ; — III : 103, 104, 109.
Yéréré, II : 158, 333.
Yilsé (voir Youlsé), II : 373.
YOBI-KATA, II : 367.
Yobou-ber, II : 274.
Yobou-keïna, II : 274.
YOGO DIALLO, I : 228.
Yogoumsirou, II : 231, 232.
Yolo, II : 218, 219.
Yologo (village de la Côte d'Ivoire), I : 41.
YORO BARI, II : 117.
YORO-DIAM, II : 357.
YORO-DIAN DIAKITÉ, I : 296.
YORO-SAFO, II : 224.
YORO TÒRODO, I : 230.
Yorosso, II : 375, 377 (1).
Youlsé ou Yilsé, I : 115 (4), 130, 314 ; — II : 373.
Youmtenga, II : 153.
YOUNÈS (El-hadj —), II : 185.
Younga ou Youngou (voir Fada-n-Gourma), I : 311 ; — II : 150.
Yourou, I : 125.
YOUSSOF (pacha), II : 255 (1).
YOUSSOF BEN-TACHFINE, II : 39, 40, 53, 54, 174.
Youssouf (imàm), II : 305, 309.

Z

Zaberbanda, I : 245, 245 (1) ; — II : 90, 90 (3).
Zaberma, I : 120, 239, 244, 245 (1), 249 ; — II : 89, 90 (3).
Zaberma, I : 136 ; — II : 370, 372, 373, 420.
Zagâoua, II : 72.
Zaghrâna, II : 82, 101, 103, 117, 225, 225 (1), 244, 246.
Zaka-nâba (fonction), II : 134.
Zakhoura ou Sakhoura, I : 113 (1), 131, 183, 185 (1) ; — II : 117, 225 (1).
Zalana (voir Dialana), II : 90.
ZAN DIARA, II : 288.
Zandoma, I : 310, 311 ; — II : 125, 126, 139, 140, 141.
Zanfara (province de la Nigeria), II : 92 (note).
ZANGA-PINÉ, II : 375.
Zangasso, II : 377 (1).
ZANGAYELLA, II : 141.
Zaouïa, II : 307 ; — III : 195.
Zaouïya, I : 132.
ZARA-GOMBENGUI, II : 90.
ZEBAGARA, II : 37.
Zebba, II : 367.
Zéghè, I : 142.
Zémané, II : 259.
ZENAG, I : 185 (1).
Zenaga, I : 57, 58, 59, 113 (1), 114, 117, 122, 123, 132, 144, 184, 185 (1), 186, 188, 190, 190 (1), 197 (1), 278 ; — II : 13, 28, 32, 33, 35, 36, 40, 54, 71, 72, 76, 193, 207, 246, 269 (1), 377.
Zenaga (langue —), I : 191 (1), 361, 365, 373, 378, 422.
Zenâta, I : 185 (1), 186, 190 ; — II : 30, 37.
Zenka, II : 423.
Zenta, II : 249, 258.
Zensen (voir Diandian).
ZETTEMBOUSMA, II : 126.
Ziara, III : 203, 204.
ZIDAN (Moulaï —), I : 247 ; — II : 250, 250 (3), 253 (1), 254, 272.
Zié KOULOUBALI-MASSASSI, I : 286, 322 ; — II : 297.
ZIGUIRI, I : 314.
Zimmaten, I : 134, 160.
Zinder (Territoire Militaire), II : 390, 424 (1).
ZINEB, II : 40.
ZOGONABA (voir DIOGORÉ-NABA).
ZOHRI, I : 187 (2) ; — II : 277 (1), 278, 278 (1), 284, 380.

Zombéré, II : 128, 135.
Zouaoua, I : 185 (1).
Zougounam, II : 145.

Zoungourana, I : 308, 309, 310; — II : 122, 125, 139, 140.
Zweifel, I : 63.

TABLE DES CARTES CONTENUES DANS L'OUVRAGE

Voir l'avis au lecteur figurant au 1er volume, face au verso du titre

Carte 1. — Limites, hydrographie et orographie.	1er volume, face à la page	74
Carte 2. — Régions naturelles, climatologie et répartition de la population.	1er volume, page	101
Carte 3. — Circonscriptions administratives	—	105
Carte 4. — Répartition des groupements ethniques	—	173
Carte 5. — Migrations ethniques.	—	325
Carte 6. — Familles linguistiques du Haut-Sénégal-Niger.	—	355
Carte 7. — Zones d'extension des langues principales.	—	385
Carte 8. — L'empire de Ghana.	2e volume, page	57
Carte 9. — L'empire de Gao.	—	119
Carte 10. — Les empires mossi et gourmantché.	—	131
Carte 11. — Le royaume de Diara.	—	159
Carte 12. — L'empire de Sosso.	—	171
Carte 13. — L'empire de Mali.	—	221
Carte 14. — Le royaume du Massina.	—	237
Carte 15. — La domination marocaine au Soudan.	—	279
Carte 16. — Les empires de Ségou et du Kaarta.	—	303
Carte 17. — L'empire d'El-hadj-Omar.	—	339
Carte 18. — L'empire de Samori.	—	349
Carte 19. — Les grandes explorations.	—	395
Carte 20. — La conquête du Soudan français.	—	fin du vol.
Carte 21. — Répartition des religions.	3e volume, page	217
Carte 22. — Carte d'ensemble du Haut-Sénégal-Niger au 1 : 5.000.000e.	—	fin du vol.

TABLE DES ILLUSTRATIONS CONTENUES DANS L'OUVRAGE

PREMIER VOLUME

Planches	Figures			
I	1	M. Clozel, gouverneur du Haut-Sénégal-Niger (cliché Manuel) . . .	Frontispice.	
II	2	M. le général Archinard	Face à la page	32
»	3	M. le général de Trentinian . . .	»	»
»	4	M. le gouverneur général Ponty . .	»	»
III	5	Koulouba, le palais du gouverneur (pendant la construction) . . .	»	48
»	6	Vue générale actuelle du palais du gouverneur à Koulouba	»	»
IV	7	L'hôtel du secrétaire général, à Koulouba	»	96
»	8	Bamako et la vallée du Niger, vue prise de Koulouba	»	»
V	9	Sur les bords du Sénégal (cliché Froment)	»	112
»	10	La Volta Noire, à Koury (cliché Froment)	»	»
VI	11	Le Niger près de Ségou (cliché Froment)	»	160
»	12	Sur le Niger, à hauteur de Tillabéry (cliché Froment).	»	»
VII	13	Chameaux au pâturage, auprès de Tombouctou (cliché Paulin) . .	»	176
»	14	Maures nomades et leurs chameaux aux environs de Tombouctou (cliché Paulin)	»	»
VIII	15	Une famille peule (cliché Fortier) .	»	224
»	16	Groupe de femmes peules et silmimossi (cliché Froment)	»	»

Planches	Figures			
IX	17	Jeune fille peule (cliché Fortier) . .	Face à la page	240
»	18	Femme malinké (cliché Fortier) . .	»	»
X	19	Femmes et enfants malinké (cliché Fortier).	»	288
»	20	Femme somono des bords du Niger (cliché Fortier).	»	»
XI	21	Groupe de Ouolofs, à Kayes . . .	»	304
»	22	Groupe de Haoussa de la boucle du Niger (cliché Delafosse). . . .	»	»
XII	23	Groupe de femmes mossi (cliché Froment).	»	352
»	24	Guerriers nankana (cliché Bouchol) .	»	»
XIII	25	Groupe de Dioula (cliché Delafosse) .	»	368
»	26	Un Khassonkè.	»	»
XIV	27	Pêcheurs du Niger (cliché Fortier) .	»	416
»	28	Une flotille de pêche sur le Niger (cliché Fortier)	»	»

DEUXIÈME VOLUME

XV	29	Groupe de Maures du Hodh (cliché Bouchol)	Face au verso du titre	
»	30	Groupe de Maures, à Kayes. . . .	»	»
XVI	31	Type de jeune Maure	Face à la page	32
»	32	Métisse de Maure et de femme noire	»	»
XVII	33	Groupe de Touareg, à Bamba (cliché Froment).	»	48
»	34	Cavaliers songaï, près de Say (cliché Froment).	»	»
XVIII	35	Un marché à Tombouctou (cliché Paulin).	»	96
»	36	Marché au bois à Tombouctou (cliché Paulin).	»	»
XIX	37	Griots et chefs mossi, à Ouagadougou (cliché Froment).	»	112
»	38	Musiciens et danseurs mossi, à Yako (cliché Froment).	»	»
XX	39	Cavaliers touareg exécutant une charge de parade contre le vapeur *Ibis*, à Bamba (cliché Froment) .	»	160
»	40	Scène de danse guerrière chez les Malinké (cliché Fortier). . . .	»	»
XXI	41	Résidence du fama de Sansanding (cliché Froment).	»	176
»	42	Mademba, fama de Sansanding, et le général Caudrelier (cliché Froment)	»	»

TABLE DES ILLUSTRATIONS CONTENUES DANS L'OUVRAGE 313

Planches	Figures			
XXII	43	Une danse tombo, à Bandiagara (cliché Froment)	Face à la page	224
»	44	Danseurs tombo, à Bandiagara (cliché Froment)	»	»
XXIII	45	Kabara ; vue prise à bord d'un vapeur (cliché Froment)	»	240
»	46	La pointe de Kabara (cliché Froment)	»	»
XXIV	47	Vue prise au marché de Baguindé (Tombouctou) (cliché Paulin)	»	288
»	48	Vue d'ensemble du marché de Baguindé (Tombouctou) (cliché Paulin)	»	»
XXV	49	Résidence de l'administrateur, à Ségou (cliché Froment)	»	304
»	50	Ségou, la mosquée (cliché Fortier)	»	»
XXVI	51	Tombouctou, vue générale (cliché Paulin)	«	352
»	52	Les restes de l'ancien fort de Médine, près de Kayes	»	»
XXVII	53	Maison habitée par René Caillié, à Tombouctou (cliché Fortier)	»	368
»	54	Maison habitée par Barth, à Tombouctou (cliché Fortier)	»	»
XXVIII	55	Poste de Gaoua (cliché Delafosse)	»	416
»	56	Bandiagara, résidence de l'administrateur (cliché Fortier)	»	»
XXIX	57	Mopti, la maison des passagers (cliché Fortier)	»	428
»	58	Bantchandé, roi des Gourmantché (cliché Froment)	»	»

TROISIÈME VOLUME

XXX	59	Résidence de l'administrateur, à Bamako	Frontispice.	
XXXI	60	L'une des cérémonies de la fête des labours chez les Sénoufo, cercle de Koutiala (cliché Fortier)	Face à la page	32
»	61	Un village samo dans le cercle de Koury (cliché Froment)	»	»
XXXII	62	Chefs et cultivateurs dagari, à Ouaraba (cliché Delafosse)	»	48
»	63	Groupe de Birifo, à Somanti (cliché Delafosse)	»	»
XXXIII	64	Caravane de porteurs sénoufo (cliché Delafosse)	»	64

Planches	Figures			
XXXIII	65	Danseurs tombo, dans le cercle de Bandiagara (cliché Froment)...	Face à la page	64
XXXIV	66	Danseurs bobo, à Koury (cliché Froment)..........	»	80
»	67	Un guerrier lobi (cliché Bouchot)..	»	»
XXXV	68	Groupe de Dagari sur une terrasse, à Pinntouri (cliché Delafosse)...	»	96
»	69	Groupe de Birifo dans une plantation, à Boukori (cliché Delafosse)..	»	»
XXXVI	70	Danseurs tombo dans un village du cercle de Bandiagara (cliché Froment)..........	»	112
»	71	Danse mossi, dans la région de Ouagadougou (cliché Froment)....	»	»
XXXVII	72	Femmes nankana (cliché Bouchot).	»	128
»	73	Une habitation dagari à Goumparé (cliché Delafosse)......	»	»
XXXVIII	74	Fillettes nounouma (cliché Bouchot).	»	144
»	75	Fillettes sissala (cliché Bouchot)..	»	»
XXXIX	76	Jeunes guerriers sissala (cliché Bouchot)...........	»	160
»	77	Danseurs bobo dans le cercle de Koury (cliché Froment)......	»	»
XL	78	Les greniers dans un village samo (cliché Froment).......	»	176
»	79	Type de construction religieuse en pays samo (cliché Froment)....	»	»
XLI	80	Statues et objets divers dans une chapelle funéraire birifo, à Donko, cercle de Gaoua (cliché Delafosse).	»	192

TABLE DES MATIÈRES

CONTENUES DANS LE TROISIÈME VOLUME

	Pages
iQUIÈME PARTIE : LES CIVILISATIONS	1
apitre premier : *les biens*	5
Le régime foncier	5
La propriété mobilière	18
Les successions	26
apitre II : *les contrats*.	40
Des contrats en général	40
De la vente et de l'échange	46
De la cession et de la donation.	49
Du louage et du fermage.	50
Du prêt.	52
Du mandat et du dépôt	53
Des dettes, du gage et de la saisie.	55
De quelques contrats spéciaux	58
apitre III : *le mariage et la famille*.	61
Le mariage	61
Rupture du mariage.	73
Conditions de validité du mariage	77
Obligations et droits résultant du mariage.	81
Contraventions aux obligations résultant du mariage	87
Relations sexuelles en dehors du mariage	89
apitre IV : *la société*	93
La famille globale	93
Les clans	98
Les divisions ethniques.	109

IV. — Les statuts 111
V. — Les classes 114
VI. — Les castes 115
VII. — Les associations 119

Chapitre V : l'Etat 124

I. — La case 125
II. — Le quartier 126
III. — Le village 128
IV. — Le canton 134
V. — Le royaume ou la confédération 137
VI. — L'empire 142
VII. — Les impôts 143

Chapitre VI : la justice 146

I. — Le pouvoir judiciaire 146
II. — Echelle des tribunaux 147
III. — Procédure 149
IV. — Des infractions et des peines 153
V. — Organisation actuelle de la justice 157

Chapitre VII : les religions 160

I. — Fétichisme, totémisme, théisme 161
II. — L'animisme : 1° Généralités 163
2° Culte des morts 167
3° Culte des forces naturelles et des génies . . . 173
III. — Croyances et rites magico-religieux 178
IV. — L'islamisme : 1° Son domaine 186
2° Son clergé et ses écoles 188
3° Ses confréries et ses marabouts 193
4° Son esprit et ses résultats 210

BIBLIOGRAPHIE 219

INDEX 231

Table des cartes contenues dans l'ouvrage 309

Table des illustrations contenues dans l'ouvrage . 311

LAVAL. — IMPRIMERIE L. BARNÉOUD ET Cⁱᵉ.

A LA MÊME LIBRAIRIE

Mission scientifique au Soudan (Haut-Sénégal et Niger, Guinée française, Côte d'Ivoire) par Henry HUBERT, docteur ès sciences, administrateur-adjoint des Colonies. — *Première partie : Météorologie, Géographie physique.* Un vol. in-8° raisin, illustré de figures, cartes, diagrammes, reproductions photographiques et de cartes orographiques et géologiques de l'Afrique occidentale. 1912 . . . . . **12 fr. 50**

L'Œuvre de la Troisième République en Afrique occidentale. L'expansion française et la formation territoriale, par A. TERRIER, secrétaire général du Comité de l'Afrique française, et Ch. MOUREY, chef de section à l'Office colonial (*Ouvrage couronné par l'Académie*). — In-8° avec figures et cartes. 2° édition . . . . (*sous presse*)

L'Œuvre de la Troisième République en Afrique occidentale. L'organisation administrative et la vie économique, par G. FRANÇOIS, délégué du Gouvernement général de l'Afrique occidentale française, et M. OLIVIER, délégué-adjoint du Gouvernement général de l'Afrique occidentale française. — 1912. In-8° avec figures et cartes . . . **7 fr. 50**

Questions Coloniales, 1900-1912, par Charles RÉGISMANSET. 1912. In-18 . . . . **3 fr. 50**

Sur la Côte. Villes, brousse, fleuves et problèmes du Nord-Ouest africain, par le docteur d'ANFREVILLE DE LA SALLE. 1912. In-18 (*sous presse*).

Les Intérêts de la France au Maroc, par JARY, avocat à la Cour d'appel ; avec une carte du Maroc. 1911. Un vol. in-18 . . . **3 fr. 50**

L'organisation financière de l'Empire Marocain, par Taleb ABDESSELEM, avocat à Tlemcen 1911. In-8°. . . . . **5 fr.**

L'Indochine sud centrale. — Les Jungles moï, par H. MAÎTRE ; cartes, 145 reproductions photographiques, grand in-8°, 1912 . . . **15 fr.**

Chez les Maoris. — Tahiti et la Nouvelle-Zélande, notes de voyage, par J. LEVACON, avocat, préface de Paul PELLIOT, professeur au Collège de France, avec 32 reproductions photographiques, petit in-8°, 1912. **4 fr.**

Les Chemins de fer de Chine, par E. DE LABOULAYE. Préface de ROBERT DE CAIX, directeur de l'Asie française. Carte des chemins de fer de Chine. 1911. Un vol. in 8° . . . . **7 fr. 50**

L'Abyssinie. *Agriculture. Chemin de fer,* par E. DE FELCOURT. 1911. Un vol. in-18, avec 16 gravures hors texte et 2 cartes. . . **3 fr. 50**

Annuaire du Gouvernement général de l'Afrique équatoriale française (*Congo français*) 1912. — Notices : géographiques, historiques, économiques ; décrets, cartes en couleurs. Deux volumes in 8°. (*sous presse*).

La Tunisie. — Pays de colonisation, de mines et de tourisme par Emile GUILLOT, petit in-8°, avec reproductions photographiques. (*sous presse*)

www.ingramcontent.com/pod-product-compliance
Lightning Source LLC
Chambersburg PA
CBHW070617160426
43194CB00009B/1298